景印香港
新亞研究所

新亞學報

第一至三十卷

第七冊・第四卷・第一期

總策畫　林慶彰　劉楚華
主編　翟志成

錢賓四先生六十五歲祝壽論文集　上冊

新亞研究所
NEW ASIA INSTITUTE OF ADVANCED CHINESE STUDIES

景印香港新亞研究所《新亞學報》（第一至三十卷）

景印香港新亞研究所《新亞學報》（第一至三十卷）

黃進興　廖伯源　羅志田

饒宗頤

執行編輯　李啟文　張晏瑞

（以上依姓名筆劃排序）

景印香港新亞研究所《新亞學報》第七冊

第四卷・第一期　目　次

新亞學報

第四卷第一期

新亞研究所

景印本・第四卷・第一期

錢賓四先生六十五歲祝壽論文集 上冊

錢賓四先生玉照

賓四錢先生挺命世之才，貫天人之學。史綱一卷，早甦國魂。講席卌年，動關世運。藏山業富，浮海道尊。盍簪而寰宇嚮風，振鐸則人文成化。同人等或夙共心期，或久霑教澤。值先生攬揆之辰，深四遠具瞻之望。僉謂徒獻浮詞，未足贊揚明德。爰貢所撰，輯成斯編。效寸莛以叩洪鐘，出爝火而麗圓曜。瓣香述學，思播清徽於九圍。美意延年，願錫純嘏於萬壽。聊疏數語，用諗同方。

新亞學報編輯委員會同人等謹識

本學報由美國
哈佛燕京學社
贈資印行特此
誌謝

新亞研究所

新亞學報第四卷第一期

新亞學報編輯畧例

（一）本刊宗旨專重研究中國學術，以登載有關中國歷史、文學、哲學、教育、社會、民族、藝術、宗教、禮俗等各項研究性的論文爲限。

（二）本刊由新亞研究所主持編纂。外稿亦所歡迎。

（三）本刊年出兩期，以每年七月十二月爲發行期。

（四）本刊文稿每篇以五萬字爲限；其篇幅過長者，當另出專刊。

（五）本刊所載各稿，其版權及繙譯權，均歸本研究所。

孝與中國社會

謝幼偉

本文以「孝與中國社會」爲題，主要目的在說明中國倫理學的實踐性，說明中國倫理對中國社會及中國人的實際生活的影響。因孝在中國倫理上的重要性，遂特別提出「孝」字爲其中心概念，擬從「孝」這一概念以解釋中國社會的特質，兼以解釋倫理與實際生活的關係。所以本文將從中國倫理的實踐性說起，次說明孝在中國倫理上的地位；又次說明孝對中國社會的影響，而此則將包括家庭生活，宗教生活，社會生活與政治生活而言。最後則說明孝對西方文化與西方社會可能有什麽貢獻。

（一）

先從中國倫理的實踐性來說。談中國哲學的人差不多都知道，中國哲學是實踐的，是以實踐爲主的。所謂實踐，是道德的實踐，是身體力行的實踐，也就是成聖成賢及成爲一個真正的人的實踐。這種實踐，志在成人，志在成就人的倫理性或道德性，所以中國哲學是以倫理學爲基礎，而從倫理學出發的。大學上說：「大學之道，在明明德，在親民，在止於至善」。（1）這幾句話實爲中國哲人傳統的中心思想。中國先哲所努力的，主要就是「明明德」，「親民」，及「止於至善」的三綱領。他們的目的所在，及思想行爲所集中的，也就是這三綱領。在中國哲人眼中，所謂哲學，幾可以大學的三綱領包括之或界說之。哲學目的在由明明德，親民，而止於至善，換句話，即在由修己，安人而造成完美的人格。故梁啓超氏認爲中國學問「與其說是知識的學問，毋寧說是行爲的學問。中國先哲雖不看輕知識，但不以求知識爲出發點，亦不以求知識爲歸宿點。直譯的 Philosophy，其函義實不適於中國。若勉强借用，祇能在上頭加個形容辭，稱爲人生哲學。中國哲學以研究人類爲出發點，最主要的是人之所以爲人之道，怎樣才算一個人，人與人相互有什麼關係」。（2）

雖作者並不同意梁啓超氏之視中國哲學爲只是人生哲學或倫理學，但謂中國哲學實以倫理學爲主，以倫理學爲出發點，則是不錯的。蓋中國哲學非無玄學，亦非無知識論，唯其玄學與知識論，乃以倫理學爲基礎，從倫理學出發，由倫理學以貫通之。中國哲人由明明德，亦卽明人類的本心或仁心，以明天心及物理，以贊天地的化育。中庸所謂：「唯天下至誠，爲能盡其性，能盡其性，則能盡人之性，能盡人之性，則能盡物之性，能盡物之性，則可以贊天地之化育，可以贊天地之化育，則可以與天地參矣」。（3）人能盡性，卽能明物明天，卽可與天地合一，這不是由倫理以達形上之理或玄學嗎？中國哲人亦因誠意正心之故，因行爲之故，而談格物致知。格物致知的目的，在誠意正心。這是爲行而求知。一切的知識，都是爲着行爲。他們是在從知與行的關係上去談知。所以王陽明主張「知行合一」，而孫中山先生則主張「知難行易」，都可說是站在倫理學的立場上去討論知識的。玄學從倫理出發，知識論亦從倫理出發，因而中國的玄學和知識論，均爲倫理學所掩蓋而不彰。倫理學一枝獨秀，玄學和知識論等，卽相形見拙，且不爲人所注意。這是中國傳統哲學的實際情況，不能說中國無玄學和知識論。

因爲中國哲學以倫理學爲基礎，而中國的倫理學是實踐的，所以中國哲學是實踐的。中國倫理學的實踐性，是談中國哲學的人，所最應注意的。不明瞭中國倫理學的實踐性，卽無法明瞭中國的倫理學。中國倫理學的全部精神，就是反躬實踐的精神，就是力行的精神。明儒許敬菴有言：「學不貴談說，而貴躬行。不尚知解，而尚體驗。」（4）這幾句話最足表現中國傳統倫理學的精神。中國哲人的全部精神，實會集於躬行與體驗上，而談說與知解，乃其餘事。談說與知解，可有而不必定有。躬行與實踐，則必有而不能或缺，缺則不成其爲學者，不成其爲哲人或聖人。中國哲人心目中的倫理學，決不在思想系統上，不在文字語言上，而在身體力行上。以一套的思想系統或一套的文字語爲倫理學，這是西方哲人的見解。所以西方的倫理學，多半集中於是非善惡的討論，尤以「善」或「好」是什麽的討論爲熱鬧，差不多倫理學就是何爲善的科學。他們視倫理學爲一種科學，一種思想，卻不視倫理學爲一種生活，一種行爲。他們把思想與行爲分開，思想自思想，行爲自行爲。思想與行爲是兩事，不是一事。寫了一部倫理學的書，知道何爲善，而作者可不知如何實現善，作者的行爲也可不一定是善。蓋倫理學只是他的思想，不是他的行爲。這樣的態度是中國哲人所反對的。中國哲人認爲倫理學是思想與行爲合一的。「中國人務求把思想與行爲交融互化，一以貫之，此乃中國思想一大特點」。（5）既然思想與行爲是合一的，則倫理學便不光是思想。倫理學的主要來源是行爲，是人類從實際行爲的體驗中得來的。離開了人類的實際行爲，不會有什麽倫理學。倫理學主要表現在實際行爲上，不在思想系統上或文字語言上。故中國哲人不重思想系統的創造，不重文字語言的解說，而重身心之躬行與體驗。沒有躬行與體驗的實際生活，則所有言說都是靠不住的，都是空言廢話，無益身心的。蓋「一切思索言辨，本從人生實際來，而人生實際，則並不從思索與言辨來」。（6）不從人生實際來的思想與言說，便是遠離人生的，無用的。學問必從實際生活來，必須有益於身心，必須身心之能躬行與體驗，這是中國哲人一貫的傳統精神，自孔孟以降，莫之或異的。孔子卽主張無言之教，他說：「天不言而四時行焉，百物生焉，天何言哉！」（7）孟子也說：「君子所性，仁義禮智根於心，其生色也，睟然見於面，盎於背，施於四體，四體不言而喻。」（8）所謂「不言而喻」，就是在實際生活表現後，便不必多說話。而說話是不得已的，是爲着教訓他人或糾正邪說而不得已說的。所以孟子說：「予豈好辯哉，予不得已也！」（9）這種不得已說話的態度，孔孟以至宋明儒者，一直保持着。宋明儒者，雖著書立說，文字語言若甚多，但實際上，這些文字語言，多半是語錄和書札。除去語錄和書札，他們的文字語言卽有限。而語錄也，書札也，則都是他們和朋友商榷或啓迪後學時，不得已而出之的。他們決不志在以文字語言表現其倫理學，這是很明顯的。他們的倫理學，卽在他們的生活中，在他們的行爲中。故謀認識中國的倫理學，決不能僅求之於中國哲人的文字語言，而必須求之於他們的生活中，他們的行爲中，他們的人格中。這是中國倫理學最顯著，也是最重要的特徵。

（二）

因爲中國倫理學是實踐的，是以實踐爲其根本精神的，所以中國倫理學上的中心概念，一方面是仁，另一面卻是孝。中國倫理學者言仁必言孝，仁孝並言，且視孝爲仁之本。論語有子曰：「孝弟也者，其爲仁之本歟？」（10）爲什麽言仁必言孝？爲什麽孝是仁之本？這一點不惟西方學者不易瞭解，就是中國學者中，也有許多不瞭解的。民國初年的新文化運動，有人提倡非孝，這卽證明現代中國學者確有不瞭解孝的重要的。實則，孝在中國文化上，在中國倫理學上，實佔最重要的位置。中國儒者言仁必言孝，這決不是偶然的。這殆有重大的理由。這理由有二：一是仁必須有仁的根源，二是仁必須謀仁的實踐。仁的根源何在呢？我們何處見人類之有仁呢？孟子謂：「惻隱之心，人皆有之」，（11）又曰：「惻隱之心，仁之端也。」（12）人皆有惻隱之心，就是人皆有仁的證據。但人類的惻隱之心，又從何而來呢？或從何處首先見人類之有惻隱之心呢？孟子的回答是，惻隱之心，隨人類的天性而來，是人類的良知良能，而其最初的發現，卽發現在人類的愛親敬長上。所以他說：「人之所不學而能者，其良能也，所不慮而知者，其良知也。孩提之童，無不知愛其親也，及其長也，無不知敬其兄也。」（13）這就是說，人類之愛敬父母的心，是天生的，不待學習的，是孩提之童卽具有的。這人類天生的一點敬愛父母之心，就是孝。所謂孝，卽子女對於父母的敬愛。人知敬愛其父母，卽人有孝心。這種孝心的存在，便是仁的根源，便是仁的萌芽或開端。不過，我們對於這種孝心，若不加以啓發，加以培養，它便有萎縮或消滅的可能。這種孝心若萎縮了或消滅了，仁便是無根的，無本的。無本之木，無源之水，仁如何能存在？又如何能發展呢？謀使仁能存在及仁能發展，則孝的培養，便是必要的。中國儒者所以言仁必言孝，這便是一種主要的理由。

另一種主要理由是，仁是要實踐的，不是空言的。但仁如何實踐呢？論語：「樊遲問仁，子曰愛人。」（14）孟子亦曰：「仁者愛人」。（15）愛什麽人呢？自然是要愛天下的人。要愛天下的人，首先應愛什麽人呢？或應從什麽人愛起呢？是不是應愛你的父母爲起點呢？如你天生有愛父母之心，則這種天生愛父母之心，是不是你的仁所首應實踐的呢？對於這些問題，中國儒者的回答，都是肯定的。中國儒者認爲仁的實踐，必首先表現於子女對父母的敬愛。這就是說，在人和人的關係中，子女對父母的關係，就是仁所首應實踐於其間的關係。這種關係是最先在的，也是最根本的。一切其他關係，均必須從這一關係開出。沒有這一關係，便不會有其他的關係。忽視這一關係，卽會忽視其他的關係。因而仁者愛人，必首先愛父母。首先愛父母，一則是事實上確如此，二則是道理上應如此。人未有不先愛其父母者，這是事實。人如不先愛其父母而愛他人，這是不應該的。孝經稱：「不愛其親而愛他人者，謂之悖德；不敬其親而敬他人者，謂之悖禮。」（16）這種悖德悖禮之人，是事實上所少有的。事實上，不愛其親，卽不會愛他人，不敬其親，亦不會敬他人。我們决不能希望不愛父母的人會愛他人。故愛人而不從愛父母開始，則仁的實踐，便是落空的。不愛父母，人的仁心，卽無着落，也就是仁無實踐的可能。孟子說：「仁之實，事親是也。」（17）這就是說，仁的實踐，表現於事親，也卽表現於孝。孝就是仁的實踐，至低限度，是仁的實踐的開端。談仁的實踐，必須談孝，不談孝，卽等於不談仁的實踐。中國儒者所以言仁必言孝，這又是一種主要的理由。

孝旣是仁的根源，又是仁的實踐，所以孝在中國倫理上，便居於主要的地位，居於領導的地位。中國倫理是以孝爲其實踐的原則。一切倫理的實踐，均以孝爲基礎，而發展出去。孝奠定了中國倫理的基礎 。 謀認識中國的倫理，卽須認識孝。不認識孝，卽無法認識中國的倫理。

依照中國的倫理，人類道德的泉源，就是孝。孝是人類道德的根本。西哲談道德本原的，有訴諸理性，有訴諸良心，有訴諸同情，亦有訴諸博愛的。惟理性也，良心也，同情也，博愛也，雖皆屬重要，然若不以孝爲基或不從孝做起，則這些便無發展或存在的可能。蓋所謂孝，前已提及，就是人類天生的一點敬愛父母之心，也就是仁的根源。這天生的一點敬愛父母之心，若不加培養，而任其消失，則所謂理性，良心，同情，博愛也者，何從談起？不愛父母的人，可算是有理性的嗎？有良心的嗎？有同情的嗎？有博愛的嗎？可見愛父母的心，也就是孝心，是不能被忽視而令其消失的。孝心消失，就是仁的根源被阻塞。仁的根源被阻塞 ，理性良心等等還能存在嗎？人類的道德，又能存在而發展嗎？是道德的存在與發展，實依乎孝的存在與發展。孝乃道德的本源。謀道德的存在與發展，必先培養這本源，發展這本源。中國倫理之重視孝，主要就是因爲孝是道德本源的緣故。

中國倫理視孝爲道德的本源，這不是說中國倫理認爲孝盡了道德的一切。人只要孝父母，便無他事。假如我們作此想，這是極大的錯誤。實際，中國倫理乃視孝爲道德的起點或開端。孝父母只是道德的起點，不是道德的終點。人除孝父母之外，還有許多應做的事情。孝是需要發展，需要擴充的。中國儒者之談孝，一開始便知道這點。所以孝經稱：「夫孝始於事親，中於事君，終於立身。」（18）孟子說：「親親而仁民，仁民而愛物。」（19）又說：「老吾老以及人之老，幼吾幼以及人之幼。」（20）這些話的意義，都在表明孝是須從孝父母開始而擴展出去的。孝必須有所推，必擴而充之，由敬愛我們的父母，進而敬愛他人的父母。敬愛自己的父母，是應該的，也是絕對必要的，雖不足以盡道德之全，然道德卻非從此做起不可。這是人類道德的開端。必先有這一開端，然後方有其他道德可言。蓋道德的進展，必須有一定的程序，一步一步，發展下去，不能躐等。先爲其易，後爲其難；先自近始，後乃及遠。這種先後的次序，是顚倒不得的。中庸稱：「君子之道，譬如行遠必自邇，譬如登高必自卑。」（21）這卽表明道德的進展，須由近及遠，由卑至高。設我們不遵照這一程序，不爲其易，而爲其難，不先使人敬愛其父母，而先使人敬愛他人的父母，勢必使人有「其道大觳，使人憂，使人悲，其行難爲也」（22）的感想。墨子「兼愛」之說與耶教「博愛」之說，所以不易爲中國人所接受，就是這個緣故。蓋中國倫理並不反對博愛，第認爲博愛必以孝爲起點，亦卽必以敬愛自己的至親爲起點。敎人敬愛自己的至親，這是事之至易的。從這最易的事做起，便不難逐漸擴充，以達成博愛的目的。不從這最易的事做起，一舉而欲使人博愛，忽於所親，而求親於所疏，這縱不是不可能，然必不易行，也難普遍行。道德之事，在實行，不在空言，在平易近情，不在好高騖遠。中國儒者之提倡孝道，即在以平易近情者爲入德之門，以孝爲道德的起點。

孝爲入德之門，爲道德的起點，雖只是起點，可是人類的一切品德，卻可由此而產生，且必須由此而產生。不孝，人便不會有其他的品德。孝則其他品德有產生的可能。中國儒者之重視孝，即因孝可引發一切其他的品德。孝實爲一切道德的動力。只要你是真孝，純孝，至孝，你便自然會仁，會愛，會忠，會信，會義，會和，會平。這八德以及其他的德目，都可由孝而引出。故教孝即所以教忠，教仁，教愛，教信義，教和平。孝經所謂：「夫孝，德之本也，教之所由生也。」（23）一切道德教訓或教化，實由教孝而樹立。不教孝，其他的品德，便無從教起。不過，中國儒者之教孝，同時即在教其他的品德，且認爲孝德的完成，是需要其他品德以完成之的。孝必須有仁有義，有忠有勇。不仁不義，不忠不勇的人，便不能算是孝。所以曾子說：「居處不莊，非孝也；事君不忠，非孝也；蒞官不敬，非孝也；朋友不信，非孝也；戰陣無勇，非孝也。」（24）顯然表明孝是需要其他品德的。不具備其他品德，你卻不能完成你的孝德。謀孝德的完成，謀成爲真正的孝子，你必須具備其他的品德。在這一意義上，孝便包括了一切的品德。一切品德由孝出，一切品德亦包括於孝德的完成中。中國經典上，無仁經而獨有孝經，孝在中國倫理上的重要性可見。蓋中國倫理實視孝爲道德的根源，道德的起點，亦是道德的完成。

（三）

如我們明瞭孝在中國倫理上的地位，我們便可明瞭孝與中國社會的關係。孝對中國社會曾發生什麼影響？數千年來的中國社會怎樣受孝這一概念所支配？中國社會如何在孝的倫理觀中建立起來？我們都可從孝的重要性中獲得這些問題的答案。

作者認爲中國社會是澈始澈終，爲孝這一概念所支配的社會。中國社會是以孝爲基礎而建立起來的。孝侵入於中國社會的每一部門，滲透到中國人的一切生活中。從中國社會的一切活動，從中國人的一切生活，我們都可看出孝的影響。孝影響了中國社會的一切。中國社會的一切生活習慣，皆充分表現着孝的實踐。我們如細心觀察中國人的家庭生活，宗教生活，社會生活及政治生活，即知作者此言是有根據的。

先從家庭生活來說。中國社會，特重家庭，實以家庭爲社會的基礎，爲社會的單位。孟子謂：「天下之本在國，國之本在家。」(25)大學主張「家齊而後國治，國治而後天下平」。(26)在社會或國家之前，必須有個家。齊家是治國平天下所必須先經的一個階段。這一階段是極端重要而不能忽視的。我們決不能跳過這一階段，而逕談治國。不齊家，即不能治國。「所謂治國必先齊其家者，其家不可教而能教人者無之」。(27)蓋家庭是人類所首先接觸的團體，也是人類所首應盡責任的團體。人一生下來，即在家庭中，即有生他的父母。父母是每一人的生命所自來，是每一人所必有的關係。天下可有無子女的人，也可有無夫婦兄弟姊妹關係的人，然決無沒有父母的人。既然每一人都必有父母，則人如有什麽應盡的責任，則首應對其盡責任者，就是父母。人如有什麽仁心，則首應以仁心施之者，也就是父母。假如我們不能對父母盡責任，不能以仁心施之於父母，則我們怎會對社會對國家盡責任呢？又怎會以仁心施之於他人呢？故人必須先能對父母對家庭盡責任，然後始能對社會對國家盡責任。家庭的重要性在是。這種重視家庭的倫理，顯然是出發乎孝。蓋對父母盡責任，對父母施仁心，就是孝。孝的實踐，便首見於家庭的重視上。

中國社會，重視家庭，這是最明顯莫過的。而在家庭的關係中，中國社會又最重視父母子女間的關係，最重視子女對於父母的敬愛。蓋這是孝的直接表現，也是孝的實踐的根本意義。中國人的家庭生活，首先就是孝的生活。孝父母是人生最根本最重大的一件事。孟子謂：「事孰爲大？事親爲大。」(28)這一件大事不做，便無他事可做。如何去做這一件大事？這便是中國倫理道德，禮樂教化所集中致力的。上自天子宰輔百官，下至販夫走卒，無一不以孝父母爲大事。師長的教誨，風俗習慣之所表徵，文人學者之所詠贊，亦莫不以孝父母爲主題。數千年來中國的家庭，始終保持着孝父母爲第一件大事的信念。孝經所謂：「夫孝，天之經也，地之義也，民之行也。」（29）中國人確是這樣相信，這樣實行。近數十年，中國社會受西方文化的影響，大家庭制雖逐漸崩潰，孝德亦逐漸不爲人所重視，然大多數中國人的家庭，依然以孝養父母爲人子的天職。尤其是年老的父母，做子女的很少不加以奉養的。差不多每一個中國人的家庭，我們都可看見年老的父母和已結婚的子女同居。這是西方家庭所少有的。這是中國家庭最特別的一點。這表明孝的概念，仍在支配着今日中國人的家庭。

中國人的家庭，首重父子關係，其次就是夫婦關係。中國倫理以父子關係爲根本，以孝爲核心，由此便開出夫婦的關係。父子的關係是上溯的。每一人如追念其生命所自來時，他必上溯到父母的生命。沒有我的生命，先有父母的生命。非有父母的生命，不會有我的生命。我如重視我的生命，我即須重視父母的生命，即須對父母致其敬愛。中國倫理之所以首重孝道，此爲一因。蓋這包含有肯定生命與重視生命及其來源的意義。我的生命是父母給我的，故我必須肯定之，重視之，決不能否定之，輕視之。所謂「身體髮膚，受之父母，不敢毀傷」，（30）就是肯定和重視我自父母而得的生命。不過，生命既被肯定和重視，我們便有責任謀生命的繼續。如何謀生命的繼續呢？

此鑒於父母之生我而知之。父母結合而生我。父母的結合，就是夫婦的結合。沒有夫婦的結合，便產生不出我的生命。這樣，要由我的生命去再造生命，我亦得有夫婦的結合。是夫婦的關係，不光是本能的，實含有再造生命的意義，含有使父母生命延續的意義。中國家庭重視子女的婚嫁，認爲子女的婚嫁，必須由父母作主，男女的結合，必須有父母之命，媒妁之言，不談什麽戀愛。男女結合之前，雙方可絕不相識。這自西方人看來，是極可笑而不合理的。但自儒家孝道之說來看，男女結合，主要在傳宗接代，在延續父母的生命，而不是光爲着男女雙方的愛情或自然本能。自然本能或愛情，雖是男女結合的必要條件。可是在中國倫理上，卻加上了延續父母生命的義務。過去的中國人都感覺有此義務。在這一感覺下，無子而休妻是許可的，無子而納妾也許可的。中國舊家庭之有納妾及無子出妻的習慣，我們若不從孝的概念去看，我們是無法瞭解的。站在孝的概念上去看，儘管這習慣仍不合理，我們卻可瞭解其意義。總之，傳統中國的夫婦關係，是超本能的，是超出男女愛情之上，而以孝道爲本的。

父子與夫婦的關係外，就是兄弟的關係。父子的關係在承先，夫婦的關係在啓後，承先啓後，一線相聯，這可說是生命之縱的意義。至兄弟的關係，則可說是生命之橫的意義。父子主孝，兄弟主敬，中國倫理認爲弟必須敬兄，而兄必須愛弟，兄弟如手足，有互相協助的義務。這兄弟關係的重視，仍是從生命的來源上着想，由尊重生命的來源而引出的。蓋兄弟的生命，均從父母的生命而來。我們敬愛父母的生命，我們亦自應敬愛父母生命所創造的生命。所以言孝，必須言弟，孝弟常並言。孟子曰：「堯舜之道，孝弟而已矣。」(31)能孝，自然必能弟。知孝的重要，自必知弟的重要。傳統的中國家庭，兄弟多不忍分居，特別是父母存在的時候，兄弟更不願分居。中國人且以數代不分居，以保持大家庭的形式爲榮。此種兄弟不分居而造成的大家庭制，現雖在崩潰中，且亦確有弊端，然究其產生的原因，仍是由於孝的實踐。

父子，夫婦，兄弟的關係，均爲孝的實踐，則中國人的家庭生活，豈不是爲孝所滲透的生活嗎？

次就宗教生活來說。作者常感覺奇怪的是，中國哲人，罕談宗教。他們對死生一事，處之泰然，不感覺有何不安，亦不感覺有論究必要。西洋哲學上討論至爲熱鬧的問題，如上帝存在問題，如靈魂不朽問題，中國哲人似皆不感興趣，絕少談及。論語「季路問事鬼神。子曰：未能事人，焉能事鬼？敢問死。子曰：未知生，焉知死？」（32）孔子這種不談鬼神，不談死的態度，幾成爲儒家一貫相承的態度。這不僅素有哲學修養的學者是如此，即中國社會上所謂士或一般讀書人，亦多半對於宗教問題，不感興趣。他們且對社會流行的佛教和道教，多所排斥。這是什麼原因呢？豈他們皆絕無宗教的需要嗎？作者嘗求其故而不得，後從孝上觀察，乃恍然明白，知我國儒者雖不談宗教，而實有一種宗教的代替品。這宗教的代替品就是孝。儒家的宗教，可說就是孝的宗教。

孝何以能代替宗教？或孝何以能成爲宗教？這當從宗教的本質或要素上去尋求答案。宗教的定義至多，作者不打算提出什麼定義，但作者認爲宗教的要素，至低限度，須具備下列三點：一是對超人或超自然勢力的崇拜，二是得救的希望，三是情志的慰勉。任何宗教似均不能缺少這三要素。具備這三要素，即可名爲宗教或可爲宗教的代替品。孝之所以能代替宗教或成爲宗教，即因孝具備了這三要素的緣故。

中國倫理上，孝的意義，不僅在敬愛生存的父母，且在敬愛已死的父母和祖宗。蓋孝是生命本源的上溯，由自身的生命，追溯到父母的生命，自必由父母的生命，追溯到祖宗的生命。所以祖宗崇拜，遂成爲孝的必然結果。孝經稱：「孝莫大於嚴父，嚴父莫大於配天，則周公其人也。昔者周公郊祀后稷以配天，宗祀文王於明堂，以配上帝，是以四海之內，各以其職來祭。」（33）以父配天或配上帝，即等於視父為一種超人勢力而崇拜之。故儒家對喪祭之禮，對祖宗的崇拜，儀式特別莊嚴而隆重。將祭必齋戒沐浴，必明發不寐。「祭之日。入室，僾然必有見乎其位；周還出戶，肅然必有聞乎其容聲；出戶而聽，愾然必有聞乎其歎息之聲。」（34）這種敬謹的態度，較諸今日在教堂崇拜上帝者，或有過之而無不及。可見在崇拜祖宗上，孝不僅有崇拜的對象，且有崇拜的儀式。雖所崇拜的，和普通宗教不同，然自崇拜超人或超自然的勢力言，則崇拜祖宗的作用，實和普通宗教相同。

中國人的崇拜祖宗，主要在報恩，在不忘其本，而少求福之意。但我們亦不能說，崇拜祖宗絕無求福或希望得救的意義。禮記稱：「孔子曰：我戰則克，祭則受福，蓋得其道矣。」（35）又稱：「祭有祈焉，有報焉，有由辟焉。」（36）是儒家之於祭祀，實不諱言求福。他們崇拜祖宗，一方面固以慎終追遠為主，一方面亦隱寓祈求祖宗之靈加以福祐的意思。故古代帝王，有大事，必廟告。如作戰，出入均必昭告祖宗。這有隱求祖宗之靈，運用超人之力，以拯救自身的意思是很明顯的。後代堪輿之說興，一般社會平民之於祖宗崇拜，尤明白以求福為目標。一切吉凶禍福，凡人力所不能控制的，多希望祖宗之靈，代為解決。他們縱不信神求佛，而其神與佛，固另有所在。即其所以求之者，亦和一般宗教，無多大差別。

至求情志的慰勉一點，孝的作用尤大。蓋人情之最感不安，而覺無力以挽救的，莫如死。人之不能不死，這和宗教的產生，實有密切的關係。設人可不死，則世界宗教是否會產生，便成問題。設人對於死的問題，有解決的妥善辦法，不必求助於宗教， 則宗教對人，即非必要。中國儒家之於死的問題， 似有特殊的解決辦法。這種解決辦法，則又以孝為樞紐。孟子說：「不孝有三，無後為大。」（37）這句話，自一般人，特別是西方人看來，是很難理解的。何以不孝以無後爲大呢？但在中國儒者看來，這卻有深刻的意義。有後無後，關係至鉅。一己的生命，父母的生命及祖宗的生命，其繼續與否，也卽不死與否，卽視有後或無後爲斷。有後，則一己的生命固不死；父母及祖宗的生命亦不死。無後，則一己的生命固死，父母及祖宗的生命亦隨之而斷絕。斷絕父母及祖宗的生命，是怎樣的不孝呢！可見中國儒者之重視有後，實和生命之不朽問題有關。中國儒者認爲個人生命，不論從肉體方面或精神方面來說，均可由其子孫而繼續。子孫的生命，就是父母及祖宗生命的延續。只要我有子孫，而子孫又有子孫，子子孫孫，一代一代傳下去，這便是我之生命的不朽。所以數千年來，中國社會，特重生子，特重有後。一般人均以「添丁發財」爲人生的兩大喜事。生子且必求其肖己。所謂「肖子」云者，卽有從肉體方面類似父母的意思。父之於子，如見兒子之肖己，卽感覺快慰。這種快慰，無形中便滿足了他一部分不死的欲望。若兒子能繼志述事，克紹箕裘，在事業上及思想上和父親一致，則做父親的快慰必更大，而其不死的欲望，亦更能滿足。所以做孝子的，一方面必須保重身體，有「身體髮膚，受之父母，不敢毀傷」（38）之言，一方面必須繼承父親的事業和思想，因有「三年無改於父之道，可謂孝矣」（39）的說法。這目的就是要使子女的生命，真能繼承父母的生命。中國人以有子爲喜，有子更求其肉體精神之肖己，表面若無甚意義，實際他們的不死問題，便由此而解決 。所謂「有子萬事足」（70），有子，則個人生命，雖死不死。人能以子孫生命爲一己生命的繼續，則個人之有無靈魂及靈魂之是否不朽，遂非重要問題。死之一事，固不足以攪擾我們的情志。友人唐君毅說：「子孫之生命，自我之生命而來，則子孫之存在，卽可視爲我之生命未嘗朽壞之直接證明。故愛子孫之念濃，則求個人靈魂不朽之念自薄。」（41）只要有肖子賢孫，個人便可死而無憾。所謂無憾，就是不死問題已得解決也。這種不朽觀，無疑是從孝的概念而來。

孝有崇拜的對象，有得救的希望，亦有情志的慰勉，所以中國人在孝的生活中，便一如在宗教的生活中。中國人的宗教生活，主要便是孝的實踐。

又次就社會生活來說。中國人的社會生活，是以家庭爲基礎而擴展出去的。這也就是根據孝的概念而推擴出來的。中國的社會，家庭之外，就是親戚，這是由婚姻關係而促成的。親戚之外，就是同姓同宗，這是由祖宗的關係而聯結的。宗族之外，就是同鄉同里，這是由自己的生命及父母祖宗之生命生長所在地而發生情感的。同鄉之外，就是師友。中國倫理，特重尊師。師的地位，只在父親之下。每一家庭所供奉的神位，列爲「天、地、君、親、師」，師之受尊敬可知。爲什麼中國人這樣尊師呢？這依然是由於中國人不忘其本的孝心。蓋我的肉體生命，雖是由父母而得，我的精神生命或文化生命，則多半由師而得。我知自生命來源上孝父母，自亦應知從精神或文化的來源上尊敬老師。至朋友的關係，一樣是由精神或文化的關係而產生。曾子曰：「君子以文會友，以友輔仁。」(42)我們求友的目的，是謀藉朋友之助，以充實我們的精神生命或文化生命。故友道實爲師道的擴大。如友道爲師道的擴大，師道又爲孝道的擴大，則中國人的師友關係，一樣是導源於孝道。親戚，同宗，同鄉及師友，這些關係構成中國人的主要社會關係。他們的社會生活。亦多半是這些關係中的生活。我們看今日海外華僑的集會結社，差不多不是以同姓同宗爲基礎，就是以同鄉同邑爲基礎，便知孝的精神，仍洋溢於今日華僑的社會。中國人對於親戚師友，同鄉同宗，常表現極濃的情誼，解衣推食，毫無吝色。異鄉相遇，一聞爲同姓或同鄉，縱素不相識，亦親切如家人。這顯然是得力於孝的實踐。

最後就政治生活來說。傳統的中國社會，似乎對政治不感興趣，也很少什麼政治生活。以西方所謂政治來看中國社會，中國社會確缺少政治生活。但傳統的中國政治，實和西洋不同。傳統的中國政治，在官民相安，在無爲而治。官以不擾民爲原則，民以不訴訟爲目標。官與民間，接觸愈少，則是政治愈近於理想。一般社會，父兄之教子弟，多以不入官衙爲誡。他們的糾紛，不希望官去解決，而多謀在家庭內或鄉里內，由家長或鄉長去解決。我們可說，中國社會是以鄉治去代替政治的。蓋以孝治家，則人知敬長，知敬長，則一切衝突，即可在家庭之內，由家長而解決。家庭與家庭間，如有糾紛，即可由鄉長而解決。中國倫理重視尊長與養老。禮記稱：「民入孝弟，出尊長養老，而后成敎，成敎而后國可安也。」（43）因一鄉之中必有長老，而長老若得到一鄉人的尊敬，則長老的地位，便和官一樣。長老即可解決一鄉的糾紛。長老可以解決鄉事，則鄉可自治。鄉治，則國可治。孔子曰：「吾觀於鄉，而知王道之易易也。」（44）所謂王道，不外使人孝弟，由之而使鄉治。鄉治，則國未有不治，縱不治，這對於人民的影響尙小。中國歷史上易朝換姓之事甚多，而人民不感覺特別不安，這即因人民生活於鄉治中，對帝王的統治，非極需要的緣故。數千年來，中國人在政治上的享受，帝王之澤或少，而鄉治之益實多。這以鄉治爲主的政治生活，豈不又是孝的實踐嗎？

以上我們已見到中國人的家庭生活，宗敎生活，社會生活及政治生活，均直接或間接，和孝的實踐有關。這樣，作者謂中國社會受孝的概念所支配，是以孝爲基礎而建立的話，也獲得了充分的證明。

（四）

孝與中國社會的關係，畧如上述。中國社會與中國文化的特徵，最和西方社會與西方文化不同者，可說即在重視孝這一點。中國社會是以孝爲基礎的社會。中國文化是以孝爲根本的文化。這種社會與文化，建築在孝的倫理上，從人類內發而自然的愛爲起點，而擴展出去的。社會內人與人間的關係之維持，在本乎「推己及人」之一「推」字。人皆有敬愛父母之心，循此本心，順此本性，擴而充之，由最親以及於最疏，自然流出，絕不勉强。這種愛非出乎利己的私心，亦非受外力的壓迫，而只本乎愛父母子女之心以愛他人。愛就是愛，不雜以絲毫功利之私，因而其愛爲純潔的，爲真摯的，爲可久的。以此真純可久之愛爲基，中國社會與文化，乃能屹立於世，垂數千年而不墜。家庭的建立，社會的團結，民族的統一，都恃有這種愛。中國社會與文化的真精神，或即存於這種內發之愛中。

孝在中國社會上，在過去有地位，有價值，這或不容我們否認，但問題是，孝的倫理對今後中國的社會，是否亦有地位與價值呢？孝的倫理又是否爲西方社會或任何其他社會所需要呢？在東西文化與哲學的綜合上，孝的倫理是否有保存與發揚的價值呢？這些問題是作者謀在結束本文前加以回答的。

作者不否認今日中國的社會，已和過去不同。大家庭制度已在崩潰中，孝之爲德，亦逐漸不爲中國人所認識。一般青年尤多不知孝爲何物。這是無可諱言的事實。面對這一事實，我們仍想提倡孝道，這不是違反潮流嗎？但這一事實是作者所深知的，唯事實是事實，而「應該」仍是「應該」。事實不管如何，理若應該，則此應該之理，仍不能不談。倫理學是談「應該」的，決不光以事實爲根據。如光以事實爲根據，則一任事實自然演進便可，我們何必談倫理談道德？我們之所要談倫理道德，就是因爲有事實是不合理的或是不道德的。倫理學是要糾正事實，糾正人類現有的行爲。這是倫理學應有的任務。倫理學所認爲應該的事件，即和當前的潮流，和當前人類的行爲相反，倫理學仍必堅持其主張。依作者所見，孝的倫理，在中國社會或任何社會，均有應該存在的理由。蓋孝本乎內發之愛，這內發之愛，如不加倍養而任其消滅，則社會必成爲冷酷無情的社會，而日在欺凌，侵奪，壓迫，殘殺中也。

孝何以有應該存在的理由？何以不僅在中國社會，且在任何社會，均有應該存在的理由。根據作者以上的叙述，我們可以看出，孝是肯定人生的，是肯定社會的，且是社會團結的必要因素。蓋孝的出發點是子女對父母的敬愛。子女何以要孝父母？這是子女從生命的本身着想，認爲我的生命從父母而得。從父母而得生命，本質上是善的。如本質上是惡的，則子女便不會感謝父母，不會孝敬父母。從子女之生而有孝心，之對生命來源致其敬愛，這表明孝是肯定生命是善，肯定生命是有價値的。所以做孝子的，一則須敬重生命的來源，二則須愛護本身的生命，不辱父母之名，三則須創造繼起的生命，使生命不中斷。這可說是對生命價値的全部肯定。這是中國人最根本的人生態度。這種人生態度，和印度佛教的人生態度，便極不相同。佛教視生命爲本質上是惡的，是充滿痛苦的。生命既是充滿痛苦和罪惡的，則生命本身便成爲無價値之一物，不必重視，亦不必愛護。所以佛教的人生態度，是否定生命的，是否定生命的價値的。佛教主張超出生死海，不重人類日常的生活，尤不重人類男女的關係，以修行，出世，做和尙爲人生的最高境界，就是由這種否定生命價値的態度而來。但這種態度，從倫理學言，是錯誤的。倫理學必須肯定人生的價値。不肯定人生的價値，我們就不必談什麽倫理，談什麽做人之道。談做人之道，即肯定做人有價値，亦卽肯定生命有價値。且佛教的主張與佛教的實際行爲，也是矛盾的。緣生命若真無價値，則應有的行爲，是自殺。不自殺，而要修行，要做和尙，這就肯定了生命的價値。當你不生存而沒有生命時，你能修行嗎？你能做和尙嗎？人人做和尙，你的和尙生活又能維持嗎？可見在佛教的實際行爲上，生命的價値，仍是被肯定的。這樣，肯定人生，肯定生命價值的孝的倫理，豈不是每一社會所應該接受的嗎？不重視生命的價值，社會又能被維持嗎？

孝肯定人生，肯定生命的價值，同時也肯定了社會，肯定了社會的價值。蓋社會是由個人組成的，離開了個人，不會有什麽社會。所以肯定社會，必先肯定個人，必先肯定個人生命的價值。孝的倫理，首先肯定個人生命的價值。由肯定個人生命的價值，認爲生命是善，然後進而肯定生命來源的價值，進而敬愛這作爲生命來源的父母。又由肯定生命來源的價值，自己便有結婚成家的義務，以創造宇宙繼起的生命，以使自身也成爲生命的來源。家庭就是這樣成立的。有了家庭，便有社會。社會是家庭的擴大。人知愛家庭，便知愛社會。人知愛自己的父母，便知愛他人的父母。知愛自己的子女，便知愛他人的子女。所謂「老吾老以及人之老。幼吾幼以及人之幼」，就是社會成立的必要條件。人若不知「老吾老以及人之老，幼吾幼以及人之幼」，社會便無成立的可能。是社會的成立，乃成立在孝的基礎上。以孝爲基礎，然後能建立家庭，建立社會。印度佛教雖主慈悲，然其慈悲不是肯定生命價值的慈悲，而是否定生命價值的慈悲。生命價值被否定，自然家庭的價值亦被否定，隨而社會的價值也必在否定之列。所以佛教的人生，便以逃避社會，入山修行爲目標。儘管佛有救世之志，然其志究在使人超出社會，而不是在使人成就社會。但沒有社會的存在，和尚又如何能修行呢？是在肯定社會的存在上，我們又必須接受孝的倫理。

孝肯定社會的存在，同時又是團結社會的根本。我們謀社會的團結，謀人類的團結，謀世界的永久和平，作者認爲我們必須接受孝的倫理。以孝的倫理爲基礎，然後社會的團結，人類的團結，方有可能，而世界的永久和平，亦始有希望。作者的理由是這樣的：首先，我們不能否認而必須承認的一個前提是，所需要以團結人類社會的，是愛而非恨。只有愛始能團結人類。這可說是誰都知道的真理。承認了這一真理之後，其次，我們不能不承認的，在人性中，最真摯。最純潔，而又爲每一人所具有的愛，莫過於父母子女間的愛。這種父母子女間的愛，是人類的愛根或愛苗，是最重要的，最可寶貴的。對這一點，我想也不會有人敢否認的。不敢否認這一點，同時便不敢否認孝的倫理。蓄孝的倫理，就是志在培養及發展這種父母子女間的愛的。不培養這種愛，就是不培養愛之根。不培養愛之根，讓愛根枯萎或消滅，則團結社會與人類所需要的愛，何自來呢？是謀社會與人類的團結，謀世界的永久和平，豈不是應該提倡孝道嗎？

如作者上述的理論不誤，則孝的倫理，對於西方社會與西方文化，便有極大的貢獻。蓋西方社會與文化，雖有所長，然其主要弱點，即在不重視孝的倫理，在忽視內發之愛，而思以外鑠之愛代之。西方文化以希臘及希伯來爲主要泉源。希臘文化與希伯來文化，雖極不同，然不同中，卻有一共同點。這共同點就是忽畧孝或忽視內發之愛。希伯來文化不重視父母妻子之愛，在耶教聖經上，明有所言。如曰：「我非爲人世送和平來，將送一刀來。我將分子疏其父，女疏其母，媳疏其姑，而視其家人如仇。彼愛父母勝於愛我者，非吾徒也。」（45）像這樣的話，顯然是和孝的倫理相反。至希臘文化之不重視孝，亦可由柏拉圖的「共和國」語錄中看出。「共和國」語錄有主張兒童公育與公妻的提示，（46）也可說是忽視父母子女間的愛的主張。且希臘文化主智，以向外追求共相或普遍爲主，故「希臘傳統演變的結果是物本，基督教是神本，而人這一本是空虛」。（47）至低限度，人類的內發之愛或愛根，是西方文化所忽視的。忽視了愛根，基督教的博愛，遂變爲無本的，不能充分發展其效能。蓋不先教人愛父母，而只教人愛上帝，愛人類，這在想像力薄弱的人，是很難理解的。基督教這樣做，有如人有良田，不加耕耘，任其荒蕪，成爲石田，然後以一朶鮮花，揷諸其上，而希望其生長，這怎會有效呢？故不談父母子女間的愛，而只談博愛，愛的根本，便被忽視。結果，西方社會，表面雖言博愛，實際則以利爲基。雖父子，兄弟，夫婦之間，亦斤斤言利。利害苟有衝突，不恥相見於法庭。人與人間之相視，各爲互利的工具。家庭之團結以利，社會之團結以利，國家與國家之團結亦以利，利盡則彼此相棄如敝屣。這不是今日西方社會的實況嗎？爲對治西方社會這一病態，中國孝的倫理，便有接納的必要。

（1）大學第一章第一節
（2）梁啓超著：「儒家哲學」，單行本，第二頁
（3）中庸第二十二章
（4）重編明儒學案，正中版，卷三十二，三五四頁
（5）見錢穆著：中國思想通俗講話，香港民四四版，五三頁
（6）同上，五四頁
（7）論語卷十七，第十九章，第三節
（8）孟子，卷七，上，第廿一章，第四節
（9）同上，卷三，下，第九章，第一節
（10）論語，卷一，第二章，第二節
（11）孟子，卷六。第十一章第一節

（12）同上，卷二。上，第六章，第五節
（13）同上，卷七。上，第十五章，第一，二節
（14）論語，卷十二，第二十二章，第一節
（15）孟子，卷四，下，第二十八章，第二節
（16）孝經，第九章
（17）孟子，卷四，上，第二十七章，第一節
（18）孝經，第一章
（19）孟子，卷七，上，第四十五章
（20）同上，卷一，上，第七章，第十二節
（21）中庸，第十五章，第一節
（22）見莊子，天下篇
（23）孝經，第一章
（24）禮記，卷八，第二十四章
（25）孟子，卷四，上，第五章
（26）大學，卷首，第四節
（27）同上，第九章，第一節

(28)孟子，卷四，上，第十九章，第一節
(29)孝經，第七章
(30)同上，第一章
(31)孟子，卷六，下，第二章，第四節
(32)論語，卷十一，第十一章
(33)孝經，第九章
(34)禮記，卷八，第二十四章
(35)同上，卷五，第十章
(36)同上，卷五，第十一章
(37)孟子，卷四，上，第二十六章
(38)孝經，第一章
(39)論語，卷四，第二十章
(40)中國流行的俗語
(41)唐君毅著：中國文化之精神價值，民四二正中版，頁 322
(42)論語，卷十二，第二十四章
(43)禮記，卷十，第四十五章

（44）同上

（45）新約，馬太福音，第十章，第三十五至三十八節。

（46）Plato's "Republic" 460C－D

（47）見牟宗三著：王陽明致良知教，民四三台北版，頁七

漢晉之際士之新自覺與新思潮

余英時

引言

近世以來，中外學者考論魏晉士族發展與清談思想者亦已多矣。作者竊不自量，尙欲於此有所申述，聊以補諸家之所未及，此茲篇之所以作也。蓋時賢之用心，或偏重於士族政治、經濟勢力之成長，或深入於清談之政治背景之隱微，要多爲分析之作，而鮮有綜貫之論。作者以爲吾人若欲了解漢晉之際新思潮之真精神與真意義，恐不能不別於東漢中葉以來士大夫之內心自覺一點，特加注意。斯篇主旨卽在以士之自覺爲一貫之線索而解釋漢晉間之思想變遷。依此解釋，則不僅儒學之變爲老莊，其故可得而益明，卽當時政治、經濟、社會各方面之變動而最爲近人所措意者，亦未嘗不可連貫而參證之。故斯篇但求立己，不求破人；至於所涉諸端而或有爲前修時彥所發者，則但力求就知解所及而采擇融會之，藉示崇敬之微意焉！

上篇　士之羣體自覺

漢人通經致用，治學蓋利祿之階，故士人與日俱增，比世所習知者也。東漢之興既已頗有賴於士族之扶翼，則光武之弘奬儒術殆亦事有必至，無足怪者。近人研究魏晉南北朝之世家豪族者往往溯其源至東漢之世，豈偶然哉！東漢士大夫在政治、經濟、及社會各方面之發展，近人言之已詳，可不待再論。（註一）所當申論者，卽士大夫之社會成長爲構成其羣體自覺之最重要之基礎一點而已。惟自覺云者，區別人己之謂也；人己之對立愈顯，則自覺之意識亦愈强。東漢中葉以前，士大夫之成長過程較爲和平，故與其他社會階層之殊異，至少就其主觀自覺言，雖存在而尙不甚顯著。中葉以後，士大夫集團與外戚宦官之勢力日處於激烈爭鬥之中，士之羣體自覺意識遂亦隨之而日趨明確。故吾人苟欲於士之羣體自覺一點有較深切之瞭解，則不能不求之於東漢後期也。東漢之政治，自和帝永元元年（公元八九年）以降，大抵爲外戚宦官迭握朝政，且互相誅戮之局，然畧加深察，又可分爲二大不同之階段，而以延熹二年（公元一五九年），卽桓帝與五宦官誅梁冀之歲爲其分水線焉。前乎此，外戚之勢爲强，後乎此，則閹宦之權轉盛，而東漢之士大夫亦遂得在其迭與外戚宦官之衝突過程中逐漸發展羣體之自覺。東漢外戚之禍極於梁冀之專權，士大夫之形成淸流集團似亦肇端於此際，至其後與宦官爭鬥時之結黨，則是更進一步之發展耳。（註二）後漢書卷七十四胡廣傳云：

「廣……性溫柔謹素，常遜言恭色，達練事體，明解朝章，雖無謇直之風，屢有補闕之益，故京師諺曰：萬事不理問伯始，天下中庸有胡公，及共李固定策，大議不全。（章懷註曰：質帝崩，固爲太尉，與廣及司空趙戒議欲立淸河王蒜。梁冀以蒜年長有德，恐爲後患，盛議立蠡吾侯志，廣戒等懾憚，不能與爭。而固與杜喬堅守本議。）又與中常侍丁肅婚姻，以此譏毀於時」。

按本傳又謂廣：「自在公台三十餘年，歷事六帝，禮任甚優。每遜位辭病及免退田里，未嘗滿歲輒復升進。凡一歷司空，再作司徒，三登太尉，又爲太傅；其所辟命皆天下名士。與故吏陳蕃，李咸並爲三司，蕃等每朝會，輒稱疾避廣，時人榮之。」其位望之隆殆可想見。然以曲節於外戚宦官之故，遂不爲時人所諒，然則卽在梁冀之時，淸流士大夫與外戚閹豎之間已有不可越踰之鴻溝，亦從可知矣！同書卷九十七黨錮傳李膺傳曰：「南陽樊陵求爲門徒，膺謝不受，陵後以阿附宦官，致位太尉，爲節志者所羞。」此亦士大夫與宦官涇渭分明之另一例證也。

同書卷九十上馬融傳云：

「初融懲於鄧氏，不敢復違忤勢家，遂爲梁冀草奏李固；又作大將軍西第頌。以此頗爲正直所羞。」

又同書卷九十四趙岐傳注引三輔決錄曰：

「岐娶馬敦女宗姜爲妻。敦兄子融嘗至岐家，多從賓與從妹宴飲作樂，日夕乃出，過問趙處士所在。岐亦厲節不以妹聓之故，屈志於融也。與其友人書曰：「馬季長雖有名於當世，而不持士節，三輔高士未嘗以衣裾襒其門也。」」

觀此可知馬季長雖爲一代儒宗，亦因媚事外戚梁冀，士節有虧之故，致爲淸流士大夫所不齒。吾人於此殊不難推想當時士大夫與外戚宦官涇渭分流之一般狀態也。又趙岐「不持士節」之語，其意指雖不易確定，然若取與袁宏後漢紀卷二十一建和元年條下（後漢書卷九十四，吳祐傳畧同）

「從事中郞馬融主爲冀作章表。融時在坐，（吳）祐謂融曰：李公之罪成於卿乎；李公若誅，卿何面目示天下人？」

之語相參證，則邠卿之言，誠不得不謂之信而有徵矣。（註三）

復次，馬融之所以黨附梁冀，雖可以自其「貴生」之思想爲之解釋（詳見中篇），但若不進而一究其家世，則尚不免未達一間。蓋季長原爲兼具名士與外戚二重身份之人，後漢書卷九十四趙岐傳云：

「岐少明經，有才藝，娶扶風馬融兄女。融外戚豪家，岐常鄙之，不與融相見。」

同書同卷盧植傳亦曰：

「融外戚豪家。」

章懷注云：

「融、明德皇后之從姪也。」

而復生當士大夫與外戚鬥爭尖銳化之時代，故其立身處世遂不免曖昧動搖，朝秦暮楚，然則其初所以不應鄧騭之召者，蓋內心尚持士大夫之道德標準，而其後所以卒依附梁冀而無愧色者，則殆已一變而至外戚之立場耶？至於老莊云云，證之季長一生行事，雖不無可信，然其中亦必具有「從而爲之辭」之成份，亦可以斷言也（註四）。信如是，則遠在黨錮之禍以前，士大夫與外戚（宦官）爲二不同之社會集團之意識卽已昭然明著，僅就馬融之具體例證觀之，已不難知之矣。

抑更有可論者，士大夫與外戚亦常有合流之事，此可由第二次黨錮之禍時，陳蕃、李膺與大將軍竇武之聯盟，及其後袁紹與何進之謀誅閹豎之事例中見之。初視之，則似士大夫與外戚隸屬於二不同社會集團之說若不足信。但今就馬融之例證推論之，乃知士大夫之所以能與外戚携手者，除可由二者具有共同之敵人——宦官——一點加以說明外，其更深一層之原因似尚可以從外戚有時亦兼具士大夫之身份一點求之，如竇武卽其例也。後漢書卷九十九竇武傳云：

「武少以經行著稱。常敎授於大澤中，不交時事，名顯關西。………在位多辟名士，淸身疾惡，禮賂不通。妻子衣食裁充足而已。是時羌蠻寇難，歲儉民飢。武得兩宮賞賜，悉散與太學諸生。」

故其後武旣與陳蕃等共定計策，翦除閹醜，「天下雄俊知其風旨，莫不延頸企踵，思奮其智力。」（見本傳）蓋游平原是士大夫中人，雖恃椒房之寵而致身顯貴，猶能不忘故吾，與士大夫交接，宜其一旦欲有所圖謀，遂深得天下清流之信仰與贊助也。下視四世三公之袁本初與「家本屠者」（見後漢書卷十下何皇后紀）之何遂高徒以一時利害相結合，其規模與精神固區以別之矣！

後漢書卷九十七黨錮列傳序云：

「逮桓靈之間，主荒政謬，國命委於閹寺。士子羞於爲伍，故匹夫抗憤，處士橫議，遂乃激揚名聲，互相題拂，品竅公卿，裁量執政，婞直之風，於斯行矣。」

從來論漢末黨錮之禍者大抵皆本蔚宗此說，以爲起於士大夫與宦官之相互激盪，以誠不易之論也。然結黨一事關涉士大夫之羣體自覺，誠如趙雲崧所謂「其所由來已久，非一朝一夕之故」（見廿二史劄記卷五「黨禁之起」條），似不能純以一時偶然之刺激說之。一般而論，東漢之士大夫旣具共同之社會經濟背景，復受共同之文化薰陶，更抱共同之政治理想，則其平時之交游與一旦有事時之相互聲援，亦屬意料中事。大抵東漢中葉以來士大夫之交游結黨已頗風行；流弊所及，則爲俗士之利害結合，後漢書卷一百十下，文苑列傳劉梁傳云：

「梁……常疾世多利交，以邪曲相黨，乃著「破羣論」。時之覽者以爲仲尼作春秋，亂臣知懼；今此論之作，俗士豈不愧心。」

按梁卒於光和中（一七八－一八三年）。「破羣論」之著作時日雖無可考，要當爲早年之作。則俗士交游結黨之風至少在桓帝以前即已甚爲普遍。與劉梁同時或稍前之朱穆（九九－一六三年）亦著「絕交論」，以矯時弊。據同書卷七十三朱穆傳注引穆集載絕交論畧曰：

「……世之務交游也久矣……其甚者則求蔽過竊譽，以贍其私；事替義退，公輕私重，居勞於聽也；或於道而求其私贍矣。是故遂往不返，而莫敢止焉。……」

此種風氣至桓、靈之世而益甚，漢末徐幹論此最爲深切，中論卷下譴交篇云：

「桓靈之世，其甚者也，自公卿大夫，州牧郡守，王事不恤，賓客爲務，冠蓋塡門；儒服塞道，飢不暇餐，倦不獲已，殷殷沄沄，俾夜作晝。下及小司，列城墨綬，莫不相商以得人，自矜以下士，星言夙駕，送往迎來；亭傳常滿，吏卒傳問，炬火夜行，閽寺不閉。把臂捩腕，扣天矢誓，推托恩好，不較輕重。文書委於官曹，繫囚積於囹圄，而不遑省也。詳察其爲也，非欲憂國恤民，謀道講德也，徒營已治私，求勢逐利而已！有策名於朝，而稱門生於富貴之家者，比屋有之，爲之師而無以教，弟子亦不受業。然其於事也，至於懷大夫之容，而襲婢妾之態。或奉貨而行賂，以自固結；求志屬託，觀圖仕進。然擲目指掌，高談大語。若此之類言之猶可羞，而行之者不知恥。嗟乎；王教之敗乃至於斯乎！」

俗士交游之頹風既至桓靈之世而極盛，黨錮之禍之適起於此時恐不能不與之有關。後港書黨錮傳序又云：

「初桓帝爲蠡吾侯；受學於甘陵周福，及即帝位，擢福爲尙書，時同郡河南尹房植，有名當朝。鄉人爲之謠曰：天下規矩房伯武，因師獲印周仲進。二家賓客互相譏揣，遂各樹朋徒，漸成尤隙。由是甘陵有南北部。黨人之議，自此始矣。」

據此則部黨之形成正是其時交游風尚之必然歸趨，亦即徐偉長所謂「自公卿大夫，州牧郡守，王事不恤，賓客爲務，冠蓋填門，儒服塞道。」之應有之後果也。由是觀之，黨錮諸君子與一般俗士，雖賢與不肖有雲泥之隔，然若就其結黨一事而論，則實承同一風氣而來。豈不居可見乎？朱穆以著「絕交論」聞於時，及爲宦官所構陷，輸作左校；太學書生劉陶等數千人詣闕上書，爲之訟寃。（見後漢書本傳）斯則抱共同政治理想之清流士大夫在群體自覺方面之具體表現，殊不可與俗士之結黨營私等量齊觀者也。中論序云：

「……靈帝之末年也，國典隳廢。冠族子弟結黨。權門交援求名，競相尚爵號。君（按：徐榦也。）病俗迷昏，遂閉戶自守，不與之群，以六籍娛心而已。」

是知譴交之文蓋疾俗之作，又或與支持曹孟德打擊世家大族「阿黨比周」之政策有關（註五），故所述或不免過甚其辭，吾人殊不能據此而遂謂東漢士大夫之交遊結黨悉出自利己之動機也。茲請畧徵引史料以說明當時黨錮領袖以天下爲己任之氣概。然後再進而對足以顯示士大夫群體自覺之若干事實試加分析，因此層牽涉漢晉之際士風與學風之轉變，不可不加以注意也。袁宏後漢紀卷二十一延嘉二年條（世說新語卷一德行篇同）曰：

「李膺風格秀整，高自標持，欲以天下風教是非爲己任。後進之士有升其堂者，皆以爲登龍門。」

後漢書卷九十六陳蕃傳曰：

「蕃年十五，嘗閑處一室，而庭宇蕪穢，父友同郡薛勤來候之，問蕃曰：孺子何不洒掃以待賓客？蕃曰大丈夫處世當掃除天下，安事一室乎？勤知其有清世志，甚奇之。」

世說新語卷一德行篇曰：

「陳仲舉言爲士則，行當世範，登車攬轡，有澄清天下之志。」

後漢紀卷二十二延嘉八年條（後漢書卷九十七黨錮列傳范滂傳畧同）曰：

「汝南人范滂……後爲太尉黃瓊所辟，登車攬轡，有澄清天下之志。」

按李元禮、陳仲舉與范孟博三人最爲黨人魁首，其言行俱足以傾動一世之豪傑。今仰其氣象則皆國而忘家，公而忘私，吾國士大夫以天下爲己任之傳統在此諸人實已有極顯著之表現。其所以然者，雖不能不推原於兩漢士族在政治、經濟、社會各方面之發展及因之而生之群體自覺，然若貫通全部文化史而言之，則其根本精神實上承先秦之士風（註六），下開宋明儒者之襟抱（註七），絕不能專自一階級之利害解釋之也。觀夫世說新語狀陳仲舉之辭與袁范二書之述范孟博者之一致，即可推知「澄清天下之志」本爲當時士大夫領袖之所同。此亦所以吾國「同志」一辭盛行於此期之故歟？後漢書卷九十七黨錮列傳賈彪傳曰：

「延熹元年黨事起。太尉陳蕃爭之不能得，朝廷寒心，莫敢復言。彪謂同志曰：吾不西行，大禍不解。」

同書卷九十八郭泰傳曰：

「（泰）卒於家。時年四十二。四方之士千餘人皆來會葬，同志者乃共刻石立碑。」

同書卷九十九竇武傳曰：

「武於是引同志尹勳爲尙書令，劉瑜爲侍中，馮述爲屯騎校尉。又徵天下名士廢黜者前司隸李膺，宗正劉猛，太僕杜密，廬江太守朱富等，列於朝廷。」

同書卷八十七劉陶傳曰：

「陶為人居簡，不修小節，所與交友，必也同志；好尚或殊，富貴不求合；情趣苟同，貧賤不易意。」

三國志魏志卷十荀彧傳注引張璠漢紀曰：

「（荀）淑博學，有高行，與李固，李膺同志友善。」

由同志一詞之普遍流行，士大夫之群體自覺乃益顯然可見矣。

士大夫之群體自覺又可自當時士大夫對其領袖人物之仰慕與推崇及大規模集會之頻繁見之。後漢書卷九十八郭泰傳曰：

「郭泰字林宗……後歸鄉里，衣冠諸儒送至河上，車數千兩，林宗唯與李膺同舟而濟。衆賓望之，以為神仙焉……嘗於陳、梁閒行，遇雨，巾一角墊。時人乃故折巾一角，以為林宗巾。其見慕皆如此，或問汝南范滂曰：郭林宗何如人？滂曰：隱不違親，貞不絕俗，天子不得臣，諸侯不得友，吾不知其它。」

同書卷九十七黨錮列傳范滂傳曰：

「滂後事釋南歸，始發京師，汝南、南陽士大夫迎之者數千兩。」

同書卷八十三申屠蟠傳曰：

「太尉黃瓊辟不就。及瓊卒，歸葬江夏，四方名豪會帳下者六七千人，互相談論，莫有及蟠者。」

三國志魏志卷一武帝紀裴注引皇甫謐逸士傳畧曰：

「及袁紹與弟術喪母，歸葬汝南，（王）儁與公（按：指曹操）會之，會者三萬人。」

按：上舉數例（註八）皆是顯示其時士大夫群體自覺程度之高，至於士流之互相標榜而有三君、八俊、八顧、八及、八厨諸名目，雖尤可說明士大夫群體自覺之意識，然其事固世所習聞，茲不復及。

朱子答劉子澄書云：

「近看温公論東漢名節處，覺得有未盡處，但知黨錮諸賢趨死不避，爲光武、明、章之烈，而不知建安以後，中州士大夫只知有曹氏，不知有漢室，卻是黨錮殺戮之禍有以毆之也。且以荀氏一門論之：則荀淑正言於梁氏用事之日，而其子爽已濡跡於董卓專命之朝，及其孫彧則遂爲唐衡之壻（註九）；曹操之臣，而不知以爲非矣。蓋剛大方直之氣，折於兇虐之餘，而漸圖所以全身就事之計，故不覺其論胥而至此耳！」

（引自王懋竑朱子年譜卷一之下乾道八年條）。

案朱子所論黨錮前後士大夫精神意態之殊異，甚有見地。此以前士大夫領袖尚具以天下爲己任之意識，故其所努力以赴者端在如何維繫漢代一統之局於不墜；此以後，士大夫既知「大樹將顛，非一繩所維」（見後書卷八十三徐穉傳），其所關切者亦唯在身家之保全，而道術遂爲天下裂矣！士大夫之社會發展爲魏晉以下長期分裂之一因，近人已多言及之者，（註十）茲但先取門生弟子私謚其師之事論之，然後再進而一究士大夫之內在分化，以其有助於吾人對士大夫羣體自覺之了解也。夫東漢之門生故吏與其師長故主之關係極深，而末流至有君臣之名分，已爲治史者之常識，毋須更有所考論；（註十一）即門生故吏等爲其師長故主立墓碑之事亦爲世所習知；而無舉例說明之必要。（註十二）至於門生弟子私謚之行爲，則似尚未能獲致應有之注意，故畧加徵引，或者亦可資考史者之一助歟？後漢書卷九十二陳寔傳云：

「寔中平四年，年八十四，卒於家，何進遣使弔祭，海內赴者三萬餘人，制衰麻者以百數，共刋石立碑諡爲文範先生。」

同書卷七十三朱穆傳則言之尤詳。

「初，穆父卒，穆與諸儒考依古義，諡曰貞宣先生，及穆卒，蔡邕復與門人共述其體行，諡爲文忠先生。」

洪適隸釋九，漢故司隸校尉忠惠父魯君碑畧云：

「……於是門生……等三百廿人，追惟在昔，游、夏之徒，作諡宣尼，君事帝則忠，臨民則惠，乃昭告神明，諡君曰：忠惠父。」

同書同卷玄儒先生婁壽碑云：

「國人乃相與論德處諡，刻石作銘。」

案私諡爲門生弟子推尊其師至極之表現，最足說明士之自覺，蓋春秋戰國之世爲吾國士之第一次自覺，故各家弟子皆推尊其師，而儒家爲尤甚，此觀孟子公孫丑章句上所引宰我、子貢、有若諸人稱道孔子之語可知。其後宋代復是士大夫自覺之時代，而昌黎開其先河，亦首尊師道。此吾國士之自覺皆以尊師爲其表徵之驗也。漢代通經致仕，故師道本隆，然師弟子之關係愈後而愈密切，則社會、經濟、政治各方面之發展實亦有以致之。此所以東漢中葉以後門生弟子之倫遂各推崇其師達於極點，而至於私諡，觀夫忠惠父魯君碑所載「在昔游夏之徒，作諡宣尼」之語，則士大夫羣體自覺之意態更可以想見矣！然私諡之事究屬突出，故當時及後世之人均不免有所非議：後漢書卷七十三朱穆傳末李賢註云：

「袁山松書曰，蔡邕議曰：魯季父子，君子以爲忠，而謚曰文子，又傳曰：忠，文之實也。忠以爲實，文以彰之，遂共謚穆，荀爽聞而非之，故張璠論曰：夫謚者上之所贈，非下之所造，故顏、閔至德，不聞有謚，朱、蔡各以衰世臧否不立，故私議之。」（註十三）

同書卷九十二荀淑傳附爽傳曰：

「時人多不行妻服，雖在親憂，猶有弔問喪疾者。又私謚其君父及諸名士。爽皆引據大義，正之經典，雖不悉變，亦頗有改。」

然據此亦可知私謚爲東漢末期始有之現象。與士大夫自覺之其他表徵在時間上適相符合；誠不能謂其無關宏恉而忽視之也。

從私謚之事可推知當時士大夫群體自覺之觀念並不限於與其他社會集團相區別之士大夫集團一層，而已進而發展爲內在之分化。蓋門生弟子既各推尊其師，則羣體自覺亦必存在於各家之間，可不待論矣！東漢部黨始於甘陵南北部，史言二家賓客互相譏揣，又各樹朋徒，遂漸成尤隙。此卽黨事之興與門生弟子之各推尊其師有關之顯證。至於南北部之名則又顯示士大夫之地域分化，爲當時士之內在分化之一重要層面，不可不畧加討論者也。

吾國疆域廣袤，地域性之分化本屬難免，僅就東漢言，士大夫早在建武之世似已有之，後漢書儒林傳戴憑傳曰：

「戴憑字次仲，汝南平輿人也。……帝謂憑曰：侍中當匡輔國政，勿有隱情，憑對曰：陛下嚴。帝曰：朕何用嚴？憑曰：伏見前太尉西曹掾蔣遵，清亮忠孝，學通古今，陛下納膚受之訴，遂致禁錮。世以是爲嚴。帝怒曰：汝南子欲復黨乎？」

據此則汝南之士頗有結黨之嫌疑。然史料闕畧，姑置不論。下逮黨錮之禍，士大夫之地域分化已甚爲普遍。同書卷九十四史弼傳曰：

「弼遷尙書，出爲平原相，時詔書下舉鉤黨，郡國所奏相連及者多致數百。唯弼無所上，詔書前後切卻州郡。髡笞掾史，從事坐傳責曰：詔書疾惡黨人，旨意懇惻，青州六郡，其五有黨。近國甘陵亦考南北部，平原何理而得獨無？弼曰：先王疆理天下，畫界分境；水土異齊，風俗不同；它郡自有，平原自無，胡可相比？若承望上司，誣陷良善，淫刑濫罰，以逞非理，則平原之人，戶可爲黨，相有死而已，所不能也。從事大怒，卽收郡僚職送獄。遂舉奏弼。會黨禁中解，弼以俸贖罪得免，濟活者千餘人。」

可知各地士大夫皆有部黨；卽平原亦並不能免，此所以史弼得濟活千餘人也。不過弼以同情黨人之故，抗命不報耳！又據三國志魏志卷一武帝紀所載建安十年九月令曰：

「阿黨比周，先聖所疾也，聞冀州俗，父子異部，更相毀譽。」

則冀州士大夫之結黨風氣尤甚，以致可以分割家人父子。總之，東漢末葉以來，各地士大夫皆自成集團，此可與前文論交游結黨之風互相參證者也。此種風氣雖非地域分化一觀念所能完全解釋！然地域分化必爲其中一要目則殊無可疑。而尤足以顯示士大夫地域分化之觀念者，則爲孔融與陳羣之汝潁人物論。嚴可均全後漢文卷八十三收孔融汝潁優劣論一篇其文曰：

「融以汝南士勝潁川士。陳長文難曰：頗有蕪菁，唐突人參也。融答之曰：汝南戴子高親止千乘萬騎，與光武皇帝共揖于道中；潁川士雖抗節，未有頡頏天子者也。汝南許子伯與其友人共說世俗將壞，因夜起舉聲號哭，潁川士雖頗憂時，未有能哭世者也。汝南許掾敎太守鄧晨圖開稻陂，灌數萬頃，累世獲其功，夜有火光之瑞；韓元長雖好地理，未有成功見效如許掾者也。汝南張元伯身死之後見夢范巨卿，潁川雖有奇異，未有神鬼能靈者也。汝南應世叔讀書五行俱下，潁川士雖多總聰明，未有能離婁並照者也。汝南李洪爲太尉掾，弟殺人當死，洪自劾詣閣，乞代弟命，便飲酖而死，弟用得全；潁川士雖尚節義，未有能殺身成仁如洪者也。汝南翟文仲爲東郡太守，始南袁公著爲甲科郎中，上書欲治梁冀；潁川士雖慕忠讜，未有能投命直言者也（註十四）。」

案此僅爲孔文舉論汝南士優於潁川士之文，恐亦已不全。至於陳長文反詰之辭，吾人但從三國志魏志卷十荀彧傳裴注所引寥寥數語輾轉知其存在，因其文既簡短而復不甚可解，姑置不論。推其主旨亦不過舉例說明潁川士較汝南士爲優勝而已！所可注意者，文舉雖非汝南人，而長文則籍屬潁川，故二人之爭論正足以說明地域分化之觀念已深入士大夫之心。此其一。文舉以頡頏天子推尊汝南之士，尤爲當時士氣高漲之證，南北朝以下「士大夫故非天子所命」（南史卷三十六江夷傳附斅傳引齊武帝語）之時代，在精神意態上殆已濫觴於茲矣！此其二。又文中所稱道士大夫之美德如憂時哭世、遺功社會、破家爲國與夫投命直言諸端，則作者胸中猶存東漢士大夫以天下爲己任之遺意，下視魏晉以下之士唯身家性命之保全是務，未曾有「經國遠圖」（晉書卷三十三何曾傳語）者，殊不可同日而語也。此其三。然則文舉此論雖簡略，實爲說明漢末士大夫地域分化及漢晉之際士大夫精神意態之轉變之重要文字，讀史者誠不宜忽視之也。

除地域之分化外，士大夫復有上層與下層之分化。而所謂上層與下層之分化者，其初猶以德行爲劃分之標準，稍後則演爲世族與寒門之對峙，而開南北朝華素懸隔之局，故尤不能不畧加考釋也。

後漢書卷七十三朱穆傳李賢注引謝承書曰：

「穆少有英才，學明五經，性矜嚴，疾惡，不交非類。」

同書卷八十七劉陶傳曰：

「陶爲人居簡，不脩小節，所與交友，必也同志。好尙或殊，富貴不求合；情趣苟同，貧賤不易意。」

（按此節前已徵引，茲爲說明不同之事實而重錄之，便閱覽也。）

同書卷九十七黨錮列傳李膺傳曰：

「膺性簡亢，無所交接，唯以同郡荀淑、陳寔爲師友。」

此數例證皆說明當時士大夫之賢者復各有其社交圈子，不妄通賓客。然此中又有可得深析而微辨者：劉子奇之交友惟好尙情趣是問，在東漢士大夫交游之類型中別具一格，固不待論；李元禮之以簡重自居則已與分別華素之風氣甚有淵源，此當於後文再釋；至於朱公叔之不交非類則顯是以德行爲交友之標準，此層尙可證之於其他材料。同書卷九十七黨錮列傳岑晊傳曰：

「岑晊字公孝，南陽棘陽人也。父豫爲南郡太守，以貪叨誅死。晊年少未知名，往候同郡宗慈；慈以有道見徵，賓客滿門，以晊非良家子，不肯見。」

按岑公孝初以其父因貪殘見誅之故，遂不獲宗孝初之接待，是道德標準重於階級觀念之證。若不論善惡，僅就階級觀念言，公孝既爲二千石之子，自應屬於上層士大夫也。同書卷九十八郭太傳附賈淑傳曰：

「賈淑字子厚，林宗鄉人也。雖世有冠冕而性險害，邑里患之。林宗遭母憂，淑來修弔。既而鉅鹿孫威直亦至，威直以林宗賢而受惡人弔，心怪之，不進而去。林宗追而謝之。」

後漢紀卷二十三建寧二年條下引威直告林宗之語曰：

「君天下名士，門無雜賓，而受惡人之唁，誠失其所望，是以去耳！」

按賈子厚世代冠冕，然以行止有虧，卒見擯於孫威直，此尤是當時士大夫交往之際，道德意識重於階級意識之明證。而觀夫「君天下名士，門無雜賓」之語，則士大夫之有上層與下層之別，亦卽一種特殊之羣體自覺，亦斷可知矣！

後漢書朱穆傳李賢注引謝承書曰：

「（穆）年二十爲郡督郵，迎新太守，見穆曰：君年少爲督郵，因族勢，爲有令德？」

是則二世紀上葉之人，猶有視世族與德行爲二事者。然德行與世族亦非可以截然而分者。蓋子弟德行之純篤與否與其家世背景至有關係，顧亭林謂東漢之士風家法有過於前代（日知錄卷十三兩漢風俗條），良有以也。故至漢末家世與德行至少在一般世俗觀念上已有合而爲一之趨勢：後漢書卷八十四楊震傳附彪傳載孔融之言曰：

「楊公四世清德，海內所瞻。……」

傳末復曰：

「自震至彪，四世太尉，德業相繼，與袁氏俱爲東京名族云。」

王符潛夫論卷一論榮篇曰：

「今觀俗士之論也，以族舉德，以位命賢。」

此皆德行與家世相維繫之明證也。（註十五）

南齊書卷二十三褚淵王儉傳史臣論曰：

「自金、張世族，袁、楊鼎貴，委質服乂，皆由漢氏，膏腴見重，事起于斯。」

按蕭子顯以南北朝高門華姓之見重起於兩漢，其說甚是。唯西京事遠，可勿置論。若就士大夫對世族與寒門之自覺言之，則至遲在東漢季年，亦即二世紀中葉以後，確已逐漸形成。後漢書卷一百十文苑傳高彪傳曰：

「高彪字義方，吳郡無錫人也，家本單寒。至彪為諸生，遊太學，有雅才，而訥於言。常從馬融欲訪大義。融疾，不獲見。乃覆刺遺融書曰：承服風問，從來有年，故不待介者而謁大君子之門，冀一見龍光，以叙腹心之願。不圖遭疾，幽閉莫啓。……公今養痾傲士，故其宜也。融省書慙，追還之。彪逝而不顧。」

按季長不見義方之故，雖不可得而確言，竊疑其與華素之別不能毫無關係，蓋季長若果因疾辭客，則義方不致責其傲士，而季長尤不必內疚於心也。考託疾不通賓客本為當時士大夫自抬身價之舉，如後漢書卷九十八符融傳曰：

「時漢中晉文經，梁國黃子艾，並恃其才智，炫曜上京，臥託養疾，無所通接。洛中士大夫好事者承其聲名，坐門問疾，猶不得見。」

又惠棟後漢書補注卷十六引李膺家傳曰：「膺恆以疾不送迎賓客，二十日乃一見也。」可資參證。至於傲士之說，證之於潛夫論卷八交際篇：

「所謂恭者，內不敢傲於室家，外不敢慢於士大夫，見賤如貴，視少如長，其禮先入，其言後出，恩意無不答，禮敬無不報……。」

之論，及後漢書文苑傳趙壹傳所載：

「（壹）及西還，道經弘農，過候太守皇甫規。門者不卽通，壹遂遁去。門吏懼以白之。規聞壹名，大驚。乃追書謝曰：………今旦外白有一尉，兩計吏。不道屈尊門下。更啓乃知已去。如印綬可投，夜豈待旦。惟君明叡，平其夙心，寧當傲慢加於所天？……」

之故事，可見亦爲一時風氣，而與貴賤上下之別有關。然則季長之輕慢，得毋以義方「家本單寒」而然耶？（註十六）

後漢書卷一百孔融傳（三國志魏志卷十二崔琰傳裴注引續漢書畧同）曰：

「孔融……年十歲，隨父詣京師。時河南尹李膺以簡重自居，不妄接士，賓客勑外，自非當世名人，及與通家，皆不得白。融欲觀其人，故造膺門，語門者曰：我是李君通家子弟。門者言之。膺請融問曰：高明祖父嘗與僕有恩舊乎？融曰：然。先君孔子與君先人李老君同德比義而相師友，則融與君累世通家。」

按後漢書卷九獻帝記：融被殺在建安十三年（公元二〇八年）（註十七），又據後漢書本傳融卒年五十六歲，則文舉見元禮在延熹五年（一六二年）。此或是關於上層士大夫以門第家世自矜而形成特殊社交圈子之最早而明確之記載也。後漢書卷一百四上袁紹傳李賢注引英雄記曰：

「紹不妄通賓客，非海內知名，不得相見。」

按南北朝世族與寒門不相禮接之風實早由東漢啓之：陳書卷三十四文學傳蔡凝傳曰：

「凝年位未高，而才地爲時所重，常端坐西齋，自非素貴名流，罕所交接。趣時者多譏焉！」

北齊書卷二十三崔㥄傳附瞻傳曰：

「瞻性簡傲，以才地自矜；所與周旋，皆一時名望。」

可以互證也。（註十八）又前嘗引後漢紀及世說新語所載：李元禮高自標持，後進之士，有升其堂者，皆以爲登龍門之事，今考南史卷二十六袁湛傳附昂傳曰：

「昂雅有人鑒，遊處不雜，入其門者，號登龍門。」

參合各方面材料觀之，李元禮實爲樹立魏晉以下士大夫風範至有關係之人物。世說新語爲記載魏晉士大夫生活方式之專書，而此一新生活方式實造端於黨錮之禍之前後，亦即士大夫自覺逐漸具體化、明朗化之時代。其關涉士之個體自覺者，當別於下節論之。然則世語所收士大夫之言行始於陳仲舉、李元禮諸人者，殆以其爲源流之所自出，故其書時代之上限在吾國中古社會史與思想史上之意義或尤大於其下限也。（註十九）至於三國以下華素之別益著，則人多知之，不煩更詞費矣！茲但畧取東漢人之世族與寒門之觀念論之，附於本篇之末，以爲了解士大夫羣體自覺之一助。東漢之重世族，蓋與選舉制度有密切之關聯。就習見之關於重世族之記載言，幾全爲針對選擧不實之弊而發：如後漢書卷三章帝紀建初元年（七六年）詔畧云：

「每尋前世舉人貢士，或起甽畝，不繫閥閱。」

李賢注畧曰：

「言前代舉人務取賢才，不拘門地。」

是此處閥閱二字已可作門地解，此或最早言及選舉重世族之弊之文也。同書卷五十六韋彪傳引彪上議之言曰：

「士宜以才行爲先，不可純以閥閱。然其要歸在於選二千石，二千石賢則貢舉皆得其人。」

全後漢文卷八十九收有仲長統論士之文，畧曰：

「天下士有三俗：選士而論族姓閥閱，一俗；……。」

潛夫論卷八交際篇曰：

「虛談則知以德義爲賢，貢薦則必閥閱爲前。」

同書卷一論榮篇曰：

「今觀俗士之論也，以族舉德，以位命賢，茲可謂得論之一體矣，而未獲至論之淑真也。」

又曰：

「人之善惡，不必世族；性之賢卻，不必世俗。」

據上引諸條可知東漢選舉之重世族，其理論上之根據，蓋以門地與才德之間頗相符應，故王節信雖於俗士之論頗著微詞，而猶許其爲「得論之一體」。然夷考其實則又殊不然，此諸家議論之所以發也。魏晉南北朝之士常以才地自矜，而一般社會風氣亦好以此衡論人物。今考此種觀念亦已早萌芽於東漢之世，後漢書卷九十七黨錮傳尹勳傳云：

「尹勳字伯元，河南鞏人也；家世衣冠，伯父睦爲司徒，兄頌爲太尉，宗族多居貴位者。而勳獨持清操，不以地勢尙人。」

是其證也。

與世族或閥閱相對待者則有單門、寒門、細族等觀念。王充論衡卷三十自紀篇曰：

「充細族孤門。或啁之曰：宗祖無淑懿之基，文墨無篇籍之遺，雖著鴻麗之論，無所稟階，終不爲高。」

按王仲任負絕世之才華，所著論衡一書爲漢晉之際思想變遷導其先路，然以非世族高門，「無所稟階」之故，遂懼不免於變異妖怪之譏，此可見早在公元一世紀之末，世族與寒門之別已入人心。而東漢人以才德與門地相符應之說，亦可於此得一反證矣！至明白以世族與寒門對舉，最早或見於趙壹之刺世疾邪賦，後漢書卷一百十下文苑傳本傳載其文畧曰：

「故法禁屈撓於勢族，恩澤不逮於單門。」

惠棟後漢書補注卷十八單門條注曰：

「單門猶孤門。論衡曰：充細族孤門，是也。」

則世族與寒門之社會地位在二世紀下葉已相去甚遠。而勢族與單門在觀念上之對照乃士大夫有上層下層之別之反映，從又可知矣！三輔決錄注引張芝與李幼才書云：

「弭仲叔高德美名，命世之才，非弭氏小族所當有，新豐瘠土所當出也。」（全後漢文卷六十四引）

按張芝爲奐之長子，文爲儒宗，有草聖之稱，奐亦黨錮中人，卒於光和四年（一八一年），年七十八。則芝當是二世紀下葉之人。（參看後漢卷九十五張奐傳及注引王愔文字志）。今就此簡畧之語觀之，不僅才德與世族相符應之觀念顯然可見，即當時士大夫之地域分化與上層下層之分化亦躍然紙上，故特附錄於此，並以爲本篇之結束焉！

中篇　士之個體自覺

論漢晉之際士大夫與其思想之變遷者，固不可不注意士之羣體自覺，而其尤重要者則爲個體之自覺，以其與新思潮之興起最直接相關故也。然羣體自覺之背景不明，則個體自覺之源流不暢，玆考釋羣體自覺旣竟，乃及於個體自覺焉！

趙翼廿二史劄記卷五「東漢尚名節」條評其流弊云：

「蓋其時輕生尚氣已成習俗，故志節之士好爲苟難，務欲絕出流輩，以成卓特之行，而不自知其非也。」

按東漢士風競以名行相高，故獨行之士輩出，各絕智盡慮以顯一己之超卓，范蔚宗爲之立傳，至有無從統貫之苦：後漢書獨行傳序曰：

「而情迹殊雜，難爲條品；片辭特趣，不足區別。措之則事或有遺，載之則貫序無統。以其名體雖殊，而操行俱絕，故總爲獨行篇焉。」

士尚名節之風本漢代選舉制度有以促成之，而獨行亦其時選士之一科，但流變所及，則爲士大夫之充份發揮其個性。雖虛僞矯情，或時所不免；而個體自覺，亦大著於玆。所謂個體自覺者，即自覺爲具有獨立精神之個體，而不與其他個體相同，並處處表現其一己獨特之所在，以期爲人所認識之義也（註二十）。執此義以求之，則東漢之末，此類人物極衆，其例證實不勝枚舉。茲但舉一例以概其餘。後漢書卷一百十下文苑傳趙壹傳曰：

「趙壹字元叔，漢陽西縣人也。體貌魁梧，身長九尺，美鬚豪眉，望之甚偉。而恃才倨傲，爲鄉黨所擯，乃作解擯。……光和元年舉郡上計，到京師。是時司徒袁逢受計，計吏數百人皆拜伏庭中，莫敢仰視，壹獨長揖而已。逢望而異之，令左右往讓之曰：下郡計吏而揖三公，何也？對曰：昔酈食其長揖漢王，今揖三公，何遽怪哉！逢則斂衽下堂，執其手延置上坐，因問西方事，大悅。顧謂坐中人曰：此人漢陽趙元叔也，朝臣莫有過之者。吾請爲諸君分坐。坐者皆屬觀，既出，往造河南尹羊陟，不得見。壹以公卿中非陟無足以託名者，乃日往到門。陟自強許通，尚臥未起。壹逕入上堂，遂前臨之曰：竊伏西州，承高風舊矣。乃今方遇而忽然，奈何命也！因舉聲哭。門下皆驚，奔入滿側。陟知其非常人，乃起。延與語，大奇之，謂曰：子出矣！陟明旦大從車騎，奉謁造壹。時諸計吏多盛車馬帷幙，而壹獨柴車草屛，露宿其傍，延陟前坐於車下。左右莫不歎愕。陟遂與言談至熏夕，極歡而去。執其手曰：良璞不剖，必有泣血以相明者矣！陟乃與袁逢共稱薦之，名動京師，士大夫想望其風采。」

今按：趙元叔無往而不標奇立異，以示與人不同，正是其時士大夫發揮其個體自覺至於極端之例。然元叔卒以此傾動公卿，爲之延譽，則士大夫間之一般風氣可想而知矣！蓋士大夫所重者爲奇人異行（註二十一），而一般社會所需者則是常情庸德，此所以元叔雖名重士林而不能不見擯於鄉黨也。

復次，自元叔求見羊陟以託名之事更可推見其時士大夫求名心之切。東漢士大夫好名之風爲選擧制度所直接促成，此層上已言及，且人多知之。廿二史劄記卷五「東漢尙名節」條畧云：

「馴至東漢，其風益盛，蓋當時薦舉徵辟，必採名譽，故凡可以得名者必全力赴之。」

是也。然求名之風之源起雖與選舉制度關係密切，但其風既興之後，名之本身已是一獨立自足之價值，而不必定爲致仕之手段矣。後漢書黨錮傳范滂傳載其母之言曰：

「汝今得與李、杜齊名，死亦何恨？既有令名，復求壽考，可兼得乎？」

此最可見名爲獨立之價值及其入人心之深，故能「子伏其死，而母歡其義。」（范蔚宗論）孟博乃以天下爲己任之士，其死節別有一種真精神存乎其間，未可以個人或階級之利害說之，固不待論。此一精神似亦爲其母所喻，蓋孟博既已垂不朽之名，則死而不死。是名之本身即是人生之一至高之目的，雖捨生以求之亦可以無憾也。

復有雖擁高名而不肯入仕者，如郭林宗、徐孺子、申屠蟠以及隱逸之流，亦足說明名具獨立之價值，而不必爲致仕之手段。葛洪抱朴子外篇卷四六正郭篇引諸葛元遜之言曰：

「林宗隱不修遁，出不益時，實欲揚名養譽而已。街談巷議以爲辯，訕上謗政以爲高，時俗貴之，歙然猶郭解、原陟見趨於曩時也。後進慕聲者未能考之於聖王之典，論之於先賢之行，徒惑華名，咸競準的。學之者如不及，談之者則盈耳。」

據此則林宗之所爲但以「揚名養譽」爲目的，亦即唯名是求是也。按後漢書卷八十三徐穉傳載穉之言曰：

「爲我謝郭林宗：大樹將顛，非一繩所維，何爲栖之，不遑寧處？」

則林宗斷非但求「揚名養譽」之人，元遜之言蓋不足盡信也。然舉世之士多慕名，其中恐亦不乏唯名是求之徒，則元遜之言非盡不可信，抑又可知也。同書卷六十五鄭玄傳載玄戒子書畧云：

「顯譽成於僚友，德行立於己志。若致聲稱，亦有榮於所生。可不深念邪！可不深念邪！」

曹子建論名之不朽有云：

「太上玄德，其次立功。蓋功德者所以垂名也。名者不滅，士之所利。」（三國志魏志卷十九陳思王植傳注引魏略。）

按士大夫重生前與身後之名，正是個體自覺高度發展之結果。蓋人必珍視其一己之精神存在而求其擴大與延綿，然後始知名之重要。若夫在重集體之社會中，個體自覺爲大羣體之意識所壓縮，所謂「一切榮譽歸於上帝」者，則個人之榮辱固無足措意也。十四世紀之意大利亦以個體自覺著稱。其時最負盛名之文士彼特拉克（Petrach）者，早歲慕俗世之榮名，晚年意境不同，著「致後世人書」，道其渴望名垂不朽之至意。近人論西方個人意識之源起者多引彼氏爲先例。此亦重視名之價值爲個體自覺外在表現之一端，而足資參證者也。

然求名者既多，名實不符之事自所難免。但丁（Dante）處中古與近代之交，一方面雖亦渴慕聲名，一方面則已慨嘆名士多使人失望。漢魏之名士，其情形亦復不殊。後漢書卷百十二上方術傳范蔚宗論曰：

「漢世之所謂名士者，其風流可知矣！雖弛張趣舍，時有未純，於刻情修容，依倚道藝，以就其聲價，非所能通物方，弛時務也，及徵樊英、楊厚，朝廷待若神明，至竟無它異。英名最高，毁最甚。李固、朱穆等以爲處士純盜虛名，無益於用；故其所以然也。然而後進希之以成名，世主禮之以得衆，原其無用，亦所以爲用，則其有用或歸於無用矣！」

按所謂處士純盜虛名者，據同書卷九十一黃瓊曰：

「先是徵聘處士，多不稱望。李固素慕於瓊，乃以書逆遺之曰：……近魯陽樊君（英）被徵初至，朝廷設壇席猶待神明。雖無大異，而言行所守亦無所缺。而毀謗布流，應時折減者，豈非觀聽望深，聲名太盛乎？自頃徵聘之士胡元安、薛孟嘗、朱仲昭、顧季鴻等，其功業皆無所採 。是故俗論皆言處士大純盜虛聲。」

則是當時之公論，非一二人之私見也。三國志魏志傳二十二盧毓傳（後漢書卷九十四盧植傳注引魏志畧同）曰：

「時舉中書郎。詔曰：得其人與否在盧生耳！選舉莫取有名，名如畫地作餅，不可啖也：毓對曰：名不足以致異人，而可以得常士。常士畏敎慕善，然後有名，非所當疾也。」

據上引史料，一方面可知漢魏名士多有不符實者（註廿二），然另一方面亦可知依當時一般之觀念「名」與「異」爲不可分：有高名之士必當有異行。樊英言行甚謹飭，卒以「無奇譎深策」（見後漢書卷百十二上本傳）之異，談者以爲失望，遂致毀謗布流。此尤見時人之重視「名」即所以重視「異」也。在此種風氣下，士之欲求名者，勢必爭奇鬥妍，各求以特立獨行超邁他人（註二十三）。故其影响所及遂使個人意識益爲滋長。此則求名之風有助於個體自覺之發展，而可以推知者也。然人與人相去本不遠，在同一社會文化環境中， 雖競求相異，而終亦不能甚相異。時人之失望與夫盧毓所謂「名不足以致異人」者，職以此故。吾人殊不能因「名」與「異」不盡相合之故，遂疑及求名之風無關乎士之個體自覺也。

個體自覺又可徵之於其時之人物評論。（按上篇論及私謚一節可與人物評論相參證，蓋死後之謚亦可視爲生前題目之一種延長也。此點承楊師蓮生指示。）人物評論爲漢末清議之要旨，亦魏晉玄理清談一部份之所從出。（註二十四）其關乎玄學思想之淵源者，將別於下節論之，茲但考釋其與個體自覺之關係。東漢之人物評論起源甚早，初年即已有之，但其風之轉盛則在中葉以後（註二十五），蓋亦鄉舉里選之制之產物，日知錄卷十三清議條論兩漢清議曰：

「鄉舉里選必先考其生平，一玷清議，終身不齒。君子有懷刑之懼，小人存恥格之風。教成於下而上不嚴，論定於鄉而民不犯。」

而與士大夫求名之風不可分者也。求名者日衆，清議日隆，人物評論遂發展爲專門之學，而所謂「人倫鑒識」是已；專門之學旣立，人物評論之專家亦隨之產生，郭林宗與許子將特其最著者耳！故後漢書卷九十八許劭傳曰：

「天下言拔士者咸稱許、郭。」

人物評論與個體自覺本是互爲因果之二事。蓋個體之發展必已臻相當成熟之境，人物評論始能愈析愈精而成爲專門之學，此其所以盛於東漢中葉以後之故也。但另一方面，「人倫鑒識」之發展亦極有助於個人意識之成長，此層可略申論之。

漢代察人之術大體爲由外形以推論內心，自表徵以推斷本質。論衡卷二骨相篇曰：

「人命稟於天則有表候於體。察表候以知命，猶察斗斛以知容矣！」

無形篇又云：

「人稟氣於天，氣成而形立，則命相須，以至終死。形不可變化，年亦不可增加。」

此種自然命定之理論及觀察人物情性志氣之道，自東漢至曹魏均奉爲圭臬。劉劭人物志卷上九徵篇曰：

「蓋人物之本出乎情性，情性之理甚微，而元非聖人之察其孰能究之哉？凡有血氣者莫不含元一以爲質，稟陰陽以立性，體五行而著形。苟有形質，猶可卽而求之。」

按就「人倫鑒識」之術言之，人物論一書較王氏論衡所論者自遠爲精密細緻，雖目的不盡同，然其根本方法仍是一脈相傳，觀上引之文可知（註二十六）。所可注意者，自王充以至劉劭之人倫識鑒，在重點方面畧有改變，而可以說明時世與思想推移之跡象。茲畧加闡釋，聊備一說，固不敢視爲定論也。論衡卷三本性篇畧曰：

「人性有善有惡，猶人才有高有下也。高不可下，下不可高，謂性無善惡，是謂人才無高下也。稟性受命，同一實也；命有貴賤，性有善惡。謂性無善惡，是謂人命無貴賤也。」

據此則評論人之標準有三：曰才、性與命是已。而仲任所重者似尤在於命，同書卷一命祿篇曰：

「凡人遇偶及遭累害，皆由命也。……是故才高、行厚，未必保其必富貴；智寡、德薄，未可信其必貧賤。或時才高、行厚、命惡，廢而不進；知寡、德薄、命善，興而超踰。故夫臨事知愚，操行淸濁，性與才也；仕宦貴賤，治產貧富，命與時也。」

及至郭林宗、許子將時，人物評論之重點已在於才性，而命則罕有言及者矣！後漢書卷九十八郭太傳曰：

「其獎拔士人，皆如所鑒。……後之好事或附益增張，故多華辭不經，又類卜相之書。」

蓋卜相之書專言命之貴賤與林宗之鑒識才性，迥不相侔，此卽林宗對人物評論之改進也。世說新語卷二政事篇何驃騎作會稽條注引泰別傳曰：

「泰字林宗，有人倫鑒識，題品海內之士，或在幼童，或在里肆，後皆成英彥，六十餘人。自著書一卷，論取士之本，未行，遭亂亡失。」

漢魏之際有關人物評論之著作甚多，而實以林宗之書爲其嚆矢。故「人倫鑒識」之成爲一種專門學問乃自林宗始（註二十七）。而林宗之所以成爲斯學之開山者，其關鍵殆卽在於彼能汰除舊觀人術中之卜相成份，亦卽不重命之貴賤，而逕從才性之高下善惡以立說。然亦正唯其學新創之故，好事之徒不知林宗之「人倫鑒識」別於舊術者何在，遂得以卜相之故事妄肆附會，致爲范蔚宗所不取歟？林宗之書今既不傳，而前此之人物評論又皆語焉不詳，則此層自亦無從確論。僅就現存之材料觀之，林宗之品題實未嘗離開才性之範圍（註二十八）。然則林宗之鑒識所異於舊術之處，今雖不易悉知，但若取與王仲任之說相比較，不重命之貴賤至少當是其中最主要之一點，似可以無疑也。林宗之時，人物評論與命相之術已截然分途。後漢書卷一百十下文苑傳趙壹傳曰：

「初、袁逢使善相者相壹，云：仕不過郡吏，竟如其言。」

可見關於命之預言別有相士司其事，非人倫鑒識家所措意也！

今按：漢末鑒識家之祗論才性，不問命運，不僅在思想上爲一大進步，同時在促進個人意識之發展方面亦極具作用。蓋依王仲任之絕對命定之說，則個人直無絲毫用力之餘地，而林宗以才性取人，使人知反躬自責，改過遷善，自然命運之支配力量在觀念上遂被打破，個人至少在德性方面可以自我主宰。後漢書卷九十八郭太傳曰：

「或有譏林宗不絕惡人者。對曰：人而不仁，疾之以甚，亂也。」

又載林宗之言曰：

「賈子厚誠實凶德，然洗心向善。仲尼不逆互鄉，故吾許其進也。」

續談助卷四殷芸小說引（許劭）別傳曰：

「自漢中葉以來，其狀人取士，援引扶持，進導招致，則有郭林宗。」

凡此皆可見林宗之「人倫鑒識」實有鼓勵個人自我努力之作用。

抑更有進者，林宗所開始之人倫鑒識既以才性之分析爲本，則分之愈精，析之愈微，個人之一切特徵亦愈益顯露，雖人心不同，各如其面，而才性之所近亦自有類型可辨。故才性之分析既因同以見異，復自異以求同，而具體之人物批評遂亦不得發展爲抽象之討論矣。今觀夫林宗評袁逢高、黃叔度之言曰：

「奉高之器，譬諸汎濫：雖清而易挹；叔度汪汪若千頃陂，澄之不清，淆之不濁，不可量也。」（後漢書卷八十三黃憲傳）

雖爲譬喻之辭，已饒玄遠之趣。許子將年代畧後於林宗，其月旦人物亦時涉抽象之言，故其論陳寔、陳蕃曰：

「太丘道廣，廣則難周；仲舉性峻，峻則少通。」（後漢書卷九十八許劭傳）

即是據比較抽象之觀念以爲鍼貶也。又論荀靖、荀爽兄弟曰：

「二人皆玉也：慈明外朗，叔慈內潤。」（三國志魏志卷十荀彧傳注引皇甫謐逸士傳。按後漢書卷九十二荀淑傳章懷註逸士傳作高士傳，許劭作汝南許章。當是異文，不足詳辯也。）

「外朗」與「內潤」亦是抽象之觀念也。

林宗所著之書惜已不傳，無從比較。但其書既討論取士之本，則恐不能不涉及較抽象之原理，如今尚傳世之劉劭人物志之所論者。然則抽象原理之探求，蓋出於人物鑒識之學本身之要求，至於魏晉之際，天下多故，名士少有全者，故阮嗣宗言必玄遠，而未嘗評論時事，臧否人物（見三國志魏志卷十八李通傳注引王隱晉書及世說新語卷一德行篇阮嗣宗至愼條注引李秉家誡），最多亦不過加深原已存在之探討原理之傾向，絕非玄風暢發之根本原因也。其關涉思想變化之處，將於下篇論之。茲所欲强調者，即人物評論之成爲專門之學，實由郭林宗奠其基，而抽象原理之探求，就創始之意義言，亦或由郭林宗倡其風　，至少郭林宗與許子將於其評論人物之時已運用比較抽象之概念，非純粹作具體之褒貶，則可以斷言。若取尚存之劉劭人物志言之，其書以後出故，析論之精微容或超邁林宗之作，但恐亦不能完全無關於後漢之流風。隋書卷三四經籍志子部名家類載梁代所著錄有關人物評論之作中，有刑聲論與通古人論各一卷，皆不明撰人，豈盡出魏晉人之手耶？或者其中之一爲後漢人所作乎？蓋林宗既已有論取士之本之書，而其事復爲世人所知，則其書雖未行，其說似不應全失。同時或稍後之人繼起有作，固亦情理所可有也。總之，史料不足，不宜妄測，姑誌所疑，以俟再考。（註二十九）

郭林宗之才性分析既已由具體批評進至比較抽象之論斷，則其時士大夫個體自覺之發展必已達甚高之程度。而林宗與子將等鑒識專家對士大夫個性所作之比較抽象之解剖，又必然更進一步推動個體自覺之發展，亦可想而知。此層雖在舉例論證之範疇以外，但若就「人倫鑒識」之學自漢至魏晉之發展歷程推之，殊爲不證自明之事。今觀人物志一書辨析人之表徵有九，流業有十二，材能有八，觀人之術有八，而鑒察之繆亦有七。凡此之類，皆爲人物評論學長期發展與夫直接從事人物分析之結果，非徒玄思冥想所能至者也。然則不徒孔才時鑒識之術視林宗時遠爲精密，即人物個性之發展亦較之前代更爲多彩多姿矣。若謂此種個性之發展純因政治上用人標準之改易而然，而全未受人物評論學之刺激，則殊難使人置信。

與人物評論密切相關而亦可以說明士大夫之個體自覺者，尚有二事：即重容貌與談論是已。人物志卷上九徵篇曰：

「雖體變無窮，猶依乎五質。（按：謂五行也。）故其剛柔明暢，貞固之徵，著乎形容，見乎聲色，發乎情味，各如其象。……夫儀動成容，各有態度：直容之動，矯矯行行，休容之動，業業蹌蹌，德容之動，顒顒卬卬。夫容之動作，發乎心氣；心氣之徵則聲變是也。夫氣合成聲，聲應律呂：有和平之聲，有清暢之聲，有回衍之聲。夫聲暢於氣，則實存貌色，故誠仁必有溫柔之色，誠勇必有矜奮之色，誠智必有明達之色。」

同書卷中八觀篇曰：

「夫人厚貌深情。將欲求之，必觀其辭旨，察其應贊。夫觀其辭旨，猶聽音之善醜；察其應贊，猶觀智之能否也。故觀辭察應，足以互相別識。」

據此則容貌與談論實爲「人倫鑒識」之重要表徵，宜乎漢晉之際士大夫講求之也（註三十）。屠隆鴻苞節錄卷一曰：

「晉重門第，好容止，崔、盧、王、謝子弟生髮未燥，已拜列侯，身未離襁褓。而已被冠帶，膚清神朗，玉色令顏，縉紳公言之朝端，吏部至以此臧否。士大夫手持粉白，口習清言，綽約嫣然，動相誇許；鄙勤樸而尚擺落。晉竟以此雲擾。」

今按尚容止，習清言爲兩晉南朝士大夫之習尚，但其風並不始於晉代；或以爲與正始清談相伴而生，如三國志魏志卷九何晏傳注引魏畧曰：

「晏性自喜，動靜粉帛不去手，行步顧影。」（註三十一）

則亦未能窮其源也。按漢晉之際之史傳稱當時人言論丰采之美者，或當以後漢書卷九十上馬融傳爲最早。（註三十二）其言曰：

「馬融……爲人美辭貌，有俊才。」

其他類似之記述尙多，如同書卷九十八郭太傳：

「郭太……善談論，美音制。……身長八尺，容貌魁偉。」

符融傳：

「（李）膺……每見融，輒絕它賓客，聽其言論。融幅巾奮褎，談辭如雲。膺每捧手歎息。」

同書卷九十四盧植傳：

「盧植……身長八尺二寸，音聲如鐘。」

卷九十二荀淑傳附悅傳：

「悅……性沉靜，美姿容。」

卷一百十下文苑傳趙壹傳：

「趙壹……體貌魁梧，身長九尺，美須豪眉，望之甚偉。」

同書酈炎傳：

「（酈）炎……，言論給捷，多服其能理。」

以上數例皆信手列擧，以見後漢士大夫注重容貌與談論之一斑。而尤足以顯示士大夫之個體自覺者，則爲彼等之自我欣賞。同書卷九十三李固傳載時人作飛章虛誣固罪曰：

「大行在殯，路人掩涕。固獨胡粉飾貌，搔頭弄姿，槃旋偃仰，從容冶步。曾無慘怛傷悴之心。」

按此雖飛章誣奏，未可全信，但李固平時必有此顧影自憐之習氣，故人得加之以罪。縱使李固本人不如此，當時士大夫中亦必有此類行爲之人，誣奏者始能據之以狀固，則可以斷言。由是觀之，魏晉以下士大夫手持粉白，口習清言，行步顧影之風氣悉啓自東漢晚季，而爲士大夫個體自覺高度發展之結果也。復次，關於清談之名稱及其起源。雖近人論之者已極詳備，無須再贅，但有一點必須指出：卽清談一辭自漢至晉其意義先後凡三變。錢大昕十駕齋養新錄卷十八清談條曰：

「魏晉人言老、莊，清談也；宋、明人言心性，亦清談也。」

此正始以後何晏、王弼輩之清談，而以老莊思想爲其內容者也。然清談一名之成立實早於魏世，漢晉之際所謂清談又與清議爲同義語，亦卽人物評論是也。如三國志蜀志卷八許靖傳曰：

「靖雖年踰七十，爱樂人物，誘納後進，清談不倦。」

晉書卷四十五劉毅傳孫尹擧毅爲青州大中正表有云：

「臣州茂德惟毅，越毅不用，則清談倒錯矣！」

皆其例也。（註三十三）此外尚有第三種清談，其意義卽是士大夫平時之雅談。後漢書卷八十八臧洪傳云？

「前刺史焦和好立虛譽，能清談。」

三國志魏志卷七臧洪傳注引九州春秋亦謂和

「入則見其清談干雲，出則渾亂，命不可知。」

後漢書卷一百鄭太傳（三國志魏志卷一武帝紀注引張璠漢紀同）曰：

「孔公緒能清談高論，噓枯吹生。」

此數條或是關於清談之最早記載。按「清談干雲」蓋狀其人之善於言辭，如符融之談辭如雲是也。至於孔公緒之「清談高論」，縱使有人物評論之涵義（註三十四），亦決非純指月旦臧否而言，似仍當解釋爲一般性之談論。文選卷四十二應璩與侍郎曹長思書有云：

「悲風起於閨闥，紅塵蔽於機榻，幸有袁生，時步玉趾，樵蘇不爨，清談而已。」

可見漢魏士大夫有談論之習。其風雖與人倫臧否至有關聯，然不必定以評論人物爲話題。然則人物以外清談之內容果何如乎？此層因史料闕畧，甚難有滿意之答案。但其中必涉及思想學術之討論，而開正始清談之風，則猶可從下引史料微窺其消息。後漢書卷七十九王充傳注引袁山松書曰：

「充所作論衡，中土未有傳者。蔡邕入吳始得之，恆秘玩以爲談助。其後王朗爲會稽太守，又得其書。及還許下，時人稱其才進。或曰：不見異人，當得異書。問之，果以論衡之益。由是遂見傳焉。」

按王仲任爲晚漢思想界之陳涉，而論衡一書違儒家之說，合黃老之義，尤與老莊思想之興起極有關係。今觀漢魏士大夫如蔡邕王朗之流皆寶秘其書以爲談論之資，而卒得流傳，則仲任思想影响及於漢魏之思想變遷者必至爲深微。茲以其事供出本篇範圍，姑不置論，待下篇涉及思想變遷之時再加申說。此處所當注意者，蔡中郎秘玩論衡以爲談助一語，實透露當時士大夫清談內容之一斑。易言之，此「談助」之談字，卽指平日談論之所謂清談而言。然則漢末名士之清談，除人物評論之外，固早已涉及學術思想之討論矣。自來中外學者論清談之源起者，大致都著重其政治背景，而謂清談乃漢代清議之變相，因黨錮之禍及魏晉之世政治壓迫太重，士大夫遂漸由具體指斥朝政及批評人物轉而爲抽象之談玄。（註三十五）此說雖有相當眞實性，但似不足爲解釋清談源起之全部理由。蓋此說過份重視清談與清議之關係，故假定漢末士大夫之談論內容多限於具體人物之批評，及至名士在政治上遭受打擊，始轉入抽象原理之探討，於是月旦人物一變而爲談論思想。鄙見以爲漢末士大夫之清談實同時包括人物批評與思想討論二者：李元禮每擯絕它賓聽符融言論，而爲之捧手歎息。符融之言論所以如此引人入勝者，豈能盡在於具體人物之批評，又豈能僅爲其辭藻華麗或音調鏗鏘之故哉！斯二人在思想上殆必有符合冥會之處，故聽者爲之心醉而不覺深爲歎賞耳。其後名士既多以指斥當權人物招禍，遂於談論之際日益加强思想之討論，而人物批評亦隨之愈趨抽象化。清談與清議在性質上亦因之而不復能相混矣。（註三十六）由是言之，老莊清談乃自漢代清談中學術思想之談論逐步演變而來。此所以魏晉之清談不徒在形式上可上溯其源至東漢，卽其思想內容亦有遠源可尋也。（說詳後）鄙意必如此解釋，魏晉清談之風氣及其思想之源流始均能明暢，較之專從政治影响立論者，似更爲圓滿。茲以談論一事爲士大夫個體自覺之重要表徵，而又與魏晉清談思想之關係極深，故附辨其淵源如此。

以上論士大夫之個體自覺大體皆從外在之現象着眼，而未嘗接觸其內心之意趣。然自覺云者，本屬內心之事，故深微而難察。今欲從內心方面探求當時士大夫之自我覺醒，則不能不一究其思想情感、行爲模式及人生理想諸端。

但由於篇幅及體例所限，所論祇能以直接關涉個體自覺者為斷，無取乎詳備也 。後漢書卷一百十三逸民傳戴良傳曰：

「良少誕節，母憙驢鳴，良嘗學之以娛樂焉。及母卒，兄伯鸞居廬啜粥，非禮不行；良獨食肉飲酒，哀至乃哭，而二人俱有毀容，或問良曰：子之居喪，禮乎？良曰：然。禮所以制情佚也；情苟不佚，何禮之論！夫食旨不甘，均致毀容之實，若味不存口，食之可也。論者不能奪之。良才既高達，而議論尚奇，多駭流俗。同郡謝季孝問曰：子自視天下，孰可為比？良曰：我若仲尼長東魯，大禹出西羌，獨步天下，誰與為偶！」

按：戴叔鸞之言行，皆「如心揣度，以決然否」（論衡卷二十六知實篇），雖驚世駭俗而不之顧，又自許為天下獨步。凡此均足為士大夫個體自覺深入內心之明證，與虛偽矯飾以求名譽者蓋貌合而神離也。今觀叔鸞之不拘禮法及跌蕩放言，在若干方面均開漢晉士大夫任誕之先聲，而自來論漢晉之際之士風轉變少有注意及之者，誠可異也。叔鸞之年代後漢書本傳無考，但同書卷八十三黃憲傳曰：

「同郡戴良才高倨傲，而見憲未嘗不正容，及歸，罔然若有失也。其母問曰：「汝復從牛醫兒來耶？對曰：良不見叔度，不自以為不及；既覩其人，則瞻之在前，忽焉在後，固難得而測矣！」

則正是郭林宗同時之人，此其時代之尤可注意者也。同時及稍後之士大夫頗多傲慢絕俗之人 ，如趙元叔之恃才倨傲，為鄉黨所擯，前已言及之。此外尚不乏其例：同書卷一百十一獨行傳范冉傳曰：

「冉好違時絕俗，為激詭之行。」

同書卷一百十下文苑傳禰衡傳曰：

「禰衡……少有才辯，而氣尙剛傲，好矯時慢物。」

蓋皆戴叔鸞之流亞也。至於後世之士大夫，其思想議論及行爲模式與叔鸞先後輝映而復爲世所耳熟能詳者，則有孔文舉與阮嗣宗。同書卷一百孔融傳載路粹枉奏融有云（參閱三國志魏志卷十二崔琰傳裴注引孫盛魏氏春秋）：

「又前與白衣禰衡，跌蕩放言，云：父之於子，當有何親？論其本意，實爲情欲發耳！子之於母亦復奚爲？譬如寄物瓶中，出則離矣，既而與衡更相贊揚。衡謂融曰：仲尼不死。融答曰：顏回復生。」

叔鸞之議論尙奇，驚駭流俗，惜不知其內容如何，無從取與文舉之言互證。但二者在形式上之相似性已可說明其時一部分具個體自覺之士大夫，在思想議論上，但求心之所是，不與流俗苟同之共同趨向。至於文舉與正平之互相標榜，則亦是叔鸞獨步天下之意，而士之個體自覺亦可於此微覘之也。抑更有可論者，文舉此論出自王充論衡物勢、自然兩篇（註三十七），正可爲上文論漢末清談已涉及思想之討論一節作註解。蓋孔、禰二氏此種談論，自反對者視之，固是「跌蕩放言」，就彼等自身言之，則正是所謂「清談」也。今按：文舉與伯喈本有雅故，後漢書孔融傳云：

「（融）與蔡邕素善。邕卒後，有虎賁士，貌類於邕。融每酒酣引與同坐，曰：雖無老成人，且有典刑。」

據此則文舉之論若非聞之於伯喈，亦必因後者之故而得讀論衡。然則上文關於伯喈秘玩論衡以爲談助之解釋，得此一旁證，乃益無可疑矣！

晉書卷四十九阮藉傳曰：

「阮藉……性至孝。母終，正與人圍碁。對者求止，藉留與決賭。旣而飲酒二斗，舉聲一號，吐血數升。及將葬，食一蒸肫，飲二斗酒，然後吟訣。直言窮矣，舉聲一號，因又吐血數升。毀瘠骨立，殆至滅性。」（並可參看世說新語卷五任誕篇阮藉當葬母條。）

世說新語卷五任誕篇曰：

「阮藉遭母喪，在晉文王坐，進酒肉。司隸何曾亦在坐，曰：明公方以孝治天下，而阮藉以重喪顯於公坐，飲酒食肉；宜流之海外，以正風敎。文王曰：嗣宗毀頓如此，君不能共憂之，何謂？且有疾而飲酒食肉，固喪禮也。藉飲噉不輟，神色自若。」

今按：嗣宗雖不守世俗所謂之禮法，而內心實深得禮意。此正戴叔鸞所謂「禮所以制情佚也；情苟不佚，何禮之論！」之微旨，此等思想情感若非具高度之內心自覺，而敢於對一切流行之觀念與習俗皆抱持批判之態度，則斷不能有也。故葛洪抱樸子外篇卷二十七刺驕篇抨「傲俗自放」之風，以戴叔鸞與阮嗣宗並論，而稱其出乎自然，非效顰者所及。由是觀之，竹林之狂放，其來有自，豈一時之外在事態如政治影響之類所能盡其底蘊哉！

士大夫之內心自覺復可徵之於對個體自我之生命與精神之珍視。後漢書卷九十上馬融傳曰：

「永初二年大將軍鄧隲聞融名，召爲舍人，非其好也，遂不應命。客於涼州武都，漢陽界中。會羌虜飈起，邊方擾亂，米穀踊貴，自關以西，道殣相望。融旣飢困，乃悔而歎息，謂其友人曰：古人有言，左手據天下之圖，右手刎其喉，愚夫不爲，所以然者，生貴於天下也。今以曲俗咫尺之羞，滅無貲之軀，殆非老莊所謂也。」

此種「生貴於天下」之個人主義人生觀，正是士大夫具內心自覺之顯證，毋須更有所解說也！（註三十八）同書卷一百十下文苑傳下張升傳曰：

「升少好學，多關覽而任情不羈。其意相合者則傾身交結，不問窮賤；如乖其志好者，雖王公大人終不屈從。（按：可參照上篇論同志條所引劉陶傳之文。）常歎曰：死生有命，富貴在天。其有知我，雖胡越可親；苟不相識，從物何益！」

按：任情不羈，唯一己之好尚是從，皆是極端以自我爲中心之思想，亦足爲內心自覺之具體說明也。

茲請進而就人生理想方面討論士大夫之內心自覺。後漢書卷七十九仲長統傳曰：

「統……每州郡命召，輒稱疾不就；常以爲凡遊帝王者，欲以立身揚名耳！而名不常存，人生易滅，優遊偃仰，可以自娛。欲卜居清曠，以樂其志。論之曰：使居有良田廣宅，背山臨流，溝池環帀，竹木周布，場圃築前，果園樹後。舟車足以代步涉之難，使令足以息四體之役；養親有兼珍之膳，妻孥無苦身之勞。良朋萃止，則陳酒肴以娛之；嘉時吉日，則烹羔豚以奉之。躕躇畦苑，遊戲平林，濯淸水，追涼風，釣遊鯉，弋高鴻，諷於舞雩之下，詠歸高堂之上。安神閨房，思老氏之玄虛，呼吸精和，求至人之彷彿。與達者數子，論道講書，俯仰二儀，錯綜人物，彈南風之雅操，發清商之妙曲。消搖一世之上，睥睨天地之間，不受當時之責，永保性命之期。如是則可以凌霄漢，出宇宙之外矣！豈羨夫入帝王之門哉！」

按：漢晉之際士大夫論人生理想之文甚多，然罕有如公理樂志論之詳盡透徹，足爲典範者。此論雖頗簡畧，但就內心自覺之觀點言，其中所涉及之問題甚多；今析而論之，約有數端：

一、避世思想　吾國避世思想起源遠古（註三十九），本未可以內心自覺一端說之；即漢代之隱逸亦多出於政治原因。（註四十）唯獨漢末士大夫之避世，頗有非外在境遇所能完全解釋者。今觀樂志論可知士大夫之避世雖云有激而然，但其內心實別有一以個人爲中心之人生天地，足資寄托。范蔚宗云：

「然觀其甘心畎畝之中，憔悴江湖之上，豈必親魚鳥，樂林草哉？亦云性分所至而已！」（後漢書逸民傳序）

性分本內生於心，非可外求，蔚宗之論亦可謂得其一端矣！惠棟後漢書補注卷十九引胡廣徵士法高卿碑，畧云：

「翻然鳳舉，匿耀遠遯，名可得而聞，身難可得而覩……所謂逃名而名我隨，避聲而聲我追者已。撰君分量，輕寵傲俗，乃百世之師也。」

後漢書卷一百十三逸民傳法真傳載田羽荐真之言有云：

「幽居恬泊，樂以忘憂，將蹈老氏之高蹤，不爲玄纁屈也。」

則高卿內心確有丘壑，故能自得其樂也。又碑文「輕寵傲俗」之語復可與上文論倨傲放言之風相參證，益可見高卿具內心之自覺。復次，東漢士大夫本有好名之習，今高卿、公理並聲名而鄙薄之，視爲外在之物，不可久長，則其重視個人短暫之人生，內在之享樂，而不肯爲外物驕其心志之意，固甚顯然也。由是觀之，漢末之避世思想確反映個人之內心覺醒，（註四十一）而魏晉以下士大夫之希企隱逸，大體上亦當作如是之了解，可以無疑矣！（註四十二）

二、養生與老莊　樂志論「安神閨房，思老氏之玄虛；呼吸精和，求至人之彷彿」。李賢注曰：

「老子曰：玄之又玄，虛其心實其腹。呼吸，謂咽氣養生也。莊子曰：吹煦呼吸，吐故納新。又曰：至人無己也。」

漢代士大夫之重養生者多習黃老之術（註四十三），後漢書卷一百十三逸民傳矯愼傳曰：

「矯愼……少學黃老，隱遯山谷，因穴爲室，仰慕松喬導引之術。」

今按：此傳以黃老與導引之術並舉，雖不明言二者之關係，但老子「虛心實腹」（道德經三章）之言既可曲解爲導引之術，則老子書必因方術之士之媒介而早與養生延年之觀念發生聯繫。（註四十四）至於莊子之書，旣有養生之篇（內篇：養生主），復明著吐納導引之說（外篇：刻意），揆之情理自亦不能不爲習養生之術者所注意。或者方術之道家久稱黃老，莊生之名遂爲所掩，故言養生者不曰老莊耳！正始以後玄理之老莊與漢代之黃老誠不可同日而語，然若欲於斯二者之間覓一遞嬗之線索，則誠不能不注意及此也。晉書卷四十九嵇康傳曰：

「嵇康……長好老莊……常修養性服食之事。彈琴詠詩，自足於懷。以爲神仙禀之自然，非積學所得。至於導養得理，則安期、彭祖之倫可及，乃著養生論。」

則老莊與養生之並舉亦若矯愼之例，其間關係如何雖尙待進一步之研究，但老莊思想與養生修道，旣同爲漢晉以下士大夫人生理想中之重要構成分子，亦卽心身寄托之所在，則二者之間必有可以互相溝通之處，殆無疑也（註四十五）。夫養生爲極端重視個體生命之表現，固不待論。然其事起源甚早，故不得僅據此點而肯定其與士之內心自覺有關。所可注意者，仲長統與嵇康之養生，其最終目的並不僅在於求自然生命之延長，而尤在於獲得內在之自足自樂，不爲外物所累。仲長公理之言前已備引，毋待再贅。至於嵇叔夜之養生觀，則可自傳世之嵇中散集中所載「養生論」及「答難養生論」二文見之。養生論有云：

「是以君子知形恃神以立，神須形以存。悟生理之易失，知一過之害生。故修性以保神，安心以全身，愛憎不棲於情，憂喜不留於意。泊然無感，而體氣和平。又呼吸吐納，服食養身；使形神相親，表裏俱濟也。」

按：上文有「精神之於形骸，猶國之有君也。」之語，則知叔夜之意，精神尤貴於形體，亦內重於外之說也。又曰：

「善養生者，則不然矣！清虛靜泰，少私寡欲。知名位之傷德，故忽而不營；非欲彊而禁也。識厚味之害性，故棄而弗顧；非貪而後抑也。外物以累心不存，神氣以醇白獨著。曠然無憂患，寂然無思慮。又守之以一，養之以和。和理日濟，同乎大順。然後蒸以靈芝，潤以醴泉，晞以朝陽，綏以五絃。無爲自得，體妙心玄。忘歡而後樂足，遺生而後身存。」

此內心自得其樂之說也。此意又暢發之於「答難養生論」，其言曰：

「故世之難得者，非財也，非榮也，患意之不足耳！意足者，雖耦耕甽畝，被褐啜菽，莫不自得。不足者雖養以天下，委以萬物，猶未愜然。則足者不須外，不足者無外之不須也。」

又云：

「故以榮華爲生具，謂濟萬世不足以喜耳！此皆無主于內，借外物以樂之；外物雖豐，哀亦備矣。有主于中，以內樂外；雖無鐘鼓，樂已具矣。故得志者，非軒冕也；有至樂者，非充屈也。得失無以累之耳！」

（註四十六）

據上所引則叔夜之養生乃在于充實內心之生活，使方寸不爲外物所累，而怡然自得其樂。是知晉書本傳（三國志魏志卷二十一王粲傳注引嵇喜撰嵇康傳同。）謂其「自足於懷」者，洵非虛語也。養生之旨既在於求內在自足，而非徒自然生命之延續，則當與舊日導引之徒有所不同，正足爲士大夫內心自覺之說明，又從可知矣。抑更有可論者，叔夜養生之說復與避世思想密切相關，至其立論之本則又不離乎老莊思想之樊籬，然則養生與老莊之關係豈不益耐深思耶！莊子外篇刻意篇曰：

「就藪澤，處閒曠，釣魚閒處，無爲而已矣。（奚侗莊子補注謂「無爲」當作「爲無」。說文：無，亡也；亡，逃也；「爲無」猶言爲逃也。）此江海之士，避世之人，閒暇者之所好也。吹呴呼吸，吐故納新，熊經鳥申，爲壽而已矣。此道引之士，養形之人，彭祖壽考者之所好也。」

據此比觀，則漢晉之際士大夫避世與養生之思想蓋深有契於漆園之旨。至莊子稱道引之士爲養形之人，而叔夜養生，神重於形者，則正古今養生觀念承遞轉變之痕跡所在，亦漢晉之際士大夫內心自覺之所由見也。

三、經濟背景　東漢士大夫之羣體自覺有其經濟背景，近人之論豪族發展者已多道及，可不煩再贅。但士之自覺亦具經濟之基礎，而與思想變遷關係至深，則尚未能甚受治史者之注意。今按：樂志論前半段所論者皆關涉經濟狀況之辭，最足爲士之個人經濟基礎之一般反映，茲稍加申引，以見梗概。後漢書卷一百鄭太傳曰：

「鄭太，字公業，河南開封人，司農衆之曾孫也；少有才畧。靈帝末，知天下將亂，陰交結豪桀。家富於財，有田四百頃，而食常不足，名聞山東。……（董）卓既遷都長安，天下飢亂，士大夫多不得其命。

而公業家有餘貲，日引賓客，高會倡樂，所贍救者甚衆。」

按：漢晉之際，士大夫之個人經濟情況大體皆甚好，故多能賓客滿座，高會倡樂，如公業之所爲者。而與新思潮之發展極有關係之人物，尤多屬此類，此甚可注意者也。同書卷九十上馬融傳曰：

「融才高博洽，爲世通儒，教養諸生，常有千數，……達生任性，不拘儒者之節。居宇器服，多存侈飾，常坐高堂，施絳紗帳，前授生徒，後列女樂。」

同書卷九十一周舉傳附勰傳（參閱蔡中郎文集卷二汝南周勰碑）云：

「勰，字巨勝，少尚玄虛。……常隱處竄身，慕老聃清淨，杜絕人事，巷生荊棘，十有餘歲。至延熹二年，乃開門延賓，游談宴樂。」

司馬彪九州春秋（三國志魏志卷十二崔琰傳注引。並可參閱後漢書卷一百本傳）曰：

「孔（融）雖居家失勢，而賓客日滿其門，愛才樂酒，常歎曰：坐上客常滿，樽中酒不空，吾無憂矣。」

三國志魏志卷九曹真傳附爽傳曰：

「（何）晏等專政，共分割洛陽野王典農部桑田數百頃，及壞湯沐地以爲產業。……爽……又私取先帝才人七八人，及將吏、師工、鼓吹、良家子女三十三人，皆以爲伎樂。詐作詔書，發才人五十七人，送鄴臺，使先帝婕妤教習爲技，擅取太樂樂器，武庫禁兵，作窟室，綺疏四周，數與（何）晏等會其中，縱酒作樂。」

上舉數例中，馬融、孔融及何晏三人爲漢晉之際思想變遷之關鍵性人物，而皆富於貲產，且又好游談宴樂，足證彼等思想發展與經濟生活殊有不可分割之關係。蓋飲宴伎樂旣所以遂達生任性之旨，游談好客亦淸言高論之所由來也。抱朴子外篇卷二十五疾謬篇論漢末士大夫交往之風氣畧云：

「漢之末世，則異於茲，蓬髮亂鬐，橫挾不帶，或褻衣以接人，或裸袒而箕踞。朋友之集，類味之遊，莫切切進德，誾誾修業，攻過弼違，講道精義。其相見也，不復叙離濶，問安否，賓則入門而呼奴，主則望客而喚狗，其或不爾，不成親至，而棄之不與爲黨。及好會，則狐蹲牛飮，爭食競割，掣撥淼摺，無復廉恥。以同此者爲泰，以不爾者爲劣，終日無及義之言，徹夜無箴規之益。誣引老莊，貴於率任，大行不顧細體，至人不拘檢括，嘯傲縱逸，謂之體道。」

據此則士大夫狂放之風，宴樂之習，遊談之俗，凡所以反映士之內心自覺者，皆與老莊思潮之興起有密切之聯繫。而依抱朴子之見解，則此諸種生活習慣實爲促使士大夫趨赴老莊之根本原因。（註四十七）然則士大夫之內心自覺雖絕非經濟基礎一點所能完全决定，但後漢中葉以來士人一般經濟狀況之漸趨豐裕與生活之日益優閑，亦必曾助長內心之自覺，並影响及士風與思想之轉變，殆無疑也。仲長公理之生活理想與夫馬季長等之實際生活狀態，均說明當時士大夫具有相當深厚之經濟背景。亦由於彼等之生活理想一部份建立於經濟基礎之上，故其實際生活中遂時見有奢侈與好財之陋習，而似不免與其內心之玄遠超逸形成尖銳之對照，但若衡之以達生任性之旨，則至少在彼輩心中固可以無衝突也：王戎爲竹林中人，世說新語卷一言語篇「諸名士共至洛水戲」條載王夷甫之言曰：

「我與安豐（註：戎也）說延陵子房，亦超超玄箸。」

同卷德行篇「王戎和嶠同時遭大喪條」劉注引晉諸公贊中鍾會荐王戎之語曰：

「王戎簡要」：

然同書卷六儉嗇篇劉注引王隱晉書曰：

「戎好治生，園田徧天下，翁嫗二人常以象牙籌，晝夜算計家資。」

清談最尙簡要，而王戎有之，故其言超超玄箸；然在個人經濟生活方面則又庸俗瑣碎有如是者。（詳見世說新語儉嗇篇及晉書本傳。）人或不解，以爲戎故以此自晦。實則經濟生活之豐裕本爲士大夫人生理想中之一重要項目，與其思想之玄遠似相反而實相成。此亦樂志論先陳「居有良田廣宅」等經濟理想，然後始及「老氏之玄虛」等精神生活之微意也。

四、山水怡情　樂志論又極言山水林木之自然美，此亦關係士之內心自覺而開魏晉以下士大夫怡情山水之胸懷者也。文心雕龍卷二明詩篇有云：

「宋初文詠，體有因革。莊老告退，而山水方滋。」

此言夫詩文之以山水爲對象至劉宋之時始興耳。若夫怡情山水，則至少自仲長統以來即已爲士大夫生活中不可或少之部分矣。文選卷四十二書中魏文帝與朝歌令吳質書有云：

「每念昔日南皮之遊，誠不可忘。………馳騁北場，旅食南館。浮甘瓜於清泉，沈朱李於寒水。白日既匿，繼以朗月；同乘竝載，以遊後園。輿輪徐動，參從無聲；清風夜起，悲笳微吟。樂往哀來，愴然傷懷。」

同書同卷應休璉（璩）與從弟君苗、君胄書曰：

「閒者北遊，喜歡無量，登芒濟河，曠若發矇。風伯掃途，雨師灑道。按轡清路，周望山野。……逍遙陂塘之上，吟詠菀柳之下。結春芳以崇佩，折若華以翳日。弋下高雲之鳥，餌出深淵之魚。蒲且讚善，便嬛稱妙。何其樂哉！」

則山水之美與哀樂之情相交織，而尤足爲內心自覺之說明也。自茲以往，流風愈廣；故七賢有竹林之遊，名士有蘭亭之會。其例至多，蓋不勝枚舉矣。自然之發現與個體之自覺常相伴而來。文藝復興時代之意大利一方面有個人主義之流行，另一方面亦是士人怡情山水之開始。但丁發其端，彼特拉克繼其後，登山臨水，遂蔚成風尚。自然景物不僅爲文士吟詠之題材。抑且爲畫師描寫之對象。此亦足資參證者也。又莊子卷七外篇知北遊有云：

「山林與，皐壤與。使我欣欣然而樂與。樂未畢也，哀又繼之。」

是士大夫之怡情山水，哀樂無端，亦深有會於老莊之思想也。（註四十八）

復次，魏晉南朝以下士大夫有田園或別墅之建築，近人考證者甚多，然大抵皆從經濟史之觀點出發，非茲篇所欲論。（註四十九）茲所欲說明者，田園或別墅之建築尚另有其精神之背景，即漢魏以來士大夫怡情山水之意識是已。此一精神啓自仲長統之樂志論，經曹魏名士如應休璉輩之發揚，下迄西晉南朝，而未嘗中斷也。於何徵之？曰：可徵之於謝靈運之山居賦。宋書卷六十七謝靈運傳曰：

「（靈運）出爲永嘉太守，郡有名山水，靈運素所愛好。出守既不得志，遂肆意游遨，偏歷諸縣，動踰旬朔。民間聽訟，不復關懷。所至輒爲詩詠，以致其意焉。………靈運父祖竝葬始寧縣，並有故宅及墅，遂移籍會稽。修營別業，傍山帶江，盡幽居之美。與隱士王弘之、孔淳之等縱放爲娛，有終焉之志。每有一詩至都邑，貴賤莫不競寫，宿昔之間，士庶皆徧。遠近欽慕，名動京師。作山居賦，幷自注以言其事。」

靈運之愛好山水，固是承漢魏兩晉以來士大夫欣賞自然美之共同精神，而其以山水入詩，尤在南朝詩史上具劃時代之成就，觀上引劉彥和「山水方滋」之說可以知之。唯獨其「修營別業，傍山帶江，盡幽居之美」一點，除有家世之淵源外（註五十），實有慕於仲長公理與應休璉之遺風。山居賦云：

「昔仲長願言，流水高山，應璩作書。邙阜洛川。勢有偏側，地闕周員。」

自注曰：

「仲長子云：欲使居有良田廣宅，在高山流水之畔。溝池自環，竹木周布。場圃在前，果園在後。應璩與程文信書云：故求道田，在關之西。南臨洛水，北據邙亡。託崇岫以爲宅，因茂林以爲蔭。謂二家山居，不得周員之美。」

據此則客兒顯有追懷二氏之意，並自詡山川之美爲前修所不及也。又所引仲長之文與今傳樂志論有小異，亦可注意。應休璉之書已別無可考，但休璉營宅洛川之事，據文選卷四十二書中應休璉與從弟君苗、君胄書曰：

「來還京都，塊然獨處。營宅濱洛，困於囂塵。」

則洵非虛語。是知田園或別墅之生活，若在仲長統之時尚屬理想，至少至應休璉之世已化爲現實矣。此亦考中古田園或別墅之源起所不可不論者也。

五、文學與藝術。樂志論「諷於舞雩之下，詠歸高堂之上。」及「彈南風之雅操，發淸商之妙曲。」數語，關涉士大夫之文學與藝術修養，亦內心自覺之具體表現。不可不畧有考論。然茲事所涉甚廣，非本節所能詳。故僅稍引端緒，以展示其與士之個體自覺之關係。

東漢中葉以降士大夫多博學能文雅擅術藝之輩，如馬季良、蔡伯喈、邊文禮、酈文勝、禰正平等皆是也。布加特論十五世紀意大利之個人發展以博雅與多才爲其中重要之徵性，亦可與此相比觀。士大夫具文學藝術之修養本不足異，如漢書卷六十六楊敞傳附惲傳載惲與孫會宗書有云：

「家本秦也，能爲秦聲，婦趙女也，雅善鼓瑟。奴婢歌者數人。酒後耳熱，仰天拊缶，而呼烏烏。其詩曰：田彼南山，蕪穢不治。種一頃豆，落而爲萁。人生行樂耳。須富貴何時！是日也，拂衣而喜，奮袞低卬，頓足起舞。」

卽是一例。然就文學藝術之欣賞爲生活理想之一部分並蔚成風尚而言，則其事實起於東漢中葉以後，亦士大夫普遍具內心自覺之徵象。

章實齋文史通義卷三文集篇有云：

「兩漢文章漸富。爲著作之始衰。……自東京以降，訖乎建安，黃初之間，文章繁矣。然范陳二史（文苑傳始於後漢書。）所次文士諸傳，識其文筆，皆云所著詩、賦、碑、箴、頌、誄若干篇，而不云文集若干卷。則文集之實已具，而文集之名猶未立也。」

東漢以來文章特盛。故蔚宗修史創文苑傳以紀其事，此世所習知者也。然文章何以必至東京而始盛？向來論者咸斷斷於文集成立時代之考辨，而鮮有深究之者，良可慨也。近人論中古文學雖有知魏晉之際爲文學觀念轉變與文學價值獨立之關鍵者（註五十一），亦有稱魏晉之文學批評為「自覺時期」者（註五十二），但於其所以然之故，殊未能為之抉發。最近錢師賓四論中國純文學獨特價值之覺醒，亦謂其在建安時代，而以曹丕典論為之始。此誠不易之論。而尤當注意者則為其對建安文學之覺醒所提出之解說，其言曰：

「文苑立傳，事始東京，至是乃有所謂文人者出現。有文人，斯有文人之文。文人之文之特徵，在其無意於施用。其至者，則僅以個人自我作中心，以日常生活為題材，抒寫性靈，歌唱情感，不復以世用攖懷。是惟莊周氏所謂無用之用。荀子譏之，謂知有天而不知有人者，庶幾近之。循此乃有所謂純文學。故純文學作品之產生，論其淵源，實當導始於道家。」（註五十三）

據此，則文學之自覺乃本之於東漢以來士大夫內心之自覺，而復與老莊思想至有淵源。今按：此說極精當，與上文論士大夫內心自覺在其他方面之表現者如出一轍。蓋士大夫自覺為漢晉之際最突出之現象，而可徵之於多方，文學亦其一端耳。

除文學之外，士之內心自覺又可由其藝術修養見之。就漢晉間史傳考之，當時士大夫最常習之藝術至少有音樂，書法及圍碁三者。圍碁一事非所欲論，茲僅就音樂與書法二點畧抒所見，以其較能說明士之個體自覺也。東漢自馬融以來即多有妙解音律者，茲稍舉例說明如下。後漢書卷九十上馬融傳云：

「善鼓琴，好吹笛。……常坐高堂，施絳紗帳；前授生徒，後列女樂。」

而融著作中又復有「琴歌」一項，則季長之深於音樂，可不待論。同書卷九十下蔡邕傳亦謂邕

「妙操音律。桓帝時中常侍徐璜、左倌等五侯擅恣，聞邕善鼓琴，遂白天子，勑陳留太守督促發遣。」

同書卷一百十下文苑傳下酈炎傳云：

「炎有文才，解音律。」

同卷禰衡傳云：

「衡方爲漁陽參撾，蹀躍而前。容態有異，聲節悲壯。聽者莫不慷慨。」

魏晉以下士之善音律者尤衆。毋詳加徵引之必要。玆但舉建安七子與竹林七賢中各一人爲例證，以概其餘。三國志魏志卷二十一王粲傳注引文士傳曰：

「（阮）瑀善解音，能鼓琴，遂撫絃而歌。」

世說新語卷三雅量篇嵇中散臨刑東市條云：

「嵇中散臨刑東市，神氣不變。索琴彈之，奏廣陵散。曲終曰：袁孝民嘗請學此，吾靳固不與。廣陵散於今絕矣。」

由於士大夫多好音樂，故頗有優美之物語流傳。後漢書蔡邕傳曰：

「在吳。吳人有燒桐以爨者，邕聞火烈之聲，知其良木。因請而裁爲琴，果有美音。而其尾猶焦，故時人名曰：焦尾琴焉。初邕在陳留也。其鄰人有以酒召邕者。比往而主以酣焉。客有彈琴於屏，邕至門試潛聽之曰：憘！以樂召我而有殺心何也？遂反。將命者告主人曰：蔡君向來，至門而去。邕素爲邦鄉所宗，主人遽自追而問其故。邕具以告，莫不憮然。彈琴者曰：我向鼓絃，見螳螂方向鳴蟬。蟬將去而未飛。螳螂爲之一前一卻。吾心聳然，惟恐螳螂之失之也。此豈爲殺心，而形於聲者乎？邕莞然而笑曰：此足以當之矣。」

又同傳注引張騭文士傳曰：

「邕告吳人曰：吾昔嘗經會稽高遷亭，見屋椽竹東間第十六可以爲笛。取用果有異聲。」

續談助卷四殷芸小說曰：

「馬融歷二縣兩郡七年，在南郡四年，未嘗論刑殺一人。性好音樂，善鼓琴吹笛，笛聲一發，感得蜻蛚出吟，有如相和。」

音樂既爲士大夫日常生活之一節目，而其事又無關乎利祿，則必因與士之內心情感起感應，亦如純文學之例可知。文選卷四十繁休伯（欽）與魏文帝牋曰：

「頃諸鼓吹。廣求異妓。時都尉薛訪車子，年始十四，能喉囀引聲，與笳同音，白上呈見。果如其言。卽日故共觀試，乃知天壤之所生，誠有自然之妙物也。……時日在西隅，涼風拂衽。背山臨谿，流泉東逝。同坐仰歎，莫不泫泣殞涕，悲懷慷慨。」

可知士大夫之於音樂誠如所謂情發乎中，有其不能自己者在，亦如其於自然之欣賞與文學之創作然也。音樂於士之內心生活既有如是密切之關係，故論者或以爲君子必當解音樂。文選卷四十二書中曹子建與吳季重書（參曹子建集卷九）曰：

「夫君子而不知音樂，古之達論，謂之通而蔽。墨翟不好伎，何爲過朝歌而迴車乎？足下好伎，值墨翟迴車之縣，想足下助我張目也。」

漢晉之際士之重視音樂，觀陳思王此數語，卽可以知之矣。

前引魏文帝與吳質書中有「清風夜起，悲笳微吟，樂往哀來，愴然傷懷。」之語。李善注曰：

「莊子：仲尼曰：樂未畢，哀又繼之。」

則音樂亦如自然景物，最能激發哀樂之情，而復與老莊思想相通。故魏晉之士大夫多以音樂與內心之哀樂相應，至嵇叔夜著「聲無哀樂論」（嵇中散集卷五）始駁流行之說。作者於音樂理論昧無所知，不敢於此妄有論列。茲所欲强調者，卽漢晉間士大夫好樂之風實爲彼輩悲涼感慨之人生觀之產物，而非徒生活之點綴品是已。易言之，卽與純文學之獨立，同源於士之內心自覺也。文學與音樂於是遂同爲人生藝術之一部份，而可以相提並論。文選卷五十二論二魏文帝典論有云：

「文以氣爲主，氣之淸濁有體，不可力彊而致。譬諸音樂，曲調雖均，節奏同檢，至於引氣不齊，巧拙有素，雖在父兄，不能以移子弟。」

是二者不僅對人生具相同之功能，抑且其技巧亦有可以互喩者在也。音樂與漢晉間士大夫生活之關係又可徵之於嵇叔夜之琴賦序（嵇中散集卷二，又見文選卷十八音樂下。）其言畧曰：

「余少好音聲，長而翫之。以爲物有盛衰，而此無變，滋味有猒，而此不勌。可以導養神氣，宣和情志。處窮獨而不悶者，莫近於音聲也。」

觀乎「導養神氣，宣和情志。」「處窮獨而不悶。」之語，則音樂之爲個體內心自覺之表現，蓋可以思過半矣。

最後請畧論書法與個體自覺之關係。此層昔人固未嘗措意，今茲所論亦多爲想像妄測之詞，故附於篇末，以示不敢視爲定說之意云爾。書法之藝術化，其事始於東漢。故書者頗知自寶其書，而賞玩者亦搜求之不遺餘力。三國志魏志卷一武帝紀裴注引衛恆四體書勢序（參考晉書卷三十六衛瓘傳附恆傳）曰：

「上谷王次仲善隸書，始爲楷法。至靈帝好書，世多能者。而師宜官爲最，甚矜其能 。每書輒削焚其札。梁鵠乃益爲版，而飲之酒，候其醉而竊其札。鵠卒以攻書至選部尚書。於是公欲爲洛陽令。鵠以爲北部尉。鵠後依劉表，及荊州平，公募求鵠。鵠懼自縛詣門，署軍假司馬。使在祕書，以勤書自効。公嘗懸著帳中，及以釘壁玩之，謂勝宜官。」

按：當時所謂四體書者，指古文、篆、隸及草也（參閱三國志魏志卷二十一劉劭傳注引四體書勢序）。斯四者之間草書最能表現個性，其次則爲隸書。上所引者爲衛恆序隸書之文，則師宜官與梁鵠蓋以隸書名家者也 。今觀師氏之自珍，梁氏之竊取與孟德之賞玩，可知隸書已爲士大夫極所欣賞之藝術。而漢晉之際，士大夫所最欣賞之書法則爲草書，故時人有草聖之目。後漢書卷九十五張奐傳曰：

「（奐）長子芝，字伯英，最知名。芝及弟昶字文舒，並善草書，至今稱傳之。」

章懷注引王愔文字志（參三國志魏志卷二十一劉劭傳注引衛恆草書序）曰：

「芝……尤好草書，學崔、杜之法。家之衣帛，必書而後練。臨池學書，水爲之黑，下筆則爲楷則：號忽忽不暇草書，爲世所寶，寸紙不遺。仲將謂之草聖也。」

今按：衛恆草書序曰：

「漢興而有草書，不知作者姓名。至章帝時齊相杜度，號善作篇。後有崔瑗、崔實，亦皆稱工。杜氏結字甚安，而書體微瘦；崔氏甚得筆勢，而結字小疏。」

據此則草書固亦盛興於東漢。（按漢簡中已見有草書。）仲將者韋誕字，亦以善書名，事跡畧見於三國志魏志劉劭傳注引文章叙錄。此外雅擅此道者尚大有人在，如後漢書卷一百十下文苑傳下張超傳曰：

「張超字子並……靈帝時從車騎將軍朱儁征黃巾，爲別部司馬。……超又善於草書，妙絕時人，世共傳之。」

草書之外復有行書，亦始於東漢。張懷瓘書斷列傳（百川學海本）卷一「行書」條曰：

「案行書者後漢潁川劉德升所作也，卽正書之小僞，務從簡易，相間流行，故謂之行書。」

同卷「劉德升」條云：

「字君嗣，潁川人，桓、靈之時以造行書擅名。雖已草剏，亦甚妍美，風流婉約，獨步當世。」（註五十四）

然則書法之盛行於東漢果何故耶？其一部份原因誠當求之於文具如紙筆與墨之改進。侯康後漢書補注續「蔡倫傳」條曰：

「漢人能爲紙者，蔡倫之外，又有左伯。書斷云：伯字子邕，東萊人，漢興用紙代簡，至和帝時蔡倫工爲之。而子邕尤得其妙。故蕭子良答王僧虔書云：子邕之紙，妍妙輝光。案韋誕亦謂：工欲善其事，必先利其器；用張芝筆，左伯紙，及臣墨，然後可以逞徑丈之勢。」

然自另一角度言，文具之改進亦可謂是書法流行之結果，蓋必因士大夫對文具已有迫切之需求，而後始有人注意筆墨之改進也。故文具之進步最多祇是書法興盛之片面原因，而非全部原因。鄙意以爲欲於書法興盛之根本原因求一比較滿意之解答，恐不能不深致意於其時代之背景。書法之藝術化起於東漢而尤盛於其季世，在時間上實與士大夫自覺之發展過程完全吻合，謂二者之間必有相當之聯貫性，則或不致甚遠於事實也。嘗試論之，東漢中葉以後士大夫之個體自覺既隨政治、社會、經濟各方面之發展而日趨成熟，而多數士大夫個人生活之優閒，又使彼等能逐漸減淡其對政治之興趣與大羣體之意識，轉求自我內在人生之享受，文學之獨立，音樂之修養，自然之欣賞，與書法之美化遂得平流並進，成爲寄托性情之所在。亦因此之故，草書始爲時人所喜愛。盖草書之任意揮灑，不拘形跡，最與士大夫之人生觀相合，亦最能見個性之發揮也。此觀崔瑗所著草書勢（晉書卷三十六衛瓘傳附恆傳）可知。復次，草書之藝術性之所以强於其他書體者，尤在其較遠於實用性，亦如新興文學之不重實用而但求直抒一己之胸襟者然。衞恆序篆書曰：

「太和中（韋）誕爲武都太守，以能書留補侍中，魏氏寶器銘題皆誕書云。」（三國志魏志卷二十一劉劭傳注引四體書勢。）

此篆書實用之一端也。其序隸書曰：

「（梁）鵠字孟黃，安定人，魏宮題署，皆鵠書也。」

此又隸書實用之一端也。此外如傳世之漢魏碑文亦多爲隸書，則世所習見者也。而草書之起源雖據崔瑗草書勢乃由於「應時諭指，用於卒迫，兼功並用，愛日省力。」但及其藝術化之後，則較之其他諸體，反離實用最遠，故其在政治與社會上之一般實用價值如何，今已無從考見，亦因此之故，遂益成爲士大夫寄托性情之一種藝術矣。

二十餘年前陳寅恪先生嘗考論天師道與書法之關係，以爲南北朝時代之書法與道教寫經有關。（註五十五）其說發人之所未發，至爲精當。然鄙意以爲其間猶有可申論之處，茲不辭譏笑而附著吾說於下。兩晉南北朝士大夫之生活、思想、感情既多承漢魏士風而來，則書法自當爲陶冶性情之一種藝術，而不主實用可知。但寫經在宗教上雖爲一種功德，然畢竟不得不謂之爲書法之實用，而稍遠於純粹之藝術矣。然則就表面觀之，陳說豈不與上文所論有牴牾難通之處耶？而按之實際，則殊不然。蓋寫經僅限於用正書或隸書，並不用草書，茲僅就陳先生原文所舉之例證，轉摘一二條於下，以實吾說，眞誥卷十九叙錄云：

「三君（楊君羲，許長史謐，許椽翽）手跡，楊君書最工；不今不古，能大能細。大較雖祖効郗法，筆力規矩並於二王。而名不顯者，當以地微，兼爲二王所抑故也。椽書乃是學楊，而字體勁利，偏善寫經。畫符與楊相似；鬱勃鋒勢，殆非人功所逮。長史章草乃能，而正書古拙。符又不巧，故不寫經也。」

太平御覽卷六百十六引太平經云：

「郗愔性尙道法，密自遵行。善隸書，與右軍相埒。自起寫道經，將盈百卷，於今多有在者。」

雲笈七籤卷一百七陶翊撰華陽隱居先生本起錄云：

「（隱居先生）祖隆，好讀書善寫。父貞寶善藁隸。家貧以寫經爲業，一紙値四十。」

據此可知寫經必須爲善正書或隸書之人；許長史雖擅草書，而正書古拙，遂不寫經。則尤是草書不用之於道家寫經之證也。今尙傳世吳索紞所書之道德經五千言，亦爲道教典籍，而其書體正作正體或隸體，（註五十六）足爲旁證。由是觀之，兩晉南北朝時書法藝術之一部份——隸書——雖曾爲道教所利用（實則漢魏隸書亦有實用性，已見前。），而其中最爲士大夫性情所寄，亦最宜於發揮個性之部份——草書——則仍不失爲一種無所爲而爲，不以實用爲主之藝術也。故陳說雖是，然殊不足據之以證吾說爲非。誠恐好學深思之讀者於此或有所惑，故畧辨釋其疑點如此。

下篇　漢晉之際新思潮之發展

上二篇中既陳士之自覺甚詳，茲請進而畧論其時之思想變遷。唯平章學術，其事至爲不易，非作者之力所敢承；且限於篇幅，勢亦不能於漢晉間之學術思想爲全面之評述。故所論將僅及發展之大勢，而復以足與前二篇之旨互相發明者爲斷，或者可於考鏡源流一端畧有助益歟？

顏氏家訓卷三勉學篇曰：

「學之興廢，隨世輕重。漢時賢俊皆以一經宏聖人之道；上明天時，下該人事，用此致卿相者多矣。末俗已來不復爾：空守章句，但誦師言；施之世務，殆無一可。故士大夫子弟皆以博涉爲貴，不肯專儒。」

吳承仕經典釋文序錄疏證曰：

「漢師拘虛迂闊之義，已爲世人所厭。勢激而遷，則去滯著而上襄玄遠。」（註五十七）

按儒家經術之衰與老莊思想之興最爲漢晉間學術思想變遷之大事，此自來論者所習知。此一轉變之原因雖甚多，要可自兩方面言之。一爲客觀方面之原因：漢人通經所以致用，今經學末流既不能施之世務，則其勢乃不得不衰，此顏氏之論也。一爲主觀方面之原因：一種學術思想之流行除因其具實用之價值外，又必須能滿足學者之內心要求。而漢儒說經既羼以陰陽五行之論，復流於章句繁瑣之途，東京以降遂漸不足以饜切人心，其爲人所厭棄則尤是事有必至，此吳氏之說也。本篇僅就士之自覺之背景考察思想之變遷，故所涉不出主觀方面之範圍，而置客觀之因素不論焉！

漢魏之際儒學漸衰，近人頗有論及之者。（註五十八）茲先就章句式微之事實，以說明思想轉變之趨向。章句之繁瑣，西漢已然，降及東京，其風彌甚。王充著論衡於章句之學已頗加鍼砭，謂其蔽塞人心，不足通識今古，如卷十二謝短篇曰：

「夫儒生之業五經也，南面爲師，旦夕講授章句，滑習義理，究備於五經，可也。五經之後，秦漢之事不能知者，短也。夫知古不知今，謂之陸沉。然則儒生所謂陸沉者也。五經之前，至於天地始開，帝王初立者，主名爲誰，儒生又不知也。夫知今不知古，謂之盲瞽。五經比於上古，猶爲今也。徒能說今，不曉上古，然則儒生所謂盲瞽者也。」（註五十九）

東漢中葉以下，據史傳之記載，鄙薄章句者益衆，茲畧引數例如下。後漢書卷九十二荀淑傳曰：

「荀淑……少有高行，博學而不好章句，多爲俗儒所非。」

同書同卷韓韶傳曰：

「子融，字元長，少能辨理，而不爲章句學。」

同書卷九十四盧植傳曰：

「盧植……少與鄭玄俱事馬融，能通古今學，好研精，而不守章句。」（註六十）

故范蔚宗儒林列傳序總論之曰：

「本初元年梁太后詔大將軍下至六百石，悉遣子就學。……自是游學增盛，至三萬餘生。然章句漸疏，而多以浮華相尙，儒者之風蓋衰矣。」

東漢章句學衰，而後期尤甚，此人所共知者也。若欲進而考論漢晉間思想流變之真相，則不能不究詁章句衰微之根本原因何在。後漢書卷一百十下文苑列傳下邊讓傳載蔡邕薦讓之言曰：（參蔡中郎文集卷七「薦邊文禮」）

「初涉諸經，見本知義。授者不能對其問，章句不能逮其意。」

據此則漢末學者治經蓋有求根本義之趨向，而章句煩瑣適足以破壞大體，遂爲當時通儒所不取也。此意徐榦中論尤暢發之，卷上治學篇曰：

「凡學者大義爲先，物名爲後，大義舉而物名從之。然鄙儒之博學也，務於物名，詳於器械，矜於詁訓，摘其章句，而不能統其大義之所極，以獲先王之心。」

東漢古學兼通數家大義，不守一家之師法章句，故其學日盛，前舉例中荀淑與盧植皆古學之規模也。鄭玄最稱古學大師，後漢書卷六十五本傳范蔚宗論曰：

「及東京學者亦各名家，而守文之徒滯固所稟，異端紛紜，互相詭激。遂令經有數家，家有數說。章句多者或乃百餘萬言。學徒勞而少功，後生疑而莫正，鄭玄括囊大典，網羅衆家，刪裁繁蕪，刊改漏失。自是學者畧知所歸。」

然本傳猶謂「玄質於辭訓，通人頗譏其繁」者，蓋鄭氏學通今古，調停取捨之間已兼有章句之性質，故其註經多至百餘萬言。（註六十一）由是觀之，鄭學之爲一時學者所歸，固在於「網羅衆家。删裁繁蕪」，而其學行之未久卽招致反對者，則實由於其删裁之未盡，猶不免流爲煩瑣，與當時學者尋求根本義之內心要求有所未合也。故繼鄭氏經學簡化運動而起者，復有漢末劉表所倡導之荆州學派。（註六十二）荆州學之內容今已不易確知，但其學術趨向猶不難考見。嚴可均全後漢文卷九十一王粲荆州文學記官志曰：

「有漢荆州牧曰劉君……乃命五業從事宋衷（忠）所作文學延朋徒焉。宣德音以贊之，降嘉禮以勸之。五載之間，道化大行。耆德故老綦毋闓等負書荷器，自遠而至者三百有餘人。」

此言夫其盛況也。後漢書補注卷十七劉表傳引劉鎭南碑（全三國文卷五十六）云：

「君深愍末學遠本離直，乃令諸儒改定五經章句，删剗浮辭，芟除煩重。」

此則言其爲學之大體也。按劉表之名見於後漢書黨錮傳序，爲八及之一（本傳謂爲八顧，尙別有異說，可毋細辨。）而倡經學簡化之運動，則蔚宗所謂「章句漸疏，多以浮華相尙」者，誠信而有徵矣。「删剗浮辭，芟除煩重」最爲荆州學精神之所寄，而其實際之領導人物則是宋仲子。仲子特以注太玄爲天下所重，據近人所考，固是發明玄理之作。（註六十三）重玄理，卽是探求根本義也。而尤可注意者，則是宋衷之學與鄭玄經學之關係。三國志蜀志卷十二李譔傳曰：

「李譔……與同縣尹默俱游荆州，從司馬徽、宋忠等學。譔具傳其業，又從默講論義理。……著古文易、尙書、毛詩、三禮、左氏傳、大玄指歸，皆依準賈（逵）、馬（融），異於鄭玄。與王氏殊隔，初不見其所述，而意歸多同。」

王氏者，指王肅也。同書魏志卷十三肅本傳曰：

「肅字子雍。年十八，從宋忠讀太玄，而更爲之解。……初肅善賈、馬之學，而不好鄭氏。采會同異，爲尚書、詩、論語、三禮、左氏解，及撰定父朗所作易傳，皆列於學官。」

按李王二氏所居殊隔，而著書反鄭氏之學，意歸多同。此則必因其同源於宋衷之故。由是而推之，則荆州之學必於鄭學之繁有所不愜，故益加删落，以求義理之本也。蓋東京以降，經學有今古之分，異端紛紜，莫衷一是，而學者探根本、重義理之要求則與日俱增。鄭玄之「網羅衆家，删裁繁蕪」，即相應於此一時代之需要而起者也。鄭學既出，衆論翕然歸之。皮錫瑞經學歷史，「經學中衰時代」篇云：

「鄭君徒黨徧天下，即經學論，可謂小一統時代。」

誠是也。然鄭氏雖爲當時之顯學，而其說出於折衷調停，猶近章句之煩瑣。一般經生或可於此得所依傍，博通古今好學深思之士則尚心有未安，而不得不別爲探本抉原之謀。此荆州之學之所由來也。三國志魏志卷六劉表傳注引英雄傳謂表

「乃開立學官，博求儒士，使綦毋闓、宋忠等撰定五經章句，謂之後定。」

顯亦康成「述先聖之元意，整百家之不齊」（鄭玄戒子書語）之精神也。近人論荆州之學皆知其爲魏晉玄學之濫觴，而於其爲鄭氏經學簡化運動之更進一步之發展一點，似未深加注意。荆州學上承鄭學精神而來，但同時亦爲對鄭學之反動，此層猶有可得而微論者。鄭學之特徵之一在其「兼通今古，溝合爲一」（借用皮錫瑞語），而荆州學

正復有之。蓋荊州儒者既多至三百餘人，其中必兼攬今古各家，非盡屬古學之士可知。又其所撰定之五經，號爲章句，亦顯其今學之痕跡。南齊書卷三十三王僧虔傳載虔誡子書有曰：

「且論注百氏，荊州八袠，又才性四本，聲無哀樂，皆言家口實，如客至之有設也。」

又曰：

「八袠所載，凡有幾家？」

則荊州新學固不止一家。然自其書爲清談家之口實一點觀之，則必尚簡要，重義理，仍是古學之家數。然則荊州之學「網羅衆家」，固與鄭學不殊也。復次，鄭學雖以繁見譏，然其根本精神實在於「刪裁繁蕪」，與荊州學風之「刪劃浮辭，芟除煩重」者，又無以異也。至於荊州導啓魏晉道家之玄風，鄭學結束兩漢儒家之經術，雖爲二者殊異之所在，然實亦所處時代不同有以致之耳！（註六十四）

荊州學之內容今已不能詳知，然其易與太玄之新註爲漢晉間天道觀轉變之關鍵所在，王弼、何晏之形上學即承此而起，此今人之定論也。夫易爲專門之學，作者未涉樊籬，安敢妄加論述。茲以其事關涉漢晉間學術思想發展之趨向至鉅，故就近人之考論畧察其演變之跡，匪敢於易學之本身有所推斷也。漢儒以象數說易，故囿於形器，具體質實則有餘，抽象玄虛則不足。蓋通經致用之一般風氣下之必然結果也。自董仲舒以天人相應之旨說春秋，後世說易諸家遂頗有專主陰陽災異者，孟喜、京房特其最盛者耳。陰陽災異說之前提在假定天有意志，而復表現其意志於行動之中。人唯自天之行動如祥瑞災異之類得知天之意志，而不能於天之本體有所認識。依此種觀點，則人對天之知解無以超乎形象之外。此所以王弼注易唱得意忘言，擯落象數，獨明本體，一掃漢人繁亂支離之天道觀，而建立玄學中之抽象本體論，遂成爲漢晉間學術思想之一大事因緣也。但王弼玄學體系之建立雖有天授，亦頗承東漢以來之學術精神，不可不稍加解說。就一般天道觀念而論，王仲任著論衡已於漢代陰陽災異之說有廓清之功。而其積極方面之建樹，則在倡道家自然無爲之天道觀，開啓後來王弼何晏輩所謂天地萬物以無爲本之思想。論衡卷十八自然篇曰：

「天動不欲以生物，而物自生，此則自然也。施氣不欲爲物，而物自爲，此則無爲也。」

又曰：

「春觀萬物之生，秋觀其成，天地爲之乎？物自然也。如謂天地爲之 ，爲之宜用手；天地安得萬萬千千手，並爲萬萬千千物乎？」

據此則仲任雖未能建立宇宙本體說，然已確知自萬象繽紛以察天道爲不足據矣。知夫天地無爲而萬物自然，則災異之說自失其立論之根據，故曰：

「夫天無爲，故不言。災變時至，氣自爲之。夫天地不能爲，亦不能知也。」

卷十四譴告篇亦曰：

「夫天道，自然也，無爲。如譴告人，是有爲，非自然也。黃老之家論說天道，得其實矣。」

至於仲任與易學之關係亦有當注意者在。卷十四寒溫篇云：

「夫天道自然，自然無爲，二令參偶，遭適逢會，人事始作，天氣已有，故曰道也。使應政事，是有，非自然也。易京氏布六十四卦於一歲中，六日七分，一卦用事，卦有陰陽，氣有升降，陽升則溫，陰升則寒，由此言之，寒溫隨卦而至，不應政治也。」

是仲任固反對以災異說易而牽合於人事也。又文中引京氏易以斥天人相應之說者，正是所謂以子之矛攻子之盾，蓋寒溫篇原是針對京氏易而發者也。漢書卷七十五京房傳署曰：

「京房……治易事梁人焦延壽，其說長於災變，分六十卦，更直日用事（宋祁曰：別本作六十四卦。），以風雨寒溫爲候，各有占驗。房用之尤精。」

是其明證。仲任之天道論與王、何本體論有淵源，說已見前；其批判京氏易亦可與東漢易學之發展相發明。後漢書卷一百九上儒林傳上劉期傳曰：

「建武中……陳元、鄭衆皆傳費氏易。其後馬融亦爲其傳。融授鄭玄，玄作易注，荀爽又作易傳。自是費氏興而京氏遂衰。」

則費氏易代京氏而興爲東漢易學之一大變化。前漢書卷八十八儒林傳費直傳曰：

「費直……長於卦筮，亡章句，徒以彖象系辭十篇文言，解說上下經。」

可知費氏易之特徵乃在其亡章句與以傳解經二點。故「至少至馬融之世，陰陽術數災異之說寖衰，而漸回復於著重以義理解經之趨勢矣。」（註六十五）此仲任之批判京氏易在思想上當與東漢易學發展有聯貫性之證也。馬融鄭玄以下治易而著者尚有宋衷，三國志吳志卷十二虞翻傳注引翻別傳所載易注奏有云：

「孝靈之際，穎川荀諝，號爲知易。臣得共注，有愈俗儒。……南郡太守馬融，名有俊才，其所解釋，復不及諝。……若乃北海鄭玄，南陽宋忠，雖各立注，忠小差玄，而皆未得其門。」

今按：宋衷易注不傳，其說不易詳考，然就虞翻並舉鄭宋，復加以比較而言，則宋氏易必爲馬鄭一派，而更有改進也。前文論荆州之學下開魏晉玄學而上承鄭玄之經學簡化運動，易學之傳衍似可爲此說之實例。王輔嗣注易原出荆州，近人考證已確，毋庸再及，玆但畧引二家之說於下，以資證明。湯用彤先生云：

「王弼之家學，上溯荆州，出于宋氏。夫宋氏重性與天道，輔嗣好玄理，其中演變應有相當之聯繫也。又按王肅從宋衷讀太玄，而更爲之解。張惠言說，王弼注易，祖述肅說，特去其比附爻象者　。此推論若確，則由首稱仲子，再傳子雍，終有輔嗣，可謂一脉相傳者也。」（註六十六）

錢師賓四云：

「王弼之學，原於荆州。……隋書經藉志劉表有周易章句五卷，梁有宋忠注周易十卷。弼父業乃劉表外孫，則弼之易學，遠有端緒。」（註六十七）

至輔嗣注易與鄭氏易學之關係，近人則較少注意，而或有致疑者。然其事佚出本篇範圍，無詳考之必要。玆僅就大關鍵處畧着數語，以見漢晉間易學發展之一般線索足矣。隋書經籍志卷一經籍一曰：

「後漢陳元、鄭衆皆傳費氏之學，馬融又爲其傳，以授鄭玄，玄作易注。荀爽又作易傳。（按以上皆據後漢書儒林傳語，前已引之。）魏代王肅、王弼並爲之注，自是費氏大興。」

據此則漢晉間易學傳衍之共同線索爲費氏之易。費氏易爲古學，所重在義理　，與京氏之以陰陽術數災異說易者大異。就論易之方法言，費學之最大特色則在以傳解經。古今學者辯論此點者皆注重其起原之問題：或謂起於王弼，或謂導自鄭玄，或謂始由費直，而莫能定。（註六十八）據湯用彤先生之說，反求古傳、輕視後師章句，爲漢晉易學新陳代謝之關鍵，故於輔弼以傳解經之精神深致推崇，（註六十九）其論是也。淸儒姚配中則謂經傳之合始自費直（註七十），若就純方法之意義言，亦是也。顧亭林日知錄卷一「朱子周易本義」條畧曰：

「謂連合經傳始於輔嗣，不知其實本於康成也。」

則康成無論如何爲費王間之一關鍵人物，不能因費氏合經傳於先（顧亭林亦已注意及之。）遂否定其在易學變遷史上之地位也。鄭氏之易傳自馬融，而高貴鄉公言經傳連文僅及康成而不及季長（事見三國志魏志卷四高貴鄉公髦紀），卽是東漢中葉以後重合經傳始於康成之證。由是觀之，輔玄以傳解經之法與其謂其遠承費直，不如謂其近襲鄭玄之更合於情實也。淳于俊對高貴鄉公之問曰：

「鄭玄合彖象於經者，欲使學者尋省易了也。」

此語實透露鄭玄注易旨在得其大義之消息，而與東漢中葉以後學術思想着重根本原理之探求之一般趨勢甚相符合。輔嗣本體之學不過承此大潮流而益以恣肆之思之結果耳。然此殊非鄭王易學在思想內容上相同之謂也。輔嗣易學，祖述王肅，而肅固反鄭之巨擘。隋書經籍志亦嘗言之曰：

「梁、陳鄭玄王弼二注列於國學；齊代唯傳鄭義。至隋，王註盛行，鄭學浸微，今殆盡矣。」

故鄭王異義，古今無間辭，但若不論內容，僅就漢晉間思想發展之一般趨向觀之，二者之間固猶有承遞之跡可言。南齊書卷三十九陸澄傳載澄與王儉書有云：

「晉太興四年，太常荀崧請置周易鄭玄注博士，行乎前代。于時政由王庾，皆儁神清識，能言玄遠，捨輔嗣而用康成，豈其妄然！泰元立王肅易，當以在玄、弼之間。」

據此可知鄭玄與王弼之易，異中有同。而王肅雖反鄭，其易注仍不免爲康成與輔嗣間之過渡。其先後演變之跡豈不居可見乎？在同一求原理、尚簡化之潮流中，康成易學結束漢代象數術之舊，而輔嗣則導啓魏晉本體論之新，斯誠李光弼入郭子儀軍，壁壘旌旗非復舊觀，時爲之，亦人爲之也。余故備論其事，以爲荊州之學承先啓後之一例焉！

以上論東漢中葉以後儒學之發展，自馬、鄭以至荊州，皆以鄙章句之煩瑣而重經典之本義，爲其間一貫線索。其流變所及則漸啓捨離具體事象而求根本原理之風，正始玄音乃承之而起。此學術思想將變之候也。漢魏之際，延篤、曹植有仁孝論，朱穆有崇厚絕交論，劉梁有破羣論、和同論，雖思想不出儒家之範圍，其捨事象而言原理，則已開魏晉論文之先河。（註七十一）漢末儒學棄末流之繁而歸於本義之約，其事雖人所習知，但其所以有此轉變之故，則尚有待於進一步之探究。竊以爲一切從外在事態之變遷而迂曲爲說者，皆不及用士之內心自覺一點爲之解釋之確切而直截。蓋隨士大夫內心自覺而來者爲思想之解放與精神之自由，如是則自不能滿足於章句之支離破碎，而必求於義理之本有統一性之了解。此實爲獲得充份發展與具有高度自覺之精神個體，要求認識宇宙人生之根本意義，之以安頓其心靈之必然歸趨也。故東漢學術自中葉以降，下迄魏晉玄學之興，實用之意味日淡，而滿足內心要外色彩日濃。跌蕩放言之輩如孔文舉、禰正平、嵇叔夜之罹禍雖多少皆與其思想有關，然卒不之顧，其重內心而輕求物之精神爲何如耶！此亦漢晉之際學術思想之發展不得純以政治狀況等外在事態釋之之故也。湯用彤先生嘗論之曰：

「大凡世界聖教演進，如至于繁瑣失真，則常生復古之要求。耶穌新教，倡言反求聖經。佛教經量部稱以慶喜（阿難）為師。均斥後世經師失教祖之原旨，而重尋求其最初之根據也。夫不囿於成說，自由之解釋乃可以興。思想自由，則離拘守經師，而進入啓明時代矣。」（註七十二）

斯言是也。然其間猶有可得而說者，即何以宗教與學術史上之復古要求產生於某一時代而非別一時代？質言之，何以經學之簡化運動必興於東漢末期，而基督教之復古運動亦必遲至十五、六世紀始得發生？則其間當有時代之背景。漢晉間之思想變遷，吾人既持內心自覺之說論之矣。而基督新教反求聖經之運動亦正具同一背景。蓋基督教經中古諸經師之詳盡發揮，亦流為章句（Sentences）之繁瑣，而漸昧於大義。及至十四世紀以後文藝復興興起，個人之自覺日益發展，於是人文主義學者如伐拉（Valla）、伊拉斯瑪斯（Erasmus）之流，乃起而整理聖經，言訓詁而舉大義。馬丁路德之宗教革命思想一部份即導源於此。故基督教之反求聖經所以遲至十六世紀始蔚成廣泛之運動者，良由個體自覺至是始發展成熟耳。漢晉間學術思想之變遷以個體內心之自覺為其背景之說，得此一有力之旁證，乃益可無疑矣。

抑更有可論者，離具體之事象而求抽象之原理，其事並不限於儒家之經典，而實遍及精神領域之各方面。雖時序先後，所得深淺或有不同，然其表現為尋求事物之最高原理之趨向則一，斯尤足為內心自覺之說明矣。茲僅就人物評論、文學與音樂三端畧徵史料，以實吾說。（按：此數事，中篇均已論及。茲所以重言之者，蓋為說明當時人理論化之傾向也。目的不同，取材亦異。雖稍嫌支蔓，讀者諒之。）

中篇論人物評論已指出斯學之理論化早始於郭林宗，下及曹魏論識鑒原理之作益多，今傳世之劉劭人物志即其一也。故關於此點，可不必再贅，茲但取魏晉之世重以精神鑒人之事論之，不徒以其為時人思想自具體至抽象之發展之一端，抑且與玄學之興極有淵源也。漢代鑒人注重形體，故論衡有骨相之篇　。然在仲任已感自形體觀人之不足，骨相篇有云：

「相或在內，或在外，或在形體，或在聲氣。察外者遺其內，在形體者亡其聲氣。」

至郭林宗、許子將之批評人物，則似已留意於神味，觀前篇所引史料可知　。而正式提出觀察精神爲鑒識之最高原則者，則是劉劭。人物志卷上九徵篇云：

「夫色見於貌，所謂徵神；徵神見貌，則情發於目。」

又云：

「物生有形，形有神精；能知精神，則窮理盡性。」

神鑒之法，既在觀人之目，故蔣濟著論謂觀眸子可以知人。（註七十三）其實眸子之說起於孟子，王仲任亦已注意及之，謂清濁稟之於天，不可改易。（論衡卷三本性論）但以瞻形得神爲普遍之識鑒方法，則事起魏晉以後。抱朴子卷二十一清鑒篇曰：

「區別臧否，瞻形得神，存乎其人，不可力爲。」

今按形不盡神及瞻形得神之旨，正是漢末以來捨具體事象而求抽象原理之精神之表現。故論人物之重神而遺形亦猶論天道之重本體而忽象數也。與神鑒之論相輔而行者有所謂「言不盡意」之說，藝文類聚卷十九歐陽建言盡意論曰：

「世之論者以爲言不盡意，由來尚矣。至乎通才達識咸以爲然。若夫蔣公之論眸子，鍾傅之言才性，莫不引此爲談證。」

王弼注易遂採此法，益輔以莊生「得魚忘荃」之旨，而建立本體論。於是「言不盡意」，「得意忘言」卒成魏晉玄學中之一根本方法。推其源流固出自漢魏以來之人倫識鑒也。（註七十四）

純文學之發展其事較遲，故文學理論亦不如其他方面之成熟。但理論化之傾向則已隨文學價值之獨立而俱來。此可徵之於曹丕之典論論文。典論首論作家，然後始畧及文體及文學理論，此蓋初期文論之一般特色，頗受東漢以來人物評論之影响而然也。（註七十五）文選卷五十二典論論文曰：

「夫文本同而末異：蓋奏議宜雅，書論宜理，銘誄尚實，詩賦欲麗。此四科不同，故能之者偏也。唯通才能備其體。文以氣爲主，氣之清濁有體，不可力强而致。」

魏文既主本同之說，又謂「文以氣爲主」，則顯是承認文學具有最高之原理。至其四科分論，曰雅、曰理、曰實、曰麗，則又是對每一文體予以理論化，而抉出其本質也。繼魏文而有作者，有陸士衡之文賦，雖其時代稍晚，然猶可據之以見文學理論化之發展。文賦（文選卷十七，論文）首述萬象紛然，四時移逝之態，而繼之曰：

「籠天地於形內，挫萬物於筆端。始躑躅於燥吻，終流離於濡翰。理扶質以立幹，文垂條而結繁。」

其執一控多，執簡馭繁之意至爲顯然。蓋士衡生當玄學已盛之後，雖入洛以前僻處江東，恐亦不能完全無感於玄風，故賦中所論實以文之功能在表現天地萬物之本體。（註七十六）其言曰：

「課虛無以責有，叩寂寞而求音。」

又曰：

「伊茲文之爲用，固衆理之所因，恢萬里使無閡，通億載而爲津。」

此與魏文之論文以氣爲說者，極可表現魏晉前後思想之變遷，亦可見文學理論受流行思想之影响爲如何也。至其論文體之說則曰：

「詩緣情而綺靡，賦體物而瀏亮，碑披文以相質，誄纏緜而悽愴。銘博約而溫潤，箴頓挫而淸壯。頌優遊以彬蔚，論精微而譎誑。雖區分之在茲，亦禁邪而制放。要辭達而理擧，故無取乎冗長。」

較典論所言意境誠遠爲深到，然其於分論諸體之性質後，乃進而陳文學之最高原則，歸之於約，並括一理字爲說，則猶是師魏文之遺意，而同表現爲自具體之文學批評進至抽象原理之探求之趨向也。

音樂之理論化所能言者較少，今但約論之，以見大勢所趨而已。嵇叔夜著「聲無哀樂論」（嵇中散集卷五）設秦客與主人辯難，一反一復，詳論音聲之理，蓋卽一篇推理嚴謹之樂論也。其文繁長，不能徵引。茲摘其中關於探求抽象原理之語如下，不僅以其關係音樂理論化之問題，且以見玄學思想持論之一斑也。其言曰：

「夫推類辨物，當先求之自然之理。理已足，然後借古義以明之耳。今未得之于心，而多恃前言以爲談證，自此以往，恐巧歷不能紀耳。」

音樂亦爲當時士大夫「推類辨物」之一端，宜乎當求其自然之理。然探求原理之道則在直指本心，問其義安否，而不得徒引古人爲權威；及已內得于心，然後再借古義以爲說。此卽陸象山「六經註我」之意，尤足爲內心自覺之說明。又論中復應用「得意而忘言」（註七十七）之方法，則叔夜之樂論蓋卽其玄學思想之引申也。文選卷十八收琴賦一篇（嵇中散集卷二），題目雖仿自王子淵洞簫賦、馬季長長笛賦，然一比較其內容則發現有一至不相同之點：

卽王、馬諸賦大體僅能於樂聲之描繪曲盡其致，而叔夜則借琴音而論樂理，用意顯與前人違異。此點但引琴賦序中之言卽可充份證明，不必多事摘錄也。序云：

「然八音之器，歌舞之象，歷世才士並爲之賦頌；其體制風流，莫不相襲。稱其材幹，則以危苦爲上；賦其聲音，則以悲哀爲主；美其感化，則以垂涕爲貴。麗則麗矣，然未盡其理也。推其所由，似元不解音聲；覽其旨趣，亦未達禮樂之情也。衆器之中，琴德最優，故綴叙所懷，以爲之賦。」

是其有心與前修立異，固已自點出之矣。與叔夜同時而交游至密者，尙有人焉，亦著文專論樂理，則阮嗣宗是也。嗣宗之文今已不得窺其全，然片言隻語猶可推論其大意焉！文選嵇叔夜琴賦「閑遼故音庳，絃長故徽鳴」注引阮籍樂論曰：

「琵琶箏笛，閒促而聲高；琴瑟之體，閑遼音埤。」（註七十八）

文旣題作「樂論」，則必爲總論音樂原理之作可知。現引文之分論各種樂器之性質，則亦猶子桓、士衡之論文體也。阮、嵇之作，時間先後已無可考。但自二人遣字立義皆雷同一點言之，則二人之音樂理論當無大違異，且互相有影响，抑又可知也。然則至遲在阮、嵇之世，音樂之欣賞亦已發展至探求抽象原理之階段，一如文學之例，此其故不益可以深長思耶！

漢晉之際儒術衰而道家盛，自來論之者亦已多矣。其言有得有失，今亦不克一一爲之疏通證明。茲但從自覺之觀點檢討二家離合興衰之故，雖不能整齊衆說，網舉目張，亦可於世運升降與學術流變之關係，畧發其覆，較之輕評往哲，高下由心，或猶稍得乎論世知人之旨也。至於儒道之爭，門戶之判，從來論者，最所縈懷，雖事洵非虛，而其情則猶別可說。竊不自量，欲破故壘而更進一新解焉！

今欲知儒學之所以衰，不能不知儒學在漢代社會文化上之功用。范蔚宗後漢書儒林傳論曰：

「自光武中年以後，干戈稍戢，專事經學。自是其風世篤焉！其服儒衣、稱先生、遊庠序，聚橫塾者，蓋布之於邦域矣。若乃經生所處，不遠萬里之路；精廬暫建，贏糧動有千百。其耆名高義，開門受徒者，編牒不下萬人。皆專相傳祖，莫或訛雜。至有分爭王庭，樹朋私里，繁其章條，穿求崖穴，以合一家之說。……夫書理無二，義歸有宗，而碩學之徒，莫之或徙。故通人鄙其固焉。……然所談者仁義，所傳者聖法也，故人識君臣父子之綱，家知違邪歸正之路，自桓靈之間，君道秕僻，朝綱日陵，國隙屢啓。自中智以下，靡不審其崩離。而權彊之臣息其窺盜之謀，豪俊之夫屈於鄙生之議者，人誦先王言也，下畏逆順勢也。至如張温、皇甫嵩之徒，功定天下之半，聲馳四海之表，俯仰顧眄，則天業可移；猶鞠躬昏主之下，狼狽折札之命，散成兵，就繩約，而無悔心。暨乎剝橈自極，人神數盡，然後羣英乘其運，世德終其祚。跡衰敝之所由致，而能多歷年者，斯豈非學之效乎？」

同書卷九十六陳蕃傳論曰：（參考卷九十一末蔚宗之論）

「桓、靈之世，若陳蕃之徒，咸能樹立風聲，抗論惛俗，而驅馳險阨之中，與刑人腐夫同朝爭衡，終取滅亡之禍者，彼非不能絜情志、違埃霧也。愍夫世士以離俗爲高，而人倫莫相恤也。以遯世爲非義，故屢退而不去；以仁心爲己任，雖道遠而彌厲。及遭際會，協策竇武，自謂萬世一遇也。懍懍乎伊、望之業矣。功雖不終，然其信義足以携持民心，漢世亂而不亡，百餘年間，數公之力也。」

按：蔚宗所論儒學之效用極爲精當，其史識之卓越，誠不易企及。據此則儒學實與漢代一統之局相維繫。儒學之功能在此，其所以終於蹶而莫能振者亦在此。蓋自東漢中葉以來，士大夫之羣體自覺與個體自覺日臻成熟。黨錮獄後，士大夫與閹宦階級相對抗之精神既漸趨消失，其內在團結之意態亦隨之鬆弛，而轉圖所以保家全身之計。朱子所謂「剛大方直之氣，折於凶虐之餘，而漸圖所以全身就事之計」者，誠是也。自此以往，道術既爲天下裂，士大夫以天下爲己任之精神遂漸爲家族與個人之意識所掩沒。徐孺子寄語郭林宗：「大樹將顚，非一繩所維，何爲棲棲，不遑寧處？」卽是士大夫不復以國家或社會爲念之證。蔚宗謂「世士以離俗爲高，而人倫莫相恤」，得其情矣。自黨錮以後下迄曹魏，就士大夫之意識言，殆爲大羣體精神逐步萎縮而個人精神生活之領域逐步擴大之歷程。（註七十九）當時社會上最具勢力之士大夫階層既不復以國家社會爲重，而各自發展與擴大其私生活之領域，則漢代一統之局其勢已不得不墜。（註八十）一統之局既墜，則與之相維繫之儒學遂失其效用，而亦不得不衰矣。故推原溯始，儒學之衰，實爲士大夫自覺發展所必有之結局。

明乎儒學之所以衰，「然後始可與論玄學之所由興。青木正兒氏論清談思想之萌芽，探武內義雄之說，謂儒家禮制訓詁拘泥末節之弊至魏明帝太和、青龍之際爲最甚，而清談適起於此時，此二現象間之因果關係可以推測云。（註八十一）此說自今日視之，已不足信。蓋儒學章句繁瑣之弊，早在東漢中葉已爲治經者所不滿，其後鄭玄以至荆州學派之簡化運動卽承此要求而起，前文已論及之。王弼注易又復承此一運動而更進一步探求宇宙萬物之根本原理，遂牽連及於老子，通儒道而爲一。故自學術思想之發展階段言，玄學之興乃是漢末以來士大夫探求抽象原理之最後歸趨。儒學之重心在人倫日用，形而上之本體本非所重，故夫子之言性與天道不可得而聞。漢末經學之簡化運動，充量至極，亦僅能闡明羣經之大義，而不能於宇宙萬物之最高原理提出「統之有宗，會之有元」之解答，此在魏晉之士則猶以為未達一間，而無以滿足其內心深處之需求也。世說新語卷一言語篇曰：

「劉尹與桓宣武共聽講禮記。桓云：時有入心處，便覺咫尺玄門。劉曰：此未關至極，自是金華殿之語。」

此雖東晉時事，然殊可以反映魏晉士大夫對儒學之一般心理，儒家經典所講者僅為人事之理，故仍「未關至極」，必須進而探究統攝宇宙萬物之最高原理，始為達玄境而可以安頓其自覺心也。三國志魏志卷十荀彧傳注引何劭荀粲傳曰：

「粲諸兄並以儒術論議，而粲獨好言道。常以為子貢稱夫子之言性與天道不可得聞，然則六籍雖存，固聖人之糠粃。粲兄俁難曰：易亦云：聖人立象以盡意，繫辭焉以盡言，則微言胡為不可得而聞見哉？粲答曰：蓋理之微者非物象之所舉也。今稱立象以盡意，此非通于意外者也，繫辭焉以盡言，此非言乎繫表者也。斯則象外之意，繫表之言，固蘊而不出矣。」

此尤為傳統儒學因未能發展其形上之學，故不復饜切人心之證，亦「咫尺玄門」一語之確解也。然此處牽涉一極重要之問題，不可不畧加討論。青木正兒論清談之起源，謂不始於正始時代之王、何，而啓自太和初年傅嘏與荀粲之談論。今按：青木之說雖不無可取之處，然殊「未關至極」，茲請畧言之。傳統之解釋以清談始於正始者，並非純指思想談論而言，而謂援引老莊正式標立宇宙本體之論由王弼何晏造其端也。若僅就思想談論而言，則其事固當遠溯至漢末，此點中篇已有考辨，可不再贅。然考青木之說，則實以談老莊之玄虛發軔於荀、傅。青木氏之說出，中日學者多引據之，而日本方面尤視爲莫大之創見，故已久成定讞。（註八十二）余於青木氏立論之根據嘗反復推究，終覺心有未安，故敢畧陳鄙見，以就教於中外博學通識之士。前引荀粲傳又云：

「太和初到京邑與傅嘏談。嘏善談名理，而粲尚玄遠，宗致雖同，倉卒時或有格而不相得意。裴徽通彼我之懷，爲二家騎驛。頃之，粲與嘏善。」（參考世說新語卷二文學篇「傅嘏善虛勝」條及注。）

世說新語文學篇注引管輅傳曰：

「裴使君（徽）有高才逸度，善言玄妙也。」

青木氏以荀、傅之「同宗致」，即是同奉道家之言，又謂「玄遠」、「虛勝」、「玄妙」皆指純粹道家之玄學而言。（註八十三）今按青木氏所引之證據中最爲有力者爲傳中「粲諸兄並以儒術論議，而粲獨好言道。」一語。但一考上下文氣，即知此處「道」字不必定指道家，而似以解作天道或道術之「道」爲得。茲分三點證之。一、上文謂諸兄並以儒術論議，則下文之「道」字顯是承「術」字而來。術者具體而多端，道則爲最高之抽象原理，適成對比，且與全篇旨意符合。若謂道家，則當作「好道」或「好道家言」，不得云「好言道」。二、下接「夫子之言性與天道不可得聞」則尤爲上文「道」字之確詁。三、全篇主旨在說明「言不盡意」，亦即從具體事象不足以見抽象原理之意，故鄙薄「術」而重視「道」，謂六籍皆聖人之糠粃。且全篇無一字及老莊之言，惟引易經爲說，益見與道家無關。若取世說新語文學篇注引粲別傳之言較之，更可見余說之非謬。其言曰：

「粲諸兄儒術論議各知名。粲能言玄遠，常以子貢稱夫子之言性與天道，不可得而聞也。然則六籍雖存，固聖人之糠粃。」

此處省去「道」字，而代以「玄遠」，則「道」與「玄遠」可以互訓。後世雖有解「玄遠」爲老莊者（註八十四），然最多祗是後起之義，正始以前決不當作如是解。今試就本證論之。粲傳謂「嘏善談名理，而粲尚玄遠，宗致雖同，倉卒時或有格而不相得意。」若改此句之「玄遠」爲「老莊」或「道家」，則復成何說耶？世說新語卷一德行篇「晉文王稱阮嗣宗至愼」條注引李康（當作秉）家誡曰：

「上（文王）曰：然天下之至愼者，其唯阮嗣宗乎？每與之言，言及玄遠（按晉書卷九十二本傳作「發言玄遠」，其義尤顯。）而未嘗評論時事，臧否人物，可謂至愼乎？」

此處「玄遠」二字雖在正始之後，亦顯不能易爲「老莊」或「道家」。蓋「評論時事」、「臧否人物」皆涉具體，足以招禍，故嗣宗但言「玄遠」。是知「玄遠」者，抽象之謂也。今司馬文王不在能言之列，若嗣宗每與之言，必言老莊，則文王亦必知其爲不誠不實之游辭，方老羞成怒之不暇，更何至再三興至愼之歎乎？世說新語曰：

「傅嘏善言虛勝，荀粲談尚玄遠。每至共語，有爭而不相喩。裴冀州釋二家之義，通彼我之懷，常使兩情皆得，彼此俱暢。」

據此則粲、嘏二人之思想本不相同，故裴徽亦但能疏通二家，使各得其情，並非合二義爲一，明矣。至於二人「宗致」相同者，則或爲俱尚抽象原理一點。蓋「虛勝」亦是重抽象而不涉具體之義。（註八十五）現存關涉荀粲之直接材料甚少，然就此有限之材料觀之，殊未見粲爲道家之確證。原文具在，可以覆按。後世之人胸亙老莊清談之一念，遂不覺望文生義耳。若知夫士大夫之談論思想不必定涉老莊，而其風已暢於漢末（註八十六），又知夫尚玄遠，卽探求抽象原理，爲漢晉間士大夫內心自覺之一般傾向，無論儒、道、名理以至文學藝術而皆然，則正始之音，其來有自，而太和玄談亦無足異矣。故謂粲傅之談論已先王何而涉及宇宙之本體則可，至於援引道家，正式建立玄學體系，則王弼何晏實爲吾國中古思想史上劃時代之人物，他人不能奪其席也。靑木氏既謂荀傅皆同奉道家，而卒以二人屬之名理派，足見劃分學派，其事極爲困難。（註八十七）蓋其時士大夫重天地萬物之根本原理之探求，凡可以達到此目的之方法，無論其爲儒、道或名理皆加援引，並無後世門戶之見。正始以後，衆流滙合，雖輕重之間各有偏倚，然益不易强爲之分別流派也。近世論淸談思想之起源又多主自名理家演變而來之說（人物評論卽屬於名理一派。）（註八十八），此亦一偏之見。蓋彼輩徒見名理一源由具體事象發展至抽象原理之過程，而不見其他精神活動之領域亦莫不循同一趨向而進行，此豈能一一歸之於名理學之影响？卽以王輔嗣爲例，其易學源出荆州，爲漢末儒學簡化運動之餘緒，其注老亦有漢代之淵源可尋，如馬融已有老子注。由是言之，正始之淸談思想，其來源爲多元而非一元也。

復次，論魏晉玄學者，又謂其爲對儒學之直接反動（註八十九），則亦未能得持論之正。儒學之簡化既早已蔚成運動，與玄學之尙虛玄至少在發展之趨向上，並行不悖，則二者之間似不應爲正與反之關係。何晏、王弼皆儒道雙修，並未叛離儒門，此點近人已有定論。故就一部份意義言，玄學正是儒學簡化之更進一步之發展，所謂「千里來龍，至此結穴」者是也。如上文論易學之變遷可爲例證。而此層之所以成爲問題者，仍在對荀粲與其兄討論「言不盡意」一段文字之解釋。荀粲曰：「六籍雖存，固聖人之糠粃。」湯用彤先生與松本雅明氏均據此語而斷定爲道家對儒學之激烈反抗。（註九十）鄙見於此點殊不敢苟同。若前文對「好言道」之解釋爲不誤，則袁氏爲道家一點已根本不能成立。吾人若掃除袁粲爲道家之先入之見，再對原文細加玩味，卽可知奉倩之言雖似激烈大膽，而實無反抗儒學之意。蓋其全文唯在闡明「言不盡意」之旨。本乎此旨，則六籍既爲聖人之言，自不足據之以窺聖道，而奉倩固以能言夫子之性與天道自負者，宜乎其糠粃六籍而不之顧矣。此亦猶漢末儒者以章句不足以知經籍之大義，遂鄙薄之而反求諸經傳之本文，奉倩不過更進一步並經傳而棄之，欲逕求聖人之道耳。前文謂玄學在部份意義上承繼漢末以來儒學反求本義之精神而發揮之至極，此亦其一端也。

儒道雖平流並進，然正始以後道家一支波瀾日闊，而儒家則漸呈泉源枯竭之象，一盛一衰，其故果安在哉？前論儒學之衰，在於漢代一統之局之不復能持續，故儒學喪失其舊有社會文化之效用。所謂儒學之效用者，具體言之，即其名教綱常之說可以維持穩定之社會關係，使上下有別，長幼有序，父子君臣等皆各安其份而已。然漢末以來，君臣一倫既隨人心之分裂而漸趨淡漠，而父子一倫亦因新思潮之影响而岌岌可危（註九十一）。此外如夫婦朋友之關係亦莫不發生變化。（註九十二）儒教舊有之安定作用遂不復能發揮矣。至於當時士大夫及一般子弟之所以背儒而向道者，則因儒術具有其普遍性與約束性，遠不若老莊自然逍遙之旨深合其自覺心靈追求自由奔放之趨向也。嵇中散集卷七難自然好學論有云：

「推其原也：六經以抑引爲主，人性以從欲爲歡。抑引則違其願，從欲則得自然。然則自然之得，不由抑引之六經，全性之本，不須犯情之禮律。固知仁義務於理僞，非養真之要術；廉讓生于爭奪，非自然之所出也。」

叔夜此論最能道出儒學見鄙而道家轉盛之癥結所在，推其旨意，蓋由于重精神之自由也。三國志魏志卷二十三常林傳注引魏畧清介傳所載沐並戒其子以儉葬之言畧曰：

「夫禮者生民之始教，而百世之中庸也。故力行者則爲君子，不務者終爲小人。然非聖人，莫能履其從容也。是以富貴者有驕奢之過，而貧賤者譏於固陋。於是養生送死，苟竊非禮。……此言儒學撥亂反心，鳴鼓矯俗之大義也。未是夫窮理盡性、陶冶變化之實論也。若能原始要終，以天地爲一區，萬物爲芻狗，該覽玄通，求形景之宗，同禍福之素，一死一生之命，吾有慕於道矣。夫道之爲物，惟恍惟忽……。」沐德信於正始中爲三府長史，必有聞於王、何之玄論，故文中之道，取老子之旨。其人立身處世猶宗儒義，然求精神之自由則轉慕莊老。是知儒學雖經簡化，而終不能適應時代人心之需要，以挽救其衰落之命運者，實其本身之性質有以致之。還視老莊之言，則宗自然而返真我，外與物以俱化，內適性而逍遙，宜乎一世才智之士皆趨之若鶩，而莫能自拔矣。故儒學衰敝之原因，亦卽道家興盛之根據，探本窮源，要皆歸於士之內心自覺而已。（註九十三）

然玄學之發展，正始以降下迄晉初，路轉峯迴，猶多曲折，其間有自然與名教之爭，崇有與貴無之辨，若徒持個體自覺一觀念以爲說，則亦失之遠矣。自來論玄學之演變者，皆嘗爲之分別流派；然所依據之標準各異，故爲說不同：有依思想之內容者（註九十四），有依時代之先後者（註九十五），有依持說之新舊者（註九十六），亦有依階級之利害者。（註九十七）由於着重點不同，所涉及之問題亦各殊，而皆有所得。本篇所欲論者既不在檢討諸家之得失，亦不敢妄爲綜合調停之說，而僅在試從自覺之觀點對玄學之發展歷程重加解釋，故與諸家縱有異同，亦非存心立異或曲意從同，其間蓋有不期然而然者耳！依本文上二篇所論，漢晉之際士大夫之自覺至少可分爲羣體與個體之二不同層次。此二層次之自覺雖有不同，然皆順士大夫社會成長之同一歷史潮流而來，故其間關係至爲密切。至於羣體自覺與個體自覺間之交互作用究竟如何，本文則未嘗論及。一則其事甚難，取證不易；再則牽涉過廣，亦有乖文章之體例。茲以考釋魏晉思想之流變必須涉及此點，故併而論之，蓋亦可以見其大概焉！

與漢代一統之局相維繫之儒學至鄭康成或荊州學派之簡化而告一段落，曹魏雖有恢復儒統之努力，而卒不能成功。三國志魏志卷十五劉馥傳載劉靖上疏陳儒訓之本畧曰：

「黃初以來，崇立太學，二十餘年而寡有成者，蓋由博士選輕，諸生避役，高門子弟恥非其倫。故夫學者雖有其名，而無其人，雖設其教而無其功。」（註九十八）

是其明證，是以魏晉以下純學術性之儒學雖未嘗中斷，而以經國濟世或利祿爲目的之儒教則確然已衰。（註九十九）士大夫於如何維繫社會大羣體之統一與穩定既不甚關切，其所縈懷者遂唯在士大夫階層及士大夫個體之社會存在問題。就此一角度言，魏晉思想之演變，實環繞士大夫之羣體自覺與個體自覺而進行。蓋羣體自覺與個體自覺並不能常融合無間，其間頗有衝突抵觸之事。如何消解此類衝突而使羣己關係獲致協調，遂爲思想家所不能不注意之一中心問題。而對同一問題之不同答案，則形成流派之根本原因所在也。

正始之世，何晏、夏侯玄之輩雖口唱玄音，然未嘗遺落世務，且矜心欲有所爲，此層近人考證已詳，可不煩再及。所可注意者，正始之世爲士大夫階層在政治上升降之一關鍵。蓋曹魏以寒族繼漢而興，不得不用刑名法術以立威，故士大夫頗受壓抑，上起孟德，下逮元仲，其風愈後而彌甚。三國志魏志卷三明帝紀注引魏書曰：

「（明帝）好學多識，特留意於法理。」

同書卷十三王肅傳注引魏畧云：

「至太和、青龍中，中外多事，人懷避就。雖性非解學，多求請（入）太學。……諸生本亦避役，竟無能習學。」

此皆足說明魏明主名法之治，而頗擾士大夫階層。明乎此，然後始能確知王弼、何晏輩主張無爲而治之意義，實在批判曹魏之苛政，而爲士大夫羣體與個體爭取自由也。文選卷十一何平叔景福殿賦有云：

「除無用之官，省生事之故，絕流遁繁禮，反民情於太素。」

李善注引典畧曰：

「魏明帝……許昌作殿，名曰景福。既成，命人賦之。平叔遂有此作。」

其向明帝進言之意實至爲顯著。列子卷四仲尼篇張湛注引何晏無名論轉述夏侯玄之言曰：

「天地以自然運，聖人以自然用。」

亦無爲之旨也，而王弼注老發揮此意尤暢。（註一〇〇）老子五十八章「其政悶悶」，王注曰：

「言善治政者，無形、無名、無事、無政可舉，悶悶然卒至於大治。」

又「其政察察」注曰：

「立刑名，明賞罰，以檢姦僞，故曰察察也。」

二十七章「故無棄人」注曰：

「聖人不立形名以檢於物，不造進向以殊棄不肖；輔萬物之自然而不爲始。」

皆一方面批評名法之治，一方面復主張無爲之意也。爲政者若能法自然，爲無爲，則羣己兩融，人人皆得適其性而遂其情矣。故二十九章末注曰：

「聖人達自然之至，暢萬物之情，故因而不為，順而不施。除其所以迷，去其所以惑，故心不亂而物性自得之也。」

又十八章，六親不和有孝慈，國家昏亂有忠臣」注曰：

「若六親自和，國家自治，則孝子忠臣不知其所在矣。魚相忘於江湖之道，則相濡之德生也。」

正始之世，士大夫之放誕尚未形成風氣，故羣體與個體之間並無顯著之衝突，此點在王、何諸人思想中亦有痕跡可求。論王何思想者均謂其儒道兼綜，其說是也，然不知此正是羣體自覺與個體自覺未有罅隙之象徵。蓋大體言之，儒家注重羣體之綱紀秩序，道家則鼓舞個體之自由放任。今王、何諸人兼蓄而並攬之，於羣己皆有安頓。此顯有其社會背景，非故作調和妥協之論，殆可以推而知之也。抑更有可論者，自然與名教，無與有，在其後為思想衝突之焦點者，在王、何均有安排，而未成為問題。老子三十二章「始制有名」王弼注曰：

「始制謂樸散始為官長之時也。始制官長，不可不立名分，以定尊卑。故始制有名也。」

此名教出於自然，亦即二者並非對立之說也。列子卷四仲尼篇引何晏無名論曰：

「夫道者惟無所有者也。自天地已來，皆有所有矣，然猶謂之道者，以其能復用無所有也。」

此則有無相通之說也。

正始之後，竹林名士再振玄風，魏晉思想又進入高潮階段。（註一〇一）竹林七賢之性格思想及家世背景頗不一致，甚難一概而論。但若僅就其思想大趨觀之，較之正始則遠為注重個體之自由，而輕忽羣體之秩序。此亦有其政治社會之背景。蓋典午當權，一反曹魏名法之政，務尚寬簡，士大夫固已無須爭取羣體之自由，如前在曹魏之世之所爲矣。近人有以司馬氏之代魏爲東漢儒家大族之復興者，誠有以也。（註一〇二）然此處有一疑難之點：卽司馬氏既代表士大夫階層之利益，何以復對當時諸名士如何晏、夏侯玄、李豐之輩大加誅戮？實則此點並不難解釋，蓋此諸人皆以姻戚關係依附魏室以實現其無爲之政治理想，與司馬氏之欲篡奪曹家政權，其間雖無基本政策之殊異，而殊有權力之衝突，故卒至積不相容。三國志魏志卷九注引魏畧曰：

「（許）允聞李豐等被收，欲往見大將軍（司馬師）。已出門，回遑不定，中道還取袴。豐等已收訖，大將軍聞允前，遽怪之曰：我自收豐等，不知士大夫何爲忽忽乎？」

斯雖權詐之語，然亦可藉以說明典午之誅戮名士乃出於個人間權力之鬥爭，非欲與士大夫階層爲敵也。士大夫階層既不甚受干擾，個體自覺乃益得發展，竹林名士遂至率性放任，不拘禮法。其表現於思想方面者，則爲非薄經籍，直談莊老。此一轉變亦轉可說明曹魏與典午政權性質之不同，蓋若在魏明之世，名法見崇而浮華受抑，則竹林之風流必無出現之可能也。司馬氏既當國，士大夫羣體之自由大致已不成問題，但亦因此之故士大夫內部轉發生分化：在朝者重社會秩序之維持，在野者重個體自由之開拓。當時所謂名教與自然之異同者，從士大夫自覺之觀點言之，實起于對羣體與個體之着重點不同。何以言之？蓋士大夫發展其內心之自覺既久，則自然形成鄙薄世事而遊心物外之個性，與流行之禮法乃杆格難通，此觀中篇所論可知。然若人人皆極端發揮其任情不羈之個性，而不願爲禮法所繩，則社會必趨於解體，亦爲不證自明之理。何曾輩禮法之士所以深疾阮嗣宗者，職以此故，是以名教與自然之對立雖與士大夫之政治立塲關係極爲密切（註一〇三），然其涵義殊非政治立塲一點所能盡也。玆請畧論之。竹林七賢之中，真正反抗司馬氏之政權者唯嵇叔夜一人。而叔夜之所以卒爲司馬氏所殺，雖與其反名教之激烈思想有關，然根本原因則在於其為曹魏之姻戚，且有實際反抗司馬氏之行動兩點。關於叔夜之死因，如三國志魏志卷二十一王粲傳注引魏氏春秋及世說新語雅量篇注引晉陽秋及文士傳等所言者皆不及晉書卷四十九本傳之完備。其言畧曰：

「稽康……與魏宗室婚，拜中散大夫。……東平呂安……為兄所枉訴，以事繫獄，辭相證引，遂復收康。……（鍾會）因潛康欲助毌丘儉，賴山濤不聽。……康、安等言論放蕩，非毀典謨，帝王者所不宜容，因譖除之，以淳風俗。帝既服聽信，會遂幷害之。」

據此則叔夜之取禍實因其實際參與反抗司馬氏之政治活動，至於思想激進則猶是次要之因素。叔夜與毌丘儉之勾連，事誠有之。三國志魏志王粲傳注引世語曰：

「毌丘儉反，康有力，且欲起兵應之。以問山濤，濤曰不可。儉亦已敗。」

是知鍾士季之能因私怨（事見上引世語條）讒害叔夜，易言之，即能動司馬昭之心，端因叔夜有顛覆性之活動，否則叔夜雖倡自然而反名教，罪亦當不至死。觀夫司馬懿之誅何晏及司馬師之戮夏侯玄、李豐等，即可以知叔夜終不得不死之故矣！阮嗣宗非毀名教，較之叔夜猶為有過，然以無政治派系之牽連，遂常得司馬文王之護持，而以壽終。（參閱三國志魏志卷廿一王粲傳注引魏氏春秋，嵇中散集卷二與山巨源絕交書及晉書卷四十九本傳等。）由是乃益知叔夜之不必死於名教也。叔夜之死因既明，然後乃可進而論名教與自然之對立，至少在部份意義上與羣體自覺與個體自覺之衝突有關。禮法之士中最疾嗣宗者為何曾。顧考在政治方面所表現之人格如何，茲姑不加評論。但若就其家族私德言之，固是遵禮守法之士，以其平日批評嗣宗之旨衡之，亦可謂言行相符者也。晉書卷三十三本傳曰：

「曾性至孝，閨門整肅。自少及長，無聲樂嬖幸之好。年老之後，與妻相見，皆正衣冠，相待如賓；己南向，妻北面，再拜上酒，酬酢既畢，便出。一歲如此者，不過再三焉！」

又引傅玄著論稱曾及荀顗有云：

「以文王之道事其親者，其顗昌何侯乎？其荀侯乎？古稱曾、閔，今日荀、何；內盡其心以事其親，外崇禮讓以接天下。孝子百世之宗，仁人天下之命；有能行孝之道，君子之儀表也。」

顗考在生前與身後均不爲人所諒，其家族私德是否出乎僞作，今已無從考證，且在此亦非關重要。但就客觀效用方面言，則何氏之遵循名教，確有利於士大夫羣體綱紀之維持，無可疑也。傅玄亦以反玄虛、重綱紀著稱，自是名教中人。晉本卷四十七本傳載玄上疏曰：

「近者魏武好法術，而天下貴刑名；魏文慕通達，而天下賤守節。其後綱維不攝，而虛無放誕之論盈于朝野，使天下無復清議，而亡秦之病，復發於今。」

其不滿當時老莊自然之意態溢于言表。意林引傅子有云：

「經之以道德，緯之以仁義，織之以禮法，既成而後用之。」

則其積極之社會理想也。本傳又曰：

「玄天性峻急，不能有所容。每有奏劾，或値日暮，捧白簡，整簪帶，竦踊不寐，坐而待旦。於是貴游懾伏，臺閣生風。」

其爲人之嚴正又可知。若此之類與其謂之純爲司馬氏一家一姓之利益着想，則不如謂其注重士大夫羣體秩序之維持之更爲妥當也。徒以司馬氏已居最高之統治地位，亦因而最能收遵奉名教之利，遂使人於此難加分辨耳！

另一方面，嵇叔夜、阮嗣宗輩亦非不知羣體秩序之重要，尤非不知當世禮法之士所疾於彼輩者爲何，然而卒不顧者，一則不甘與當時詐僞鄙俗之社會共浮沉，一則內心自覺之境拓之已深，其性格確與具有高度束縛性之名教無法相容也。阮嗣宗大人先生傳畧曰：

「世之所謂君子，惟法是修，惟禮是克，手執圭璧，足履繩墨，行欲爲目前檢，言欲爲無窮則，少稱鄉黨，長聞鄰國，上欲圖三公，下不失九州牧。獨不見羣蝨之處褌中，逃乎深縫，匿乎壞絮，自以爲吉宅也。行不敢離縫際，動不敢出褌襠，自以爲得繩墨也。然炎丘火流，焦邑滅都，羣蝨處於褌中而不能出也。君子之處城內，何異夫蝨之處褌中乎？」（阮步兵集原文太長，此從晉書本傳引。）

此鄙世厭俗之意也。嵇中散集卷二與山巨源絕交書曰：

「又縱逸來久，情意傲散，簡與禮相背，嬾與慢相成。而爲儕類見寬，不攻其過。又讀莊老，重增其放，故使榮進之心日頹，任實之情轉篤。此猶禽鹿少見馴育，則服從教制；長而見羈，則性顧頓纓，赴蹈湯火。雖飾以金鑣，饗以嘉肴，愈思長林，而志在豐草也。」

此內心自覺縱放已久，不復能爲禮法所拘之說也。嵇、阮集中此類思想隨處可見，不必多所徵引。雖其中不無遁辭之成分，然殊不得謂其全非肺腑之言也。細玩嗣宗之大人先生傳及叔夜與山巨源書，則儼然仲長統之樂志論，因知其內心修養，積之有素，豈朝夕之間，因反抗一家一姓之政權，便遽能有此恬澹襟懷，而持以爲出處進退之權衡哉？嗣宗與叔夜雖逍遙已久，不能遵世俗之禮法，然其本心則實未嘗欲破壞羣體之綱紀。世說新語卷五任誕篇云：

「阮渾長成，風氣韻度似父，亦欲作達。步兵曰：仲容已預之，卿不得復爾。」

註引七賢論曰：

「籍之抑渾，蓋以渾未識己之所以爲達也。」

嵇中散集卷十家誡篇所詔示於其子者亦多小心戒愼之辭。（註一〇四）而晉書卷四十三山濤傳復曰：

「（嵇）康後坐事，臨誅，謂子紹曰：巨源在，汝不孤矣。」

世說新語卷二政事篇曰：

「嵇康被誅後，山公舉康子紹爲祕書丞，紹咨公出處。公曰：爲君思之久矣，天地四時猶有消息，而況人乎？」

不孤之語若屬可信，則叔夜豈已有遺民不世襲之意耶？然則顧亭林「敗義傷教」之論（日知錄卷十三「正始」條）不徒可歎，抑更可悲矣。史料闕畧，無從遽斷，尤不敢存厚誣前賢之意。不過舉此數例以說明阮、嵇諸人雖宗自然而未忘名教，雖開拓個體之自由而無意摧毀羣體之綱紀而已。後進不達其心而妄爲折巾效顰之舉，卒致中原版蕩，典午東遷，然諸賢固不任其過也。

就人格而論，老莊之徒與名教中人，賢與不肖隔自雲泥，此當時及後世之公論也。然其故固不在名教與自然之本身有所軒輊，亦非羣體與個體可有高下之判。追本窮源實在名教中人未能忘情富貴，而老莊之徒猶有安於貧賤者耳！晉書卷三十三何曾傳曰：

「然性奢豪，務在華侈。帷帳車服，窮極綺麗；厨膳滋味過於王者。……食日萬錢，猶曰無下箸處。……

…時司空賈充權擬人主。曾卑充而附之。……以此爲正直所非。」

同書卷三十九荀顗傳曰：

「顗明三禮，知朝廷大儀，而無質直之操，阿意苟合於荀勗、賈充之間。初皇太子將納妃，顗上言賈充女姿德淑茂，可以參選。以此獲譏於世。」

如此禮法君子，宜乎嗣宗譏之爲蝨處褌中也。返視阮、嵇，則意境迥別！阮步兵集大人先生傳有云：

「彼勾勾者，自以爲貴夫世矣，而惡知夫世之賤乎茲哉！故與世爭貴，貴不足爭；與世爭富，則富不足先。必超世而絕羣，遺俗而獨往……」

嵇中散集卷四答難養生論曰：

「富與貴是人之所欲者，蓋爲季世惡貧賤，而好富貴也。未能外榮華而安貧賤，且抑使由其道，猶不爭不可令，故許其心競。中庸不可得，故與其狂狷。此俗之談耳。不言至人當貪富貴也。」

由是而知自然與名教之優劣端在此而不在彼也。豈惟名教與自然而已哉！卽同主老莊自然其高下亦莫不由是而判。此則竹林名士之所以不始合而終離也。世說新語卷一言語篇曰：（參閱晉書卷四十九本傳）

「嵇中散既被誅，向子期峯郡計入洛。（司馬）文王引進問曰：聞君有箕山之志，何以在此？對曰：巢、許狷介之士，不足多慕。王大咨嗟。」

向子期入洛誠可謂之改圖失節。然其所以至此者，亦非一朝一夕之故，其間猶別有可說者。同書注引向秀別傳畧曰：

「其進止無不同，而造事營生業亦不異。」

是其人個性本有隨波逐流之一面，與嗣宗之放達，叔夜之激烈，固區以別之矣。嵇中散集卷四黃門郎向子期難養生論有云：

「若夫節哀樂，和喜怒，適飲食，調寒暑，亦古人之所脩也。至于絕五穀，去滋味，窒情欲，抑富貴，則未之敢許也。……夫天地之大德曰生，聖人之大寶曰位，崇高莫大于富貴。然則富貴，天地之情也。貴則人順己行義于下，富則所欲得以財聚人，此皆先王所重，開之自然，不得相外也。又曰：富與貴，是人之所欲也。但當求之以道，不苟非義。………若覩富貴之過，因懼而背之，是猶見食之有噎，因終身不餐耳。」

據此則子期思想亦自與阮、嵇有異。（註一〇五）子期本其不忘富貴之心以註莊，郭子玄又推其意而廣之，遂大暢玄風，立名教與自然合一之新說，與阮、嵇等自然與名教對立之論截然分途矣。向、郭名教與自然相同之說，近人已自不同之觀點加以討論，茲不欲更與時賢爭刀錐之末。與本篇旨趣有關，而不能不畧加注意者，厥惟向郭新義對羣體與個體之安頓如何耳！前已言及，王、何之世，士大夫羣體自覺與個體自覺尚未有顯著之衝突，故羣己關係在其名教出于自然之理論中已獲得初步之解決。正始以後士大夫羣體之發展既不復有拘束，遂益與現實權利相混，而趨向腐化虛僞之一途。希志高遠而不甘隨波逐流之士大夫，重以內心自覺之所積已入深邃之境，於此一羣體所遵循之禮法，乃最不能堪，而務以衝決世俗之網羅爲快。其奔放騰躍之所及，乃寖有破壞世俗綱紀之勢，至爲禮法之士所不見容。此卽以何曾、荀顗爲代表之名教，與以阮籍、嵇康所代表之自然，所由形成對立也。然一世之士方以富貴爲念，阮、嵇求個體自由解放之情雖爲彼輩所深喜，其澹泊自甘之旨則非彼輩所能從，向、郭之解莊，卽承此風而起者也。由是觀之，竹林諸賢之分化蓋時勢之所趨，叔夜縱不見誅，亦未必能阻子期之入洛耳！（註一〇六）向、郭解莊，大旨相同；向書今已不傳，姑就郭注畧推論之，不能詳及也。郭象莊子注序有云：

「通天地之統，序萬物之性，達死生之變，而明內聖外王之道。」

據此則子玄實欲將王、何以來所有關於宇宙、自然、人事之抽象理論爲一總集結，而成一首尾完具之思想體系。無論就時代或思想內容而論，老莊玄學發展至郭子玄，確已達到此種大綜合之階段。唯此點佚出本篇範圍，可以不論。所可注意者，序言所謂「內聖外王之道」，自本篇之觀點言，實卽在消融個體自覺與羣體自覺之衝突，使獲得一更高之綜合也。向、郭既主名教與自然不異，則不能不肯定君臣尊卑等有關羣體之綱紀。莊子卷一齊物論「如是皆有爲臣妾乎」郭注云：

「臣妾之才而不安臣妾之任，則失矣！故知君臣、上下、手足、外內乃天理自然，豈直人之所爲哉！」

「其遞相爲君臣乎」注云：

「夫時之所賢者爲君，才不應世者爲臣。若夫天之自高，地之自卑，首自在上，足自居下，豈有遞哉！」

卷二人間世「臣之事君義也」注曰：

「千人聚不以一人爲主，不亂則散。故多賢不可以多君，無賢不可以無君。此天人之道，必至之宜。」

「以禮飲酒者始乎治」注曰：

「尊卑有別，旅酬有次。」

此皆尊君臣之倫，重尊卑之序之說也。然向、郭解莊，其根本精神並不在此。故卷四胠篋「則聖人之利天下也少，而害天下也多」注曰：

「信哉斯言。斯言雖信，而猶不可亡聖者，猶天下之知未能都亡，故須聖道以鎮之也。羣知不亡而獨亡聖知，則天下之害又多於有聖矣。非則有聖之害雖多，猶愈於亡聖之無治也。」

西方近代政治思想家嘗有「政府爲必要之罪惡」之說，影响甚大。而郭子玄固已於千餘年前暢論斯義，誠可謂「孤明先發」者矣。子玄之意既不在推尊綱紀秩序，其所望於政府者則在無爲，卷四在宥「聞在宥天下，不聞治天下也」注曰：

「所貴聖王者，非貴其能治也。貴其無爲而任物之自爲也。」

子玄之無爲思想與王、何復有不同。王、何之無爲主要在反對生政以擾民，子玄之無爲則是當政者鼓勵民之自爲，亦即要求個體之積極自由也。此義遍及全書，玆但引二三例如下。在宥「無爲也而後安其性命之情」注云：

無爲者，非拱默之謂也，直各任其自爲，則性命安矣！」

卷五天運「使天下兼忘我難」注云：

「聖人在上，非有爲也。恣之使各自得而已耳！自得其爲則衆務自適，羣生自足。」

卷八徐無鬼「予又奚事焉」注云：

「夫爲天下莫過自放任。自放任矣，物亦奚攖焉！故我無爲而民自化。」子玄所注重者在個體之積極自由，而其說於逍遙遊注開宗明義卽己點出之。其言曰：

「夫大小雖殊，而放縱於自得之場，則物任其性，事稱其能，各當其分，逍遙一也。豈容勝負於其間哉！」

然人人皆適性逍遙則必不能無衝突，故須强調「各當其分」一點。同篇「水之積也不厚」注云：

「故理有至分，物有定極，各足稱事，其濟一也。若乃失乎忘生之主，而營生於至當之外，事不任力，動不稱情，則雖垂天之翼不能無窮，決起之飛不能無困矣。」

依子玄之意，人人皆當守其本分，不可踰越，此即重羣體之綱紀而遵名教也。然人在其本分之內則當放任其性，以逍遙自適，此即倡個體之自由而宗自然也。夫放於自得之場，各得其分，而皆可以逍遙，則雖湛浮富貴之鄉亦無妨乎宅心玄遠，而發展個體之自覺矣。逍遙遊「藐姑射之山有神人居焉」注曰：

「夫聖人雖在廟堂之上，然其心無異於山林之中。世豈識之哉！徒見其戴黃屋，佩玉璽，便謂足以纓紱其心矣！見其歷山川，同民事，便謂足以憔悴其神矣！豈知至至者之不虧哉！」

卷三大宗師「孔子曰：彼遊方之外者也，而丘遊方之內者也。」注云：

「夫理有至極，外內相冥，未有極遊外之致而不冥於內者也。未有能冥於內而不遊於外者也。故聖人常遊外以弘內，無心以順有。故雖終日揮形而神氣無變；俯仰萬機而淡然自若。」

此即所謂「內聖外王之道」，亦名教自然合一之妙諦也。子玄既抱如是之觀點，則宜乎其於叔夜、嗣宗輩之務以超世絕俗爲高者，期期以爲不可。而別創一「玄同」之新說，以調和統一個體與羣體之衝突焉！逍遙遊「吾將爲賓乎」注畧曰：

「若獨亢然立乎高山之頂，非夫人之有情於自守，守一家之偏尚。……故俗中之一物，而爲堯之外臣耳！」

卷四在宥「獨有之人是之謂至貴」注曰：

「夫與貴玄同，非求貴於衆，而衆人不能不貴，斯至貴也。若乃信其偏見，而以獨異爲心，則雖同於一致，故是俗中之一物耳！非獨有者也。」

嗣宗、叔夜自許能超世絕俗，而子玄反以「俗物」見譏，子玄誠得夫「理無是非」（齊物論注發明此義最詳。）之旨哉！此等處雖無確證，亦可斷其必爲子玄之創解。蓋子期注莊之時，正豫於竹林之遊，縱有情於富貴，又何至作是語耶？觀夫子玄之不許「獨異爲心」，即知彼所謂「獨有之人」，唯有流於貴遊子弟之通達，而不復有真正內心自覺可言矣。至於「玄同」之說，據卷五天地「汝將固驚邪」注曰：

「故與世同波，而不自失，則雖遊於世俗，而泯然無迹。豈必使汝驚哉！」

及卷七山木「子其意者」注所云：

「夫察焉小異，則與衆爲迕矣。混然大同，則無獨異於世矣。」

又逍遙遊「若夫乘天地之正」注曰：

「故乘天地之正者，即是順萬物之性也。……此乃至德之人，玄同彼我者之逍遙也。」

則正是順世隨俗之自然義，與子期難養生論所言者旨趣符合，知必爲向郭兩家所共有之見解也。順世隨俗既爲自然，與時消息自亦爲向郭自然義中所應有之節目。卷二人間世注曰：

「與人羣者，不得離人，然人間之變，故世之異。宜惟無心而不自用者。爲能隨變所適，而不荷其累也。」

嗚呼！此非山巨源所謂「天地四時，猶有消息」一說之理論化耶？夫叔夜、嗣宗亦非真以自然與名教爲對立，名教苟出乎自然，則二者正可相輔相成。徒以魏末之名教，如何曾輩所代表者，殊非嗣宗、叔夜所能堪，故不得不轉求自我之超世絕俗耳！史稱阮、嵇等均嘗有濟世志，殆亦欲轉移一世之頹風，使末流之禮法重返於自然之本。不期富貴移人，嗣宗、叔夜所志不遂，而向、郭解莊，反使絕俗之自然下儕於末流之名教，於是昔日之變俗歸真，今悉爲移真從俗矣！晉書卷四十九向秀傳謂秀爲莊書解隱。

「發明奇趣，振起玄風。讀之者超然心悟，莫不自足一時也。」

郭象莊子注序曰：

「雖復貪婪之人，進躁之士，暫而攬其餘芳，味其溢流，彷彿其音影，猶足曠然有忘形自得之懷。」

不幸讀向、郭書而自足自得者多不免於貪婪進躁，故道家之言雖風靡一時，而漆園之旨亦已但足與當時之名教相表裏而已。回視竹林之遊，又烏得不使人興邈若山河之歎哉！然思想之流變常與社會史爲不可分，故亦未應孤立而觀。通覽漢晉之際士大夫階層發展之大勢，阮、嵇一流之終不能暢，與夫莊老玄言之流入向郭一途，亦誠可謂爲必然之歸趨。故子期之失圖與子玄之媚俗，皆有其不期然而然者在，讀史者但求明其流變之真迹而已，不足深責也。

然向、郭之旨有其同，亦有其異。子期承王弼諸人之舊誼，仍主有生於無之說。至子玄注莊則反是，而謂無不能生有，天地萬物皆是有。此蓋因其說最後出，綜合各家，已採及裴頠崇有論之旨矣。（註一〇七）有無之爭本是玄學問題，但玄學問題有時亦與社會問題相關涉。當爭論之初起，崇有者尙名教，故重羣體之綱紀；貴無者則宗自然，故主個體之自由。大抵向郭一派之調和羣己衝突，其立足點在個體之自由，而裴頠一派之調和論其立足點則在羣體之綱紀。至於郭象，雖採裴頠之有，而已融入其物無大小皆得適性逍遙之理論中，故並無傷其與向秀同屬於一派。此亦當時玄學名家互相吸收他人之創見以完成自己之體系而競求超越之一端，然今不能詳論之矣。晉書卷三十五裴頠傳曰：

「頠深患時俗放蕩，不尊儒術。何晏、阮籍素有高名於世，口談浮虛，不遵禮法，尸祿耽寵，仕不事事。至王衍之徒，聲譽太盛，位高勢重，不以物務自嬰，遂相放效，風教陵遲。乃著崇有之論，以釋其蔽。」

此其作意明爲維護羣體之綱紀也。故崇有論有云：

「賤有則必外形，外形則必遺制，遺制則必忽防，忽防則必忘禮。禮制弗存，則無以爲政矣。」

又曰：

「是以立言藉其虛無，謂之玄妙；處官不親所司，謂之雅遠；奉身散其廉操，謂之曠達。故砥礪之風，彌以陵遲。放者因斯，或悖吉凶之禮，而忽容止之表，瀆棄長幼之序，混漫貴賤之級。其甚者至於裸裎，言笑忘宜，以不惜爲弘。士行又虧矣。」

此皆顯然針對當時倡個體自由之虛無派破壞社會秩序而發也。故論中又以「崇濟先典，扶明大業，有益於時」爲言。史稱：

「王衍之徒，攻難交至，並莫能屈。」

則羣體與個體二派之分，其情宛然可見。蓋晉初倡個體自由解放之一派承竹林七賢中阮籍、劉伶等之放誕而來，內心之修養雖遠爲不足，而形骸之放浪猶且過之，於羣體綱紀極其破壞作用。世說新語卷一德行篇云：

「王平子、胡母彥國諸人，皆以任放爲達，或有裸體者。樂廣笑曰：名教中自有樂地，何爲乃爾也。」

注引王隱晉書曰：

「魏末阮籍嗜酒荒放，露頭散髮，裸袒箕踞。其後貴游子弟阮瞻、王澄、謝鯤、胡母輔之之徒，皆祖述於籍，謂得大道之本。故去巾幘，脫衣服，露醜惡，同禽獸。甚者名之爲通，次者名之爲達也。」

實則放誕之風早起於漢末，爲士之個體自覺之表徵，嗣宗承之而益爲恣肆耳！此層中篇已畧及之，而抱朴子疾謬篇評述尤詳。玆再舉一例以明其源流所自。太平御覽卷四九八應璩與崔元書云：

「豈有亂首抗巾，以入都城，衣不在體，而以適人乎？昔戴叔鸞箕坐見邊文禮。此皆衰世之慢行也。」

漢末以來放誕之風，經竹林名士，下迄晉初，固未嘗中斷。然其內在精神則愈傳愈失其真。東晉之世戴逵嘗論之曰：

「若元康之人，可謂好遯跡而不求其本。故有捐本狥末之弊，舍實逐聲之行。是猶美西施而學其顰眉，慕有道而折其巾角。所以爲慕者，非其所以爲美，徒貴貌似而已矣！」（晉書卷九十四隱逸傳本傳）

此輩形放之徒最爲當時重羣體綱紀者如裴頠所深疾。至於樂廣，其思想雖與裴頠有別，但其尙名教一點與裴氏實不異，觀其對任誕之行之非笑可知，故亦當歸之於重羣體之一派。所可注意者，貴游子弟之通達固與竹林名士不可同日而語，而尙名教之士如裴、樂諸人，較之何曾、荀顗、傅玄等，其思想與行爲亦令人有隔世不相酬接之感。蓋何、傅之徒，在議論上猶執流俗之儒家理論，別無勝解足以服人；在行爲上則拘拘於禮法之末節，亦非能有至德懿行足以感人。故嗣宗雖面受何曾呵斥而殊不以爲意，談笑飲食自若也。裴頠、樂廣則不然。裴、樂亦屬淸談之士；逸民以名理擅長，彥輔以簡約見稱，故彼等之維護羣體綱紀不採傳統儒家之說，而以玄學爲立論之根據，如崇有論卽一例也。此誠所謂入室操戈，而主張個體自由之談士遂亦不能漠然置之矣。然而裴、樂輩之護持羣體綱紀，實已多調和折衷之意。蓋彼等自身亦已深受虛無思潮之激蕩，非復能遵循禮法，如蝨之處褌然。樂彥輔所謂「名教中自有樂地」者，意卽羣體綱紀之中，仍有個體發揮其自由之餘地，不必出於破壞秩序一途也。世說新語卷二文學篇裴成公作崇有論條注引晉諸公贊曰：

「頠疾世俗尙虛無之理，故著崇有二論以折之。才博喻廣，學者不能究。」

所謂「崇有二論」者，據三國志卷二十三裴秀傳注引陸機惠帝起居注曰：

「頠理具淵博，贍於論難。著崇有、貴無二論，以矯虛誕之弊。文詞精富，爲世名論。」

是逸民尙有貴無之論，與崇有相足，惜今已不傳耳。自「貴無」之篇名推之，則其文或是糾正流行之虛無說，而使之符同於崇有之旨。易言之，卽在崇有之大前提下，重新估定無之價值也。無論如何，逸民旣兼論有無，則其調和綜貫之意已甚顯然，無待多所取證。崇有論有云：

「人之旣生，以保生爲全；全之所階，以順感爲務。若味近以虧業，則沉溺之釁興；懷末以忘本，則天理之眞滅。」

是逸民固肯定個體之價値，但以個體之自由必須以羣體之綱紀爲其際限耳！至於彥輔，若就其玄學思想言，則固當屬於虛無一派。世說新語文學篇裴成公作崇有論條注引晉諸公贊曰：

「樂廣與頠淸閑欲說理，而頠辭喻豐博，廣自以體虛無，笑而不復言。」

但就其社會思想言，則彼又以名教自許。此雖似矛盾之論，而實出於調和之情也。晉書卷四十三本傳謂廣

「凡所論人，必先稱其所長，則所短不言而自見矣！人有過，先弘恕，然後善惡自彰矣！」

則儼然儒家忠恕之道也。本傳又謂廣「動有理中」，則行事蓋有取於中庸之旨也。凡此種種皆足顯其注重人倫綱紀之用心，而未可徒以玄談領袖視之，總之，下逮元康之世，思想已進入調和折衷之階段，故裴頠重名教而猶留意於貴無之說，郭象宗自然而亦有取於崇有之論，雖各家着重點有所不同，而縱觀其衍變之跡，則玄學思想之分合，實與調整羣己關係之社會要求之間有一種微妙之照應性，蓋無可疑也。

論魏晉思想者常好言儒道之分合問題。實則以儒道分別流派，其間頗多扞格難通之處，殆未能觸及其根本癥結之所在也。就本文所已指陳者觀之，則所謂儒，大體指重羣體綱紀而言，所謂道，則指重個體自由而言。故與其用儒道之名而多所鑿枘，何如採羣己之分而更可發古人之眞態乎？魏晉南北朝之士大夫尤多儒道兼綜者，則其人大抵爲遵羣體之綱紀而無妨於自我之逍遙，或重個體之自由而不危及人倫之秩序者也。所謂個體之自由或道家，其事易瞭；而所謂羣體之綱紀或儒學，則猶畧有可說者。自漢代一統之局既壞，而儒學遂衰，此義前已論及之矣。但此特就漢代儒學經國濟世之本質而言耳！而儒學之爲物，下可以脩身齊家，上可以治國平天下，因未嘗拘於一格也。漢社既屋，經國之儒學乃失其社會文化之效用；而宋明理學以前，儒家性命之學未弘，故士大夫正心修身之資，老釋二家亦奪孔孟之席。唯獨齊家之儒學，自兩漢下迄近世，綱維吾國社會者越二千年，固未嘗中斷也。而魏晉南北朝

則尤爲以家族爲本位之儒學之光大時代，蓋應門第社會之實際需要而然耳！沈垚落颿樓文集卷八與張淵甫書有云：

「六朝人禮學極精，唐以前士大夫重門閥，雖異於古之宗法，然與古不相遠。史傳中所載多禮家精粹之言。……古人於親親中寓貴貴之意，宗法與封建相維，諸侯世國，則有封建；大夫世家，則有宗法。」

誠一針見血之論也。明乎此，然後乃知魏晉南北朝之所謂羣體綱紀實僅限於以家族爲本位之士大夫階層，而不及於整個社會。何曾語司馬昭之言曰：「明公方以孝治天下」。自來論者皆以司馬氏篡曹魏之業，不能倡忠德，遂獨標一孝字。斯言是矣，而殊未能盡。蓋與漢代一統之局相維繫之儒學既不復爲士大夫所重，忠德固已失去社會號召力，而惟有倡孝道始能動人之心，以其最爲士大夫羣體綱紀之維持所需要故也。故六朝禮學雖精，其施用於朝廷之儀禮猶爲虛文，唯綱維士大夫上層社會之禮法始具實效耳！日知錄卷十三正始條黃汝成集釋引楊編修（繩武）之言曰：

「六朝風氣論者以爲浮薄，敗名儉，傷風化，固亦有之。然予核其實復有不可及者數事，曰：尊嚴家諱也，矜尚門地也，愼重婚姻也，區別流品也，主持清議也。蓋當時士大夫雖祖尚玄虛，師心放達，而以名節相高，風義自矢者，咸得徑行其志。至于冗末之品，凡瑣之材，雖有陶猗之貲，不敢妄參乎時彥；雖有董鄧之寵，不敢肆志于清流。而朝議之所不及，鄉評巷議猶足倚以爲輕重。故雖居偏安之區，當陸沉之後，而人心國勢猶有與立，未必非此數者補救之功，維持之效也。」

按：文叔所言，其關涉道德判斷者，於此可以不論，然本文所論羣體綱紀與個體自由之分際則胥可本是而觀之。六朝門第社會之綱紀誠賴此數事而立，然其所以卒至偏安陸沉者亦未始不與此有關也。

附記：本文屬稿期間曾先後與錢師賓四（通信）及楊師蓮生商討，啓悟良多。脫稿後又蒙楊師蓮生細閱一過，多所是正。謹此致謝！惟文成於倉卒，涉獵未周，疏漏必所不免。一切錯誤均當由作者負責也。

註一、關於東漢士族之政治經濟背景，可參閱下列諸文：楊聯陞「東漢的豪族」，淸華學報第十一卷第四期；蒙思明「六朝世族形成的經過」，文史雜誌第一卷第九期；谷霽光「六朝門閥」，武漢大學文哲季刊第五卷第四號。

註二、楊師蓮生論豪族之分化，稱「富而甚無知」之外戚宦官爲濁流，而以一般「不甚富而有知」之士大夫爲清流，（「東漢的豪族」頁一〇四三）其說甚是，但於此種分化究始於何時一點則未加討論。近日Balazs論漢末之社會危機與政治哲學亦分別外戚宦官與士大夫爲不同之社會階級，而謂士大夫在黨錮之獄以前尙未確然形成一社會階級。其說似偏於從士大夫與外戚宦官之鬥爭狀態，即清議與結黨等特殊事象上，觀察士大夫階級之成長，此層恐猶有商榷之餘地。惟其辭旨旣甚簡畧，則亦無須深辨之也。參閱（Etienne Balazs, "La crise sociale et La Philosophie Politique a la fin des Han," T'oung Pa ,1949，esp. PP.84－89。

註三、按後漢書一百十四列女傳袁隗妻傳，隗問之曰：南郡君學窮道奧，文爲辭宗（章懷注：融爲南郡太守。）而所在之職輒以貨財爲損。何耶？對曰：孔子大聖，不免武叔之毁；子路至賢，猶有伯寮之愬，家君獲此，固其宜耳。」又同書卷九十上馬融傳亦謂融「達生任性，不拘儒者之節。」則邠鄉所謂「士節不持」者固不必定指其折節於梁冀之事也。然考范蔚宗論曰：「馬融辭命鄧氏，逡巡隴漢之間，將有意於居貞乎！旣而羞曲士之節，惜不貲之軀，終以奢樂恣性，黨附成譏。」而本傳復明有「以此頗爲正直所羞」之語，則三輔高士之所以不造其門者，恐終不能不與此事有關也。

註四、賀昌羣「魏晉清談思想初論」，（民國三十六年，商務）論季長爲梁冀作章草，誣奏李固事，專從老莊思想一端爲之開脫（頁十六），雖得之而猶未盡也。

註五、參閱唐長孺「魏晉才性論的政治意義」，魏晉南北朝史論叢，一九五五，頁三〇八。

註六、後漢書卷八十三申屠蟠傳云：「先是京師游士汝南范滂等，非許朝政；自公卿以下皆折節下之。太學生爭慕其風，以爲文學將興，處士復用。蟠獨嘆曰：昔戰國之世，處士橫議，列國之王，至爲擁篲先驅，卒有阬儒燒書之禍。今之謂矣！」此當時士大夫自覺其與先秦處士之歷史地位相同之明證也。

註七、范仲淹爲秀才時卽以天下爲己任，此世所習知者也。故世之論士大夫以天下爲己任之精神者莫不溯其源至希文。宋史卷三百十四范仲淹傳謂仲淹「每感激論天下事，奮不顧身，一時士大夫矯厲尚風節，自仲淹倡之。錢師賓四論宋代士大夫之自覺精神亦謂其由希文正式呼喚出來，（見國史大綱下冊三九六｜七）誠是也。然希文以天下爲己任之精神雖有其特殊之時代背景，其歷史之先例則不能不求之於東漢季年士大夫之自覺。最近 **Arthur F. Wright** 論希文「先天下之憂而憂，後天下之樂而樂」之精神，謂其從佛教大乘之捨己爲人精神轉來，並本此而推論宋儒之倫理觀，（見Buddhism in Chinese History, Stanford, 1959 P. 93.）其說雖不無所見，但恐不足以解釋宋儒精神之全部。荀悅「申鑒」卷四雜言上云：「爲世憂樂者，君子之志也，不爲世憂樂者，小人之志也。太平之世事閑而民樂徧焉。」則希文之憂樂論固亦可溯其源至漢末，不必定出釋氏也。他日有暇當別爲文論之。案：宋儒於東漢士大夫之名節，頗加推許，但不許其爲見道耳。二程語錄卷一云：「

後漢人之名節，成於風俗，未必自得也。然一變可以至道。」又同書卷十一云：「東漢士人尙名節。只爲不明理，若使明理，卻皆是大賢也。」朱子答劉子澄書云：「近看温公論東漢名節處，覺得有未盡處。但知黨錮諸賢趨死不避，爲光武、明、章之烈，而不知建安以後中州士大夫只知有曹氏，不知有漢室，卻是黨錮殺戮之禍有以毆之也。」（引自王白田朱子年譜卷之一下乾道八年條）據此二程深賞東漢之名節甚明，至道理之說自是時代眼光之不同，於此可置不論。至於朱子批評東漢名節之不足處及黨錮以後士大夫之轉變與本文主旨甚有關係，後文當論及之也。下逮明末淸初諸儒有亡天下之痛，故議論爲之一變。倡「天下興亡，匹夫有責」之顧亭林遂謂東漢末造「朝政昏濁，國事日非，而黨錮之流，獨行之輩，依仁蹈義，舍命不渝，風雨如晦，鷄鳴不已。三代以下風俗之美，無尙於東京者。」（日知錄卷十三兩漢風俗條）又以宋代士大夫與東京相比論，並引宋史之言，而申論之曰：「眞、仁之世田錫、王禹偁、范仲淹、歐陽修、唐介諸賢以直言讜論倡於朝，於是中外搢紳知以名節爲高，廉恥相尙，盡去五季之陋。故靖康之變，志士投袂，起而勤王，臨難不屈，所在有之。及宋之亡，忠節相望，嗚呼！觀哀平之可以變而爲東京，五代之可以變而爲宋，則知天下無不可變之風俗也。」　同卷宋世風俗條）宋明儒者深有契於東漢士大夫之精神，於此可見一斑。雖然，此意固非文字考證之事所能盡其萬一者，上述云云，亦不過初引端緒而已。

註八、按弔祭最是士大夫集會之場合，且其風愈後而愈甚。後漢書卷九十二陳寔傳（參閱三國志魏志卷二十二陳羣傳裴松之註）曰：「寔久絕人事，飾巾待終而已。……中平四年，年八十四，卒於家，何進遣使弔祭，海內赴者三萬餘人，制衰麻者以百數。」然同傳又云：「中常侍張讓權傾天下。讓父死歸葬，潁州雖一郡畢至，而名士無往者。讓甚恥之。」此亦士大夫具羣體自覺之意識之一好例也。

註九、按三國志魏志卷十荀彧傳裴注引典畧曰：「中常侍唐衡欲以女妻汝南傅公明，公明不娶，轉以與彧。父緄慕衡勢，為彧娶之。彧為論者所譏。」松之案曰：「漢記云：唐衡以桓帝延熹七年死，計彧于時年始二歲，則彧婚之日，衡之沒久矣！慕勢之言，為不然也，臣松之又以為緄八龍之一，必非苟得者也。將有逼而然，何云慕勢哉！」今按松之之說甚是。後漢書卷一百荀彧傳云：「緄畏憚宦官，乃為彧娶中常侍唐衡女。」此較魏志慕勢之說遠為得其情實。茲以此事頗足說明東漢士大夫之羣體自覺，故特表而出之，亦兼以補正朱子之言之所未詳。

註十、參閱「東漢的豪族」頁一〇六二—三；「六朝世族形成的經過」；「國史大綱」上冊頁一五六。

註十一、近人討論見「東漢的豪族」頁一〇三四—五；「國史大綱」第十二章，二重的君主觀念條；呂思勉「秦漢史」第十四章第四節，秦漢時君臣之義。

註十二、參看楊樹達「漢代婚喪禮俗考」（商務、民國二十二年）頁一九一—二，又一九五—六所引諸條。

註十三、侯康後漢書補注續「謚為文忠先生」條曰：「蔡中郎集有朱公叔謚議云：本議曰：忠文子。案各之以子配謚者，皆諸侯之臣也。至於王室之卿大夫，其尊與諸侯並，故以公配。府君、王室亞卿也。曰公猶可，若稱子則降等多矣！懼禮廢日久，將詭時聽，周有仲山甫、伯陽嘉父，優老之稱也；宋有正考父、魯有尼父，配謚之稱也。可於公、父之中，擇一處焉。案中郎別有朱公叔碑。首云：忠文公益州太守朱君。後云：歆惟忠文，時惟朱父。蓋稱父而不稱子，猶前議也。而本傳則稱先生，豈當時以公、父俱駭聽聞，故廢邕議不用，而但作泛詞耶？本傳以忠文爲文忠，亦誤倒。」侯氏此疑亦足說明私謚之事在當時極爲突出，致招非議於多方，故附錄於此，以備參證。

註十四、惠氏補注卷九「袁著」條及王先謙後漢書集解梁統傳附冀傳均以此文末句爲陳羣汝潁士論之文，實誤。

註十五、參閱楊筠如「九品中正與六朝門閥」（商務，民國十九年）頁七十。

註十六、太平御覽六百六引雜事曰：「高彪字義方，吳郡人，……嘗詣大儒馬融，辭不見。彪復利其書曰：伏問高問，爲日久矣！冀一見寵光，叙腹心之願，以啓其蔽，不圖辭以疾……。」則季長之疾明是託詞矣！

註十七、三國志魏志卷十二裴注謂融被殺在建安十二年，未詳孰是。

註十八、關於南北朝士大夫之高自標持之風可看「九品中正與六朝門閥」，頁一〇一—三；王伊同「五朝門第」（金陵大學中國文化研究所，民國三十二年）下篇，頁五十七—六十一。

註十九、陳寅恪「陶淵明之思想與清談之關係」（燕京大學哈佛燕京社，民國三十四年）云：「世說新語紀錄魏晉清談之書也。其書上及漢代者，不過追溯原起，以期完備之意。惟其下迄東晉之末劉宋之初迄於謝靈運，固由其書作者只能述至其所生時代之大名士而止，然在吾國中古思想史，則殊有重大意義，蓋起自漢末之清談適至此時代而消滅，是臨川康王不自知覺中卻於此建立一畫分時代之界石及編定一部清談之全集也。」（頁三十二—三十三）按陳先生注重清談思想之流變，故重視世語年代之下限，其說誠不可易。但若從士大夫新生活方式之全部着眼則尤當注重其上限，清談特其一端耳！而世語所載固不限於清談也。

註二十、意大利文藝復興最以人之覺醒著稱。名史家 Burckhardt 著意大利文藝復興之文化（The Civilization of the

Renaissance in Italy ）論述之，稱爲文化史著述之楷模焉！其書論個體之發展一章頗足爲本節之參考，以十四、五世紀意大利知識份子個性發展之環境與歷程與吾國漢晉之際之士極多相似之處故也。但爲避免行文之枝蔓計，本文不擬詳加引證比較。讀者對此問題有興趣者，自行參閱該書可也。又以魏晉時代比敷於意大利文藝復興，其事不始自作者，可參看森三樹三郎「魏晉時代における人間の發見」一文，東方文化の問題，第一號，京都大學，頁一二二—二〇一；J. K. Shryock英譯劉劭「人物志」之導論中亦以文藝復興之思潮與漢魏時代作一比較：見The Study of Human Abilities, New Haven,1937,P.14,

註二十一、好異之風尚必當推原至東漢士大夫之個體自覺，魏晉以下不過承其流而加以推波助瀾耳！近人有謂魏晉志怪小說之社會根源在於魏以下知識分子之思想分化者，蓋溯其流而未能窮其源之論也。（參閱范寧「論魏晉時代知識分子的思想分化及其社會根源」「歷史研究」一九五五年，第四期，頁一三一。）

註二十二、關於漢魏好名之風之討論可參閱唐長孺「魏晉玄學之形成及其發展」一文，前引書頁三一六—三一九。

註二十三、湯用彤先生云：「後漢書袁奉高不修異操，而致名當世。則知當世修異操以要聲譽者多也。」所見甚是，見「讀人物志」，魏晉玄學論稿（一九五七）頁八。

註二十四、近人於此已多有論及之者。參閱陳寅恪「逍遙遊向郭義及支遁義探源」清華學報第十二卷第二期（民國廿六年四月）頁三〇九—三一〇；唐長孺「清談與清議」，前引書，頁二九五—七；湯用彤「讀人物志」，前引書頁十六。

註二十五、參閱日人岡村繁「郭泰、許劭の人物評論」東方學第十輯，頁五九—六〇。

註二十六、參閱湯用彤「讀人物志」，頁五－六；湯用彤、任繼愈「魏晉玄學中的社會政治思想和它的政治背景」，歷史研究，一九五四年第三期，頁七一。

註二十七、陳寅恪先生已指出此點，見「逍遙遊向郭義及支遁義探源」，頁三一〇。

註二十八、後漢書郭林宗傳所載之鑒識故事均是關於才與性之評論，而重性過於重才。茲引其較明顯之例二三則於下以備參證：

「黃允字子艾，濟陰人也；以儁才知名。林宗見而謂曰：卿有絕人之才，足成偉器。然恐守道不篤將失之矣！」

「謝甄字子微，汝南台陵人也，與陳留邊讓並善談論，俱有盛名。每共候林宗，未嘗不連日達夜。林宗謂門人曰：二子英才有餘而並不入道，惜乎！」

可見林宗論人每以才與道並舉，道即指德行，亦即善惡之性而言也。雖有過人之才而德性可疑，亦為林宗所不取，則又重性過於重才之確證矣。本傳又云：

「王柔字叔優，弟澤，字季道，林宗同郡晉陽縣人也。兄弟總角共候林宗以訪才行所宜。」

今按：才行二字極可注意，蓋即是才能與性分之另一說法也。據此則才與性為林宗鑒識之兩大標準，亦可謂信而有徵矣。

註二十九、湯用彤先生謂人物評論成為專門之學事在曹魏之世，又以探求人事之原理，事始魏初，（「讀人物志」，頁十六－十七）雖不失史家謹慎之旨，但若就漢晉間思想變遷之一般背景言之，似嫌稍遲。蓋思想發展之階段未必盡與政治發展相符合也。其詳當於下篇論之。

註三十、日人岡崎文夫亦謂言與貌爲當時士大夫博取聲譽之兩種才段。見所著魏晉南北朝通史，昭和二十九年再版，頁五〇四。

註三十一、楊筠如，「九品中正與六朝門閥」，頁八十。

註三十二、賀昌羣，魏晉清談思想初論，頁十五。

註三十三、此處論清談與清議之關係本唐長孺「清談與清議」一文，見前引書頁二八九－二九七。又關於漢晉清談內容之詳細分類，可參看板野長八，「清談の一解釋」，史學雜誌，第五十編第三號，頁七〇－九八。

註三十四、「清談與清議」，頁二九一。

註三十五、持此說者中國方面有陳寅恪先生（陶淵明之思想與清談之關係，頁三，「逍遙遊向郭義及支遁義探源」頁三〇九。），湯用彤先生（「讀人物志」，頁一六。），范壽康先生（「魏晉的清談」頁二三九－四〇），日本方面有青木正兒（清談，岩波講座，東洋思潮，昭和九年九月，頁五。）。

註三十六、宮崎市定亦謂清談與清議意義原本相同，其後清議既漸衰，清談乃與之分離。又謂清談與清議之分化事在魏漢興衰之交。（見所著「清談」一文，史林第三十一卷第一號，頁五。）按：宮崎氏討論清談與清議之關係，其角度雖與作者不同，但其劃分二者離合之時代則頗可與本文相發明，讀者不妨參閱該文也。

註三十七、此點錢師賓四早已言之，見國學概論（商務，民國十九年），上冊，頁一三八－一三九。

註三十八、關於馬季長之人生觀之討論可參看賀昌羣魏晉清談思想初論，頁十六—十九。但賀書過份强調政治背景，未能深入士大夫內心轉變之隱微，故所論尚不免膚泛耳！

註三十九、關於古代之避世思想，可參閱錢師賓四近著「論春秋時代人之道德精神」下篇介之推條，新亞學報第二卷第二期（一九五七，二月）。

註 四 十 、漢代之隱逸可看松本雅明「後漢の逃避思想」，東方學報，東京，第十二冊之三，昭和十六年，頁三八一—四一二。

註四十一、松本雅明氏已於此點畧有論及，見前引文，頁四〇〇，四〇九—四一〇。

註四十二、王瑤「論希企隱逸之風」，中古文人生活（棠棣，一九五一）論魏晉以下士大夫之避世甚詳，但惜其過份着重政治社會背景，而未能自士之內心覺想立論。中古士大夫最重脫落形跡，宅心玄遠，故得魚則忘筌。今之治史者雖當發掘其現實之根源，但亦不宜矯枉過正，而完全忽視其內在之一面。否則縱得其形象亦必不能心知其意也。

註四十三、黃老觀念在漢代凡數變，養生道術不過其一端已。茲以非本文所欲論列，故不詳及。其詳可看秋月觀暎「黃老觀念の系譜」，東方學第十輯，頁六九—八一。又漢晉間史傳用養生之名者似首見於後漢書文苑列傳上蘇順傳：「（順）安和間以才學見稱，好養生術，隱處求道。」亦顯與黃老之學有關。

註四十四、此點可參考秋月觀暎之文，頁七二—七三。

註四十五、參看湯用彤，漢魏兩晉南北朝佛教史（中華，一九五五）上冊，頁一二一。

註四十六、關於叔夜養生思想之討論可參看 Donald Holzman, La vic et la pensée de Hi K'ang（嵇康之生活與思想）Leiden,1957,PP.52－57。又引文參用魯迅之嵇康集，魯迅三十年集，第五冊。

註四十七、後漢書卷九十二陳寔傳范蔚宗論曰：「漢自中世以下，閹豎擅恣。故俗遂以遁身矯絜放言爲高。（章懷注：放肆其言，不拘節制也。）士有不談此者，則芸夫牧豎已叫呼之矣。」是以士風與思想之轉變歸之於政治原因。

按：政治因素誠不可否認。但歷來論此一段思想史者均過分强調此點。本篇則專從士之內心自覺立論，故對此層不能不畧人之所詳。讀者幸勿據蔚宗之說而疑本篇所論也。

註四十八、關於士大夫怡情山水與老莊思想有關一點，王瑤「玄言、山水、田園」（中古文學風貌，棠棣，一九五一，頁四七－八三。）一文畧有涉及。但王氏之文主旨在論東晉之詩，與本篇作意逈別。又該文對怡情山水之起源亦未能追溯至盡，蓋用心既殊，文字體例遂不能不異耳。

註四十九、參看陶希聖、武仙卿合著，南北朝經濟史，商務，民國二十六年，頁三十一－三十八，唐長孺「南朝的屯、邸、別墅及山澤占領」歷史研究，一九五四年第三期，頁一〇一－一〇四。吳世昌「魏晉風流與私家園林」即指出魏晉園林之盛係由於士大夫對山水美之認識與欣賞。吳文中又討論及魏晉人物之生活情調等，亦頗可與本文參證，見學文第一卷第二期，民國二十三年六月一日，頁八〇－一一四。（此文承楊師蓮生示知。）

註五十、山居賦注云：「余祖車騎（按卽謝玄）……經始山川。實基於此。」賦文「仰前哲之遺訓。」注曰：「

謂經始此山，遺訓於後也。」並可參看唐長孺上引文，頁一〇二。

註五十一、參閱羅根澤，魏晉六朝文學批評史，商務，民國三十六年上海初版，頁三－六。

註五十二、參閱王瑤「文論的發展」，中古文學思想，棠棣，一九五一，頁八十。

註五十三、錢穆「讀文選」，新亞學報，第三卷第二期，一九五八，頁三。

註五十四、參考唐長孺「讀抱朴子推論南北學風的異同」，魏晉南北朝史論叢，頁三五二－三五六。

註五十五、陳寅恪「天師道與濱海地域之關係」，中央研究院歷史語言研究所集刊，第三本第四分（民國廿二年），頁四六二－四六五。

註五十六、見饒宗頤「吳建衡二年索紞寫本道德經殘卷考證」，東方文化，香港，一九五五年，第二卷第一期。

註五十七、轉引自孫德宣「魏晉士風與老莊思想之演變」，中德學誌第六卷第一、二期合刊，民國三十三年六月，頁二三〇。

註五十八、同上文，頁二二七－二三〇，劉大杰，魏晉思想論（中華，民國二十八年）頁七－十二。

註五十九、王充批評章句之說甚多，此不詳舉。可看錢穆，國學概論，上冊頁一三四－五所引諸條。

註六十、賀昌羣，魏晉清談思想初論，頁十五，誤讀此句，謂指馬融。復論之曰：「研精，則重義理，不守章句，則破除家法，此在專重名物訓詁之漢代經學中，實爲一種革命行爲。」今按賀氏於後漢經今古學之分野實有所未透。馬季長爲古學大師，古學固主訓詁而不爲章句者。（此本錢師賓四說。見「兩漢博士家法考」，兩漢經學今古文平議，香港，新亞研究所，一九五八，頁二一三。）後漢紀卷十九永和五年條云：「融……學不師受，皆爲之訓詁。」是融學主訓詁明矣。故馬氏雖爲漢魏間學術轉變中之重要人物，然賀氏此處則實推尊之而未當也。又王瑤「玄學與清談」，中古文學思想，棠棣，一九五一，頁五十，亦同此誤，蓋據賀氏之論爲己有而後未翻檢原文也。按：王氏書中尚有此類剽窃他人材料而不注明出處之例，此不具論。故參考王書者不可不愼也。

註六十一、關於今古學問題，參閱「兩漢博士家法考」，頁二一一—二二一。

註六十二、近人之論荆州學者多重其與魏晉玄學之關係，本篇則綜論漢晉間學術思想之共同趨向，故儒道之辨，非所措意。參閱湯用彤「王弼之周易論語新義」，魏晉玄學論稿，八四—一〇二，錢穆「記漢晉玄學之宗」，莊老通辨，香港，一九五七年，頁三一九—三二〇，賀昌羣魏晉清談思想初論，頁六〇—六二。

註六十三、參看湯用彤「王弼之周易論語新義」，頁八六，賀昌羣魏晉清談思想初論，頁六一—六二。

註六十四、荆州學爲鄭學之繼續與反動，又可徵之於王肅之經學。王氏初亦治鄭學，後以義理頗有未安者，故卒改轅易轍。其注孔子家語序云：

「鄭氏學行五十載矣。自肅成童始志於學，而學鄭氏矣。然尋文責實，考其上下，義理不安，違錯者多，是以奪而易之。」

本傳謂肅善鄭、馬之學，則似王氏反鄭而復歸於鄭氏前期之古學矣，而夷考其實，則殊不然。皮氏經學歷史曰：

「案王肅之學亦兼通今古文。……故其駮鄭，或以今文說駮鄭之古文，或以古文說駮鄭之今文，不知漢學重在顓門，鄭君雜糅今古，近人議其敗壞家法，肅欲攻鄭，正宜分別家法，各還其舊，而辨鄭之非，則漢學復明，鄭學自廢矣。乃肅不惟不知分別，反效鄭君而尤甚焉。」鹿門為今文學家，其譏評鄭王皆出門戶之見。而無見於漢晉間學術思想之潮流所趨。此固有於時代，無可深辨。但其謂王氏亦兼通今古，效鄭君而尤甚，則皆有實據，可以信從。此卽可見王氏之學一方面為鄭學之反動，而一方面則又承鄭學之流衍而來也。王氏之學直接出於宋衷，復與李譔同其指歸，大體亦「欲超脫漢學繁瑣之名物訓詁，而返之於義理。」（賀昌羣，前引書，頁十五。）故最足為荆州學與鄭學關係之旁證。至經學之終於不振，則其故別有在，當於後文詳之，此不具論。

註六十五、賀昌羣，前引書，頁十。

註六十六、「王弼之周易論語新義」，頁八七。

註六十七、「記魏晉玄學三宗」，頁三一九－三二〇。

註六十八、參閱皮錫瑞經學通論，第一冊，易類，「論以傳附經始於費直，不始於王弼，亦非本於鄭君」條。

註六十九、「王弼之周易論語新義」頁八八－八九。

註 七 十、皮錫瑞，前引書論以傳附經條所引。

註七十一、詳見李源澄「漢魏兩晉之論師及其名論」，文史雜誌第二卷第一期，民國卅一年一月，頁一九－二〇。

註七十二、「王弼之周易論語新義」，頁八七。

註七十三、參閱湯用彤「言意之辨」，魏晉玄學論稿，頁二八。

註七十四、此說湯用彤先生析論最精，詳見「言意之辨」。本文脫稿後，得見牟宗三先生所著「人物志之系統的解析及其論人之基本原理」一文（民主評論，第十卷第十五期，頁二一九。民國四十八年，八月一日，香港）。雖所討論之目的不同，但文末論及魏晉人之藝術境界與智悟境界亦漸有與本文所論相通之處。

註七十五、參閱王瑤「文論的發展」，中古文學思想、頁八六一九三。

註七十六、參同上，頁九九一一〇〇。

註七十七、此據魯迅嵇康集，他本皆奪「忘」字。

註七十八、今漢魏六朝百三名家集本阮步兵集「樂論」篇中無此二句。其文雖是討論音樂原理之作，且時有玄言，如「夫樂者天地之體，萬物之性也。」云云。但其根本思想則是儒而非道；與嗣宗其他作品所表現之思想甚爲不合，深有可疑，蓋據文選李善注，嗣宗樂論與叔夜琴賦既同其義，而叔夜之音樂理論則與傳統儒家之說大異（參考Holzman, La vic et la pensee de Hi H'ang,PP.68－72）由是言之，今本「樂論」恐非嗣宗之舊，故此不據引焉！

註七十九、關於此一發展之過程板野長八氏有極精審之分析，見所著「何晏王弼の思想」東方學報，東京，第十四冊之一（昭和十八年）第三，第四兩節。

註八十、國史大綱，上冊頁一五六云：「國家本是精神的產物，把握到時代力量的名士大族，他們不忠心要一個統一的國家，試問統一國家何從成立。」亦是此意，而淺人不曉其立論之根據，妄肆譏評，謂爲絕對唯心之論（見胡繩自由與理性書中評國史大綱引論之文），殊不足辨也。

註八十一、「淸談」，頁四，范壽康亦採青木之說，謂道家思想之興，除政治之黑暗與混亂有以致之外，尙由於經學之支離與瑣碎。見「魏晉的淸談」頁二三八－二三九。又按范氏此文之根本觀念幾全取青木氏之說，故此下不復再引。

註八十二、見板野長八「淸談の一解釋」，史學雜誌第五十編第三號，頁七〇－七一。

註八十三、「淸談」，頁五－六。

註八十四、如湯用彤「讀人物志」頁十七即謂「玄遠乃老莊之學」。或係受青木之說之影响而然也。

註八十五、湯用彤，同上文，頁十七。

註八十六、後漢書孔融傳載路粹枉奏文舉曰：「融前與白衣禰衡跌蕩放言，云父之於子，當有何親？論其本意，實爲情欲發耳。子之於母，亦復奚爲？譬如寄物瓶中，出則離矣。」按文舉此論本之王充，見論衡物勢、自然等篇。（參考錢穆國學概論，上冊，頁一三八－一三九所論。）此又漢末談論已涉及思想之一例，可與中篇論淸談演變之文相參證。文舉此論雖與玄門尙有隔，然已是從自然主義之觀點對親子關係之本義爲進一步之探求，漢晉間探求原理之風氣已不難由此而畧覘之也。森三樹三郎前引文亦謂文舉此論是早期淸談之表現，極確。但又謂此論旨在「否定名分」，則未能深識文舉之意也。（頁一三八）」

註八十七、顏氏家訓卷三勉學篇曰：「荀奉倩喪妻，神傷而卒，非鼓缶之情也。」似亦以奉倩歸之老莊一派。但顏書並未提供任何新材料，故作爲證據之價値殊不甚高。或者之推以奉倩尙玄虛，復有喪妻之事，遂牽連及之耳。故奉倩雖爲早期玄學家之一，而現存史料殊不足證明其爲道家也。

註八十八、如唐長孺「魏晉玄學之形成及其發展」頁三二一—三二二；湯用彤、任繼愈「魏晉玄學中的社會政治思想和它的政治背景」，頁七二—七三，皆因看重政治背景而過分强調名理學對玄學形成之作用。但湯先生魏晉玄學論稿中涉及玄學源起之處則立論甚爲平實。

註八十九、青木正兒「清談」，頁四；松本雅明「魏晉における無の思想の性格」（一），史學雜誌第五十一編第二號，頁十五。

註九十、湯用彤「言意之辨」頁三六—三七；松本雅明，同上文，頁十五。

註九十一、孔融之跌蕩放言，雖用心無他，但于當時社會必不能不發生影响。其後阮嗣宗亦曰：「殺父乃可，至殺母乎？」尤屬危言聳聽之類，而皆足以促進社會之解體也。此層可論者甚多，茲以佚出本文範圍，故不詳及。

註九十二、此層可參考森三樹三郎前引文，頁一四六—一四九。

註九十三、錢師賓四云：「魏晉南朝三百年學術思想，亦可以一言以蔽之，曰『個人自我之覺醒』是已。」（國學概論上冊，頁一五〇）其發明玄學思想與個人自覺之關係最早。其後松本雅明氏亦從個人自覺與個性解放之觀點解釋魏晉「無」之思想性格，所論益詳。（見「魏晉における無の思想の性格」一文，連載於史學雜誌第五十一編第二至第四號。）最近森三樹三郎氏復本「人之發見」之觀念綜論魏晉文化，所涉及之範圍尤廣，雖時代稍遲，然時有可與本文互相發明之處。文中論儒道之興衰以「人間性」爲言，亦可爲個人自覺說之參證（「魏晉時代における人間の發見」）。本文畧人之所詳，故於此點不多考論也。

註九十四、青木正兒「清談」分玄學爲名理、析玄、與曠達三派；湯用彤「魏晉玄學流別畧論」（魏晉玄學論稿，頁四八－六一。）將魏至東晉之僧俗玄學思想依立論內容分爲四派而綜述之。

註九十五、錢師賓四「記魏晉玄學三宗」則依時代先後分王何、阮嵇、與向郭爲三派而考論其承衍變化；松本雅明論「無」文中亦依時序分別流派。又 E. Balaz "Entre revolte nihiliste et evasion mystique" Etudes Asiatiques,1.2,1948 PP.27–55.取徑亦同。

註九十六、湯用彤「魏晉思想的發展」（前引書附錄，頁一二〇－一三一。）復分魏晉思想爲新舊二派而論之；孫德宣「魏晉士風與老莊思想之演變」論思想分化則分爲守舊、調和與改進三派，用意與湯氏相近。

註九十七、湯用彤任繼愈「魏晉玄學中的社會政治思想和它的政治背景」；范寧「論魏晉時代知識分子的思想分化及其社會根源」；唐長孺「魏晉玄學之形成及其發展」大體皆本階級之政治經濟利害着眼。

註九十八、魏志卷十三王肅傳注引魏畧論此事最爲詳備。玆爲節省篇幅計，故從畧也。

註九十九、森三樹三郎，前引文，頁一三七。

註一〇〇、白樂日氏（E. Balazs "Entre revolte nihiliste et evasion mystique"P.36.）認爲王弼較之何晏較少道家虛無之色彩，而自易經所表現之宇宙全體秩序中尋所已喪失之社會秩序，尤其積極之精神。今按；此種說法似是而非，可不詳辨。至於王何之比較則甚不易，似無從得此印象。何晏嘗註論語，頗注意儒家禮制典章，其對社會秩序之著重決不在純粹思想家之王輔嗣之下。又；白氏謂王何皆嘗註老易，亦誤。世說新語文學篇「何晏爲吏部尚書」條注引魏氏春秋僅謂晏「善談易老。」又世語載何平叔嘗註老子，見王注精奇，遂棄之，別作道德論。（此事文學篇凡兩見，文字小異。）是何晏僅注老子，未及易經也。

註一〇一、關於竹林七賢尚未見有全面而深入之研究，最近 Holzman撰 "Les sept Sages de la Foret des Bambou et la societe de leur temps", T'oung Pao 44（1956）論七賢及其時代社會之背景甚平允，可以參看。

註一〇二、陳寅恪「崔浩與寇謙之」，嶺南學報第十一卷第十一期（一九五〇年十二月）頁一二六；唐長孺「魏晉玄學之形成及其發展」，頁三二六－三二七。

註一〇三、此義陳寅恪先生論之最精，見陶淵明之思想與清談之關係，頁二一－三三。

註一〇四、參閱魯迅「魏晉風度及文章與藥及酒之關係」一文所論，魯迅全集第三卷而已集，頁五〇四。

註一〇五、子期與阮、嵇思想意態之不同，錢師賓四嘗備論之，見「記魏晉玄學三宗」。又 Holzman在其嵇康之生活與思想書中謂子期之入仕蓋與其平日所持之哲學相合，（見頁二七，註三）其說與湯用彤先生相同，見「向郭義之莊周與孔子」，魏晉玄學論稿，頁一〇五。

註一〇六、向秀撰難養生論及解莊均在叔夜生前，足證其自然與名教合一之思想早有淵源，非激於一時之事，亦非爲自身出處作理論上之辨護也。至於山濤，據晉書卷四十三本傳，早歲即語其妻曰：「忍饑寒，我後當作三公。但不知卿堪作夫人不耳！」是亦自來已有入仕之念。其與叔夜等爲竹林之遊，殆一時之偶相過從耳！

註一〇七、此從錢師賓四之說，見「郭象莊子注中之自然義」莊老通辨，頁三九七－四〇〇；唐長孺氏所論亦大體相近，見「魏晉玄學之形成及其發展」，頁三三二－三三四。

南朝至唐廣州光孝寺與禪宗之關係

羅　香　林

禪宗與中國佛教發展，關係甚鉅，夫人而知矣。惟禪宗與廣州光孝寺之關係，則以問題較小，似未爲時賢所注意。而究之實際，則禪宗所云之入華初祖達摩，初達宋境南越，卽嘗止於訶林。所謂訶林，卽趙宋以還，廣州所云之光孝寺也。（註一）。達摩、後展轉北上，傳其教於二祖慧可，而初期禪宗之系統始成。其後至唐高宗儀鳳元年（西元六七六年），禪宗六祖慧能、於廣州法性寺，卽後日之光孝寺，（註二），論『卽心卽佛』之理，弘揚東山法門，（註三），而禪宗南派，始以確立。是光孝寺乃禪宗所由發展之據點，其事蹟亦不容忽畧也。

抑禪宗之所由發展，除達摩與慧能等重要人物因素外，亦頗藉其他因素之配合。如無其他因素配合，則人物作用，亦無由顯現。光孝寺之所以能爲慧能以首演東山法門者，亦必有其所由觸發與配合之其他因素。故自探本窮源之法則言之，則光孝寺之其他史蹟，亦必有與之相關涉者。斯又不能不爲之旁搜遠紹者也。茲不避蕪蔓，試分四節言之：

一、

其一爲達摩至粵與光孝寺之關係。釋道宣續高僧傳卷十六習禪、齊鄴下南天竺僧菩提達摩傳云：

「菩提達摩、南天竺婆羅門種。神慧疏朗，聞皆曉悟。志存大乘，冥心虛寂，通微達數，定學高之。悲此邊隅，以法相導。初達宋境南越，又北度至魏。隨其所止，誨以禪教。」

此雖僅謂達摩於劉宋時初至廣州，而未嘗言其與光孝寺之關係，然另據乾隆間顧光修光孝寺志卷二建置志、則謂：

「達摩初祖、至自天竺，止於訶林。時武帝崇信佛法，廣州刺史蕭昂、表聞。帝遣使迎至金陵，與語不契。祖遂渡江北，止嵩山少林寺。」

又卷三古蹟志、達摩井（原作磨）條亦云：

「達摩井在寺東界法性寺內。……寺中著名四井，獨此井爲鉅。深數丈，範以巨石。味甚甘冽，蓋石泉也。其下時有魚游泳。按舊經，載廣城水多鹹鹵。蕭梁時，達摩祖師，指此地有黃金。民爭挖之，深數丈，遇石穴，泉水迸涌，而無金，人謂師誑。師曰：是金非可以觔兩計者也。」

按此所云達摩年代，雖容或有誤，（註四），然其所謂達摩嘗止於訶林，則殆無可疑者。蓋當時訶林，有制旨道場，爲自晉至梁廣州之最鉅佛寺。達摩抵粵，雖始居於廣州城外西關第九甫，廣人因稱其處曰西來初地，（註五），並建西來菴焉。（註六）。然自達摩爲廣人所敬信，殆已卽迎之移居訶林，以其地早有道場，且爲高僧卓錫之地，便以感召衆庶也。達摩後嘗以四卷楞伽經，傳授門人。而首譯楞伽經之求那跋陀羅，亦嘗先居訶林。（註七）。楞伽經所明在無相之虛宗。以破除妄想，顯示實相爲主旨。妄想者、如諸執障有無等戲論，實相者、體用一如，卽真如法身，亦卽涅槃。（註八）。唯楞伽經以顯示實相爲主旨，故亦頗言自性。如云：「如我所說涅槃者，謂善覺知自心現量。不著外性，離於四句，見如實處。」（註九）。又云：「雖自性淸淨，客塵所覆，故猶不淨。」達摩主行禪觀，證知真如，以理入行入爲綱領。必罪福並捨，空有兼忘，心無所著，忘言絕慮，始契正覺。（註十）。雖其成立禪宗系統，已在北上洛鄴之後，然其禪教輪廓，當早已建立。其弘法精神，旣在「隨其所止，誨以禪教」，則其居訶林時，自亦必已以禪教誨人。光孝寺之所由成禪宗重鎮，亦達摩禪教有以啓發之也。

二、

其二爲光孝寺與涅槃經論之關係。達摩禪教，雖其初以楞伽經爲宗旨，然傳至五祖弘忍，已寖以金剛經爲主。（註十一）。而六祖慧能，則更以頓悟爲教，與晉時道生所言之大頓悟，（註十二），頗相接近，蓋皆同自涅槃經之解脫法門所演出者。惟道生所據爲曇無讖所譯之四十卷本大般涅槃經。慧能不以研經爲務，其初期所聞之涅槃旨趣，當卽依據陳時真諦在粵所譯之涅槃經論。（註十三）。與道生所言之大頓悟，或無直接關係。果爾，則陳時真諦在光孝寺翻譯涅槃經論之事蹟，及粵中曾一度盛傳涅槃旨趣之史實，亦爲治禪宗史乘者所必須探究也。

按大正新修大藏經釋經論部下，有涅槃經本有今無偈論一卷，署名「陳世真諦三藏於廣州譯。」當爲涅槃經論之一部分。而同上光孝寺志卷二建置志、則謂：

「西印度優禪尼國波羅末陀三藏，陳言真諦。來遊中國。至廣州，刺史歐陽頠，延居本寺。請譯阿毗曇，金剛般若經，無上依經，僧澁多律，（俱）舍論，佛性（論），共計四十部，皆沙門慧愷筆授。」

真諦在粵所譯諸經，既皆爲在本寺所成，則此涅槃經論之傳譯，亦當與光孝寺有關矣。粵中有涅槃之學，殆卽始此。真諦弟子，如智斆等，皆頗相傳習。惟其後復與長江下游所傳之涅槃經疏釋，頗相匯合。故道宣續高僧傳卷一法泰傳附智斆傳云：

「太建十一年二月、有跋摩利三藏弟子慧哿者，本住中原，値周武滅法，避地歸陳。晚隨使劉璋至南海，獲涅槃論。斆曾講斯經，欣其本習，伏膺請求，便爲開說。止得序分、種性分，前十三章玄義。後返豫章鶴嶺山，敫又與璣法師隨從。因復爲說第三分，具得十海十道。及進餘文，胷因遘疾，不任傳授。乃令敫下都，覓海潮法師，當窮論旨。以十四年至於建業，所尋不值，乃遇棲玄寺曉禪師，賜與曇林解涅槃疏釋經後分，文兼論意，而不整足，復還故寺。常講新文十三章義，近二十遍。」

按智敫爲循州平等寺沙門，當真諦於光孝寺譯俱舍論時，始列爲弟子，而參與譯席。則陳隋之際，粵中頗傳涅槃之學，亦可知矣。

今日所傳之涅槃經本有今無偈論，雖似爲真諦所譯涅槃經論之殘本，不足以盡明當時廣州所傳涅槃學之景况。然就此書義諦而論，亦有頗爲後日之六祖法寶壇經所參用者。如論本有今無等三種義不成就云：

「言本有今無，本無今有，三時有，是三種義無有，無有是處。何故三種義不成就。若本有今無者，一切如來等，則無解脫。何以故，性不定住故，以前有後無故。一切真有亦無，真有俗有亦無。何以故，真有前後無異故。俗有本無故，是故真俗二義不成就。」

翫其語意，即可知其曾爲後日之六祖壇經所取法。

惟粵中舊本有涅槃經論之傳習，禪宗所奉爲六祖之慧能，當早已聞其旨趣。故於其未赴黃梅禮謁五祖弘忍前，已於韶州，能爲尼無盡藏解釋涅槃經義。日僧最澄、所傳曹溪大師別傳云：

「其年大師遊行至曹溪，與村人劉智畧，結爲義兄弟，時春秋三十。畧有姑出家配山澗寺，名無盡藏，常誦涅槃經。大師晝與畧力役，夜即聽經。至明爲無盡藏解釋經義。尼將經與讀。大師曰：不識文字。尼曰：既不識字，如何解釋其義？大師曰：佛性之理，非關文字能解，不識文字何怪 。衆人聞之，皆嗟嘆曰：見解如此，天機自悟，非人所及。」

而慧能於黃梅受弘忍傳法前所作偈語，本有自悟與取消問題之意，（註十四），亦殆以曾先受涅槃經論影響也。

抑於光孝寺首爲服膺慧能之高僧，亦卽爲以善講涅槃經著稱之印宗法師。贊寧宋高僧傳卷四唐會稽山妙喜寺印宗傳云：

「釋印宗、姓印氏，吳郡人也。……及生而長，從師誦通經典，末最精講者涅槃經。咸亨元年、於京都盛揚道化。上元中、敕入大愛敬寺居，辭不赴請。於蘄春忍大師處諮受禪法。復於番禺遇慧能禪師，問答之間，深詣玄理。」

按印宗赴粵，卽專意爲光孝寺講涅槃經者。故於慧能所言頓悟之旨，亦最契心。光孝寺與涅槃之學，關係之鉅，蓋如此焉。

三、

其三爲光孝寺與禪宗六祖慧能之關係。按禪宗最重要之演變，爲由五祖弘忍所傳神秀與慧能二弟子因所主有漸悟與頓悟之不同，而演爲南北二派之關係。而六祖慧能傳法前思想，則除上述曾受涅槃經論之影響外，亦似頗受眞諦在光孝寺傳譯攝大乘論、演爲攝論宗所影響者。蓋攝論宗以「三界唯心，心外無法」爲出發。粵中佛教，自陳隋以至初唐，皆以攝論宗爲主幹，甚富唯心色彩。（註十五）。於時中原、以至長江流域，諸宗交鳴，經疏繁瑣，粵中佛徒，反得執簡馭繁之勝。故一至宿慧獨超之慧能，遂得明揭「卽心卽佛」之頓悟法門，而演爲禪宗南派焉。

慧能與五祖弘忍之關係，及其與神秀禪教之異同，余曩撰唐書神秀傳疏證，已爲論及，今不復贅。惟慧能與光孝寺之關係，則與禪宗南派之發展有關，不能不多爲提述。按慧能與光孝寺之關係，其最重要者，莫如其在本寺之辯論風旛奧義，與薙髮受戒，及開講東山法門等數事。今本寺尚有紀念慧能之風旛堂三間，在今東廊外白蓮花池水亭後，及瘞髮塔一座，在今大雄寶殿菩提樹右，與六祖殿五間，在今大雄寶殿菩提樹左，並有元刻六祖像碑，在菩提樹與瘞髮塔間。各有其來歷，與相當意義，茲分述之。

所謂風旛之辯、與風旛堂之興建者，據海法所錄六祖壇經自序品第一（又稱行由品）云：

「慧能）……一日思惟，時當弘法，不可終遯，遂出至廣州法性寺（按即光孝寺）。値印宗法師講涅槃經，因二僧論風旛義，一曰風動，一曰旛動，議論不已。惠能(按即慧能)進曰：不是風動，不是旛動，仁者心動。一衆駭然。印宗延至上席，徵詰奧義。見惠能言簡理當，不由文字。宗云：行者定非常人，久聞黃梅衣法南來，莫是行者否？惠能曰：不敢。宗於是作禮，告請傳來衣鉢。出示大衆。宗復問曰：黃梅付囑，如何指授。惠能曰：指授卽無，惟論見性，不論禪定解脫。宗曰：何不論禪定解脫。謂曰：爲是二法，不是佛法，佛法是不二之法。宗又問：如何是佛法不二之法？惠能曰：法師講涅槃經，明佛性，是佛法不二之法。如高貴德王菩薩白佛言：犯四重禁，作五逆罪，及一闡提等，當斷善根佛性否？佛言：善根有二，一者常，二者無常。佛性非常，非無常，是故不斷，名爲不二。一者善，二者不善，佛性非善，非不善，是名不二。蘊之與界，凡夫見二，智者了達其性無二。無二之性，卽是佛性。印宗聞說，歡喜合掌，言某甲講經，猶如瓦礫，仁者論義，猶如真金。於是爲惠能剃髮，願事爲師。」

而同上光孝寺志卷三古蹟志、風旛堂條亦云：

唐高宗龍朔元年辛酉（按爲西元六六一年），六祖蘄州黃梅縣東禪寺得五祖衣鉢，隱於懷集獵者家，韜光斂彩，一十五載。一日思惟，弘法度人，時至當行，遂出至廣州法性寺。（按以下與壇經同）。……時儀鳳元年丙子正月八日。是月十五日，普會四衆，爲六祖薙髮。二月八日，集諸名德，授具足戒。西京智光律師爲授戒師，蘇州慧靜律師爲羯磨，荆州通應律師爲教授，中天竺耆多羅律師爲說戒。西國密多三藏爲證戒。乃於菩提樹下，開東山法門，顯示單傳宗旨，一如昔讖。風旛堂由此名焉。」

是慧能之爲粤中緇流所重，蓋自講論風旛勝義始也。風旛堂卽印宗法師於慧能離光孝寺而常住曲江曹溪南華寺時所經營。歷代修建，規制如昔。今風旛堂與睡佛閣、合爲一樓。明末天然和尚所書風旛堂匾額，尚完好無恙。

抑慧能所講之風旛勝義，雖亦似出於仿製，（註十六），而未必卽爲自創。然考其用意，全在由此而引述「卽心卽佛」，與「一切萬法，不離自性」，「前念迷，卽凡夫；後念悟，卽佛，」之頓悟法門。雖非自創，亦無礙其爲思想上之開展也。

至光孝寺之六祖瘞髮塔，則爲唐高宗儀鳳元年住持僧法才所募建。法才曾爲立碑，記其意義。同上光孝寺志卷十藝文志，所載法才瘞髮塔記云：

「佛祖與世、信非偶然。昔宋求那跋陀羅三藏，建茲戒壇，預讖曰：後當有肉身菩薩，受戒於此。梁天監元年（按爲西元五〇二年），又有梵僧智藥三藏，航海而至，自西竺持來菩提樹一株，植於戒壇前。立碑云：吾過後一百七十年，當有肉身菩薩，來此樹下，開演上乘，度無量衆，眞傳佛心印之法主也。今慧能禪師，正月八日抵此，因論風旛語，而與宗法師說無上道。宗踴躍忻慶，昔所未聞，遂詰得法緣由。於十五日，普會四衆，爲師祝髮。二月八日，集衆名德，受具足戒。旣而於菩提樹下，開單傳宗旨，一如昔識。法才遂募衆緣，建玆浮屠，瘞禪師髮。一旦落成，八面嚴潔，騰空七層，端如湧出，偉歟！禪師法力之厚，彈指卽遂，萬古嘉猷，巍然不磨。聊敍梗概，以紀歲月云。儀鳳元年歲次丙子，吾佛生日，法性寺住持法才謹識。」

可知瘞髮塔爲法才於慧能祝髮受戒後所首倡募建。按薙髮受戒，爲佛教重要信據。故僧侶於其相從薙髮受戒之寺院與法師，必特爲重視，而認爲卽法緣所在。慧能於未赴黃梅禮事五祖弘忍時，雖早已嚮慕佛教，在黃梅苦行證法時，復以所作傳法偈，能以取消問題之語法，破神秀解決問題之偈意，而得受五祖傳授衣鉢，然其正式薙髮爲僧，則仍在抵達光孝寺以後也。則本寺爲慧能之法緣所在，亦可知焉。

惟今日光孝寺所見之瘞髮塔，乃明崇禎九年（西元一六三六年）給諫盧兆龍同男盧震所捐資修飾，幸規模尚沿唐制耳。今按此塔爲磚砌實體，塔身八面，高二丈許。共分七層，每層爲簷，作料栱形，塔頂似仍唐制。每層每面，中作佛龕，各砌佛像。惟第一、二層佛像，今已無存。余曩歲於廣州冷攤，獲該佛像磚搨本，蓋爲民國十三年（西元一九二四年）梁子瑜君於塔下獲得佛龕像磚所搨出者。像頗健美，意唐代建塔時，廣州之造像工藝已頗發達也。十餘年前，余復於廣州購獲無名氏廣州雜錄稿本，謂當時與佛像磚一同散出者，尚有無數小型陶塔，蓋爲埋置瘞髮塔下，於民國初年爲人所掘出者，其文云：

「光孝寺菩提樹髮塔，爲唐儀鳳元年丙子法性寺住持僧法才立。比年損壞，塔下有小陶塔無算，高六寸許。六面，面一龕，龕一佛。上飛簷三層。釉色或黃或綠，鮮有不脫落者。有刻字　，文曰：「佛說法頌曰：諸法從緣起，如來說是因，彼法因緣盡，是大沙門說。」凡二十五字，及「門說」二字，或刻爲二行。左右讀不一，皆同此二十五字。出土時無一完好者，尤罕有頂，或因當時礙於累疊敲去。余得一座，獨未殘闕，洵可寶貴。……據法苑珠林曰：佛告帝釋，汝將我髮，欲造幾塔？帝釋白佛云：我隨如來髮，一螺造一塔。如來以神力故，一食頃，髮塔皆成。今六祖髮塔，多小陶塔，意乃仿此。」

蓋建塔瘞髮，本印度舊風，法才等募建慧能髮塔，復於塔下埋置無數陶塔，自佛家言之，皆有深意存焉也。

至慧能在光孝寺所開講之東山法門，則當指其講述在黃梅東山寺（亦稱東禪寺）由五祖弘忍所證之要旨而言。五祖弘忍、爲唐初禪宗之唯一大師，殆有甚深智慧。彼見達摩以四卷楞伽經，爲傳授依據，而其後習楞伽經者，多致力於作疏，（註十七），卷帙寢繁。言實相而競載紙筆，議論紛紜，未免於心上著相，由哲人之慧，而流爲經疏之學。故乃改令門徒，兼習金剛般若經，謂其言簡意深。意深者指其賅括虛宗之妙言，言簡者指其可自由解釋，無須拘於文字，究達此經，卽可了悟自性，直了成佛。（註十八）。是卽所謂東山法門也 。 觀五祖默許慧能所作偈後，卽於夜中爲慧能講金剛經，則所謂東山法門，其底蘊亦可知矣。同上壇經自序品第一云：

「……次日，祖潛至碓房，見能腰石舂米，語曰：求道之人，當如是乎！乃問曰：米熟也未？惠能曰：米熟久矣，猶欠篩在。祖以杖擊碓三下而去。惠能卽會祖意，三鼓入室。祖以袈裟遮圍，不令人見，爲說金剛經。至「應無所住而生其心」，惠能言下大悟，一切萬法，不離自性 。遂啓祖言：何期自性本自清淨，何期自性本不生滅，何期自性本自具足，何期自性本無動搖，何期自性能生萬法。祖知悟本性，謂惠能曰：不識本心，學法無益，若識自本心，見自本性，卽名丈夫、天人師。」

慧能之所以能傳受五祖教法者，即在其能頓悟自性也。其所以能建立禪宗南派者，其關鍵亦即在此。慧能在光孝寺所講之東山法門，以其謂爲對禪宗之革命，毋寧謂其爲對禪宗作中興也。

唯慧能在光孝寺之開講東山法門，原爲禪宗之中興大業，故自唐宋以還，歷代居住本寺諸僧侶，皆於修建六祖享殿，不遺餘力，而後人遂稱光孝寺爲禪宗之根本地焉。同上光孝寺志卷十藝文志，載明釋德清（即憨山大師）重修六祖殿碑記云：

「高宗龍朔初、我六祖大師，得黃梅衣鉢，隱約十有五年。至儀鳳初、因風旛之辯，脫頴而出，果被剃於樹下，登壇受戒，推爲人天師，以符玄讖。自爾法幢豎于曹溪，道化被于寰宇，至今稱此地爲根本地。然佛祖之道元不二，則祇園王園亦一也。豈非人以道勝，地以人勝耶。」

蓋慧能雖於黃梅傳受五祖衣鉢，然其初以機緣未至，實未嘗宣揚。其後至本寺弘法，乃薙髮受戒，並於菩提樹下，開講東山法門，僧俗皈向，遂乃成爲禪宗南派。雖其禪教之光大，仍在慧能移席曲江曹溪，與其諸弟子分道北上以後，然究之，則慧能禪教系統之完成，當即在寄居本寺時代。則本寺之興建六祖殿，與被稱爲禪宗之根本地者，亦自事所必至也。惟今日本寺所見之六祖殿，已爲康熙三十一年（西元一六九二年）住持僧無際所募緣重修者，非唐宋時建築矣。

至光孝寺之六祖像碑，則立於元泰定元年（西元一三二四年）。像爲半身形狀，高二尺許，以線條勒成，頗簡樸健實。碑首署「祖師在法性古像」，並題記云：

「盧溪月冷，庾嶺風淸。風旛非動，肝露心淸。人間天上覔不得，還照曹溪淸復淸。山翁與鹿贊嘆，也只道得一半。且如何是那一半，光含萬象徹古今，慧日高懸天外昇。至元甲午住山法孫比尼宗寶拜贊。泰定甲子七月二十八日住風旛嗣祖比尼慈善拜立。」（此據原碑錄出，光孝寺志失載。）

按此碑正面刻慧能畫像，碑陰刻達摩畫像，製作雖非絕佳，然距今已六百餘年，亦難得古物矣。考六祖遺像，最著名者爲曲江曹溪南華寺之真身坐體。即蘇軾詩所云：「云何見祖師，要識本來面。亭亭塔中人，問我何所見？」者是也。（註十九）。細按該真身，甚凝重厚實，一若含有無限密意者。此碑刻畫像，輪廓與之相仿，意者當日亦以真身爲摹繪仿本也。又南華寺並有宋淳熙十五年（西元一一八八年）石刻六祖畫像碑，爲釋了暉倩龔生所繪，釋德光作贊，釋祖瑩跋而鐫石，舊臥廢棘草叢中，民國八年(西元一九一九年)、趙藩等始爲認出重豎者。（註二十）。此則於考述光孝寺爲禪宗之根本地諸史實而可爲附論者也。

四、

其四爲唐時禪宗南派諸大德與光孝寺之關係。據同上法寶壇經機緣品第七、載慧能與各弟子問答語句，宋釋道原景德傳燈錄卷五、載慧能法嗣四十三人，及宋釋契嵩傳法正宗記卷七、載慧能所出法嗣四十三人，均首提韶州法海禪師。自餘各粤籍門人，有廣州志道禪師，韶州祇陀禪師，韶州下回田善快禪師，羅浮山定真禪師，韶山緣素禪師，峽山泰祥禪師，廣州吳頭陀，廣州清苑法真禪師等，總計九人，達法嗣五分之一。惟就中除志道一人外，餘皆少機緣語句，而志道則據謂「自出家，覽涅槃經，十載有餘。」則亦必已先於光孝寺曾聽印宗法師等講涅槃經者。其餘八人，亦必以光孝寺乃禪宗根本之地，而或嘗至其地巡禮者。

至唐高宗時光孝寺之住持僧法才，則雖以諸書無傳，未知其與禪宗之直接關係，然觀其特募緣爲慧能建瘞髮塔，於寺中留深刻紀念，則其熱心於禪宗之發揚，亦可推知焉。

慧能之法嗣四十三人，雖以非粵籍之青原行思、南嶽懷讓、及荷澤神會等三人，爲最負盛名，發展最大，然行思之最大弟子爲石頭希遷，則屬粵籍，亦似曾至光孝寺巡禮者。贊寧宋高僧傳卷九南嶽石頭山希遷傳云：

「釋希遷、姓陳氏，端州高要人也。……聞大鑒禪師（按指慧能）南來，學心相踵，遷乃直往，……自是上下羅浮，往來三峽（按指清遠峽山）。開元十六年、羅浮受具戒。是年歸就山，夢與大鑒同乘一龜，泳於深池。……後聞廬陵清涼山思禪師（按卽青原行思），爲曹溪補處，又攝衣從之。當時思公之門，學者麕至。及遷之來，乃曰：角雖多，一麟足矣。天寶初、造衡山南寺。寺之東，有石狀如臺，乃結菴其上，枰截絕岳。衆仰之，號曰石頭和尚焉。……貞元六年庚午歲十二月二十五日順化，春秋九十一，僧臘六十三。門人慧朗、振朗、波利、道悟、道銑、智舟，相與建塔於東嶺。……」

希遷既由高要而往來於清遠與羅浮等地，自必經行廣州，其曾以光孝寺爲禪宗根本之地，而嘗參禮其處，殆無疑者。而其弟子道悟，住荊州天皇寺，後傳龍潭崇信、信傳德山宣鑑，鑑傳雪峯義存，存傳雲門文偃。文偃卽創立禪宗之雲門宗者。義存復傳弟子玄沙師備，備三傳至法眼文益。文益卽創立禪宗之法眼宗者。希遷又傳弟子藥山惟儼，儼再傳至洞山良价，价傳曹山本寂。本寂卽禪宗曹洞宗創立者。（註二十一）。是禪宗南派五宗中之三宗，皆由石頭希遷演出，則希遷所傳禪教，影響之鉅，亦可知矣。

至慧能弟子懷讓，所出法嗣，雖較鮮粵籍中人，然懷讓傳馬祖道一，一傳百文懷海，海傳潙山靈祐，祐傳仰山慧寂。祐寂二人，即創立禪宗之溈仰宗者。（註二十二）。而慧寂則屬粵籍，且嘗至光孝寺說法度衆。是溈仰宗與本寺之關係，亦頗鉅也。同上光孝寺志卷七名釋志、引指月錄云：

「袁州仰山慧寂智通禪師，韶州懷化葉氏子。年九歲，於廣州和安寺、投通禪師出家。……後參溈山（按即指靈祐禪師），遂升堂奧。在溈山日，有梵僧從空而至。……曰：特來東土禮文殊，卻遇小釋迦。遂出梵書貝多葉，與師作禮，乘空而去。自此號小釋迦。師得法後，歸隱東平（按在韶州）。於唐宣宗時至廣州，廣帥迎入法性寺，說法度衆。未幾，至袁州仰山，結菴居焉。」

蓋慧寂獲自悟法門，有甚深智慧，故能「接機利物，爲禪宗標準。」（註二十三）。其所以必至光孝寺說法者，亦以其處爲禪宗所奉之根本地也。而其幼年所曾師事之無言通禪師，亦爲百丈懷海弟子，初於曹溪南華寺弘法，後乃移席廣州。（註二十四）。且曾於唐憲宗元和十五年（西元八二〇年），至越南仙遊扶董鄉（今屬越南北寧省）建初寺，弘法度衆。其門人仙遊感誠禪師，於越南盛傳其教。（註二十五）。是唐時光孝寺與越南禪教，亦有間接關係焉。

其後至五代南漢，則有雲門宗之達岸禪師，亦嘗至光孝寺掛單說法。同上光孝寺志名釋志、引寶光古寺記云：

「達岸禪師者，本韶州曲江人，俗姓梁，名志清。生於梁貞明四年（西元九一八年）。年十八，誓剃得度後，矢志參方。年二十，先禮雲門偃祖，受具足戒。乃至曹溪謁祖，遊至羊城，挂搭於訶林風旛堂。南漢主入寺，與語悅之，賜以玉環銀鉢、金襴袈裟，隆禮供養。」

可知光孝寺，唐時與禪宗諸大德、始終有甚深關係也。

竊嘗論之，中國文化，蓋以人文思想之圓通廣大爲主。唯其圓通，故容忍性大，而無劇烈之思想與宗教等鬭爭；唯其廣大，故涵育功深，而能混同其相與接觸之民族與文化，而爲無窮邁進。今試以禪宗之發展言之，則亦有可爲此說證者。夫禪宗由達摩禪教演進而來，而其相與發生關係之經論，如楞伽經，與三論，（註二十六），及金剛經，與涅槃經論，乃至如攝大乘論等，固皆自印度所傳入譯行者。而其一經中國文化之位育，遂能融會貫穴，而誕生爲六祖慧能一派之南禪。「卽心卽佛」，「當機頓悟」，極高明而簡易。而廣州光孝寺、乃爲發展地之一，終乃演進而爲南禪之五宗。法弘化闡，薰及儒流。斯非中國文化，有容乃大，平和故久之徵耶。

昔憨山大師釋德清，於明季寄居訶林，欲與粵中諸子，興復禪宗，乃爲聚衆說法，並撰作語錄。（註二十七）。其緒言有云：「有物者、不可以語道。萬物紛紜，非有也，有之者人也。人不有，則萬物何有。凡有物者，必殉物；殉物者，幾亡人；人亡矣，孰與道哉？」又云：「源不大，流不長；通不大，功不固。是以聖人德被羣生，功流萬世，以其道大也。有大道者，孰能破之？」雖南禪末流，容有所偏，然要爲醫世良藥。淸光緒中葉、張文襄公之洞、總制兩粵，嘗作光孝寺菩提樹詩，（註二十八），其末句云：「勿碎南華鉢，智者當急務。」余茲考述光孝寺與禪宗之關係，有同感焉。

附註

（註一）光孝寺、舊稱訶林，其地本爲南越王建德故宅。吳時虞翻，謫粵居此，多植頻婆訶子樹，時人稱爲虞苑。晉時於其地創制旨王園寺。宋永初間，中印度求那跋陀羅、卓錫於此，始創戒壇，並指寺中訶子樹曰：此西方訶棃勒果之林也，宜曰訶林。故歷代並稱其地曰訶林。詳見乾隆南海縣志，及顧光修光孝寺志，與黃佛頤廣州城坊志卷三光孝街條。

（註二）光孝寺一名，爲宋高宗時所敕賜，在唐則曰乾明法性寺。詳見同上廣州城坊志光孝街條。

（註三）「東山法門」一詞，見釋贊寧宋高僧傳卷八唐蘄州東山弘忍傳，謂：「入其趣者，號東山法門。」

（註四）關於達摩之年代問題，胡適之先生菩提達摩考（文見胡適文存第三集卷四），論述頗詳。謂其「來時，至遲不得在四七九以後。」余曩作唐書神秀傳疏證（文見拙著唐代文化史），亦曾加以論述，可爲參證。

（註五）見同上廣州城坊志卷五下九甫繡衣坊西來初地條。

（註六）廣州西來菴，後改建爲華林寺，爲廣州四大叢林之一。詳見葛定華西來初地華林寺史蹟考訪記。

（註七）見同上光孝寺志卷二建置志。求那跋陀羅事蹟，並見慧皎高僧傳卷三本傳。

（註八）見釋德清觀楞伽阿跋多羅寶經記（光緒八年廣州海幢寺刊本）卷首所載畧科。

（註九）見楞伽經卷三之下一切佛語心品第三之下。釋德清觀阿跋多羅寶經記卷第三之下，於此段所繫記語，有詳明解說，甚可參攷。

（註十）參見曇林序本菩提達摩大師畧辨大乘入道行觀（見日本所修續藏經第一輯第二編），及道宣續高僧傳卷十六達摩本傳。

（註十一）見法海六祖法寶壇經（同治初年鼎湖經坊刊本）自序品第一。

（註十二）道生在佛教史上之地位，及其所倡之大頓悟等說，參見湯用彤竺道生與涅槃學（北京大學國學季刊第三卷第一號）。

（註十三）真諦在粵翻譯涅槃經論及其他各經之經過，參見余另文六朝至唐梵僧在光孝寺譯經考及攝論宗傳授源流考。

（註十四）參見余另文唐書神秀傳疏證。

（註十五）見余另文攝論宗傳授源流考。

（註十六）參見丁福保箋註法寶壇經自序品第一註，所引五燈會元語。

（註十七）據道宣續高僧傳法冲傳，謂慧可以後，楞伽經有疏及抄十部，凡五十餘卷。

（註十八）參見今人竺摩法師金剛般若波羅密經講話。

（註十九）參見余另文曹溪訪古記（文見拙著大地勝遊記）。

（註二十）同註十九。

（註二十一）參見今人印順妙欽二法師合編中國佛教史畧，七、新佛教之長成，及陳垣撰清初僧諍記禪宗五家宗派表。

（註二十二）同註二十一。

（註二十三）見釋道原景德傳燈錄卷十一袁州仰山慧寂禪師傳。明郭凝之嘗編慧寂禪師語錄一卷，見大正新修大藏經。

（註二十四）見同上景德傳燈錄卷九廣州和安寺禪通師傳。

（註二十五）見獅子吼月刊第五、六、七期合刋（民國二十九年桂林出版）呂竹園撰佛教在越南。

（註二十六）早期禪宗與三論宗之關係，湯用彤漢晉南北朝佛教史第十九章北方之禪法淨土與戒律、菩提達摩條，與同上中國佛教史畧，已爲提述。余曩作唐書神秀傳疏證，於分析五祖弘忍傳法問題時，亦曾畧加論述。惟三論宗與光孝寺，則牽涉甚少，故此文不更爲論列。

（註二十七）釋德清有憨山大師夢遊集。其在光孝寺所作語錄、即彙載其內。

（註二十八）見張之洞廣雅堂詩集卷四。

民國四十八年中秋日作於九龍海日樓。

劉宋時代尚書省權勢之演變

陳啓雲

劉宋時代，尚書省權勢盛極而衰，其演變可分爲四個階段：

全盛期——約自武帝登基始，至文帝誅徐羨之止；

制衡期——約自文帝誅徐羨之始，至元嘉十七年彭城王義康勢敗止；

破壞期——約自元嘉十七年始，至大明八年孝武帝崩止；

衰落期——約自前廢帝永光元年始，至順帝爲蕭道成所篡止。

在此四階段中，尚書省權勢隳墮之原因及經過，多有爲史志及各政書所不及者，茲畧攷述如後：

一、尚書長官權勢之極盛

晉初尚書，中書，門下三省互相制衡，稍後中書門下二省權傾尚書，惟僅曇花一現。未幾二省職制相繼爲强臣所摧殘，尚書省碩果獨存。自後中書監令長爲權臣兼領，逐漸變成華而不實之虛號；中書侍郎門下侍中之職制，則由破壞而趨於混合，二者共處西省，同典「內樞」，其勢位較之當時尚書重臣相去猶遠。東晉末年尚書省獨擅政柄，權勢本應顯赫，惟其時軍國實務，胥在權臣方任手中。以是，晉末尚書長官雖稱獨擅政令，並未引起人主之戒心，蓋時軍國大患，厥在「權臣」與「方任」也（以上參閱拙作兩晉三省制度之淵源、特色，及其演變，簡稱兩晉三省制度）。

宋高祖劉裕以權臣方任雙重身份，受晉禪，國中暫時無復其他權臣方任，堪與中央政令抗衡。尚書省原有之職能遂可充分發揮，尚書長官之權勢因亦極一時之盛。如晉末劉裕北伐，轉劉穆之爲尚書左僕射總留任，宋書本傳謂其「內總朝政，外供軍旅，決斷如流，事無擁滯，賓客輻輳，求訴百端，諮稟盈階滿室……皆率贍舉。」此未受晉禪時事也。高祖卽位，徐羨之由尚書僕射遷尚書令兼揚州刺史，進爲司空錄尚書事，宋書本傳亦稱其「以志力局度，一旦居廊廟，朝野推服，咸謂有宰臣之望。」宋書武帝紀云：「帝疾甚，手詔曰：……宰相帶揚州可置甲士三千……後世若有幼主，政事一委宰相，母后不煩臨朝……。」此詔不但正式奠定宰相之客觀威望，且以尚書長官居相職之制亦遂確立（按兩晉多以尚書官帶神州，見拙作兩晉三省制度）。

劉宋尚書重臣之權勢，由於高祖駕崩，少帝新立，而發展至巔峯狀態。蓋劉裕爲英明創業之主，生前政柄雖不免有所委仗，然未至太阿倒持。及少帝義符繼立，徐羨之以司空錄尚書兼揚州刺史，傅亮以尚書僕射兼中書令（後轉尚書令兼中書監），二人同輔政（見宋書少帝紀，謝晦雖亦受顧命，然旋卽出爲外任），軍國大權遂盡入徐傅二人之手。其時，劉裕所愛次子廬陵王義真，屢處方任，交結名士，轉聚部曲，欲有所爲，羨之等乃先廢殺之，以去芒背（見宋書武三王傳）。未幾更擅行廢立，弒少帝義符於金昌亭，迎立劉裕第三子宜都王義隆於江陵，是爲太祖文帝。羨之等猶慮義隆不受制，又遷以錄命，改授方嶽，以爲奧援焉。

宋書謝晦傳：「少帝既廢，司空徐羨之錄詔命，以晦行都督荆、湘、雝、益、寧、南化秦七州諸軍事，撫軍將軍，領諸南蠻校尉，荆州刺史，欲令居外爲援，慮太祖至，或用別人，故遽有此授，精兵舊將，悉以配之。」按通鑑宋文帝元嘉元年下云：「羨之以荆州地重，恐宜都王至或別用人，乃亟以錄命除領軍將軍謝晦，行都督荆、湘等七州諸軍事，荆州刺史。」胡三省注曰：「錄命，錄尙書自出命也」。宋書百官志：「錄尙書，職無不總……凡重號將軍、刺史，皆得命曹授用，唯不得施除及加節。」此制疑即始於羨之，而成于彭城王義康（見後）也。

文帝卽位後，政事一委徐傅二人：特放謝晦出爲外鎭（見宋書謝晦傳），進徐羨之爲司徒，並詔「政刑多所未悉，可如先二公推訊。」（宋書徐羨之傳）。元嘉二年，徐、傅歸政，文帝三辭方己，仍詔攝任，此時尙書長官之權勢，遂至震撼主上矣。

二、尙書門下二省權勢之制衡

自文帝以後，門下職權漸復，尙書威柄已受分削，此時中書仍未舉職。門下，尙書二省分統內外，互成制衡之勢：

（一）宋初尙書省長官權勢發展至巓峯狀態之結果，乃至號令己出，廢弑隨心。因此引起人主戒心，而思分奪其任。此擧首見於宋文帝之引用王氏弟兄以誅徐傅。按宋文帝卽位之初，對徐羨之傅亮二人，不得不採取安撫政策，國事一委仗之（見前），然內心實不能善，乃暗中引用親信人員王華，王曇首等居門下省並兼典宿衞，以潛分徐傅之勢。宋書王華傳：「太祖入奉大統，以少帝見害，疑不敢下，華建議曰：『羨之等三人勢均，莫相推伏，不過欲握權自固，以少主仰待耳，今日就徵，萬無可慮。』太祖從之，留華總後任，上卽位，以華爲侍中領驍騎將軍，未拜，轉右衞將軍，侍中如故，……出入逢羨之等，每切齒憤咤。」宋書王曇首傳：「太祖入奉大統，上及議者皆疑不敢下，曇首與到彥之，從兄華，固勸……上猶未許，曇首又固陳，並言天人符應，上乃下，……及卽位，又謂曇首曰，非宋昌獨見，無以致此，以曇首爲侍中，尋領右衞將軍，領驍騎將軍。」並深結舊日門下宿衞殷景仁等，據宋書殷景仁傳曰：「少帝卽位，入補侍中，累表辭讓……改除黃門侍郎……尋領射聲，頃之轉左衞將軍，太祖卽位，委遇彌厚，俄遷侍中，左衞如故。時與侍中右衞將軍王華，侍中驍騎將軍王曇首，侍中劉湛，四人並時爲侍中，俱居門下，皆以風力局幹，冠冕一時，同升之美，近代莫及。」其後，文帝因王氏兄弟之力，羅致方嶽重鎭王弘以爲奧援，

按王弘前本參與廢立之謀，後居方鎭，爲監江州豫州之西陽新蔡二州諸軍事，江州刺史。以弟曇首爲文帝所親委，遂轉而傾向宋文帝。

徐羨之、傅亮等終於勢敗，先後爲文帝所誅戮（以上分見宋書武帝紀及王弘　，徐羨之、傅亮、謝晦、王華、王曇首、殷景仁等傳）。尚書省之權勢遂盛極而衰，逐漸遭受破壞。文帝誅徐羨之後，雖以王弘功，徵爲侍中司徒揚州刺史錄尚書事，繼任相職，然其時政柄已分在尚書與門下，二省而不專由尚書矣。尚書統外司而總政令，門下持機柄而制尚書，二者互相制衡，均爲相職之一端：

按：王弘爲司徒揚刺錄尚書，元嘉五年春大旱，引咎遜位曰：「……台輔之職，論道讚契，上佐人主燮理陰陽……是以陳平有辭，不濫王者之局，邴丙停駕，大懼牛喘之由……臣……正位槐鼎，統理神州……總錄端，內外要重，頓萃微躬……。」（見宋書本傳），又宋書鄭鮮之傳：「元嘉三年王弘入爲相」，是總錄乃宰相之正位也。然宋書王曇首傳曰：「時兄弘錄尚書事，又爲揚州刺史，曇首爲上

所親委，任兼兩宮，彭城王義康與弘並錄，意常怏怏……以曇首居中，分其權任，愈不悅。」王華傳：遷護軍，侍中如故，……及弘輔政，而弟曇首爲太祖所任，與華相埒，華謂己力用不盡，每歎息曰：宰相頓有數人，天下何由得治。」又劉湛傳曰：「時王弘輔政，而曇首任事居中。」則時侍中之受親任，實過於總錄也。故王弘居錄尚書，每爲謙讓，薦彭城王義康與己分錄，並屢辭州任，遇事則推義康任之。義康任總錄，尚書之權又振，宋書本傳稱其「性好吏職，銳意文案，糾剔是非，莫不精盡，既專總朝權，事決自己，生殺大事，以錄命斷之，凡所陳奏，入無不可，方伯以下，並委義康授用，由是朝野輻輳，勢傾天下。」其時錄公之勢，似尚如日中天。然據王曇首傳爲侍中右衛，義康以曇首居中分其權任，愈不悅。又謝弘微傳：「太祖即位爲黃門侍郎，與王華、王曇首、殷景仁、劉湛等號稱五臣……轉右衛將軍……又尋加侍中……每有獻替，及論時事，必手書焚草，人莫之知。」又何尚之傳：「甚爲太祖所知，十二年遷侍中中庶子如故……十三年彭城王義康欲以司徒左長史劉斌爲丹陽尹，上不許，乃以尚之爲尹。」則義康之權柄仍不免爲門下衆官所分。此時諸侍中多兼掌宿衛禁旅：如王曇首領驍騎；王華領右衛，後兼護軍；殷景仁領左衛，後遷領軍；謝弘微領右衛；劉遵考領左衛（以上各見宋書本傳）。文帝嘗謂沈攸之曰：「侍中領衛，望實優顯，此蓋宰相便坐。」於此可見一斑。

門下既與尚書內外相對，分持政柄，是以元嘉中，彭城王義康雖總錄尚書，權傾朝野，然一旦主相嫌隙已成，即便束手受制。景平之禍，終不重現於元嘉，此形勢有異故也。

（二）晉世本以中書，門下二省分掌內樞，渡江後乃爲權臣所破壞。宋元嘉中，內樞之職雖漸舉，然中書之制終不可復。此時內樞之職，遂專於門下。此點可就下列各事以觀察之：

1尙書中書二省長官之互兼：中書之職本在約制尙書，及東晉以來，中書監令常爲尙書執政重臣所兼領，約制作用遂爾消失，於是中書原有之職制逐漸破壞，中書監令亦成爲一華而不重之虛位（見拙作兩晉三省制度）。劉宋時代，此一情勢亦相沿不變。其時中書監令仍多由尙書執政大臣兼領：如傅亮以尙書僕射兼中書令，後轉尙書令兼中書監（宋書本傳），臨川王義慶以尙書左僕射兼中書令（見萬斯同宋將相大臣年表；宋書及南史紀傳均無兼字，待攷）；殷景仁以尙書僕射中書令（宋書本傳）；建平王宏以尙書僕射兼中書監，後又以尙書令兼中書監（宋書本傳）；袁粲以尙書僕射兼中書令（宋書本傳）；王景文以尙書僕射兼中書令，後兼中書監（宋書本傳），以此中書監令自難舉職。

2中書詔令職權由他官代行：自曹魏置中書以來，詔令之職本在中書，晉江左中書監令常爲疆臣所兼領，於是轉以侍中及西省侍郎掌其任（見拙作兩晉三省制度）。宋台初建，傅亮爲中書令，宋書本傳稱其「入直中書省，專典詔命」，是監令之職又舉也。然傅亮旋卽轉爲尙書僕射兼中書令，此舉於其原日職事當有影响。迨元嘉三年宋文帝誅徐、傅後（時傅亮仍兼中書省長官之職），親征謝晦，以王弘爲侍中司徒揚州刺史錄尙書，與驃騎彭城王義康居守，入住中書下省，控制詔命機關（宋書本傳），此則逕以他官入住中書省並行其職事矣！據萬斯同宋將相大臣年表所攷，自此以後，迄元嘉八年義慶兼中書令爲止，中間數年，不見有任中書監令者，其官實已懸虛。

3中書監令之流於冗散：宋書王弘傳：「……其後弘寢疾，屢表乞骸骨，上輒優詔不許，九年，進位太保領中書監……其年薨……卽贈太保中書監。」攷王弘自義康得勢以後，卽逐漸退爲閑散，今以寢疾屢乞骸骨，反加中書監之號，後弘薨，遂以爲贈，此官之閑散可知。又建平王宏傳：「宏……進號衞將軍中書監尙書令如故……大明二年疾動，求解尙書令，以本號開府儀同三司，加散騎常侍，中書監如故，未拜，其年薨。」按建平王宏以疾動，不勝繁劇之任，乃解尙書令，轉授開府儀同反散騎等冗散虛號，其不解中書監者，以此職亦類于冗散也；宋書王僧達傳：「僧達……自負才地……及爲護軍不得志，乃啓求徐州……上不許，僧達三啓固陳，上甚不悅，以爲征虜將軍吳郡太守，期歲五遷，僧達彌不得意，……坐免官……又加禁錮，上表陳謝云：不能因依左右，傾意權貴，上愈怒……孝建三年，除太常，意尤不悅……又坐免官……大明二年，遷中書令，……僧達屢經狂逆，上以其終無悛心，因高闍事陷之……於獄賜死。」按王僧達恃才狂悖，與宋孝武帝間積怨已久，嫌猜亦深，故孝武乃藉高闍等謀反事陷之，然死前數月，猶得遷職中書令（王僧達以大明二年遷中書令，同年八月賜死），是中書令已非天子親信委仗之官。宋書武昌王渾傳：「元凶弒立，以爲中書令，山陵夕，羸身露頭往散騎省戲，因彎弓射通直郎周朗，中其枕以爲笑樂。」今攷渾於元嘉二十四年時，年九歲，是其任中書令，年僅十五歲也，以此稚齡，焉得不出於嬉戲耶？又始平王子鸞傳：「大明八年加中書令——前廢帝卽位——遣使賜死，時年十歲。」是其爲中書令，才九歲也。中書監令之華而不實於此可見。故御覽二二一引陶氏職官要錄曰：「中書監……自宋以來，比尙書令特進之流，而無事任，清貴華重，大臣多領之。」是也。

4門下衆官分奪中書之任：自漢世以來，侍中處禁中與知機事。魏晉初分三省，門下職在評駮，中書職司詔命，二者雖同掌內樞，其性質畧有不同，及晉江左，中書，門下二省職權因受破壞而趨於混各，門下評駁之職漸廢，轉與西省侍郎共典詔命機事（見拙作兩晉三省制度）。劉宋時門下省評駁之職似亦未舉。宋書張永傳：「時使百僚獻讜言，永以爲宜立諫官，開不諱之路。」攷以漢大夫爲諫官，故有諫大夫之名。晉武帝以門下，散騎職司評駁政事，遂定令以門下散騎爲諫官，評駁與諫諍自此合爲一職，晉江左門下省評駁尚書事之制既廢，諫諍之職亦不舉（均見拙作兩晉三省制度），時已久無諫官，劉宋時張永有立諫官之議。評駁既與諫諍一體，諫職不舉，可推此時門下評駁尚書事之制亦未恢復也。故劉宋時侍中多居機密之任：宋書江湛傳：「徵爲侍中，任以機密。」又王僧綽傳：「遷侍中，任以機密——朝政小大，皆與參焉。」（以上宋文帝時）。又顏師伯傳：「徵爲侍中，領右軍將軍，親幸隆密，羣臣莫二。」又沈懷文傳：「入爲侍中，寵待隆密。」（以上孝武帝時），餘不勝枚舉。門下省評駁尚書事之制既已久廢，所典機密，自與中書職事有關。中書監令已成虛位，此時舍人尚未見用，中書侍郎又爲黃門郎所兼用（此點亦見拙作兩晉三省制度），是中書機事實已盡歸於門下諸官手中也。

元嘉年間，門下省專掌內樞，與尚書省互相制衡。其處理政務文書之方式，以元嘉監國儀注載之最詳。此儀注出於沈約來書及通典禮門。宋書禮志：「元嘉二十六年己亥，上東巡——其時皇太子監國，有司奏儀注云云。」其下載有公文式凡十一種（細分實爲十三式，其中三式合爲一種）。拙作兩晉三省制度文中曾摘錄此儀注以爲尚書「外樞」職事之論證，今從畧。儀注中所載各公文式，除百官與皇太子間之稱謂，與平時臣下奏上君主者畧有不同外，餘與當時政務處理之令式並無差異，故此儀注實爲魏晉六朝時代最完備之官文書史科。儀注中關（奏）事之主體多爲尚書曹司，關事之對象則爲監國皇太子。此時尚書總領百揆，爲庶司之樞會，監國皇太子則代行君權。諸公文中，經關門下官者共有三式，均爲尚書官平關門下官。按宋書百官志云：魏晉尚書奏事，同經中書（通事郎，侍郎），門下（黃門郎）二省，黃門已署事過通事乃奏入爲帝省讀書可。今儀注不見有「中書」字樣，其云「關門下」者，乃以門下獨典署奏之職也。尚書官平關門下官，即此時二省分掌政柄之行文制度。尚書何偃傳：「元凶弒立，以偃爲侍中掌詔誥，時尚之爲司空尚書令，偃居門下，父子並處機要，時爲寒心，而尚之及偃善攝機宜，曲爲時譽。」亦可爲尚書、門下二省權勢相制衡之證。

三、尚書省職制之破壞

元嘉中葉以前，宋文帝雖引用門下省官以分尚書之勢，然於尚書原有之職權，似尚未作有意之削奪。此點可就王敬弘及彭城王義康二例以明之：宋書王敬弘傳：「元嘉三年爲尚書僕射，關署文案，初不省讀，嘗豫聽訟，上問以疑獄，敬弘不對，上變色問左右，何故不以訊牒副僕射，敬弘曰：臣乃得訊牒讀之，正自不解，上甚不悅。」此時文帝雖已親任門下，然尚無意於剝奪尚書長官之政事權，故特以庶績責令僕也。否則以敬弘之淡泊疏懶，文帝方窃喜而未皇，何不悅之有哉。文帝初無意於剝奪尚書事權，故彭城王義康爲錄尚書，性好吏職，遂委以政事焉（見前）。其後義康專權狂悖，君相之隙日著。文帝鑑於前有徐傅之弒逆，後有義康之專肆，乃深感尚書省秉權過重。始有意逐步削減尚書省長官權勢。元嘉十七年，義康勢敗，出爲都督江州諸軍事江州刺史。徵江夏王義恭爲侍中都督揚南徐兗三州諸軍事司徒錄尚書。義恭小心謹愼，且戒義康之失，雖爲總錄，奉行文書而已，太祖安之，相府年給錢二千萬，它物倍此，（見宋書本傳）。又與義恭同時，王球，何尚之等先後任尚書僕射，均以淡泊謙退見稱（各見本傳，此數年中，不見有尚書令），其時尚書長官實權已移，多徒擁虛位，與元嘉十七年以前大異其趣。

元嘉三十年，文帝爲元凶邵所弒，孝武帝繼位以後，予智自雄，對尚書權勢之摧殘，益爲加厲，玆列舉其犖犖大者如次：

一省錄尚書官：宋書孝武帝本紀：「孝建元年六月戊子省錄尚書事。」據江夏王義恭傳云：「孝建元年——世祖以義宣亂逆，由於彊盛，至是欲削弱王侯，義恭希旨，乃上表省錄尚書云云。」其時揚州治中從事史沈懷文以爲非宜，上表力爭（見宋書本傳），孝武終省之。今按義恭傳謂世祖欲削弱王侯，故省錄尚書，理由似欠充份。蓋王侯之彊盛，以其處方任，據彊土，掌兵權故也；總錄之任，非必用王侯者。且自元嘉十七年以來，義恭爲總錄，但奉行文書而已。今省其官，原因似不盡由於宗室也。尚書省之權勢，自晉末以來，發展至極峯，總錄非尋常人臣之職，更深爲君王所戒懼。此時總錄雖虛擁高位，孝武帝仍必去之而後快。故值義宣之變，遂諷義恭表請省錄尚書官。

二變更尚書分曹組織：孝武帝省錄後，又以尚書吏部及五兵二曹，一掌人事，一掌軍政，權任過重。故於大明二年六月戊寅下詔分吏部爲二，省五兵尚書（見宋書孝武帝紀）。據宋書謝莊傳云：「上時親覽朝政，常慮權移臣下，以吏部尚書選舉所由，欲輕其勢力，（大明）三年下詔曰：八柄馭下，以爵爲先，………銓衡治樞，興替攸寄，頃世以來，轉失厥序，徒秉國鈞，終貽權謗，今南北多士，勳勤彌積，物情喜否，實繫斯任………以一人之識，當羣品之誚，望沈浮自得，庸可致乎，吏部尚書可依郎分置，並詳省閑曹。又別詔太宰江夏王義恭曰：分選詔日出，在朝論者，亦有異同，誠知循常甚易，改舊生疑，但吏部尚書由來與錄其選，良以一人之識不辦，洽通兼與奪，威權不宜專一故也，前述宣先旨，敬從來奏，省錄作則，永貽後昆，自此選舉之要，唯由元凱一人……又選官才病，卽嗟誚滿道……若職置二人，則無此弊，兼選曹樞要，歷代斯重，人經此職，便成貴途，已心外議，咸不自限，故范曄魯爽，舉兵滅門，以此言之，實由榮厚勢驅，殷繁所至，……所以彌覺此職，宜在降階……自中分荆揚，於時便有意於此，正訝改革不少，容生駭惑，爾來多年……因此施行……於是置吏部尚書二人，省五兵尚書。」以此觀之，孝武帝分吏部爲二，雖云南北多士，一人之識難偏，實則與省錄尚書之用意，前後相呼應。均因此官榮厚勢驅，彌感芒背故也。吏部有二，依郎分置。不但曹司職掌有所分剖，且於吏部尚書之位望亦爲一大打擊（孝武帝於吏尚散騎二官，立意欲爲輕重，可於宋書孔凱傳中察見之，今不詳引）。尚書省之職權，自元嘉以來，更迭遭受打擊，至是遂轉入低潮階段。

四、尚書省權勢之隳墮

自孝武帝世以來，對尚書政事權横加侵蝕者爲中書舍人。宋書恩倖戴法興傳：「戴法興……上爲江州，仍補南中郎典籤。上於巴口建義，法興與典籤戴明寶蔡閑俱轉參軍督護。上卽位，並爲南台侍御史，同兼中書舍人。法興等專管內務，權重當時……世祖親覽朝政，不任大臣，而腹心耳目，不得無所委寄。法興頗知古今，素見親待，雖出侍東宮，而意任隆密。魯郡巢尚之……孝建初補東海國侍郎，仍兼中書通事舍人，凡選授遷轉誅賞大處分，上皆與法興尚之參懷，內外諸雜事，多委明寶，上性嚴暴，睚眦之間，動至罪戮。尚之每臨事解釋，多得全免，殿省甚賴之。而法興、明寶大通人事，多納貨賄，凡所荐達，言無不行，天下輻輳，門外成市。……世祖崩，前廢帝即位，法興遷越騎校尉，時太宰江夏王義恭錄尚書事，任同總己。而法興尚之，執權日久，威行內外，義恭積相畏服，至是懾憚尤甚。廢帝未親萬機，凡詔勅施爲，施决法興之手，尚書中事無大小，專斷之，顏師伯、義恭守空名而已。」又蔡興宗傳：「大明末，前廢帝即位……時義恭錄任書事，受遺詔輔政，阿衡幼主，而引身避事，政歸近習，越騎校尉戴法興，中書舍人巢尚之，專制朝權，威行近遠，興宗職管九流，銓衡所寄，每至上朝，輒與令錄以下，陳欲登賢進士之意，又箴規得失，博論朝政，義恭素性恇撓，阿順法興，常慮失旨，聞興宗言，輒戰懼無計：……興宗每陳選事，法興、尚之等輒點定回換，僅有在者，興宗於朝堂謂義恭及師伯曰：主上諒闇，不親萬機，而選舉密事，多被刪改，復非公筆，亦不知是何天子意。」是孝武帝崩後，雖復置錄尚書官，並居總己阿衡之位，然實權全在諸中書舍人之手也。

按：上述諸人，巢尚之長兼中書通事舍人，已見恩倖本傳。戴明寶則本傳中但述其歷員外散騎侍郎，給事中，南清河太守，宣威將軍，南東莞太守諸官號，不云任中書職，法興傳中亦只云法興明寶於世祖即位初，同兼中書通事舍人而已，然據阮佃夫傳謂佃夫欲謀前廢帝，「又告中書舍人戴明寶並響應」，則明寶亦長兼中書舍人也。宋書於諸舍人多書其官號而畧其通事之職，如王道隆於太宗及後廢帝時，亦以長兼中書通事舍人，權過阮佃夫，而蔡興宗傳中但謂：「時右軍將軍王道隆任參內外，權重一時。」而不提通事之職，實則道隆之權勢，固不在其爲中軍將軍也。是故前引史文雖謂戴法興出侍東宮，後遷越騎校尉，疑亦當長兼通事舍人如故，否則越騎非文案之職，何得輒決詔勅，專斷尚書選事哉。

廢帝時道路風謠之言謂法興為真天子，帝為應天子，其勢可知。景和末，太宗被拘於殿內，幸獲交通阮佃夫等，定謀弒廢帝，而得繼立。時王道隆、李道兒等，均兼中書通事舍人給事中，對尚書事權之干預，尤過於巢戴大明之世。後廢帝即位，阮佃夫，楊運長等，亦兼中書通事舍人。時袁粲以尚書令受顧命，平決萬機。而粲閑默寡言，不肯當事，主書每往諮決，或高詠對之。佃夫欲用張澹為武陵郡，衞將軍袁粲以下皆不同，而佃夫稱勑施行，粲等不敢執，於是尚書省之威望，掃地皆盡。（以上分見宋書前廢帝，明帝，後廢帝紀及各本傳）其後後廢帝雖誅佃夫，然實權又潛移於蕭道成之手。宋祚亦遂斷矣。

五、尚書省相職之喪失

自劉宋元嘉以來，尚書制度所發生之重要變化有二：

一、就外在形勢言，為尚書權柄受門下，中書二省所分奪；

二、就內部職制言，為省內事權逐漸轉入下級官員手中。

前一變化之經過，已畧見上論各點。今復就尚書省內事權下移之經過加以攷述：

按尚書省之職權本有二端：省內曹郎列局，分持國家庶政，一也；省長官如錄，令僕射等，綜理中樞大政，二也；前者之性質類于有司；後者則近乎相職。二者相合，尚書省乃成為全國政令政務之總理衙門。尚書機構既屬一體，斯二者之界限，自難嚴格劃分。尚書錄，令，僕射為省中長官，各分曹職司，當亦歸其管轄。是以晉宋尚書長官，實爲丞相兼行政首長之職。晉末宋初，尚書省長官權力澎漲之結果，不但中書，門下等約制尚書之機構受其摧殘，尚書省內分層負責之制度，亦因而受到破壞。前此，尚書之政事權由整個尚書機構分持，今變爲由省長官一人獨掌。於是遂產生極端集權之現象。此點除前述宋初尚書重臣權勢之顯赫一端以外，復可就以下二事察其端倪：

一、爲錄尚書官對選曹職權之干預：按魏晉吏部職事，頗具獨立性。選案除主選者，領選者及君主外，他官輕易不得干預（參閱拙作兩晉三省制度第九節）。及劉宋初年，其勢大異，宋書蔡廓傳：「……徵爲吏部尚書，廓因北地傅隆問亮，選事若悉以見付，不論，不然不能拜也。亮以語錄尚書徐羨之，羨之曰：黃門郎以下悉以委蔡，吾徒不復厝懷，自此以上，故宜共參同異，廓曰：我不能爲徐干木署紙尾也，遂不拜。」此時諸吏尚均須仰徐傅鼻息，但署名紙尾而已。故蔡廓有斯問也。黃門郎纔五品官，此與晉山濤啓事中遷轉各官相較，實不可同日而語（晉山濤啓事遷轉將軍，尚書令，中書令，中書監各官，詳見前述拙作兩晉三省制度文中）。吏部之職猶如是，他曹更不可問。

二、爲宋高祖對尚書處案制度之整理：宋書武帝紀：「永初元年閏月辛丑，詔曰：主者處案，雖多諮詳，若衆官命議，宜令明審，自頃或總稱參詳，於文漫畧，自今有厝意者，皆當指名其人，所見不同，依舊繼啓。」按尚書處理文案，須參詳法令，博采衆議，然後擬定決策（此點亦詳見前引拙作）。文案所經，郎，丞，尚，僕，令，錄，均各各署議。意見不同者並可作爲駁議，以示分層負責。其後省長官既集重權，此「各各署議，分層負責」之制度，遂日趨紊亂。而署案漫畧，不具名姓，尤便於省長官之操縱，故武帝特申令調整之。

尚書省長官過度集權之結果，發生徐羨之及彭城王義康二事件，因而引致君主之戒心。除起用門下，中書官員以分奪尙書省之權勢外，同時並陸續下移尙書事權於省內低層人員之手：

一、尙書錄，令事權之移於僕射：元嘉以來，錄尙書之威權，屢遭削減，已見前述。而自元嘉三年尙書令傅亮伏誅後，遂不見有任尙書令者（宋書中只載元嘉六年四月癸亥以尙書左僕射王敬弘爲尙書令，固讓不拜。見文帝紀及本傳），此若非君主故意虛懸斯缺，亦必爲居此官者勳績位望毫無足稱，故史官特闕之也。其時爲僕射者反得任事。宋書殷景仁傳，謂景仁爲僕射，引劉湛還共事，湛既入，以景仁位遇本不踰已，而一旦居前，意甚憤憤，知太祖信仗景仁不可移奪，乃深結司徒爲城王義康，欲倚宰相之重以傾之，然太祖遇景仁益隆，密表去來，日中以十數，朝政大小，必以問焉，影迹周密，莫有窺其際者，後誅劉湛，放義康，景仁實謀之也。義康事敗，殷景仁代義康爲揚州刺史，僕射領吏部如故。晉江左以來，常以宰輔帶揚州，然居之者多爲尙書錄，令。僕射領神州，於晉惟獨謝安而已（參閱拙作兩晉三省制度附論三）。劉宋之世，則以殷景仁爲第一人（其後揚州多委諸宗室。又分揚州六郡，揚州或爲王畿，或歸東揚州，以僕射領之者有王景文，以尙書令兼之者有建安王休仁。而總錄兼揚州乃懸爲至戒焉。以上分見宋書文帝紀，武三王廬陵王傳，陵王誕傳，孝武帝紀，江夏義恭傳，豫章王子尙傳，王景文傳，始安王休仁傳。）

元嘉二十八年，以何尙之爲尙書令，徐湛之任僕射。據宋書徐湛之傳云：「時尙書令何尙之以湛之國戚，位遇隆重，欲以朝政推之，凡諸辭訟，一不料省。湛之亦以職官記及令文，尙書令敷奏出內，事無不總，令缺則僕射總任，又以事歸尙之，互相推委。……尙之雖爲令，而朝事悉歸湛之。」元凶弑逸，湛之遇害，蕭思話以使持節監徐、靑、兗、冀四州，豫州之梁郡諸軍事，徐兗二州刺史，率部曲於彭城起義應世祖，席卷江甸以爲前驅，勳績至重，故孝武即位，徵之爲散騎常侍尚書左僕射，思話固辭不受，改以建平王宏爲僕射。宏爲人謙儉周愼，禮賢接士，明曉政事，上甚信仗之。同時、王僧達前任世祖義軍長史有功亦爲尚書右僕射。僧達自負才地，謂當時莫及，居端右，一二年間，便望宰相。其後褚湛之亦以南赴義軍有功爲右僕射；劉延孫以軍功爲右僕遣至江陵，分判枉直，行其誅賞；營浦王遵考則以宗室軍功爲右僕，屢受顯遇；劉秀之以軍功爲右僕，識局明遠，及職司端尹，贊戎兩宮。又顏師伯以親幸隆密，屢遷右僕射，中雖坐事被黜挫，受任如初，世祖臨崩，受遺詔輔幼主，尚書中事，專以委之，居權日久，天下輻輳，游其門者，爵位莫不份踰份。此均僕射權重之證。反之，其時柳元景任尚書令，恒慮禍及，重足屏氣，世祖之世，幸免橫死而已。其後，廢帝欲親朝政，以顏師伯專擅尚書中事，乃發詔轉師伯爲僕射。以王景文爲右僕射分其台任，由是師伯始懼，旋已受戮。凡此種種，可徵其時尚書僕射已有代錄，令而專總省中事權之勢。

二、尚書曹郎權勢之盛顯：曹魏及晉江右，尚書曹郎選極華重，有大臣副貳之稱。逮於江左其選始衰，時各門望族乃有恥爲曹郎之語（見晉書及通典）。此當與前述尚書重臣集權一事有關。及劉宋元嘉以來，斯風遂革，尚書曹郎任遇寵密，其選日重，且多得超昇：如

宋書謝弘微傳：「太祖卽位爲黃門侍郎……遷尚書吏部郎，參預機密，尋轉右衞將軍。」又

庾炳之傳：「義康出藩，湛伏誅，以炳之爲尚書吏部郎，與右衞將軍沈演之，俱參機密，頃之轉侍中本州大中正，遷吏部尚書。」又

王僧綽傳：「元嘉二十六年徙尚書吏部郎，參掌大選，究悉人物，拔才舉能，咸得其分，二十八年遷侍中，任

以機密。」又

蔡興宗傳：「轉游擊將軍，俄遷尚書爲部郎，時尚書何偃疾患，上謂興宗曰：卿詳練淸濁，今以選事相付，便可開門當之，無所讓也。」又

劉湛傳：「入拜尚書吏部郎，遷右衛將軍。」又

何尚之傳：「太祖卽位，出爲臨川內史，入爲黃門侍郎，尚書吏部郎，左衛將軍。」又

張茂度傳：「除廷尉，轉尚書吏部郎，太祖元嘉元年出爲使，持節督益寧二州，梁之巴西梓橦岩渠，南漢中秦州之懷寧安固六郡諸軍事，冠軍將軍，益州刺史。」又

羊玄保傳：「爲廷尉，數月遷尚書吏部郎，御史中丞。」又

宋書自序：「沈亮，……入爲尚書都官郎，……爲南陽太守加揚武將軍。」又

范曄傳：「遷司書吏部郎，……左遷宣城太守。」又

顧覬之傳：「尚書吏部郎，……世祖卽位遷御史中丞。」又

孔顗傳：「轉秘書監，欲以爲吏部郎，不果，遷廷尉卿。」又

臧燾傳：「臧潭之……太宗世歷尚書吏部郎，御史中丞。」又

明帝紀：「泰始二年十二月己未，以尚書金部郎劉善明爲冀州刺史。」

上列諸人，或以曹郎參預機密，或以六品超擢高階（謝弘微弘爲四品，庾炳之超爲三品，王僧綽超爲三品，劉湛擢爲四品，何尚之擢爲四品，張茂度超居二品，羊玄保擢爲四品，沈亮擢爲四品，顧覬之擢爲四品，孔顗超爲三品。

宋志：太守五品官，然范曄出爲太守乃稱左遷，沈亮出爲太守則加四品將軍之號，於此可見其時曹郎之位秩矣。）乃至有由三品卿監而轉任曹郎之職者（張茂度，羊玄保以廷尉。孔顗以秘書監，欲爲曹郎不可，遷廷尉卿。）。此殊不當以偶然之恩寵視之。

尚書機構之職權有二：庶司分在曹郎，相職總於錄，令，已如前論。永初景平之世，尚書重臣專擅國政，既總輔相之權，又集曹司之職，以至弒逆迭起，人主寒心，於是乃有以分奪之。孝武帝孝建元年正月戊申，更下詔曰：「尚書百官之元本，庶績之樞機，丞郎列曹，局司有在，而頃事無巨細，悉歸令僕，非所以衆材成構，羣能濟業者也，可更明體制，咸責厥成，糾覈勤惰，嚴施賞罰。」詔文對前此省長官之集權，不滿之情，溢於言表。故元嘉以來尚書事權，上者歸於僕射，下者分於曹郎，實乃人主有意之措施。其目的在於以「局司」分割「相職」：按尚書曹郎爲局司之所在自無疑義。宋志云：錄尚書職無不總，又云尚書令任總機衡，僕射尚書分領諸曹。則錄令爲總持國柄之政務官，僕射爲分領曹司之常務官亦明。元嘉以來，錄令之權日削，而僕射曹郎之職不替，足徵以「局司」分「相職」之說爲不虛。夫無所不總謂之「相職」，各有所主謂之「有司」，隋唐以來，尚書由宰相機構轉變爲庶政機關，各部侍郎分任六部職事，劉宋之世實爲之濫觴。

關于劉宋時代尚書省權勢演變之敍述，已畧盡於此。拙作兩晉三省制度之中，嘗謂尚書制度發展之顚峯時期，不在東漢而在晉末宋初；尚書權勢之真正衰落，不在魏晉而在劉宋元嘉以後。觀本篇之敍述而益信。

論者或謂魏晉以來，中書侵奪尚書職事，自是監令常管機要多爲宰相之任，洎于江左，監令位秩益隆，於是實權漸次轉移於中書舍人之手。今合拙作兩晉三省制度與本文並觀之；中書監令之失權在晉懷愍世，而中書舍人之見用則在劉宋孝武以後，中歷二朝十六帝，幾一百五十年，然則監令之與舍人，其事權非一貫相承可知。拙作兩晉三省制度文中，謂兩晉雖有三省之名，然與晉室相終始，其中央政府組織之核心，實在只在尙書制度者，卽以門下，中書之發展不能離尙書制度而獨立故也。迨隋唐世，附庸蔚爲大國，則非本文所能及矣。

一九五八年秋初稿

一九五九年夏改定以爲

賓四師壽。

從南北朝地方政治之積弊論隋之致富

嚴耕望

(一)

隋代國庫之富，向爲治史者所樂道，故今日大中學國史教科書中無不述及。其時國庫貯存之確數雖不可確考，然通典七云：

「隋氏西京太倉、東京含嘉倉、洛口倉、華州永豐倉、陜州太原倉，儲米粟多者千萬石，少者不減數百萬石；天下義倉又皆充滿；京都及并州庫，布帛各數千萬。而錫賚勳庸並出豐厚，亦魏晉以來之未有。」

觀此亦可悉其梗概。又通鑑一八〇隋煬帝大業二年紀云：

「冬十月……置洛口倉於鞏東南原上，築倉城，周回二十餘里，穿三千窖，窖容八千石以還，置監官並鎮兵千人。十二月，置回洛倉於洛陽北七里，倉城周回十里，穿三百窖。」

是此兩倉已足容二千六百餘萬石。按隋代除西京太倉、東京含嘉倉外，著名大倉尚有黎陽之黎陽倉、偃師之河陽倉、陜縣之太原倉(常平倉)、華陰之廣通倉(永豐倉)，並洛口，回洛爲六倉。詳王伊同六倉考(中國文化研究彙刊第二卷。)隋書二四食貨志：「命司農丞王亶發廣通之粟三百餘萬石以振關中。」則其容量又視回洛爲大。再徵於隋末大亂，羣雄爭此諸倉以供數十萬兵之情形，更足見其容量大，存穀豐矣。裴耀卿云：「往者貞觀、永徽之際，祿廩數少，每年轉運不過一二十萬石，所用便足。」(通典一〇)此謂其時政府開支尚小，除關中租賦外，所仰給於關東漕運者僅此而已。按唐初政府之組織規模全承隋舊，是隋代中央政府仰給於關東者亦必甚少，若從寬設想，每年以三十萬石計，則此諸倉儲存，亦足支數十年乃至百年。國庫豐盛如此，誠屬可驚，雖以漢代文景之富，恐亦不敵。

按隋初罷鹽禁、酒榷、市稅，財政所仰惟賦調而已，而亦遠較南北朝為輕。如調絹一匹（四丈）者，減為二丈。（皆見隋書食貨志。）鹽酒市稅及調絹為南北朝時代政府重要收入，今或免，或減半，而國庫之富仍如此。其所以致富之故，前代史家皆歸譽於文帝之節儉。惟通典七於文帝節儉之外，並及輸籍之法云：

「時承西魏喪亂，周齊分據，暴君慢吏，賦重役勤，人不堪命，多依豪室，禁網隳紊，姦偽尤滋。高熲覩流冗之病，建輸籍之法。於是定其名，輕其數；使人知為浮客，被強豪收大半之賦；為編甿，奉公上，蒙輕減之征……。烝庶懷惠，姦無所容。隋氏資儲遍於天下，人俗康阜，熲之力焉。」

又云：

「高熲設輕稅之法，浮客悉自歸於編戶。隋代之盛，實由於斯。」

按隋文帝初年，戶不滿四百萬，開皇九年平陳，得戶六十餘萬。至大業二年，計戶八百九十餘萬。二十餘年間，注籍戶口增加一倍。又通典二田制下：「開皇九年，任墾田千九百四十萬四千二百六十七頃，……至大業中：天下墾田五千五百八十五萬四千四十頃。」是二十餘年間，墾田亦增加一倍半以上。此固由政治社會安定生齒日繁，土田日闢之故，亦由輸籍法之宏效也。故杜氏著眼於此是也。但戶口倍增，只能使財富倍增，況隋文頗採薄賦政策，且償賜臣下亦甚厚（食貨志），何竟能使國庫積存空前之富裕如此？是必仍當另求新解也。錢師撰國史大綱於此提出三點作解。

一、周滅齊，隋滅陳，均未經甚大之戰禍，天下寧一已有年數。

二、自宇文泰蘇綽以來，北朝君臣大體均能注意吏治，隋承其風而弗替。

三、其尤要者則爲中央政令之統一，與社會階級之消融。

按：第一點，可畧加引伸：蓋國家經三百年之戰亂，分立諸國之公私財富，什九皆浪費於軍事消耗，與官吏浸沒。文帝統一後，銷兵器，廢軍府，兵革不興，節省財富不可勝計。第三點，原文下已有簡要之解釋，今於此僅畧贅數言：蓋南北朝末期全國分爲三個中央政府，規模畧同。全國統一後，中央政府之組織並未擴大甚多，而兼有原解歸其他兩個中央政府之賦稅，即此一端已遠較分裂時代爲富裕。此二事皆顯而易見者。前人皆失之眉睫，而專注意於文帝之節儉，何也。至於第二點，爲隋室致富之一重大原因，然一般人殊不易理解，賓四師原文之解釋雖視第一第三兩點爲詳，然仍難望讀者透澈瞭解，爰舉魏晉南北朝三百年地方政治之積弊兼及隋代改革之概況以申論之。

(二)

首論東晉南北朝時代地方行政區劃割裂增置之紛繁。

西漢末，有州十三，郡國一百零三；縣道侯國一千五百八十七。至東漢順帝時，州數仍舊，郡國一百零五，縣道侯國一千一百八十。大約下迄桓帝時代，未多增置。則自西漢末葉以來二百年間，行政區劃未大變動也。漢末大亂，行政區劃乃時有分置。三國之世，據洪亮吉三國疆域志所考，魏有司、豫、兗、青、徐、涼、秦、冀、幽、幷，雍、荆、揚十三州，統郡一百，縣若干。蜀有益州，統郡二十二，縣若干。吳有揚、荆、交、廣四州，統郡四十七，縣若干。就中魏多爲漢之舊郡，蜀有舊郡及新置各半，吳有舊郡十八，新置二十九。蓋多墾闢草萊，增置郡縣，宜也。據晉書一四地理志，晉武帝統一全國，有司、冀、兗、豫、荆、徐、揚、青、幽、平、幷、雍、凉、秦、梁、益、寧、交、廣凡十九州，統郡國一百七十三，縣若干。其數視漢代，州增二之一，郡增三之二。西晉末年，天下大亂，晉室南渡，偏安江左，州郡區劃亟有分合，難以悉記。宋書三五州郡志（參看同書一一律志序）云：

「地理參差，其詳難擧，實由名號驟易，境土屢分，或一郡一縣，割成四五，四五之中，亟有離合，千回百改，巧曆不筭。」

蓋分割酬庸，重之以僑置，故致紛紜如此。北方雖少僑置，但亦割裂州郡，增置不已。北齊書四文宣帝紀載天保七年十一月壬子省倂州郡詔云：

「魏自孝昌之季，……祿去公室，政出多門，衣冠道盡，黔首塗炭，銅馬、鐵脛之徒，黑山、青犢之侶，梟張晉趙，豕突燕秦，綱紀從此而頹，彝章因此而紊，是使豪家大族，鳩率鄉部，託迹勤王，規自署置，或外家公主，女謁內成，昧利納財，啓立州郡，離大合小，本逐時宜，牧守分符，蓋不獲已，牧守令長，虛增其數，……損害公私，爲弊殊久。……自爾因循，未遑删改，……百室之邑，便立州名，三戶之民，空張郡目，……循各督實，事歸烏有。」

此不但魏齊爲然，實可視爲東晉南北朝時代州郡割裂之總寫照。據徐文范東晉南北朝輿地表，東晉太元四年（西元三七九），有揚、江、荆、湘、交、廣、寧、豫、徐九實州，幽、燕、冀、青、幷、雍、秦、梁、益九僑州。統實郡八十四，僑郡四十以上。其時，北方爲前秦所統一，分建二十六州，有郡一百八十。是南北中國合計有州四十四，有郡三百餘，縣則未著。考晉書一一三苻堅載記，堅滅前燕，「入鄴宮，閱其名籍，凡郡百五十七，縣一千五百七十九。」按前燕版圖最盛時畧當今河南、河北、山東、山西、熱河、遼寧六省及安徽北端與朝鮮西北角，而秦兵入鄴只在太元四年前數年。據此推求，南北縣數，最保留之約估，當在三千左右。是其時州、郡、縣數，皆約爲東漢之三倍也。

宋書州郡志以大明八年（西四六四）爲斷，有州二十二，曰揚、南徐、徐、南兗、兗、南豫、豫、江、青、冀、司、荆、郢、湘、雍、梁、秦、益、寧、廣、交、越（越州實泰始七年立），統郡二百五十四，縣一千二百九十三。南齊書州郡志，有州二十三，四揚、南徐、豫、南豫、南兗、北兗、北徐、青、冀、江、廣、交、越、荆、巴、郢、司、雍、湘、梁、秦、益、寧，以視宋世，惟增巴州而已。統郡凡三百八十一（就中巴州條闕文，蓋五郡），縣一千四百一十二（巴州條闕文）。則數目逐漸膨脹之現象至顯。茲據徐文范東晉南北朝輿地表所考南北朝歷年州縣郡數，列表於次：

年代	南朝	北朝	南北合計
宋元嘉十七年 魏真君元年 （西440）	實州17　實郡172 僑州3　僑郡61	實州15 僑州3　郡80　軍鎮20	州　郡　軍鎮 38　313　20
宋孝建元年 魏興光元年 （西454）	州20　實郡170 僑郡60	州　郡　鎮 25　100　10餘	州　郡　鎮 45　330　10餘
宋大明八年 魏和平五年 （西464）	州　郡　縣 20　252　1250	畧同上	州　郡　鎮　縣 約45　約352　10餘　蓋2000以上
齊建元元年 魏太和三年 （西479）	州　郡 22　250餘	州　郡 38　160	州　郡 60　410餘
齊建武元年 魏太和十八年 （西494）	州　郡　縣 24　365　1378	州　郡 57　200	州　郡　縣 81　565　蓋2000以上

梁天監元年 魏景明三年 （西502）	州 郡 縣 23 326 1300		州 郡鎮 60 248		州 郡 縣 83 574 蓋2000以上
梁天監十八年 魏神龜二年 （西519）	州 郡 45 382		州 郡鎮 68 300餘		州 郡鎮 縣 113 682以上 ?
梁中大通五年 魏永熙二年 （西533）	州 郡 86 492		州 郡 84 354		州 郡 縣 170 846 ?
梁中大同元年 西魏大統十二 東魏武定四 （西546）	州 郡 104 586		（西魏） 州 郡 57 183	（東魏） 州 郡 59 230	州 郡 縣 220 999 ?
梁太平元年 西魏恭帝三年 齊天保七年 （西556）	（梁末陳初） 州 郡 縣 54 158 606	（後梁） 郡 縣 7 17	（魏末周初） 州 郡 縣 128 289 492	（齊天保末） 州 郡 縣 92 261 579	州 郡 縣 274 715 1694 （時北齊剛省併3州，153郡,589縣）
陳太建五年 周建德二年 齊武平四年 （西573）	州 郡 80 240餘	（後梁） 州 郡 縣 5 11 28	州 郡 135 261	州 郡 65 162	州 郡 縣 285 674 ?

陳太建十二年 周大象二年 （西580）	州 郡 縣 64 166 600約	（後梁） 州 郡 縣 4 11 28	州 郡 縣 207 486 約900 （隋志云：大象二年通計州211,郡580,縣1124。）	州 郡 縣 275 663 1500左右
隋開皇宋				州 縣 297 1348

按徐代所舉歷年州郡縣數，乃就可考見於載籍之州郡縣名而實數之者，故可視爲各朝最少應有之數，實必不止此數也。如徐表卷六齊高帝建元元年（479）後，列齊初州郡名，而作結語云：

「時有州二十二，郡合僑寄凡二百五十餘。……史稱是時郡三百九十，縣四百八十三，有寄治者，有新置者，有俚郡、獠郡、荒郡、左郡，無屬縣者，荒而無民者。自後郡縣之建置愈多，而名存實亡，境土蹙于太始初矣。茲諸郡出入增改置有可考見者錄之，不敢濫收附會以符地志也。」

按此所云「史稱」余雖不知其所指。然前據南齊書州郡志有郡三百八十餘，縣一千四百餘，則此史稱寔與志相近（上段縣下脫「一千」二字）。徐氏不取史說，亦即不取正史地志也，其謹嚴可知。則當時雜置郡縣之數目必當超出前表之上，尤可斷言。

又北齊書四文宣紀天保七年十一月條云：

「併省三州、一百五十三郡、五百八十九縣、三鎮，二十六戍。」

按前列徐氏所考，東魏武定四年，州僅五十九、郡僅二百三十，上距此時不過十年；而北齊天保末，州九十二，郡二百六十一，縣五百七十九，下距此時不過兩三年。據此推求，天保七年未併省時有州必九十以上，郡四百以上，縣一千一百以上，殆可斷言。此亦專據上表不能盡識南北朝時代郡縣建置紛紜之明證也。然則，據上表所列，已足見南北朝時代州郡縣割裂建置之紛繁，而事實上，割裂增置之州郡縣數必仍不止此數也。

州郡縣分裂增置之多如此，故其統隸與領戶之情形亦形紊亂。宋之疆域於南朝爲最大，地方行政亦較上軌道。故宋書州郡志所載州統郡數，郡統縣數，大體尚不失正軌，每縣轄戶平均尚有數百。然已有郡僅轄一兩縣者，且有不轄縣者。至於各縣領戶一兩百者甚多，而所領在百戶以下者亦不少。且有五十戶以下者，如豫州陳留郡領縣四，戶一百九十六；梁州北上洛郡領縣七，戶二百五十四；益州沈黎郡領縣四，戶六十五；寧州建都郡領縣六，戶一百零七；寧州西平郡領縣五，戶一百七十六；皆其例也。齊世割置益繁，疆域視宋爲小，而州郡縣數反較宋爲多，據南齊書州郡志，冀州惟領北東海一郡，北兗州先惟領平陽一郡，後增置東平郡。而郡之領一兩縣者多至五十以上，其不領縣者亦近三十，所云荒郡尚不在此列。志不載戶口，然東平郡領兩縣、其一壽張。本注：「割山陽官瀆以西三百戶置。」其一淮安，本注：「割直瀆破釜以東淮陰鎮下流雜一百戶置。」又寧州益寧郡，本注：「永明五年，刺史董仲舒啓置，領二縣，無民戶。自此以後（指以下諸郡）皆然也。」其民戶之少亦可知矣。梁陳兩代之情形，雖無地志可考，然據前引徐氏所考州郡增置情形，可想見其統隸情形必視宋齊爲更壞。

北朝情形大抵與南朝相同。魏書二太祖紀，天賜元年「初限縣戶不滿百罷之。」可見百戶以下之縣當亦不少。其後仍有百戶以下者，故魏書六八甄琛傳，奏云：「邊外小縣，所領不過百戶。」時在宣武末。其後情形益惡。通典食貨七：「其時以征伐不息，唯河北三數大郡多千戶以下，復通新附之郡，小者戶纔二十，口百而已。」是其證。若就魏書地形志檢覆之，則易水以南至大河南北諸州，領郡縣情形多甚正常，縣領戶平均在五千以上，此種情形視南朝爲優。其邊遠諸州有不領郡縣者，有領一兩郡，郡領一兩縣，或不領縣者。而二郡同領一兩縣者亦不少，潁州尤甚。此種邊遠之縣，領戶在五十以下者亦不少，如：

義州恒農郡領縣三，戶九三，口五四三。

南汾州北吐京郡領縣四，戶八八，口三五一。

南汾州南吐京郡領縣一，戶三二，口七三。

南汾州西定陽郡領縣一，戶四二，口一四〇。

南營州樂良郡領縣一，戶四九，口二〇三。

營州冀陽郡領縣二，戶八九，口二九六。

東豫州陽安郡領縣二，戶二二，口一三一。

潁州清河南陽二郡共領縣三，戶一三二，口五五五。

潁州東恒農郡領縣三，戶一一九，口四四〇。

潁州滎陽北通二郡共領縣四，戶一七七，口四七三。

潁州汝南太原二郡共領縣四，戶八七，口四〇六。

潁州新興郡領縣四，戶一一二，口三二四。

北荆州伊陽郡領縣一，戶四八，口二八三。

此其具體寔例矣。前引北齊書文宣紀天保七年詔書云：「百室之邑，便立州名；三戶之民，空張郡目。」正是此類情形之寫照。文宣有見及此，遂一舉「併省三州、一百五十三郡、五百八十九縣、三鎮、二十六戍。」省併郡縣幾及全數之半，誠爲一魄力偉大之改革。

北周滅齊，續有慶省，然據隋書地理志，大象二年仍有州二百一十一，郡五百八，縣一千一百二十四。明年，隋文帝即位，至三年，遂因楊尚希議州郡繁多，而盡罷諸郡。隋書四六楊尚希傳載其事云：

「尚希時見天下州郡過多，上表曰：………竊見當今郡縣倍多於古，或地無百里，數縣並置，或戶不滿千，二郡分領，具寮以衆，資費日多，吏卒又倍，租調歲減，淸幹良才，百分無一，動須數萬，如何可覓，所謂民少官多，十羊九牧。………今存要去閑，併小爲大………。帝覽而嘉之，於是遂罷天下諸郡。」

北方地方行政經三百年之紊亂紛擾，至此始上軌道。及九年平陳，天下一統，煬帝又復併省諸州，尋即改州爲郡，大凡全國一百九十郡，領一千二百五十五縣，兩漢規模至此復現。

（三）

此一時代之地方政治，不但機構繁多，而且組織龐大，吏員猥雜。

漢代州刺史爲監察官，非行政官，故吏員較少。續漢書百官志云，司隸校尉有從事十二人，假佐二十五人。諸州署同。事實情形如何，今不能詳。漢末，州刺史之地位日高，吏員有顯著增加，如從事祭酒、王業、勸學、典學、議曹等從事，及諸部司馬校尉等名目，不一而足，（皆詳見拙作漢代地方行政制度，載中央研究院歷史語言研究所集刊第二十五本）卽其强證。魏晉時代，州刺史爲統率郡國之行政官，非復監察官，故其在政治上之重要性遠在郡守之上，其屬吏組織之逐漸膨漲，殆爲必然之趨勢。且漢世，無論地方政府或監察機關，其吏員組織概爲一個系統。魏晉以降，干戈日尋，地方大吏尤其州刺史，多加將軍，且膺持節都督之號，開府置佑，有長史、司馬及諸曹參軍，比於將相，是謂軍府；又承漢以來置別駕、治中、諸曹從事諸職，是謂州吏。州吏用人一承漢舊，由刺史自辟，限用本州人；軍府則由中央除授，且以外籍爲原則。故長官雖仍一人，而佐吏別爲兩個系統。至如荆、雍、寧、廣諸州統轄蠻夷，刺史又帶蠻夷校尉（荆州帶南蠻校尉，雍州帶寧蠻校尉，寧州帶鎭蠻校尉，廣州帶平越中郞將）並置蠻府，比於軍府。則佐吏且有三個系統矣。例如宋世爨龍顏爲龍驤將軍、鎭蠻校尉、寧州刺史，今存寧州刺史爨龍顏碑陰題名，其吏員便分三組；

府長史	鎭蠻長史	（州）別駕
司馬	司馬	治中
錄事參軍	錄事參軍	主簿（二人）
功曹參軍	功曹參軍	西曹（五人）
倉曹參軍	倉曹參軍	門下（二人）
戶曹參軍	戶曹參軍	錄事（三人）

中兵參軍　　中兵參軍　　戶曹（三人）
府功曹　　蠻府功曹　　記室
主簿　　主簿（二人）　　省事（二人）
朝直
麾下都督
書佐（二人）
幹（二人）

按寧州爲邊遠下州，龍驤亦小號將軍，故置佐均不繁，然最足表現當時州府之組織系統。大抵東晉以前，府佐之職尚僅偏重軍事，地方行政仍歸州佐；宋齊以下，州佐行政權全爲府佐所奪，轉爲地方大吏寄祿之任矣。詳拙作魏晉南朝地方政府屬佐考（歷史語言研究所集刊第二十本）。

州佐系統之職吏，晉書百官志載之云：

「司隸校尉……屬官有功曹、都官從事、諸曹從事、部郡從事、主簿、錄事、門下書佐、省事、記室書佐、諸曹書佐、守從事、武猛從事等員，凡吏一百人，卒三十二人。及渡江，乃罷司隸校尉官，其職乃揚州刺史也。」

「州置刺史、別駕、治中從事、諸曹從事等員。所領中郡以上及江陽、朱提郡，郡各置部從事一人，小郡亦置一人。又有主簿、門亭長、錄事、記室書佐、諸曹佐、守從事、武猛從事等，凡吏四十一人，卒二十人。諸州邊遠或有山險濱近寇賊羌夷者，又置弓馬從事五十餘人。徐州又置淮海，涼州置河津，諸州置都水從事各一人。涼益州置吏八十五人，卒二十人。」

按此所記猶爲西晉制度。考西晉諸郡職散吏之實數常至二三百人，約爲法定之三倍（見後）。今此州吏，若亦以三倍論，則諸州吏員約亦爲二三百人，以當時州刺史與郡太守之地位比較，恐猶不止此數也。

至於府佐，因視軍號大小而異，故史志不載。據余所考，有長史、司馬，及諮議、錄事、記室、功曹、都曹、戶曹、倉曹、中兵、外兵、騎兵、城局、法曹、長流、刑獄、賊曹、墨曹、禁防諸曹參軍事，以及東西曹掾、府功曹、主簿、錄事、防閤將軍、白直隊主、夾轂隊主、典籤、參軍督護等等。其規模通常皆較州佐爲龐大。具詳拙作魏晉南朝地方政府屬佐考。

此種兩系統之組織，因爲內亂外患所必須顧慮之人事安插，而逐漸膨漲。宋書五行志二云：

「晉成帝咸康初，地生毛。……孫盛以爲民勞之異。……於是時方鎭屢革，邊戍仍遷，皆擁帶部曲，動有萬數。」

按此時猶在東晉初年，上去元帝東渡立國纔二十年，諸州除州佐吏外，軍府將吏兵士已極衆多如此。及晉末宋初更擴大至驚人狀況。宋書三武帝紀下永初二年條書云：

「三月乙丑，初限荆州府置將不得過二千人，吏不得過一萬人，州置將不得過五百人，吏不得過五千人。兵士不在此限。」

按時經劉毅舉兵之後，故削荆州資力，使有制限。則荆府州將吏，通常必在一萬七千五百以上也。士兵當以十倍計之，亦可揣測而知，又宋書七四沈攸之傳，爲都督荆州刺史。「攸之素蓄士馬，資用豐積。至是戰士十萬，鐵馬二千。」據州郡志，宋初荆州領郡三十一。後分南陽、順陽、襄陽、新野等郡爲雍州，分湘川十郡爲湘州，分江夏、武陵等郡屬郢州，分隨郡、義陽屬司州，至孝武大明中，荆州惟領十二郡而已。又據徐文范東晉南北朝輿地表，宋末荆州所領又少兩郡，攸之爲刺史正在宋末，雖都督荆湘雍益梁寧南北秦八州，與宋初督區不異，然直接統領之郡，已僅及宋初三之一，而猶有戰士十萬，鐵馬二千。亦足爲宋初荆州府州兵士當在十七萬以上之旁證。亦卽將吏與兵士殆成一與十之比例，又得一佐證也。

又八瓊金石補正卷十一梁鄱陽王蕭恢題名（在四川雲陽）云：

「天監十三年十二月，鄱陽王任益州，軍府五万（萬）人從此過。」

按梁書二武帝紀中，天監十三年正月「癸亥，以平西將軍、荆州刺史、鄱陽王恢爲鎮西將軍益州刺史。」此題名卽恢卸荆州爲益州，道經雲陽時所題記者。又按州吏皆用本籍人爲之，惟主簿西曹始有送故之目，爲外籍人，故州吏極少隨長官遷移者。此處只云「軍府」，其故在此。而「軍府」又未必全隨長官轉移，故由此題名，可以想見其時荆州府州兩系統之將吏兵士合計當在七八萬以上，與沈攸之傳所云「戰士十萬」亦正合。（據徐表，此時荆州領郡與宋末畧同。）荆州爲南朝最大之軍府，有此數目龐大之將吏兵士猶有可說，益州僅爲中下級之軍府竟亦能容五萬人以上之軍府（因爲到益州後勢必又有增加），益以州吏，殆亦逾六萬之數矣。

關於梁代州吏員額尚有數條材料足資研究，試列於次：

梁書四一蕭介傳，附族兄洽傳云：

「出爲南徐州中從事。近畿重鎮，吏數千人。前後居之者，皆致巨富。治爲之，淸身率職，饋遺一無所受。」

按：吏數千人，若總府州兩系統而言，已屬可驚。然治中爲州吏上綱，僅能總攝州吏，與府吏無涉。則此數千人亦可能僅指州吏一系統而言。是府州吏合計當亦近萬。南徐爲僅次於荆州之大州軍府，府州吏員合計近萬，亦殊可能。

又金石萃編卷二十六有始興忠武王碑（八瓊室金石補正十一作安成康王蕭秀西碑，是也。）萃編跋云：

「碑陰刻曹吏姓名凡二十列，幾千四百人。」

按：據萃編及八瓊所錄，有別駕從事、西曹從事、議曹從事。是亦州吏也。秀曾官都督郢司霍三州諸軍事、郢州刺史，遷雍梁南北秦四州諸軍事、雍州刺史。雍、郢均非大州府，然亦有千數百人也。

又梁書二八夏侯亶傳附弟夔傳云：

「（中大通）六年，轉使持節、督豫淮陳潁建霍義七州諸軍事，豫州刺史。……在州七年，甚有聲績，遠近多附之。有部曲萬人，馬二千匹，竝服習精強，爲當時之盛。」

同書四三韋粲傳云：

「中大同十一年，……出爲持節、督衡州諸軍事、安遠將軍、衡州刺史。……太淸……二年，徵爲散騎常侍。粲還至廬陵，聞侯景作逆，便簡閱部下得精卒五千，馬百匹，倍道赴援。……至南洲，粲外弟司州刺史柳仲禮亦帥步騎萬餘人至橫江。」

按豫司衡皆僅中等州，刺史部曲動輒萬人，則其將吏亦當千人以上也。

上引材料多屬梁代，今姑就梁代作一總估計。按徐表，梁中大同中，有州一百零四。今姑以百州計。然當時著名之州仍爲自東晉以來之舊州，爲數約二十有奇，餘爲新置而地位亦較低者。今試設想若舊二十州中，將吏五千者二，將吏二千者五，將吏一千者十三；新置八十州中，吏員五百者三十，吏員三百者五十；則一百州合計將吏當六萬以上。兵士以八倍至十倍計，約當五六十萬。衡以前引諸材料，此項估計決非誇張。

北朝前期，大郡吏員多至千人（見後），州府吏員之多可以想見。北魏州府吏員雖史無明文，然魏書四一源賀傳，世宗時，上表曰：

「北鎮邊蕃，事異諸夏，往日置官，全不差別，沃野一鎮，自將以下八百餘人，黎庶怨嗟，僉曰煩猥，邊隅事尠，……請主帥吏佐五分減二。」

按：北鎮地位比於諸州。觀首四句，知南州北鎮官吏員額畧同，即一般州府吏員亦近千人也。據徐表，世宗景明初，有州六十，共有吏員當亦不下五萬。

北齊，州分九等，隋書百官志記北齊上上州之制云：

『上上州刺史置府，屬官有長史、司馬、錄事、功曹、倉曹、中兵等參軍事及掾史，主簿及記室掾史，外兵、騎兵、長流、城局、刑獄等參軍事及掾史，參軍事、及法、墨、田、鎧、集、士等曹行參軍及掾史，右戶掾史，行參軍、長兼行參軍，督護，統府錄事，統府直兵箱錄事等員。州屬官有別駕從事史、治中從事史、州都、光迎主簿、主簿、西曹書佐、市令及史、祭酒從事史、部郡從事、典服從事、典籤及史、門下督、省事、都錄事及史、箱錄事及史、朝直、刺姦、記室掾、戶曹、田曹、金曹、租曹、兵曹、左戶等掾史等員。……府州屬官佐史合三百九十三人。」

以下列述各級州府吏員遞減之數。其中中州吏員三百一十二人，下下州吏員二百三十二人。按東晉以來州郡實際吏員恆為法定之數倍，參以北魏及南朝諸州府吏員之數額，北齊州府實際吏員亦必不止此數。即作最保留之估計，平均每州至少有三百人至四百人。據徐表北齊有州近百，北周有州逾百，則共有州府吏員當在六萬至八萬也。兵士亦以八倍至十倍計，當有五十萬至八十萬也。

東漢郡府組織已甚龐大，續百官志劉注引漢官云：

「河南尹員吏九百二十七人，十二人百石（百上當脫一數字，參看後引洛陽屬吏。）諸縣有秩三十五人，官屬掾史五人，四部督郵史部掾二十六人，案獄仁恕三人，監津渠漕水掾二十五人，百石卒史二百五十人，文學守助掾六十人，書佐五十人，循行二百三十人，幹小史二百三十一人。」

吏員之多如此，誠屬可驚。此猶可謂京郡特制也。據後漢書一一一陸續傳，東漢初年，會稽郡已有掾史五百人以上。又史晨碑，魯府及薛縣屬吏及學官諸生與饗者九百七十人，則府吏當亦不下三四百。是即普通郡國屬吏亦當有三五百也。又三國吳志朱治傳，建安中，為九真太守，「公族子弟及吳四姓多出仕郡，郡吏常以千數。」蓋末葉養客之風使然。

魏志傅嘏傳注引傅子：「河南尹……郡有七百吏。」同書梁習傳注引魏略苛吏傳：「高陽劉類……嘉平中為宏農太守，吏二百餘人，不與休假。」此雖視漢為少，然河南郡已分立滎陽郡，是明少而暗增矣。

晉代郡吏員額可考見於南鄉兩碑。八瓊室金石補正九晉南鄉大守郛休碑：泰始六年造，其陰云：

「郡領縣八，戶萬七千百卅。職散吏三百廿人，兵三千人，騎三百匹，參戰二人，騎督一人，部曲督八人，部曲將卅四人。」

而容齋隨筆一一南鄉掾史條云：

「金石刻有晉南鄉太守司馬整碑，其陰刻掾史以下姓名合三百五十一：議曹祭酒十一人，掾二十九人，諸曹掾、史、書、佐、循行、幹百三十一人，從掾位者九十六 人，從史位者三十一人部曲督將三十，六人。」

據此兩碑，南鄉郡吏員通常在三百五十人以上，兵數則幾十倍。檢晉書職官志云：

郡國戶不滿五千者，置職吏五十人，散吏十三人。五千戶以上，則職吏六十三人，散吏二十一人。萬戶以上，職吏六十九人，散吏三十九。」

按南鄉有戶一萬七千，其制職散吏應爲一百零八人，今乃三倍以上。在政治不安定時代，地方政治爲豪族所把持，此爲必然應有之現象，不足爲怪。

南朝郡府員吏不能詳考，然宋書五四羊玄保傳，羊希爲劉思道所殺，希女夫蕭惠徽爲東莞太守，「率郡文武千餘人攻思道，戰敗，見殺。」北魏書四三房法壽傳：「伯玉……爲蕭鸞（南齊明帝）南陽太守，高祖南伐克宛，伯玉面縛而降，高祖引見伯玉，並其參佐二百人。」梁書一二韋叡傳，齊末，「爲上庸太守，加建威將軍，……有衆二千，馬二百匹。」此皆非大郡也。則通常郡府吏員蓋亦兩百人左右，兵士一兩千人也。

北方諸郡府之吏員，亦可畧徵。金石萃編二五廣武將軍□產碑云：

「統戶三萬，領吏千人，口將三口。」

按碑以前秦建元四年立，碑文云：「躬臨南界，與馮翊護軍苟輔（闕）。」又云：「西至洛水，東齊定陽，南北七百，東西二百。」則產所統之地在馮翊之北，河洛之間，此時州域甚大，於今陝西地境僅置司雍二州，皆非其地，則產必爲一大郡太守，或比於郡守之護軍、鎮將，非刺史也。是則前期北方大郡吏員多至千人，將士尚不在內也。

北魏郡府吏員不可考，然觀北齊可以推知魏世。北齊郡分九等，隋書百官志述其吏員云：

「上上郡太守，屬官有丞、中正、光迎功曹、光迎主簿、功曹、主簿、五官、省事、錄事，及西曹、戶曹、金曹、租曹、兵曹、集曹等掾、佐，太學博士、助教、太學生、市長、倉督等員。合屬官佐史二百一十二人。」

以下列述各級郡府吏員遞減之數，其中中郡一百五十二人，下下郡一百零三人。當時實際上之職散吏員，照例多爲法定吏員之三倍以上。此於前考州郡吏員，已屢有明徵。則魏齊時代，中下之郡，其吏員最保留之估計亦當約二三百人，殆可斷言。

據上所論，南北朝時代末期，每郡平均吏員在二百人以上，今再退一步說每郡一百五十人。又據徐表，南北朝末期，南北所有之郡合計或多至九百九十九，或少亦六百餘。今姑以七百郡計，則南北全部郡吏當亦十萬數千人。兵士最少亦三十萬以上。

漢世縣庭組織畧與郡同，故員吏亦畧與郡府相當。續百官志注引漢官云：

「洛陽……員吏七百九十六人：十三人四百石，鄉有秩獄史五十六人，佐史鄉佐七十七人，斗食令史嗇夫假五十人，官屬掾史幹小史二百五十人，書佐九十人，循行二百六十人。」

按此吏員近八百人，與其時河南府相去不遠。由此可想見一般縣廷吏員當亦在三四百人。吳志步隲傳，大帝末年，奏云：「竊聞諸縣並有備吏，吏多民煩，俗以之弊。」吏員之衆，亦可想見。晉書職官志云：

「縣大者置令，小者置長。……戶不滿三百以下，職吏十八人，散吏四人。三百以上，職吏二十八人，散吏六人。五百以上，職吏四十人，散吏八人。千以上，職吏五十三人，散吏十二人。千五百以上，職吏六十八人，散吏十八人。三千以上，職吏八十八人，散吏二十六人。」

以此吏數與前引晉代郡吏數比較觀之，可知最大之縣之吏員亦幾與最大之郡府相等。若亦以三倍計算，則大縣實有之吏員，當亦三百人，普通縣廷蓋二百人上下也。

南朝及北魏縣廷吏員無考。

北齊縣分九等，隋書百官志載其制云：

「上上縣令屬官有丞、中正、光迎功曹、光迎主簿、功曹、主簿、錄事，及西曹、戶曹、金曹、租曹、兵曹等掾，市長等員。合屬佐史五十四人。」

以下列述各級縣廷屬吏遞減之數。其中中縣三十三人。下下縣二十九人。若亦以三倍計，其實有職散吏數，當亦在一百上下也。隋志又載隋初縣制，分曹幾與北齊全同，而吏員則上上縣九十九人，中中縣七十五人，下下縣四十七人。則其數幾倍於齊制，蓋因襲於周者。由此觀之，當時南北縣制，吏員通常皆在一百左右，殆非虛張也。據徐表南北朝末期，全國縣數約在一千五六百之譜，則全部縣吏亦十五萬上下。兵士最少亦當有此數。

綜合上文所論，南北朝（末期）時代，全國州郡約數，有州近三百，州府將吏約十二萬以上，兵士一百萬以上。有郡七百，郡吏約十萬以上，兵士三十萬以上，有縣一千五六百，縣吏約十五六萬，兵士蓋亦稱是。此諸數字，皆爲根據現有史料所作最保留之估計，事實上可能多於此，不會少於此。則全國地方政府之將佐吏員合計在三十七八萬以上，兵士必逾於一百五十萬也。據通典食貨七，後周大象中，有戶三百五十九萬，口九百萬九千六百四。參以陳亡時之戶口數（戶五十萬、口二百萬），則南北朝末期，注籍戶數四百萬有奇，口一千一百萬有奇也。是十戶供一將吏四兵士矣，而對於中央政府之負担尚不在此限。人民之担負固重，政府之財計亦絀。

(四)

此一時代之地方政府，不但吏員猥多，而且貪殘之風極盛。

南朝地方官，清廉自守者固不乏人。如南齊書五三良政裴昭明傳：「爲長沙郡丞，罷任，……無還資。」「爲始平內史……及還，甚貧罄，……無宅。」梁書五三良吏庾蓽傳：「爲輔國長史、會稽郡丞、行郡府事，……唯守公祿，清節逾厲，至有經日不舉火。……天監元年卒，停屍無以殮，柩不能歸。」同書一四任昉傳：「爲義興太守，在任清潔，兒妾食麥而已。……及被代登舟，止有米五斛。既到無衣。」陳書三四文學褚玠傳：「除山陰令，……在任歲餘，守祿俸而已。去官之日，不堪自致，因留縣境種蔬菜以自給。」然此皆爲特殊事例，而貪贓之風則遠較廉潔爲普遍。宋書八一劉秀之傳云：

「梁益二州，土境豐富，前後刺史莫不營聚蓄，多者致萬金，所携賓寮並京邑貧士，出爲郡縣，皆以苟得自資。秀之爲治整肅，以身肅下，遠近安悅焉。」

按此類情形實爲普遍現象，不僅梁益爲然，不過因秀之爲梁益兩州刺史能謹身肅下，故附帶述及耳。茲再舉三特別例證如次：

梁書二八魚弘傳：

「歷南譙、盱眙、竟陵太守。常語人曰，我爲郡，所謂四盡：水中魚鱉盡，山中麞鹿盡，田中米穀盡，村里民庶盡。丈夫生世，如輕塵栖弱草，白駒之過隙，平生但歡樂，富貴幾何時？於是資意酣賞，侍妾百餘人。」

宋書八七蕭惠開傳：

「惠開妹當適桂陽王休範 ，女又當適世祖子，發遣之資須應二千萬 ，乃以爲豫章內史，聽其肆意聚納。」

南齊書五一張欣泰傳：

「父興世(宋)元徽中，興世在家擁雍州還資見錢三千萬，蒼梧王（時爲帝）自領人劫之，一夜垂盡。」

按自魏晉以來老莊思想普遍流行於社會上下各階層，影響於人生態度，優則清高。劣則頹唐。第一例即頹唐之人生觀影響於吏治之佳例。南朝吏治之劣，半由政治社會不能安定，半由此種人生態度有以致之。此一例證不過最俱體者耳。南朝君主往往不以地方大吏貪污爲意。惟期罷還時能有若干供奉而已，第二例則直公開鼓勵貪污矣。至第三例，時君於方吏聚歛之財，不但不予法懲，亦不沒收，而以刼奪方式出之，直可謂曠古奇聞矣。如此君臣，如此人生態度，吏治安得不壞？

北朝吏治之壞有過南朝，魏書八八良吏傳已畧及之云：

「有魏初拓中州，兼幷疆域……政術治風，未能咸允，雖動貽大戮，而貪虐未悛，亦由網漏吞舟，時掛一目。高祖肅明綱紀，賞罰必行，肇革舊軌，時多奉法。世宗優遊而治，……太和之風頗以陵替。肅宗馭運，天下淆然，其於移風革俗之美，……九州百郡無所聞焉。」

若舉實例，則如魏書一七濟陰王傳云：

「誕……除齊州刺史，在州貪暴，大爲人患，牛馬騾驢，無不逼奪，家之奴隸悉迫取良人爲婦。有沙門爲誕採藥還而見之。誕曰，師從外來，有何消息？對曰，唯聞王貪，願王早代。誕曰，齊州七萬戶，吾至來，一家未得三十錢，何得言貪？」

又京兆王傳：

「暹……除涼州刺史，貪暴無極。欲規府人及商胡富人財物，詐作一台符，誑諸豪等，云欲加賞，一時屠戮，所有資財生口，悉沒自入。」

同書一八廣陽王傳云：

「深……爲恆州刺史，在州多所受納，政以賄成，私家有馬千匹者，必取百匹，以此爲恆。」

同書五六鄭羲傳附伯猷傳云：

「爲南青州刺史……在州貪琳……專爲聚斂，貨賄公行，潤及親戚，戶口逃散，邑落空虛。乃誣良民，云欲反叛，籍其資財，盡以入已，誅其丈夫，婦女配沒，」

觀此諸事例，不但貪汚，且殘暴矣。故世宗時，袁翻即因議邊戍事痛述貪殘之弊。魏書六九本傳載之云：

「自比緣邊州郡，……或值穢德凡人，或遇貪家惡子。……唯知重役殘忍之法，廣開戍邏，多置帥領；或用左右姻親，或受人財貨請屬。皆無防寇禦賊之心，唯有通商聚斂之意。」

於此足見一般情形。

北齊吏治更壞。北齊書八幼主紀云：

「州縣職司，多出富商大賈，競爲貪縱，人不聊生，爰自鄴都，及諸州郡，所在徵稅，百端俱起。凡此諸役，皆漸於武成，至帝而增廣焉。」

同書四六循吏傳序云：

「戰功諸將，出牧外藩，不識治體，無聞政術。……聚斂無厭，淫虐不已。……大寧以後，風雅俱缺，賣官鬻獄，上下相蒙。降及末年，黷貨滋甚。」

此二條足盡當時方吏貪縱之實況，無庸再舉俱體事例矣。同書二四杜弼傳云：

「弼以文武在位罕有廉潔，言之於高祖。高祖曰：弼來，我語爾！天下濁亂，習俗已久。今督將家屬多在關西，黑獺常相招誘，人心未定；江東復有一吳兒老翁蕭衍者，專事衣冠禮樂，中原士大夫望之以爲正朔所在。我若急作法網，不相饒借；恐督將盡投黑獺，士子悉奔蕭衍，則人物流散，何以爲國？」

按高歡此語道所以放縱將吏不能整飭吏治之故，至爲真切。其實南北朝時代各朝各國無不皆然，非獨北齊也。

隋文奬吏治，——見通鑑陳紀九，陳太建十三年十月。紀。

（五）

南北朝時代，地方政治之紊亂、吏治之敗壞如此，有識之士早以官多吏繁兵衆爲言。然在天下三分局面下，以言整頓，實屬不易。北齊天保七年一舉併省三州、一百五十三郡、五百八十九縣、三鎮、二十六戍，此實爲北朝政治上一偉大措施。隋代繼之，盡罷諸郡，實爲又進一步且爲劃時代之重大改革。此點前已論及。其後續有改革，史家類能言之，不必詳考。茲僅據隋書本紀、百官志、地理志，畧舉有隋一代對於地方政治之重要改革如次：

（1）文帝開皇三年，罷郡，以州統縣。

（2）開皇十五年，罷州縣鄉官。

（3）煬帝大業元年罷諸州總管府。

（4）又併省諸州。三年改州曰郡，爲數一百九十。縣則一千二百五十五。

（5）簡化郡縣吏員。郡佐官惟贊務、東西掾、主簿及司功、倉、戶、兵、法、士六曹書佐。縣置丞、主簿及戶曹、法曹兩分司，以承郡之六司。此自文帝至煬帝逐漸完成。

按此諸改革，無一非化繁爲簡。（1）南北朝末期，郡數多至近千，少亦六百五十以上，今盡廢之，地方吏員蓋可減三之一至四之一。兵士蓋可減五之一。（2）前考南北朝州之將佐分府州兩系統，此所謂鄉官即指州吏一系統之吏佐而言。今盡廢之，是全部地方吏員蓋又可減少三之一左右。（3）總管府即都督府，爲南北朝時代地方政府中之最龐大機構，前引宋書武帝紀，「限荆州府置將不得過二千人，吏不得過一萬人。」數目龐大至此，即因荆州爲大都督府之故。隋文帝時尚有總管府四十左右，今盡廢之，使地方吏員又減少一龐大數目。（4）南北朝末期，有州二百七八十，有縣一千五六百，今省併爲一百九十郡、一千二百五十五縣，使地方吏員至少又減四之一。（5）簡化郡縣吏員，其確數雖不可知。然唐承隋制、六典載唐制，上州別駕長馬以下至執刀白直不過一百五十三人。中州一百一十三人，下州八十一人。上縣自丞簿以下至白直六十五人，中縣五十一人，中下縣及下縣皆四十一人。此視南北朝時代大爲減少。蓋承平時期，政務較簡，且不須作人事之安插，其組織固不應龐大也。隋既統一，其政情異於周齊，而類於唐，即視六典之制爲隋制之脫胎可也。然則隋之州（郡）吏員額最多僅及南北朝時代之半數，縣吏減少亦必有可觀也。前論南北朝地方政府吏員殆近四十萬人。今如此簡而又簡，省而又省，全國地方政府之屬吏員額，最多必僅及南北朝時代三之一至四之一，即全部吏員當不能超過十萬人。再以六典所載中州中縣吏員數額推算煬帝初年一百九十郡，一千二百五十五縣之吏員，則全部地方政府之吏員亦僅八萬五千四百餘人，與前文逐步減少之推算，亦不謀而合。則吾人想像隋煬帝初年，地方政府吏員總額不超過十萬人，殆非無根之論，以視南北朝時代三十七八萬之數，不過四分之一耳。至於兵士之減省更意中事矣。

又貪污風尚亦爲南北朝國庫空虛人民困窮之一重要原因，隋文帝勵精圖治，兼且天資刻薄，政治既已安定，自不容貪贓枉法者普遍存在。隋書六二柳彧傳云：「持節巡省河北五十二州，奏免長吏贓汚不稱職者二百餘人。州縣肅然。」此特其最大一次整肅耳。政風整飭，自亦上裕國庫，下舒齊民。

綜合上列各點觀之，雖隋文帝減輕賦稅，但因客戶屬籍，使稅戶倍增，故政府收入視南北朝時代三國政府收入總和必仍有若干增加。此就其積極方面而言也。至於消極方面。中央政府之開支既減省三之二，地方政府之開支又減省四之三，是全國用於行政之經費僅當南北朝時代三國政府三分之一至四分之一；軍隊開支與軍事消耗，恐更不及三四分之一。是隋代政府各方面之全部財政支出至多僅當南北朝時代三國政府上下支出總和之三四分之一，殆可斷言。假定南北朝末期，三國政府之收支均能相抵，今支出減爲三四分之一，收入所增若以二分之一論，兩者相乘，卽每年支出僅及收入六分之一，則十年剩餘之積蓄，便足支五十年以上之用度，故隋代國庫之富能呈空前絕後之狀況矣。

四十四年七月二十六日初稿
四十八年八月十八日再稿

唐宋之際社會門第之消融

——唐宋之際社會轉變研究之一

孫國棟

弁言

去年初秋，余獲哈佛燕京學社補助，作一年期之專題研究，當時以「唐宋之際社會轉變」爲題，冀欲從唐末五代社會之大動亂中探出近代社會諸問題之根源。課餘執筆，一年苦短，論文雖草草完成，而證論疏畧，未敢自信，惟其中第二章「唐宋之際門第之消融」係以晚唐五代北宋各代人物之出身家世統計作基礎，雖尠創見，然就統計數字中頗可以窺社會各階層人物興衰交替之跡象，其結論復與賓四師平日所論社會階級消融之過程相符，值賓四師六十五歲壽辰，學報爲刊紀念專號，爰先整理刊出，藉伸賀忱。其餘各章，則留待異日之添補整理。

本章共分三節，首述晚唐門第之概況，辨明晚唐社會仍以門第人物爲核心；次述門第破壞諸原因，再次比較晚唐、五代、北宋三期社會人物之成份，以明此百年大動亂前後社會人物之升沉轉換。又本章僅叙述門第消融諸事象之演變，至於門第消融對於中國社會史之意義當另文述之。

目錄

第一節　晚唐門冑子弟之社會地位

近人治唐史者率謂中唐以後舊族衰替，新門代興，社會人物已由門冑轉讓於寒人，此未經細考之論耳。晚唐寒人雖有上達，然其勢力尚未足與舊族相抗，政治上之核心人物，仍多出身於閥閱。欲證明此一論點，莫善於分析當時人物之成份，現試根據舊唐書列傳將肅宗至昭宣帝十四朝人物共七百一十八人，參對新書世系表按查其家世，分別歸類。其結果如下：（唐人有冒宗攀附之習，故譜籍時有錯誤，本傳及世系表所載，或有漏誤。然就其大端言之，當可相信，故本文以此兩書爲據，不另一一攷訂。又此統計係以肅宗以下之政治人物爲主，故列傳始自韋見素傳，其餘宦官、外戚、文苑、隱逸諸傳俱不列）

第一類：爲唐柳芳所述之大家族，共得二百八十一人。

唐代治譜學者世推柳芳，柳芳云：過江則爲僑姓，王、謝、袁、蕭爲大；東南則爲吳姓，朱、張、顧、陸爲大；山東則爲郡姓，王、崔、盧、李、鄭爲大；關中亦爲郡姓，韋、裴、柳、薛、楊、杜首之；代北則爲虜姓，元、長孫、宇文、于、陸、源、竇首之（見新唐書一九九柳冲傳）。細析柳芳之言，其所指之王、謝、袁、蕭，當謂琅琊之王氏（註一），陳郡之謝氏（註二），陳郡之袁氏（註三），與蘭陵之蕭氏（註四）。東南之顧、陸、朱、張，當俱指吳郡。山東之王、崔、盧、李、鄭當指太原王氏，博陵、淸河二崔，范陽盧氏，趙郡、隴西二李，與滎陽之鄭氏，此七族至唐代尤推甲姓。關中之韋、裴、柳、薛、楊、杜，當指京兆杜陵之韋氏（註五），聞喜之裴氏（註六），河東之柳氏（註七），河東汾陰之薛氏（註八），弘農華陰之楊氏（註九），與京兆之杜氏（註十），代北之元、于、源、竇，至唐代當兼指河南洛陽之竇氏，河南之元氏，與京兆之于氏（註十一），現據此查兩書列傳及世系表，得上述各大姓人物如下：

1. 博陵崔氏二十七人
2. 清河崔氏十四人
3. 范陽盧氏十九人
4. 趙郡李氏二十二人
5. 隴西李氏四十七人
6. 滎陽鄭氏十五人
7. 太原王氏十八人
8. 京兆杜陵韋氏十七人
9. 聞喜裴氏十二人
10 河東柳氏十三人
11 河東汾陰薛氏十人
12 弘農華陰楊氏二十人
13 京兆杜氏十三人

14河南元氏一人
15京兆于氏七人
16鄴郡源氏一人
17洛陽竇氏八人
18琅玡王氏二人
19陳郡袁氏一人
20蘭陵蕭氏八人
21吳郡張氏二人
22蘇州顧氏一人
23吳郡陸氏三人
共二百八十一人。（詳細姓名見第三節晚唐、五代、北宋大族人名表）

第二類：南北朝以來之舊族，雖柳芳所未及言，而歷世冠冕，至晚唐不衰者，得一〇〇人。此類家族有二十姓，廿四族。

河東蒲州張氏（註十二）五人
河間張氏（註十三）五人
京兆王氏（註十四）二人

洛陽劉氏（註十五）四人
彭城劉氏（註十六）四人
廣平劉氏（註十七）六人
河南獨孤氏（註十八）二人
華陰郭氏（註十九）十二人
河南房氏（註二十）三人
琅玡顏氏（註二十一）四人
昌黎韓氏（註二十二）三人
常州義興蔣氏（註二十三）三人
曲阜孔氏五人
太原白氏（註二十四）三人
安定牛氏（註二十五）四人
燉煌令狐氏（註二十六）十人
平陽路氏（註二十七）一人
天水姜氏（註二十八）一人
渤海高氏（註二十九）九人

洛州徐氏（註三十）一人

京兆趙氏（註三十一）五人

昌黎豆盧氏（註三十二）一人

懷州穆氏（註三十三）五人

武威李氏（註三十四）二人

共一〇〇人。（詳細姓名見第三節晚唐、五代、北宋大族人物表）

第三類：其家世雖不得稱爲名族，而父、祖爲公卿、節鎮者得一百一十一人。（註三十五）

第四類：父祖雖非顯達，而仍以讀書仕宦爲世業者，得八十八人。（註三十六）

第五類：父祖以軍校爲世業者，得十七人。（註三十七）

第六類：家世爲地方豪右者四人。（註三十八）

第七類：出於貧賤無世業可守者十四人。（註三十九）

第八類：本傳不及家世，逕由科舉出身者二十六人。（註四十）

第九類：本傳不及家世，逕由藩府辟置爲官佐而上達者五人。（註四十一）

第十類：本傳不及家世，逕由藩府辟爲軍吏而上達者三十八人。（註四十二）

第十一類：本傳不及家世，由小吏上達者三人。（註四十三）

第十二類：本傳不及家世，由行伍進身者十一人。（註四十四）

第十三類：出自蕃人或家世出身俱難考者二十人。（註四十五）

根據上列十三類統計，又可歸納爲五點：

1.第一類及第二類爲晚唐名族，共佔三百八十一人；第三類爲公卿子弟，亦晚唐之貴冑。若合三類計之，得四百九十二人；佔總人數69%。

2.第四類及第五類以文武仕宦爲世業，與第六類地方豪右實爲當時之中等家族，兩類合計共一〇九人。佔總人數14.5%强。

3.第七類，第十一類，第十二類爲貧賤之寒人無疑、三類合計二十八人。

4.第八類，第九類，第十類，有兩種可能，或爲寒人，或爲中等家族。然唐代重家世，譜系不可知者，大率以寒人爲多，故此三類姑列入寒族，共得六十九人；若連第七、十一、十二、三類合計，得九十七人，佔總人數13.5%。

5.蕃人及家世出身不可知者佔3%。

據此統計，則名族貴冑與寒人之比例爲六九比一三·五，可見自中唐以下，門冑子弟仍佔絕多數。

若再進一步將肅宗至唐亡之宰輔一七九人（以宰相表爲據）之家世加以統計，則可發現名族與寒人所佔之比數更爲懸殊，是門冑子弟在政治上更佔優勢也。現將數字列後。（詳細姓名見第三節唐五代北宋宰輔成份表）

一、出自名族者一百三十八人，佔總數77%；

二、出自公卿子弟者五人（公卿子弟同時屬於名族者列入名族）佔總數3%；

三、出自士族及軍校家庭者二十二人，佔總數12%；

四、出自寒族者十二人，佔總數7%；

五、未能確定者二人，佔總數1%；

據此，是名族貴冑（合名族與公卿子弟）與寒族之比例爲八十比七（80：7）

從上面兩項統計，可見中唐以後，雖有安史之亂與强藩之禍，而社會人物，仍多名族子弟，世冑之家，昆季盡登臺閣者比比皆是。

> 博陵崔頲八子皆至達官，昆仲子弟，紆組拖紳，歷臺閣，踐藩嶽者二十餘人（舊唐書一七七）。崔倕六子，一登相輔，五任大僚（南部新書戊）。弘農楊汝士諸子皆至正卿，並列門戟，昆仲子孫在朝行方鎮者十餘人（舊唐書一七六人）。曲阜孔氏昆仲貴盛，至正卿方鎮者六七人（舊唐書一三九）。范陽盧氏九十二年中登進士者一百十六人（南部新書己）。盧簡辭兩世貴盛，六卿方鎮相繼（舊唐書一六三）。盧渥伯仲四人，咸居顯列（唐闕史，太平廣記二〇〇）。清河小房崔邠，昆弟六人，仕宦皆至三品，同時奉朝請者四人（舊唐書一五五、一五六）。京兆王氏自易從已降至大中朝，登臺省歷牧守賓佐者三十餘人（舊唐書一七八）。聞喜裴武，兄弟皆爲八座，四世入南北省，羣從居顯列者不可勝書（唐語林卷一）。此外如滎陽鄭餘慶、聞喜裴冕、杜陵韋貫之、河東柳公綽、太原王播、華陰郭子儀、燉煌令狐彰、蒲州張延賞、隴西李晟、河南于休烈、廣平劉迺、扶風竇羣、江左蕭俛，皆昆季子姪公卿相繼。

名族之人賢既盛，子弟之期許自高，李德裕爲晚唐英宰，最爲寒人開路（唐摭言卷七、玉泉子），猶公然謂朝廷顯官，須公卿子弟爲之（新唐書選舉志）。宣宗每見憲宗朝公卿子弟，即多擢用（語見通鑑二四八）。

刑部員外郎杜勝次對，宣宗問其家世，對曰臣父黃裳，首請憲宗監國，即除給事中。翰林學士裴諗，度之子也，宣宗幸翰林，面除承旨（唐語林卷七補遺、通鑑二四八）。

名族人物既羅佈朝列，左提右絜，子弟登庸之機會自勝於寒人，故子弟率多早達，纔在英年，便登廊廟者頗不乏人。

孔緯少孤，依諸父温裕，温業、皆居方鎮，與名公交，故緯聲籍早達（舊唐書一七九）。路岩父友踐方鎮，書幣交辟，數年之間，出入禁署，咸通三年，同平章事，年始三十六（舊唐書一二七）。潘孟陽禮部侍郎炎之子也，孟陽母劉晏女也，公卿多父友及外祖賓從，故得荐用，德宗末擢授權知戶部侍郎，年未四十（舊唐書一六二）。

閥閱之家，既屢世貴盛，社會地位故得賴以保持，寒人雖有上進，終不及閥閱之令名，所以姑臧李氏，清河小房崔氏、北祖二房盧氏、昭國鄭氏、直至五代初年，猶互相矜伐，男女婚嫁，不雜他姓（見舊五代史九三李專美傳）。即有衰宗落譜，動稱曰禁婚之家，益自矜貴（唐會要八三、新唐書九五）。故文宗欲婚士族，至有「我家二百年天子，顧不及崔盧」之嘆（新唐書一二七杜兼傳）。

隴西之李，以史傳之人物數量言，尤勝於崔、盧、王、鄭，然人物名德爲時流所重者，終不如崔、盧、鄭也。

一個家族能延綿數百年，其聲華上足以抗衡天子，下足爲士流所景仰，必其對於家族之保持有別具心裁者在。此種心裁，端賴於家法之謹嚴，與子弟習學環境之優異，使子弟熏陶習染於家範書史之中，而自成才德也。

大抵智識教育之獨佔乃門第成因之一。此自東漢魏晉以來即然也，隋唐自行科舉考試，寒人得以學問才識而自致顯達，門第爲自存計，自不能不適應時會，特別注意於子弟教育，以爭勝寒人，所以唐代之大門第莫不利用其優越之教育條件，致力於子弟才行之培養，亦惟賴子弟之才行名德，以維持家聲於不替。故袁誼云：門戶須歷代人賢名節風教爲衣冠顧矚始可稱舉（舊唐書一九〇上袁朗傳）。歐公亦謂：唐爲國久，傳世多，而諸臣亦各修其家法，務以門族相高，其材賢子孫，不殞世德（新唐書宰相世系表）。正此謂也。

晚唐大族以家法清嚴見稱於史傳者尚極多，如曲阜之孔戣（舊唐書一五三），杜陵之韋貫之，（舊唐書一五八）懷州河內之穆寧（新唐書一六三、國史補），河東之柳公綽（舊唐書一六五、唐語林卷一），柳玭（新唐書一六三）、柳仲郢（唐語林補遺），昌黎之韓滉、韓臯（唐語林補遺），博陵之崔祐甫（舊唐書一一九），崔倕（南部新書戊），燉煌之令狐楚（舊唐書一七二），趙郡之李晟（唐語林卷一）皆是也。此種方嚴之家範，不僅表現於父教，母教亦常能如此。李景讓之母鄭氏（通鑑二四八），柳仲郢之母韓氏（新唐書一六三），李紳之母盧氏（舊唐書一七三），元稹之母鄭氏（舊唐書一六六），蕭俛之母韋氏（舊唐書一七二），楊收之母長孫氏（舊唐書一七七），趙郡李公道之妻盧氏（唐語林卷一）皆爲當時之令族而皆以善於訓子而垂名。

南部新書丁云：柳子溫家法常命苦蔘黃蓮熊膽和爲丸，賜子弟永夜習學，含之以資勤苦，此尤見對子弟督責之嚴也。

至於門胄子弟習學環境之優異，尤非寒族所可比擬。唐代門胄，率多營治莊園，此莊園不僅爲公餘游宴之場所，亦爲子弟教育治學之園地，故每家之別墅山莊，多設學院，以供子弟習學。晚唐此類私家學院，見於筆記者尚多。

芝田錄：「劉瞻之先，塞士也，十餘歲在鄭絪左右主筆硯，鄭絪戒子弟涵瀚已下曰：劉某他日有奇才，文學必超異，自此可令與汝共處於學院，寢饌一切，無異爾輩」（太平廣記一七〇）。逸史：「崔相國圓，少貧賤落拓，家於江淮間，表丈人李廖允爲刑部尙書，崔公自南方至京修謁，將求少職，李公處於學院與子弟肄業」。南部新書丙：「王龜（太原王氏）起之子，太和初，從起於蒲，於中修(條)葺書堂以居之」。仙傳拾遺：「唐吏部侍郞韓愈外甥忘其名姓，幼而落拓……弱冠往洛下省骨肉，乃慕雲水不歸……元和中，忽歸長安，……吏部……令於學院中與諸表論話。……」唐語林卷三：「畢相諴家素賤，李中丞者，有諸院兄弟與諴熟，諴至李氏子書室中，諸子賦詩，諴亦爲之」。又全唐詩中頗有詠私人書院者，如盧綸之宴趙氏昆季書院因與會文云：「詩禮挹餘波，相懽在琢磨，……謝族風流盛，於門福慶多」正言大門第中書院之情況也（見全唐詩五函二冊），此外以書院爲題見於章什者，如盧綸之同耿拾遺春中題第四郞新修書院，楊巨源題五老峯下費君書院，楊發題南溪書院，齊己宿沈彬進士書院，於鵠題宇文褧山寺讀書院，曹唐題子姪書院雙松，李羣玉題書院二小松，賈島田將軍書院等。

書院之中儲有家書，時時添補讎校，家書數目，常至一二萬卷。

舊唐書一七二蕭廩傳：「廩……初從父南海，地多穀紙，倣令子弟繕寫缺略文史。廩白曰，家書缺者誠宜補葺，……」又新書一四二云：「韋處厚家書讎正至萬卷」。舊唐書一六五柳仲郢傳云：「仲郢三爲大鎭……退公布卷，不舍晝夜，九經三史一鈔，魏晉已來與北史再鈔，手鈔分門三十卷，號柳氏自備。」可見大族，多有藏書，目爲「家書」「自備」正以供子弟習學也。當時藏書之多，見於書傳者如柳公綽家藏書萬卷，經史子集皆有三本，一本尤華麗者鎮庫，又一本次者長行披覽，又一本又次者後生子弟爲業（南部新書丁）。王涯家書數萬卷，侔於秘府（舊唐書一六九）。李磎家世藏書多至萬卷，時號李書樓（宣和書畫譜卷四），段成式家多書史（舊唐書一六七段文昌傳），李襲譽寫書數萬卷（大新唐語卷六），孫樵代襲簪纓，藏書五千卷（孫樵集序），杜兼家聚書至萬卷（新唐書一七二），蔣乂家藏書一萬五千卷（新唐書一三二），吳競西齋藏書一萬三千四百餘卷（齊東野語十二），柳宗元家有賜書三千卷（河東集卷三十寄許京兆孟容書），李泌之家多書，插架三萬軸（韓昌黎集卷七送諸葛覺往隨州讀書），姑蘇陸龜蒙家藏書萬卷（唐才子傳卷八），京兆竇羣家無餘財，惟圖書萬軸（唐才子傳卷四），楊憑兄弟家多書畫鍾王張鄭之蹟（舊唐書一六八錢徽傳），范陽盧同家甚貧，惟圖書堆積（唐才子傳卷五）。

當時板刻之術未精，得書艱難，開元中秘閣定四部目錄，僅五萬八百五十卷而已（封氏聞見記卷二），而名族私家藏書至如此之多，是大族私家教育之完備過於公家，子弟在此種優越之教育環境下，其成材之機會自非寒人所及。且唐代之國家教育自中業以後，大多廢弛，國學自永淳後二十年，已學堂蕪穢，略無人跡（見會要卷三十五韋嗣立及陳子昂兩疏），開元間雖稍整頓，終不得復舊觀，德宗貞元以後鄉學亦衰廢（柳河東集三十四、唐摭言卷一），於是培養人材責在於私家。門閥子弟，學習於家塾學院，寒族子弟，惟走向寺院山林，然而晚唐終以私家學院佔優勢，成就人材之多，寒族終不如閥閱也。且晚唐大族之莊園，尙有一重要作用，卽爲子孫讀書素守之業。故大族子孫，進則登名朝列，退則依賴庄園以渡其讀書生活，俟異日有機會再進入政府，所以唐代大族雖有一時中落，然家風未替，一兩傳之後又得榮顯，大族能歷傳不替者以此。

晚唐大族之營治莊園，其意態與當時新貴權倖稍稍不同，新貴權倖廣置田產，唯務於豪奢，張嘉貞云：比見朝士廣佔良田，及身沒後，皆爲無賴子弟作酒色之資，甚無謂也（舊唐書九十九）。此正指當時之新貴，一以譏其佔田之多，一以譏其缺乏家範之教養。晚唐如田弘正、羅紹威、盧從史、馬燐、元載、嚴礪、鄭光、鄭注、孫逢年、陶鍠等均是也。至於大族名德，其意態稍異於是，如「崔羣爲相，淸名甚重，元和中，自中書舍人知貢舉，旣罷，夫人李氏因暇日常勸其樹莊田，以爲子孫計。笑答曰：余有三十所美莊，良田遍天下，夫人何憂？夫人曰：不聞君有此業。羣曰：吾前歲放春榜三十人，豈非美田耶」（李冗獨異志下）。可見崔羣夫婦所注意者在子孫將來之成立，不在庄田之多寡也。又舊唐書五九云：李襲譽凡獲俸祿，必散之宗親，其餘資多寫書而已，嘗謂子孫曰：吾近京有賜田十頃，耕之可以充食，河內有賜桑千樹，蠶之可以充衣，江東所寫之書，讀之可以求官，吾沒之後，爾曹但能勤此三事，亦何羨於人。李襲譽雖中唐以前人，然此條最足以見大族名德對田產及子弟之態度，故引錄於此。

晚唐之名庄無過於司空圖之王官谷庄，與李德裕之平泉庄。王官平泉兩庄直至五代之初，子孫猶賴以爲世業，五代史闕文云：「圖（司空圖）有先人舊業在中條山，極林泉之美，圖自禮部員外郎因避地，以詩酒自娛，屬天下板蕩，士多往依之……是時盜賊充斥，獨不入王宮谷，河中士人，依圖避難全者甚衆」（舊五代史六十註）。又李德裕之孫敬義，無心仕宦，退歸洛南平泉舊業（舊五代史六十），可見莊園別墅之用，不徒爲一時之游宴，故裴休兄弟雖貧，猶得依濟源別墅讀書學業（舊唐書一七七）；蕭復雖貧，猶守昭應別業（舊唐書一六五）。

門冑子弟，旣薰陶習染於家範書史之中，而又有莊園學院爲之素守，故大多能持身謹行，奕世不衰，現試摘錄晚唐憲宗以後門冑中父子兄弟才行相繼者，以爲證驗，藉見門第家風，至晚唐仍保持也。

1.滎陽北祖房鄭餘慶，砥名礪行，不失儒者之道，清儉率素，終始不渝。四朝居將相之任，出入垂五十年，祿賜所得，分給親黨，其家頗類寒素。子瀚，元和間爲右補闕，獻疏切直。及餘慶入朝，憲宗謂餘慶曰：卿之令子，朕之直臣，可更相賀。瀚子處誨，文章拔秀，早爲士林所推。處誨弟從讜貌温而氣勁，沉機善斷，知人善任，性不驕矜，故所至有政聲。在汴時，以兄處誨，嘗爲鎮帥，歿於是郡，訖一政受代，不於公署舉樂，其友悌知禮，操履如此（以上均見唐書卷一五八）。餘慶之從姪鄭覃，故相珣瑜之子，長於經學，稽古守正，位至相國，所居未嘗增飾，纔庇風雨，家無媵妾。弟朗，植操端方，稟氣莊重，藹若瑞玉，位亦至相國（舊唐書一七三）。

2.京兆逍遙公房韋氏貫之，自布衣至貴位，室無改易，歷重位二十年，苞苴實物不敢到門，性沉厚寡言，與人交終歲無欵曲，未曾僞詞以悅人，身歿之後，家無羨財。伯兄綬，議論常合中道。弟纁有精識奧學，爲士林所器。閨門之內，名教相樂。兄弟令稱，推重一時。貫之子澳，貞退寡欲，守正不阿。澳姪郊，文學尤高（舊唐書一五八）。貫之族弟弘景，素以鯁亮稱，及居綱轄之地，郎吏望風修整，其議論操持，無所阿附，當時風敎，尤爲倚賴，自長慶以來，自爲名卿（舊唐書一五七）。貫之族姪處厚，事繼母以孝聞，博覽史籍，而文思贍逸。居家循易如不克任，至於廷諍敷啓，勁確凝然不可奪（舊唐書一五九）。

3.江左齊梁房蕭復，太子少師嵩之孫，肅宗宰相蕭華之從子，少秉清操，志礪名節，及登台輔，臨事不苟。性孝友，居家甚睦（舊唐書一二五）。從姪蕭俛，相穆宗，孜孜正道，重愼名器，家行尤孝，母韋氏賢明有禮，理家甚嚴，僥雖爲宰相，侍母左右，不異褐衣時。從弟倣（世系表作從叔）相僖宗。倣性公廉，出鎭南海，南海雖富奇珍，月俸之外，不入其門。子廩，貞退寡合，綽有家法（舊唐書一七二）。倣從子寘，相懿宗。寘子遘，相僖宗，亦形神秀偉，志操不羣，士行無缺（舊唐書一七九）。

4.河東柳公綽，性謹重，動循禮法，不讀非聖之書，爲文不尚浮靡。天資仁孝，初丁母崔夫人之喪，三年不沐浴，事繼母薛氏三十年，姻戚不知公綽非薛氏所生。子仲郢，有父風，動修禮法，私居未嘗不拱手，內齋未嘗不束帶，三爲大鎭，廐無名馬，衣不薰香，退公布卷，不舍晝夜。牛僧孺見而嘆曰：非積習名教，安能及此。仲郢子璧，文格高雅。璧弟玭善訓子，嘗著書誡其子弟曰：夫門地高者可畏不可恃，可畏者立身行己一事有墜先訓，則罪大於他人，雖其可以苟取名位，死何以見祖先於地下。不可恃者門高則自驕，族盛則人之所嫉，實藝懿行，人未必信，纖瑕微累，十手爭指矣，所以承世胄者修己不得不懇，爲學不得不堅。公綽弟公權，文雅方正，尤工書法。公綽理家甚嚴，子弟克禀誡訓，言家法者，世稱柳氏云（均見舊唐書一六五）。

5.曲阜孔戡，方嚴有家法，重然諾。弟戣剛正清儉，高步公卿間，以方嚴見憚。子遵孺溫裕，迭居顯職（舊唐書一五三孔巢父傳）。遵孺子緯，相昭宗，志器方雅，疾惡如仇，挺然不屈，雖權勢熏灼，未嘗假以恩禮（舊唐書一七九）。

6.懷州穆寧，清愼剛正，重交遊，以氣節自任，善教諸子，家道以嚴稱，事寡姊以悌聞。四子贊、質、員、賞常以家行人材爲縉紳所仰。贊官達，父母尙無恙，家法淸嚴，贊兄弟奉指使，笞責如僮僕。贊最孝謹，質强直。兄弟俱有令譽而和粹，世以滋味目之，贊俗而有格爲酪，質美而多入爲酥，員爲醍醐，賞爲乳腐。近代士大夫言家法者，以穆氏爲高（舊唐書一五五、國史補）。

7.清河小房崔邠，温裕沉密，尤敦清儉，兄弟同時奉朝請者四人，頗以孝敬怡睦聞。弟郾姿質秀偉，神情重雅，人望而愛之。郾兩歲掌貢士，平心閱試，賞拔藝能，所擢者無非名士（舊唐書一五五）。邠之從姪崔羣，元和初以讜言正論聞於時，遷禮部侍郎，選拔才行，咸爲公當。羣有沖識精裁，爲時賢相。羣弟于，亦有令名（舊唐書一五九）。羣之從兄子彥昭，長於經濟，儒學優深，精於吏事，治郡所至有聲，動多遺愛。乾符初，輔政三月，百職斯舉（舊唐書一七八）。

8.清河南祖房崔從寓居太原，與仲兄能同隱山村，苦心力學，屬歲饑兵荒，至於絕食，弟兄採梠拾橡實，飲水棲衡，而講誦不輟。從氣貌孤峻，正色立朝，彈奏不避權幸，以貞晦恭讓自處，不交權利，忠厚方嚴，人所推仰。四爲大鎮，家無妓樂，士友多之。子愼由，聰敏強記，宇量端厚有父風，大中間相宣宗。弟安潛，從僖宗幸蜀，爲諸道行營副都統，收復兩京，以功檢校侍中。崔從從兄能，少勵志苦學，子彥曾有幹局。至唐末愼由子胤，族子昭緯，然後家風始替（見舊唐書一七七崔愼由傳及一七九崔昭緯傳）。

9.博陵二房崔頲，有子八人，皆至達官，時人比漢之荀氏，號曰八龍。長曰琯，誠明履正，粹密鄰幾，禮樂二事以爲身文，仁義五常自成家範，莊色於朝，羣公聳視，歷踐名藩，皆留遺愛。琯弟珙，性威重，尤精吏術，行己每稱友悌，在公亦竭精忠。珙弟璵，爲禮部侍郎，選士平允，時謂得才。璵子澹，風神峻整；人皆慕其爲人，當時目爲釘座梨言，席上之珍（舊唐書一七七）。

10.范陽盧簡辭，文雅之餘，尤精法律，歷朝簿籍，靡不經懷。弟弘正性通敏，推擇攸宜。簡求達於機畧，辭翰縱橫，長於應變，所歷四鎮，皆控邊陲，所至撫御，邊鄙晏然。子知猷器度長厚，文辭美麗，尤工書，落筆措翰，人爭模倣。弘正子虔灌有俊才，所著文筆，爲時所稱。簡求十子，而嗣業，汝弼最知名，汝弼至太原，爲李克用節度副使，太原使府有龍泉亭，其父簡求節制時，手書一詩在亭之西壁，汝弼復爲亞師，每亭中讌樂，未嘗居賓位，西向俯首而已，人士嘉之（舊唐書一六三）。

以上所錄，皆憲宗以後門冑子弟父子兄弟相繼，奕世才行之可考者，其餘如燉煌令狐楚家世儒素，寬厚有禮（舊唐書一七二）。南陽張正甫仁而端亮，莅官清强（舊唐書一六二）。江左始興張仲方貞確自立，綽有祖風（舊唐書一七慶）。趙郡李虔仲簡淡寡欲，立性方雅（舊唐書一六三）。李畬父子有志行，名重一時（舊唐書一四八），聞喜裴遵敦守儒行，老而彌謹（舊唐書一一三）。裴向學行自飾，謹守門風（同上）。范陽盧士玫端厚與物，雅有令聞（舊一唐書一六二）。滎陽鄭絪守道敦篤，耽悅墳典（舊唐書一五九）。鄭畋器量弘恕，與人榮悴如一（舊唐書一七八），鄭還古孝友敦樸（唐語林卷一）。渤海高崇文奕世以禮義傳家法（全唐之五三一南郡王高崇文神道碑），太原王正雅，孝行修謹（舊唐書一六五），王質清廉方雅，行己有素（舊唐書一六三），河東薛戎檢身處約，不務虛名（舊唐書一五五），薛存誠、薛廷老父子謹正，偘偘於公卿之間，有正人風望（舊唐書一五三），弘農楊收家世儒者，以孝悌聞於時（舊唐書一七七），博陵崔瓘莅職清謹（舊唐書一一五），隴西李約廉介不欺（尙書故實），聞喜裴佶裴武兄弟清德（唐語林卷一）。此皆當時之高門子弟，觀其行誼，都有一種特出風範，實皆從方嚴之家法陶冶而成之人物也。

大族子弟固亦有儇薄庸陋者，如杜元穎（新唐書九十六）、王播（舊唐書一六四）、盧昻（見國史補）、崔遠（見幽閑鼓吹）、王鍔（見國史補）、韋臯（舊唐書一四〇）、韋宙（北夢瑣言卷二）等，然比觀多寡，不能不承認晚唐之門弟仍有風範，其代表人物在彼不在此也。

所以晚唐政治上之核心人物，如德宗朝之蕭復、柳渾、李揆、顏真卿、韓滉、張延賞、李泌、崔造、李勉、李晟、陸贄；憲宗朝之杜黃裳、杜佑、裴垍、李吉甫、李藩、高崇文、鄭餘慶、韋貫之、鄭絪、韋處厚、崔羣、裴度。文宗武宗兩朝之李絳、楊於陵、柳公綽、元稹、李程、王涯、令狐楚、李德裕、牛僧孺、蕭俛、李石、鄭覃、李紳、李珏、李固言、李宗閔、楊嗣復、楊虞卿、楊汝士、崔從；宣宗懿宗以後之令狐綯、崔慎由、崔珙、崔胤、盧鈞、裴休、杜審權、杜讓能、張裼、張文蔚、鄭畋、盧携、崔彥昭、蕭遘、孔緯、崔昭緯、劉崇望等，俱爲故族子弟。所以晚唐雖寒族興起，而政治之支柱仍在舊族，則可斷斷無疑矣。

第二節　唐末五代門第破壞諸因

一、唐末五代政治社會之大動亂對門第之摧殘

唐代自僖昭以後，政局起極度混亂，先有黃巢之亂，繼有五代之紛爭，五代僅五十三年，而經歷八姓，國史易代之速，無過於此，而社會戰亂災荒之甚，亦無過於此。在此政治、社會之大動亂中，最受摧殘者當爲衣冠舊族。現請將舊族被摧殘之史實次第述之。

晚唐摧殘舊族者，當溯始於黃巢，黃巢憎恨官吏，得者皆殺之（通鑑語，見卷二五四），故舊族之遭禍者極多。

廣明元年十二月殺唐宗室在長安者無遺類（通鑑二五四）。豆盧瑑、崔沆、及左僕射于琮、右僕射劉鄴、太子少師裴諗、御史中丞趙濛、刑部侍郎李溥、京兆尹李湯、扈從不及，匿民間，巢搜獲皆殺之……將作監鄭綦、庫部郎中鄭係義不從賊，舉家自殺。左金吾大將軍張直方雖臣於賊，多納亡命、匿公卿於複壁，巢殺之（同上）。上所述者如豆盧瑑、崔沆、于琮、劉鄴、裴諗等皆晚唐之衣冠大族也。

其次爲朱玫襄王熅之亂，京師名胄死者殆半。

光啓二年，王行瑜誅朱玫並殺其黨數百人，「諸軍大亂，焚掠京城，士民無衣凍死者蔽地。裴澈、鄭昌圖帥百官二百餘人奉襄王奔河中，王重榮詐爲迎奉，執熅，殺之。囚澈、昌圖，百官死者殆半」（通鑑二五六）。三月詔僞宰相蕭遘、鄭昌圖、裴澈於所在集衆斬之，皆死於岐山（通鑑二五六）。蕭遘、裴澈等亦當時名胄也。

至朱梁篡代之際，衣冠連頸受戮，搢紳爲之一空。

昭宣帝天祐二年五月，乙丑彗星長竟天，柳璨恃朱全忠之勢，恣爲威福，會有星變，占者曰：君臣俱災，宜誅殺以應之。璨因疏其素所不快者於全忠曰：此曹皆聚徒橫議，怨望腹非，宜以之塞災異。李振亦言於朱全忠曰：朝廷所以不理，良由衣冠浮薄之徒紊亂綱紀，且王欲圖大事，此曹皆朝廷之難制者也，不若盡去之。全忠以爲然。六月、敕，裴樞、獨孤損、崔遠、陸扆、王溥、趙崇、王贊等並所在賜自盡。時全忠聚樞等及朝士貶官者三十餘人於白馬驛，一夕盡殺之，投尸於河。初李振屢舉進士，竟不中第，故深疾搢紳之士，言於全忠曰：此輩常自謂淸流，宜投之黃河，使爲濁流！全忠笑而從之。於是士族淸流爲之一空（通鑑二六五）。

五代間惟後唐莊宗與郭崇韜，稍稍獎飾衣冠，甄別流品，此實唐末以來門第觀念之廻光返照。

莊宗即位於魏州，時百官多缺，乃求訪本朝衣冠（舊五代史六十）。張全義家非士族，而獎愛衣冠。開幕府辟士，必求望實（舊五代史六三）。豆盧革、韋說嘗謂郭崇韜曰汾陽王本太原人徙華陰，公世家雁門，豈其枝派耶？……崇韜由是以膏粱自處，多甄別流品，引拔浮華，鄙棄勳舊，有求官者，崇韜曰：深知公功能，然門地寒素，不敢相用，恐爲名流所嗤（通鑑二七三）。豆盧革、韋說既登庸，自以爲名家子，復事流品（舊五代史六七）。莊宗劉皇后與嫡夫人爭寵、皆以門族誇尚，劉氏恥爲寒家，不肯認父（見北夢瑣言）。

然而門第正日趨沒落，當時甄別流品者，常因此而至禍，可見流品觀念與時代之不相容，亦可見門第沒落之命運。

郭崇韜以甄別流品，至舊寮宿將，戟首痛心，終至於滅族（舊五代史五七）。王祝以自名家子，鄙王珙武人，不共認宗室，至爲王珙所溺殺（見北夢瑣言）。裴樞以旌別流品，至朱温指爲浮薄，而罹白馬之禍（新五代史三五）。

抑尤有進者，唐末五代之政治空氣與大族不相容者尚有兩端，一爲武臣柄用，鄙薄文儒，此與大族子弟之素習相格杵。

後唐莊宗於五代之中，最稱獎勸士族，然諸伶人出入宮掖，侮弄搢紳，至羣臣憤嫉，莫敢出氣（五代史記三十七）。又蓄部子弟爲左右侍衞者，多恃勢，凌辱衣冠（同上）。而伶人之遽除郡牧高爵者，比比而是，如以教坊使陳俊爲景州刺史，內園使儲德源爲憲州刺史，皆梁之伶人也（舊五代史三十二）。又以景進爲銀青光祿大夫檢校右散騎常侍守御史大夫（舊五代史三十四）。武德使史彥瓊，以伶官得幸，尤爲專弄（舊五代史三十四）。可見當時朝廷空氣，實未真重衣冠也。後唐明宗，不知書，每四方章奏，止令樞密史安重誨讀之，重誨亦不曉文義（青箱雜記）、惟秦王從榮好爲詩，時朝庭武夫，睹從榮所爲皆不悅，于是康知訓等竊議曰，秦王好文，交遊者多詞客，此子若一旦南面，則我等轉死溝壑，不如早圖之（五代史補）。後從榮卒以稱亂敗死。朝廷之空氣又可見矣。晉高祖石敬瑭起於西裔，以武幹建業，少帝亦惟好馳射，有祖禰之風。高祖鎭太原時，命瑯琊王震以禮記教少帝，少帝謂震曰，非我家事業也（舊五代史八一）。後漢劉知遠起於沙陀，一時朝臣惟知長槍大劍。如楊邠爲中書侍郎同平章事，每曰：國家者帑廩實，甲兵完而已，禮樂文物皆虛器也（五代史記三〇），檢校太師兼中書令史宏肇曰，安朝廷，定禍亂，直須長槍大劍，至如毛錐子焉足用哉（舊五代史一〇七）。當時或有優禮文士者，然僅限於文辭秀句，以掌書檄而已，於儒行無與焉。當時如梁之敬翔，燕之馬郁，華州之李巨川，荊南之鄭準，鳳翔之王超，錢塘之羅隱，魏博之李山甫，皆有文稱（舊五代史六〇）。此與大族之禮法才行亦不相侔也。故一時社會觀念，率以雄猜爲風尚。牛存節顧其徒曰，天下洶洶，當得英雄事之，乃率其徒十餘人歸梁太祖（五代史記二十二）。

譚全播曰天下洶洶，此真吾等之時，無徒守此貧賤爲也，乃相與聚兵爲盜（五代史記四一）。康君立曰今四方雲擾，武威不振，丈夫不能於此時立功事，非人豪也（舊五代史五五）。此種風氣與大族家範實相逕庭。

其二爲唐末以後移姓易代太速，在政局之急劇轉變中，欲善保家門殊非易事，故才賢子孫，寧隱遁不仕，大族於是日趨式微。

五季時士大夫云：貴不如賤，富不如貧，智不如愚，仕不如閒（侯鯖錄卷八）。可見五代士大夫之意態。然當時大族子弟之隱淪者，史多缺文，現謹舉數人，以見一斑耳：張儁字彥臣，祖父咸有聞於時，唐廣明中，黃巢犯京師，天子幸蜀，士皆竄伏窟穴，以保其生，儁亦晦跡，浮泛不失其風（舊五代史卷二四）。賈氏自唐司空魏國公耽，世貫滄州南皮，子孫稍徙真定，五世祖諒，高祖瑾，曾祖處士諱初，有至性，疾世方亂，守鄉里不肯事四方（宋祁景文集）。杜曉字名遠，京兆杜陵人，祖審權仕唐位至宰相，父讓能官至太尉平章事，乾寧中邠鳳二鎮舉兵犯王畿，讓能被其誣陷，天子不得已，賜死於臨皋驛，曉居喪柴立，幾至滅性，憂滿服幅巾七升，沉跡自廢者將十餘載（舊五代史十八）。鄭遨少好學，敏於文辭。唐昭宗時，見天下已亂，有拂衣遠去之意（五代史記三十四）。宋曾敏行獨醒雜志云：玉笥山，舊多隱君子，皆梁宋以來避亂者也（卷六）。故劉昫謂：自昭宗遷洛之後，梁祖凶勢日滋，唐室舊臣，陰懷主辱之憤，名族之冑，往往有違禍不仕者（舊五代史卷六十）。

所以以大族爲支柱之唐代三百年政府，經此幾十年之動亂，政治人物已脫胎換骨，即以唐代宗室隴西李氏而言，自廣明黃巢亂後，歷中和、光啓、文德、龍化、大順、景祐、乾寧、悉無宗相，居官者不過郡縣長，處鄉里者或爲里胥族（見侯鯖錄卷八引嵐齋集）。此大族淪落之一斑也。

政局之動亂，固足以摧殘大族，然大族子弟猶得退居鄉里，自保其家業，異日或捲土再來。惟戰亂與災荒之蹂躪，則使大族雖欲退保家園而不可得，以往所恃以爲子弟世守之莊業被摧殘，於是大族更一蹶不得復振，其害又甚於政局之轉移也。現請再述唐末五代之戰亂與災荒對大族之摧殘。

考唐代大族，集中於京畿、河南、河北、河東、淮南、山南東等六道，及山南西道之東隅，江南東道之北隅，關內道之東南隅。大概北止范陽，南抵江陵，東至青密，西達鳳翔，而以洛陽、開封爲核心。

大族之居地雖未必爲原來郡望所在地，然當時政治核心在此幾道，雖有遷移，亦不出此區域也，姑按原來郡望之地域計之。唐十五道中閥閱之最盛者，莫若河南道，其次河北，京畿，河東，淮南四道，再次爲關內、山南西等道。據兩唐書列傳及宰相世系表所載籍貫：世居河南道者、有清河崔氏，趙郡南祖、東祖、西祖房李氏（居常山），隴西丹陽房李氏，滎陽鄭氏，瑯琊王氏（徙臨沂），三房祖竇氏（居洛陽），洛陽劉氏，彭城劉氏，河南獨狐氏，河南房氏，瑯琊顏氏，曲阜孔氏，南陽張氏。弘農楊氏，河南元氏，鄴郡源氏（徙河南）。
世居河北道者：有博陵崔氏，范陽盧氏，趙郡遼東房李氏（居襄平），隴西武陽房李氏，東眷房韋氏（居薊城），京兆南皮房韋氏，京兆洹水房杜氏，廣平劉氏，河間張氏，懷州穆氏。
世居京畿道者：有京兆王氏，京兆西眷房韋氏（居京兆杜陵），京兆杜氏，長安于氏，扶風竇氏（居平陵）。
世居河東道者：有太原王氏，河東柳氏，聞喜西眷洗馬兩房裴氏（居聞喜），河東汾陰北祖房薛氏，太原白氏，平陽路氏，蒲州張氏等。
世居江南東道者：如趙郡江夏房李氏（居平春），常州義興蔣氏。吳郡陸氏，吳郡張氏，蘭陵蕭氏，吳郡袁氏，蘇州顧氏。
世居關內道者：如華陰郭氏，安定牛氏。
世居山南東西道者：如聞喜南來吳房裴氏（居襄陽），河東東眷房柳氏（居襄陽），襄陽杜氏，趙郡漢中房李氏。

此區域自晚唐懿宗咸通龐勛之亂起，下迄宋代之統一，一百年間，兵亂災荒最深，被蹂躪最甚。當時之兵亂約可分三種；一爲唐末之民亂，二爲唐末五代之兵爭，三爲契丹之刼掠。大概民亂摧殘最甚者在河南、淮南、山南東、京畿幾區。

僖宗乾符五年，仙芝焚掠江陵（屬山南東道），江陵城舊三十萬戶，至是死者什三四（通鑑二五三）。

乾符六年，尚讓（黃巢帥）進逼江陵，漢宏（江陵守將）大掠江陵，焚蕩殆盡，士民逃竄山谷，會大雪，僵尸滿野（通鑑二五三）。

仙芝引衆歷陳、許（河南道）、襄、鄧（山南東道），無少長皆虜之，衆號三十萬（舊唐書二〇〇下）。

中和三年，中武大將鹿晏弘帥所部自河中南掠襄、鄧、金、洋所過屠滅（屬山南東西道）（通鑑二五五）。

賊將尚讓乘勝入京師……下令洗城，丈夫丁壯殺戮殆盡，流血成渠（舊唐書二〇〇下）。

（巢）掠人爲粮，生沒於碓磑，併骨食之……縱兵四掠，自河南、許、汝、唐、鄧、孟、鄭、汴、曹、濮、徐、袞等數十州，咸被其毒（屬河南、山南東道）（通鑑二五五），

中和四年，時黃巢雖平，秦宗權復熾，命將出兵寇淮南。秦賢侵江南，秦誥陷襄、唐、鄧，孫儒陷東都、孟、陝、虢，張晊陷汝、鄭，盧瑭攻汴宋，所至屠翦焚蕩，殆無孑遺。其殘暴又甚於巢，軍行未始轉粮，車載鹽尸以從。北至衞、滑、西及關輔，東盡靑、齊，南出江、淮，州鎭存者僅保一城，極目千里，無復烟火（見通鑑二五六及舊唐書二〇〇下）。

光啓元年，孫儒據東都月餘，燒宮室、官寺、居民，大掠席捲而去，城中寂無鷄犬（屬京畿道）（通鑑二五六）。

昭宗大順二年（孫儒）悉焚揚州廬舍，盡驅丁壯及婦女渡江，殺老弱以充食（通鑑二五八）。

五代兵爭蹂躪最甚者在淮南、河北、河南幾道；

諸鎮更相伐不息，楊行密、畢師鐸、秦彥、孫儒相窺圖，六七年中，兵革競起，八州（淮南道）之內，掬爲荒榛，圜幅數百里，人烟斷絕（舊五代史一三四）。

燕劉仁恭之拔貝州（屬唐河北道），無少長皆屠之，清水爲之不流，部內男子十五以上，七十以下各自備兵粮以從軍，閭里爲之一空，部內男子無貴賤，並黥其面文曰定霸都，士人黥其臂文曰一心事主，由是燕薊人民，例多黥涅，或伏竄而免（舊五代史一三五）

梁之攻青帥王師範（唐河南道），俘民衆十餘萬，各領負木石，牽牛驢於城南，爲土山，既至合人畜木石，排而築之，冤枉之聲聞數十里，俄而城陷，盡屠其邑人，清河爲之不流（舊五代史十二）。

孟方立以邢、洛、磁三州（河北道）自爲昭義軍，晉數遣李成等出兵以窺山東，三州之人俘掠殆盡，赤地千里，無復耕桑者累年（五代史記四二）

李克用出師攻魏博（唐河北道），屠陷諸邑（舊五史五三）。

梁祖自督軍攻棗强，城陷，屠之（舊五代史二八）。

蔡人日縱侵陳、鄭、許、亳之郊（河南道），頻年大戰，王虔裕掩襲攻拒，凡百餘陣，剿戮生擒，不知紀極（五代史記二三）。

梁開平二年，潞州（河東道），圍守歷年，士民凍死大半（通鑑二六六）。

梁乾化三年，楊師厚與劉守奇將汴、滑、徐、兗、魏、博、邢、洛之兵，十萬，大掠趙境（河北道），所過焚掠（通鑑二六八）。

契丹則刼掠殘殺於河北、河東。

天福九年，契丹入貝州（屬唐河北道），屠其城（唐五代史九五）。

晉齊王開運元年，晉遼失歡，契丹主自澶州北方爲兩軍，一出滄、德，一出深、冀（河北道）而歸，所過焚掠，方廣千里，民物殆盡（通鑑二八四契圖志、舊五代史八二）。

契丹陷內邱縣，屠其城而去（舊五代史一〇三）。

契丹拔相州（河北道），遂屠其城。乾祐中王繼興鎮相州，奏於城中得髑髏十餘萬。

契丹主耶律德光，傾國入寇，南掠邢、洺、磁（河北道），至於安陽河，千里之內，焚剽殆盡（五代史記卷七二）。

順國節度使杜威，久鎮恒州，每契丹數十騎入境，威只閉門登陴，或數騎所掠華人千百過城下，威但瞋目延頸望之，無意邀取，由是虜無所忌憚，屬城多爲所屠，千里之間，暴骨如莽，村落殆盡（通鑑二八四）。

契丹下鄴城，鄴城士庶殍殕者十之六七（舊五代史一〇九）。

兵禍之外，又有天災，災荒之甚者曰水與蝗，水災自梁至周，五十年間圜繞於河南、河北、京畿、淮南幾道，見於五代史記本紀及五代會要者有十四次之多。

1 梁開平四年，青、宋、冀、亳水（五代會要十一）。

2 乾化元年，宋州大水（五代史記十三）。

3唐同光二年秋，天下州縣水災（五代會要十一）。

4同光三年，六月至九月大雨，江決，壞民田。七月洛水泛漲，鄴都奏，御河漲（五代會要十一）。

5同光四年正月勅，自京以東，幅員千里，水潦爲沴（五代會要十一）。

6晉天福四年七月西京大水，伊、洛、瀍、澗皆溢。八月河決，博平、甘陵大水（五代會要十一）。

7唐末帝淸泰元年九月連雨害稼（五代會要十一）。

8晉天福六年九月，河決於滑、邢、兗州奏河水東流，闊七十里（五代會要十一）。

9出帝開運元年六月，黃河、洛河泛溢，壞堤堰。鄭州、原武、榮澤縣界河決（五代會要十一）。

10開運二年，六月河決魚池，七月河決揚劉朝城武德，八月河溢歷亭，九月河決澶滑懷州，大雨霖，河決臨黃，十月河決衞州，丙寅河決原武（五代史記九）。

11漢乾祐元年四月，河決原武。五月河決滑州（五代史記十）。

12乾祐三年六月河決原武（同上）

13周廣順二年七月，暴風雨，京師水深二尺，諸州皆大雨（五代會要十一）。

14廣順三年六月諸州大水，襄州漢江泛溢，大城內水深一丈五尺（五代會要十一）。

蝗旱於晉少帝時爲尤甚，地區亦環繞河南、河北、河東、關內、京畿諸道，此正戰亂之遺毒。

舊五代史於晉少帝一朝（由晉高祖天福七年至少帝開運三年）蝗旱記述獨詳，姑錄之，以概其餘：

1天福七年（舊五代史少帝紀作六年，誤），六月，河南、河北、關西並奏蝗害稼。

2 七月州郡十七蝗。

3 八月河中、河東、河西、徐（河南道），晉（河東道），商（京畿道），汝（都畿道）等州蝗。

4 天福八年，春正月，河南府上言逃戶凡五千三百八十七，餓死者兼之，詔諸道以廩粟賑餓民……時州郡蝗旱，百姓流亡，餓死者千萬計。

5 二月河中（河東道）逃戶凡七千七百五十九，是時天下餓，穀價翔踴，人多餓殍。

6 四月河南、河北、關西諸州旱，蝗，分命使臣捕之。

7 五月丙巳，命宰臣等分詣寺觀禱雨。己亥，飛蝗自北翳天而南……所在旱蝗。

8 六月庚戌，螟蝗爲害……貝州（河北道）奏逃戶凡三千七百。

9 六月庚申開封（河南道）奏飛蝗大下，徧滿山野，草苗木葉，食之皆盡，人多餓死。

10 六月丙寅，陝州（河南道），奏蝗飛入界，傷食五稼及竹木之葉，逃戶凡八千一百……是月諸州郡大蝗，所至草木皆盡。

11 八月辛亥分命朝臣一十三人分檢諸州旱苗，涇（關內道）、青（河南道）、磁、鄴都（河北）共奏逃戶凡五千八百九十。諸縣令佐以天災民餓，携牌印納者五。

12 九月州郡二十七蝗，餓死者數十萬。

13 十二月華州（京畿道）、陝府（河南道）奏逃戶凡一萬二千三百……是冬大餓，河南諸州饑死者二萬六千餘口。

14開運元年正月……天下餓死者數十萬人，詔逐處長吏瘞之。
15三月同、華（京畿道）奏人民相食。
16四月丙寅，隴州（隴右道）奏餓死者五萬六千口。
17五月澤、潞（河東道）上言，餓死者凡五千餘人。
18開運二年六月，兩京及州郡十五並奏旱。
19開運三年三月辛亥，密州（河南道）上言飢民殍者一千五百。
20三月乙亥，宰臣詣寺觀禱雨，曹州（河南道）奏部民相次飢死凡三千人。時河南、河北大饑，殍殆甚衆，沂密兗鄆（河南道）寇盜羣起，所在屯聚剽劫縣邑，吏不能禁。
21五月青州（河南道）奏，全家殍死者一百一十二戶。
22自夏至是（七月）河南、河北諸州郡，餓死者數萬人。

兵荒災歉如此其甚，於是河南城邑殘破，戶不滿百，（五代史記四十五）白骨滿地，荆棘彌望（通鑑二五七），荆南遺民才數百家（通鑑二五七），中原士庶，十室九空（舊唐一二九蕭遘傳）。直至宋太宗時，河南、河北、河東、山南東諸道，瘡痍猶未恢復。陳靖上言曰：今京畿周環二十三州，幅員數千里，地之墾者才十二三（宋史一七三食貨志）。宋仁宗時，天下休息近七十年，而河南戶口才及晚唐會昌時三之一（范仲淹十事疏，第八疏云：觀西京圖經，唐會昌中，河南府有戶一十九萬四千七百餘戶，今河南府主客戶僅七萬五千九百餘。）京西唐鄧之間，荒蕪尤甚，入草莽者十八九，或請徙戶實之，或議置屯田，或欲遂廢唐州爲縣（宋史一七三食貨志）。可見自唐末五代一百年間，此一帶閥閱之故地，只剩一片荒蕪。士人或北入汾晉（舊五代史卷六十李襲吉傳謂：時喪亂之後，衣冠多逃難汾晉間。）或南走南唐（陸游南唐書：蓋自烈祖以來，傾心下士，士之避亂失職者，以唐爲歸。）或西徙入蜀（通鑑二六六云：蜀主雖目不知書，好與書生談論，粗曉其理。是時，唐衣冠之族，多避亂在蜀，蜀主禮而用之，使修舉故事，故其典章文物，有唐之遺風）。故家大族所營治爲子孫素守之莊園，至宋以後，渺不可見，此實唐代門第所遭遇之最大創傷。

二、晚唐貢舉觀念之轉變與流外入官

科舉考試可以汲取寒畯，消融門第，已爲一般通論，無待贅言，然可特別注意者，即晚唐以前，貴胄子弟雖與寒人同試，然以父兄在朝，交相援引，子弟之入選自易。晚唐以後，空氣稍變，主司漸有抑豪門，獎寒畯者。如元和十一年，李涼公下三十三人，皆取寒素（唐摭言卷七）。文宗時，高鍇掌貢三年，抑豪華，擢孤進（舊唐書一六八）。昭宗頗爲孤寒開路，崔凝覆試，但是子弟（公卿子弟）無文章高下，率多退落（唐摭言卷七）。温庭筠主試，憫擢寒苦（唐才子傳八）。長慶元年，錢徽知貢舉，中書舍人李宗閔子婿蘇巢，右補闕楊汝士弟殷士等三十二人皆及第，爲宰相段文昌所奏，指控榜內鄭朗等十四人爲子弟，詔中書舍人王起，知制誥白居易重試，駁放鄭朗、盧公亮等十一人。徽貶江州刺史，宗閔劍州刺史，汝士開江令（舊唐書一六八、容齋隨筆、會要七十六）。會昌四年，權知貢舉王起，奏所放進士有江陵節度使崔元式甥鄭朴，東都留守牛僧孺女婿源重，故相竇易直子綝，監察御史楊收弟嚴，試文合格，但物議以子弟非之（冊府元龜六四一、舊唐書一七七）。武宗時，追榜放顧非熊及第，天下寒酸皆知勸（唐摭言）。此皆右寒畯而抑子弟也。至於高元裕奏請科舉之選，宜與寒士，凡爲子弟，議不可進（見杜牧上宣州高大夫書），則尤爲此種觀念之極端言論。

晚唐，科舉之外，豪族亦有奬掖寒畯者，如李德裕爲寒畯開路，及謫官南去，或有詩曰：八百孤寒齊下淚，一時南望李崖州（見唐摭言）。鄭覃在相，請經術孤單者進用（南部新書丁）。可見誘掖寒士之風，晚唐已漸普遍。

所以當時有公卿子弟確有實藝而主司反避嫌不敢取者，如大中元年，禮部侍郎魏扶奏，所放進士三十三人，其封彥卿、崔琢、鄭延休等三人實有詞藝，爲時所稱，皆以父兄現居重位，不敢選取（會要七十六）。亦有父兄在貴位，子弟避嫌不敢應舉者，如僖宗時王蕘苦學善屬文，以季父王鐸作相避嫌不就拜試（舊唐書一六四王播傳）。宣宗時宰相令狐綯，以身在中樞，子滈避嫌不敢應舉者十九年（見舊唐書一七二令狐楚傳）。咸通中韋保義以兄在相位，不得應舉（唐摭言）。鄭肅、封敖子弟皆有才，以避嫌不敢應舉（新唐書四十四）。因此晚唐以後，寒士入選漸多。而主司因貢舉而引起之爭論常見（見舊唐書一六四王播傳，及唐會要七十六），此實含有貴勢與寒畯競爭之意味，亦寒族漸抬頭之反映也。

關於貢舉考試與寒人上進之關係，陳寅恪氏已先言之，然陳氏着眼於明經進士兩科之進退，認爲明經代表舊族，進士代表新門，故謂明經進士兩科之進退，即可見舊族新門之升沉轉換（見陳氏唐代政治史述論稿．政治革命及黨派分野）。然考唐代自安史亂後，史傳人物由進士上達者共二六八人，其中屬於名族及公卿子弟者竟達二〇五人，佔總數70%（以舊唐書爲準，詳細人名見註四十六），舊族中一時之名德如李揆、楊綰、崔祐甫、賈耽、鄭餘慶、杜黃裳、鄭絪、裴垍、李絳、韋貫之、裴度、崔羣、令狐楚、蕭俛、韋處厚、李石、蕭倣、裴坦、鄭畋、鄭從讜、蕭遘、孔緯等皆由進士上達，此豈得謂進士科代表新門？故陳氏之論，實未盡詳審也。然而自中唐以後，文風漸盛，進士科日受社會重視 ，南人以靈秀之姿及六朝以來文學傳統，嶄然從進士科露頭角，故中唐以後，南方寒士入官較中唐以前比例增多，所以謂晚唐進士科之盛，可以覘南方寒士上進之趨勢則可，若遽以晚唐進士科代表寒族則未可也 。大抵南人重進士之趨勢至宋而益明，歐陽修謂東南之俗好文，故進士多而經學少，西北之人尚質，故進士少而經學多，正謂此也。然無論進士與明經。實均足以汲取寒人，則可無疑也。

現試以舊唐書與宋史為據，列唐肅宗至昭宣帝及宋太祖至欽宗兩代貢舉人數及其所屬之階層於後，藉以觀察此制度對於汲取寒晙之作用。

	科舉總人數	名族公卿			中等家庭				寒族			
		名族子弟	公卿子弟	合計	士族子弟	軍校子弟	豪右子弟	合計	農民子弟	浮客	本傳不及家世逕由科舉上達	合計
唐（肅宗至昭宣帝）	301	213	16	229 76·4%	44			44 14·3%		2	26	28 9·3%
宋（太祖至欽宗）	632	21	60	81 13%	177	1	4	182 28·6%	2	13	354	369 58·4%

詳細人名見註（四十六）

根據上項統計，唐宋兩代之名族貴胄、中等家庭、與寒族三者，由貢舉出身之數字恰倒轉。晚唐名族公卿由貢舉進者佔76.4%，至宋代跌至13%；寒族則晚唐僅佔9.3%，北宋時增至58.4%。此現象不僅可以表示社會之轉變，同時可以表示科舉制度汲引寒士之效用，愈久而愈見，實爲唐宋間使舊門新進起代謝作用之一導管也。

寒士之上進，除上述貢舉一途以外，尙有以吏補官。然以吏補官常爲治史者所漠視，其實唐代以吏入仕者其數量尤多於科舉也。

據登科記所載，唐代二百八十九年中登科者不過八千二百四十一人，其中秀才三十人，進士六千六百二十人，諸科舉人共一千五百九十一人（通考二十九）。然唐代內外官員不下一萬四千。

顯慶二年，劉祥道言，今內外文武官一品以下　，九品以上，一萬三千四百六十五員（唐會要七十四）。通典卷四十職官云：「內外文武官員凡萬八千八百五。文官萬四千七百七十四，武官四千三十一」。又裴度言，今天下設官一萬八千（唐語林三）。通典及劉祥道所記數字極詳，當不誤。裴度之言，與通典亦相應，可知三者俱實紀也。蓋劉祥道所記者爲高宗時數目，而杜佑及裴度所記者爲開元以後數目，以此計之，唐代官員大數不下一萬四千也。

假設每人平均服官三十年，則一萬四千人於三十年間畧盡，以是計之，唐代二百八十九年應有官員約一十四萬，而由貢舉上達者不過八千餘，且唐代入官尙須經吏部試，是入官之數，猶不及此也。然則由貢舉出身者至多不過佔總數百分之六耳。其餘百分之九十四盡由他途。

所謂他途，由胥吏補入其一也。

唐入仕之路最重要者不外三途，一由貢舉，一由門蔭，一由胥吏入流。舊唐書四十二云：有唐以來出身入仕者著令有秀才、明經、進士、明法書算（此貢舉也），其次以流外入流（此由胥吏補入也），若以門資入仕則先授親勳翊衛，亦悉隨文武簡入選例，又有齋郎品子勳官及五等封爵屯官之屬（此由門蔭也）。

所以吏部銓選別有流外銓，謂之小選，由兵、吏部郎官主之（見六典卷二），考滿有入流授職事官或授散品官者（同上）。

唐武德初，天下初定，京師羅貴，遠人不願仕流外，始於諸州調佐史及朝集典充選，不獲已而爲之，遂促年限，優以叙次，六七年有至本司主事及上縣尉者，自此以後，遂爲宦途。又高宗永徽時，吏部侍郎劉祥道上言：三省都事、主事、主書，比選補皆取流外有刀筆者。又云三省都事、主事處兩省樞機之地，尚書百政之本，仍以流外入補（通考三十五）。故乾封三年十月勅司戎諸色考滿，又選司諸色考滿入流，並兼試一經一史，然後授官（唐會要七十五）。當時雖以此引爲談柄，然亦可見重視流外入官也。又封氏聞見記卷三云：「舊良醞署丞、門下典儀、大樂署丞，皆流外之任。國初東皐子王績，始爲良醞丞，太宗朝李義甫始爲典儀府，中宗時余從叔希顏始爲大樂丞，三官從此爲清流所處。」可見流內流外之界線，唐初並不嚴格也。又唐摭言：「開元中薛據自恃才名，於吏部參選，請授萬年錄事，諸流外官共見執宰訴云：錄事是某等清要官，今被進士欲奪，則某等色人，無措手足矣，遂罷。」按萬年屬京縣，錄事從九品下（據舊唐職官志），可見開元時流外有任九品京縣錄事者。

此種由吏補官，每年之詳細數目，因史文缺略，未可詳考，然以書傳推想之，爲數必不少也。垂拱元年七月，鸞臺侍郎兼天官侍郎魏元同以吏部選舉不得其人，上表曰：「今諸色入流，歲有千計」（唐會要七十四）。國子祭酒楊瑒上言：「省司奏，限天下明經進士及第，每年不過百人，竊見流外出身，每歲二千餘人，而明經進士，不能居其什一，則是服勤道業之士，不如胥吏之得仕也」（唐會要七十五）。

顯慶二年，黃門侍郎知吏部選事劉祥道上疏曰：今之選司取士，傷多且濫　，每年入流，歲過一千四百（會要七十四）。又「太和八年正月，勅吏部疏理諸色入仕人等，令勘會諸司流外令史，府史，掌固禮生，楷書，醫工，及諸司流外令史（？）等，總一千九百七十二員。六百五十七員請權停，一千三百一十五員請令諸司守缺。除見在外，以後不得更置」。合此四條觀之，前三條魏元同、楊瑒、劉祥道之言，或疑包括門蔭在內，第四條則純指胥吏也。然則胥吏入流，數固不少。

試再以通典所載官吏人數勘對之。通典卷四十職官二十二，於列舉文武官流內九品、視流內、及流外九品官名後云：「右內外文武官員，凡萬八千八百。內職掌：齋郎、府史、亭長、掌固、主膳、幕士、習馭、駕士、門僕、陵戶、樂工、供膳、獸醫學生……親事、帳內等。外職掌：州縣倉督、錄事、佐史、府史、典獄、門事、執刀、白直、市令、市丞、助教、津史、里正及嶽廟齋郎，並折衝府旅師隊正隊副等總三十四萬九千八百六十三，都計文武官員及諸色胥吏等總三十六萬八千六百六十八人。」是全國內外胥吏共三十四萬餘。其中內職掌如齋郎、親事、帳內等多品官子弟。而外職掌州縣倉督錄事、佐史、府史、典獄等皆州縣胥吏，率多寒人爲之。其數目如此之大，每年能按資格入流者，斷當不少也。

然胥吏由流外入官雖多，其遷調之遲速難易與任官種類，均與科舉門蔭者不同。於是由科舉門蔭者浮於政府上層。自吏補官者沉於政府下位，故史傳所載人物，由小吏出身者，百無一二（晚唐列傳中由小吏出身者，惟見田神功，白志貞，劉玄佐，劉栖楚，諸葛爽五人），至讀史者多忽畧之，其實龐大之政府下層人員，儘多此輩。胥吏一入仕途，其本身雖限於資歷，　未得顯達，然終身服官，　子孫亦必以讀書入仕爲職志，故子弟多能由科舉上達。史傳中之人物，凡無家世可列，或父祖卑官，惟恃一第入仕者，其家庭多此類也。所以晚唐政府中之人物俊彥，雖尚多門第中人，其實政府下層人物，已在暗中偷換也。

此外唐末五代寒士之進身，尚有一廣途，卽爲藩府之辟置也。唐代用人之權，原則上在中央，庶官五品以上，制勅命之，六品以下旨授，旨授者由吏部銓材授職（見陸宣公奏議七・卅三），藩府不得自行辟置。故武后時天官侍郎魏玄同請復古辟署之法，不報（新唐書四十五）。德宗時，試太常寺協律郎沈旣濟，請六品以下或僚佐之屬，聽州府辟用，天子雖嘉其言，而重於改作，訖不能用（同上）。然究其實，自中唐以後，藩府權重，士人常白衣辟爲賓從，由此而上達者頗多。韓愈云：今節度觀察使及防禦營田諸小使等尚得自舉判官，無閒於已仕未仕（見全唐文五五一・韓愈復上宰相書）。是觀察使等卽可辟舉白衣。

房孺復，年二十，淮南節度使陳少遊辟爲從事（舊唐書一一一）。魯炅，涉獵書史，天寶六年，隴右節度哥舒翰引爲別奏（舊唐書一一四）。李少昂以吏用，早從元載使幕（舊唐書一一八。）崔造好談經濟之畧，浙西觀察使李栖筠引爲賓從（舊唐書一三〇）。馬炫少以儒學聞於時，隱居蘇門山，至德宗時李光弼鎭太原，辟爲掌書記（舊唐書一三四）。齊抗少隱會稽剡中，讀書爲文，長於牋奏，大曆中壽州刺史張鎰辟爲判官（舊唐書一三六）。張封建，好談論，慷慨負氣。大曆初，道州刺史裴虬荐於觀察使韋之晉，辟爲參謀（舊唐書一四〇）。盧羣少好讀書，初學於太安山，淮南節度使陳少遊聞其名，辟爲從事（舊唐書一四〇）。李觀，以策干郭子儀，子儀令佐坊州刺史吳伷充防遏使（舊唐書一四四）。盧徵，少涉獵書記，永泰中，劉晏辟爲從事（舊唐書一四六）。李藩四十餘未仕，讀書揚州，杜亞居守東都，以故人子署爲從事（

舊唐書一四八）。劉昌裔少遊三蜀，楊琳之亂，昌裔說其歸順。及琳洛州刺史，以昌裔爲從事（舊唐書一五一）。趙昌，李承昭爲昭義節度，辟昌在幕府（舊唐書一五一）。孔戡，盧從史鎮澤潞，辟爲書記（舊唐書一五四）。薛戎，不求聞達，居於毗陵之陽羨山，江西觀察使李衡辟爲從事（舊唐書一五五）。韓弘，少孤依母族，事玄佐爲州椽（舊唐書一五六）。孟郊，少隱於嵩山稱處士，鄭餘慶辟爲賓佐（舊唐書一六〇）。楊元卿，白衣謁見吳少誠，處以劇縣，旋辟爲從事（舊唐書一六一）。王堯，乾符初，崔瓘廉察湖南，辟爲從事（舊唐書一六四）。

此外更有辟爲軍吏者，此於唐末五代爲尤衆，大抵辟爲官佐賓從者公卿子弟與寒士相雜，辟爲軍吏者則率爲寒素。

現試據舊唐書及舊五代史將安史亂後迄於後周二〇四年中，由藩府辟置而上達之數字列後：

一，本傳不及家世而逕由藩府辟爲賓從者：　一二一人（註四十七）

二，家世爲農民或爲浮客由藩府辟置上達者：　二人（註四十八）

三，本傳不及家世而逕由藩府署爲軍校者：　一五〇人（註四十九）

四，家世爲農民或爲浮客由藩府署爲軍校上達者：　三四人（註五十）

四者共一九八人。可見藩府之辟置爲晚唐五代寒人上進之一廣途。

寒人上進者愈多，於是門族之勢力愈減，故貢舉、吏補、與辟置實促使唐末五代大族寒人交替之一大端也。

三、唐末五代私門教育之衰落與社會教育之代興

唐末五代知識教育所以日趨社會化者：一由於私人講學再興。一由於僧寺道觀兼施社會教育。此兩者正與門第家學之衰落相交替。考隋唐之際，私人講學頗盛。

私人講學之著者如：王通講學於白牛谿，北面受學者皆時偉人（見唐語林卷一）。王恭教授鄉閭弟子數百人（新唐書一九八）。馬嘉運退隱白鹿山，諸方來受業者至千人（新唐書一九八）。秦景通，與弟暐尤精漢書，當時習漢書者皆宗師之，（舊唐書二九四）。曹憲揚州江都人，每聚徒教授，諸生數百人，當時公卿已下亦多從之受業（舊唐書一九八上）。此外如朱子奢從顧彪習春秋左氏傳（舊唐書一八九上）。陸德明受學於周弘正（舊唐書一三九）。蓋文達受學於劉焯（舊唐書一八九上）。李玄植受三禮於賈公彥（舊唐書一八九）。

貞觀以後，諸州縣均設學校，百姓不得隨便設私學（通考四六）。於是宿學名儒多轉為學官。賈公彥為太學博士，李玄植為太子文學弘文館直學士（舊唐書一八九）。秦景通為太子洗馬兼崇賢館學士為漢書學者（仝上）。

然私學並未廢絕（睿宗時國子博士尹知章，雖居吏職，歸家講授不輟（見舊唐書一八九）。開元時，盧浩然還山，廣其學廬，聚徒肄業（見廣川書跋））。自則天以後，官學漸壞，學堂荒穢（陳子昂語）。開元時，乃除私學之禁（唐會要卷三十五），及安史亂後，國學益衰，於是私家講學再盛。

如王質居壽春……專以講學為事，門人受業者大集其門（舊唐書一六三）。楊遺直，客於蘇州，講學為事

（舊唐書一七七）。竇常居於廣陵之柳楊，結廬種樹，以講學著書爲業（舊唐書一五五）。唐五經，咸通中，聚徒五百輩，以束修自給，優遊卒歲，有西河濟南之風（北夢瑣言卷三）。范質父遇，九歲能屬文，十三治尚書，教授生徒（宋史二四九）。孫鎰，唐末，秦宗權據州，强以賓佐起之，鎰僞疾不應，還家以講授爲業（宋史三〇六）。劉太眞定州人，少師事詞人蕭穎士（舊唐書一三七）。陸質吳郡人，少師書趙匡，匡師啖助，助，匡皆爲異儒，頗傳其學。

迨及五代，儒者多不得意於政治舞臺，於是類多以治經講學爲職志，當時史傳所謂「業儒」者，大多此類也。此種私人講學實促使教育社會化之第一種力量。

宋史戚同文傳：「同文，宋之楚丘人，時晉末喪亂，絕意祿仕，且思見混一，遂以同文爲名。楊慤嘗勉之任，同文曰，長者不仕，同文亦不仕。慤依將軍趙直家，直爲同文築室聚徒，請益之人，不遠千里而至」。又薛融以儒學爲業（見舊五代史九三）。陳陶世居嶺表，以儒業名家（馬令南唐書）。馮道，其先爲農爲儒，不恒其業（舊五代史一二六）。此所謂以儒爲業，以儒學名家者，想亦以治經教學爲職志也。

五代輕儒，儒者多隱淪不達，故見於史傳者極少，惟藉一斑以窺全豹耳。

與私人講學同時興起者爲寺廟與道觀之教育。

唐代佛教、道教均盛，佛寺道觀之莊田尤多（通鑑會昌五年，祠部奏：天下寺四千六百，蘭若四萬，及武宗毀佛，收良田數千萬頃。宣宗大中元年，皆復其舊。）所以士人之隨僧齋粥，論學讀書而至通顯者，時有所聞。

韋昭度少貧窶，常依左街僧齋粥，其後相昭宗。王播嘗客揚州惠昭寺木蘭院，隨僧齋餐，其後相文宗。除商寓中條山萬固寺讀書，隨僧洗鉢，其後相懿宗（俱見唐摭言卷七）。此外如盧羣，少好讀書，初學於太安山（舊唐書一四〇）。張渭，少讀書於嵩山（唐才子傳）。呂温，薛大信讀書於廣陵之靈巖寺（全唐文卷六二八，呂温送薛大信歸臨晉序）。李紳肄業於無錫慧山寺（全唐文八一六，李濬慧山寺家山記）。李端少時居廬山，依皎然讀書（唐才子傳）。李蠙習業於常州善權寺（全唐七八八李蠙請自出俸錢收贖善權寺奏）。莊南傑與賈島同時，曾從受學（唐才子傳）。伍喬少居廬山讀書（唐才子傳）。李隲肄業於無錫惠山寺（全唐文七二四，李隲題惠山寺詩序）。王正言早孤，從沙門學（舊五代史六九）。許淹者潤州勾容人，少出家爲僧，後又還俗，博物洽聞，尤精詁訓，撰文選音十卷，（舊唐書一八九上），劉軻少爲僧，隱於廬山，既而進士登第，文章與韓柳齊名（唐摭言十一）。

當時之僧寺道觀，疑或設有義學以啓蒙童稚。

舊書裴休傳：「裴家世奉佛，休尤深於釋典，太原鳳翔近名山，多僧寺，視事之隙，遊踐山林，與義學僧講求佛理。」舊書文苑傳下：「吳道玄海州人，父道瓘爲道士，善教誘童孺」。又樊川文集九：「范陽盧生，入王屋山，請諸道士觀，道士憐之，置之門外廡下，席地而處，始聞孝經論語。」觀此三條頗疑當時之寺觀設有義學，以啓蒙童稚者。

至五代以後，社會益亂離，貧寒子弟有出家爲僧道，在寺觀受教育，至成長然後出仕者。

張策，自小從學浮圖，廣明庚子之亂，策謂時事更變，求就貢籍（唐摭言十一）。聶嶼鄴中人，少爲僧，漸學吟詠。及後至河東節度（舊五代史七十三）。孫晟，好學有文辭，尤長於詩，少爲道士，後事李昇父子，官至司空（五代史記三三）。周元豹少爲僧，後至光祿卿（舊五代史七十一）。張鵬幼爲僧，知書，有口辯，後至鎭州副使（舊五代史一〇六）。

是僧寺道觀儼然爲社會寒族之一教育機構也。

大抵晚唐以後，私學不外三途，除私人講學與寺觀教育之外卽爲大族之家學。然經唐末五代之大亂，大族之私莊盡被摧殘。於是家門之私學，漸爲帶有社會性之私人講學與寺觀教育所代替，知識教育之權衡既轉移於社會，寒人抬頭之機會益多。社會對此類教育之要求益急，私家講學與寺觀教育，日趨發達，而又日趨合流。乃有大規模之山林講學事業出現。

長白山有講肆出現。「高漢筠少好書傳，嘗詣長白山講肆」（舊五代史九四，五代史記三三均同）。大抵講肆中師傅已不止一人也。廬山亦爲學者聚講之地，如毛炳隱居於廬山，時爲諸生講（陸游南唐書）。陳貺性沈澹，志操古樸，一臥廬山三十年，學者多師焉（馬令南唐書）。中條山尤爲學者淵藪，如「段維，聞中條山書生淵藪，因往請益，衆以其年長，猶未發蒙，不與授經，或曰：以律詩百餘篇，俾其諷誦，翌日，維悉能强記，諸生異之……因授考經，自是未半載，維博覽經籍，下筆成文……咸通乾符中，聲名籍甚」（唐摭言十）。

山林講學進一步發展，卽爲社會性之書院。

書院不但有名師，有圖書，有學舍以居諸生，而且有廩以給諸生，有名之白鹿洞、睢陽、嵩陽、嶽麓四大書院乃於此時出現。

廬山白鹿洞書院，元係唐朝李渤隱居之所，南唐之世，因建書院，買田以給生徒，立師以掌教導，號為國學，四方之士多來受業……至國初時學徒猶數十百」（朱熹申修白鹿洞書院狀）。

睢陽書院原為戚同文講學之所，大中祥符二年，府民曹誠即同文舊居旁造舍百餘區，聚書數千卷，延生徒講習甚盛，詔賜額為本府書院（宋史卷四五七同戚文傳）。

嵩陽書院建於五代後周，宋至道三年賜名太室書院，藏九經其中。宋景祐二年，敕西京重修，更名嵩陽書院，王曾奏置院長，給田一頃供爨（登封縣志）。

嶽麓書院於開寶中郡守朱洞首度基創宇，以待四方學者，歷四十有一載，居益加葺，生益加多……祥符八年……詔以嶽麓書院名，增賜中秘書，於是書院之稱，始聞於天下（張栻嶽麓書院記）。

至此，唐代帶有貴族味之家學與國學乃為純平民化之書院所代替，社會教育乃走上一條新道路。（寺觀本非教育機構，而使之擔負教育使命者，正社會轉變中一過渡階段也）。

配合社會教育之推進者，厥為印刷術之進步與書籍流佈之廣闊。

印刷術之發明或言始於隋，或言始於唐，　近人爭論頗多。然印刷術之應用，至晚唐始廣，且所刊印者，尚限於小集、詩歌、字書小學、陰陽占夢之書，正式印刊經史鉅著，則始見於五代。

中唐以後，記錄印刻者頗多：如元稹白氏長慶集序注：「楊越間多作書，模勒樂天及予雜詩，賣於市肆之中」（元氏長慶集五）。大中九年勅諸道府不得私置曆日版（舊唐書一七下文宗紀）。司空圖有「為東都講律僧惠確化募雕刻律疏文」並言印本八百紙（一鳴集九）。唐語林七謂：「僖宗入蜀，太史曆本不及江東，而市有印貨者。」柳玭訓序言在蜀時，嘗閱書肆所鬻書，多陰陽雜記占夢相宅九言五緯之流，又有字學小書，率雕版印紙，浸染不可曉。可見當時之刻印，率爲應俗小書耳，經史鉅鈔，尚未見也。揮麈錄云：「毋昭裔貧時，嘗借文選於交遊間，其人有難色，發憤異日若貴，當板以鏤之遺學者，後仕王蜀爲宰相，遂踐其言。」然則毋昭裔之前，文選尚未版鏤。文選爲唐代士子必讀之書，尚且如此，則其他經史必無鏤刻也。考九經之板刻，始見於五代後唐長興三年，馮道、李愚奏請依石經文字刻九經印板（見五代會要卷、近事會文卷三）。其後漢隱帝乾祐元年五月國子監奏：周禮、儀禮、公羊、穀梁四經未有印，欲集學官校彫造（舊五代史一〇一，近事會元卷三）。是九經後唐纔刻五經耳，九經之板至後周太祖廣順三年六月始成（通鑑二九一）。自始刻至板成，綿歷二十八年。此外毋昭裔在蜀出私財百萬營學館，且請刻板印九經（通鑑二九一）。九經流佈始廣。

自板印經史之流行，寒士得書日易，此與教育之普及，相輔相成。當時尤有一事可注意者，即書籍之保存，多在東南，此區域均爲寒士之新土。北方大族之舊鄉，書籍反見殘缺。

明宗長興二年，史館募購大中至天祐四朝實錄不得，奏云：「勅命雖頒于數月，圖書未貢於一篇，蓋以北土州城，久罹兵火，遂成滅絕，雖可訪求，切恐歲月漸深，耳目不接，長爲闕典，過在攸司。伏念江表列藩，湖南奧壤，至於閩越，方屬勳賢，戈鋋自擾於中原，屏翰悉存於外府，固多奇士，富有羣書，其兩浙福建湖廣伏乞詔旨委各於本道采訪宣宗、懿宗、僖宗、昭宗以上四朝野史及遂朝日歷，銀臺事宜，內外制詞，百司沿革簿籍，不限卷數，據有者抄錄上進，若民間收得，或隱士撰成，即令各列姓名，請議爵賞。」（五代會要卷十八）。北方書籍之殘缺可見。

所以五代時私人藏書，不聚於故家大族，反多見於新起之武臣。

五代所見之私人藏書如羅紹威聚書萬卷〔紹威父宏信爲馬牧監，事節度使樂彥貞，紹威亦以武幹起爲藩牧（見舊五代史十四）〕趙匡凝聚書數千卷〔匡凝父德諲，初事秦宗權爲列校（見舊五代史卷十七，五代史記四一）〕。王都好聚圖書，多至三萬卷〔王都本姓列，中山陘邑人，初有妖人李應之得於村落間，養爲己子（見舊五代史五四）〕。韓惲聚書數千卷（惲世代太原，昆仲爲軍職（見舊五代史卷九二）〕。翟光鄴好聚書〔光鄴父景珂戰死，光鄴幼侍後唐明宗，歷遷軍職（見舊五代史一二九）〕。王師範聚書至萬卷〔師範父敬武爲平盧軍牙將，後以興逐平盧節度使安師儒自爲留後，師範爲平盧帥（五代史記四二）〕。

至宋，藏書之豐，多在新門，其數量動以萬計。

吳延祚、王顯、郭延澤、周起、宋綬、彭乘等皆藏書萬餘卷（見宋史卷二五七、二六八、二七一、二八八、二九一、二九七）。宋敏求至藏書三萬卷（宋史卷二九一）。王欽臣、楊紘皆數萬卷（宋史卷二九四）。周密齊東野語卷十二云：「宋室承平時，如南都戚氏、歷陽沈氏、廬山李氏、九江陳氏、番易吳氏、王文康、李文正、宋宣獻、晁以道、劉壯輿皆號藏書之富。邯鄲李淑五十七類二萬三千一百八十餘卷。田鎬三萬卷。昭德晁氏二萬四千五百卷。南都王仲至四萬三千餘卷，而類書浩博，若太平御覽之類復不與焉，次如曾南丰及李氏山房亦皆一二萬卷」。此類藏書，於數代之後，率多分散不聚於一家。齊東野語又云：至若吾鄉故家，如石林葉氏、賀氏皆號藏書至十萬卷，其後齊齋倪氏、月河莫氏、竹齋沈氏、程氏、賀氏皆號藏書之富，各不下數萬餘卷，亦皆散失無遺。近年惟貞齋陳氏書最多……近亦散失，至如秀嵓東窗鳳山三李、高氏、牟氏皆蜀人，號爲史家，所藏僻書尤多，今亦已無餘矣」（卷十二）。龎元英文昌雜錄云：「夏英公家有早綾標六典一部，唐舊本也，嘗問其孫朝請大夫伯孫，書在何處？云昨分書，不知誰院得之」（卷三）。可知聚書之分散者，大抵流散各家而已，此實與知識普及不相背也。

於是書籍之流佈與教育之普及乃相煽而盛。從此教育成社會之公器，無人得而私佔。此實晚唐至北宋知識教育之一大轉換。

第三節　北宋舊門第之消融與社會新士人之興起

由於上述諸因，唐代之高門大族乃日趨消融，五代距唐不遠，故尚可見諸大族之殘影，然人才之庸下，已逈非唐時面目。

舊五代史五百八十四傳中（宗室與后妃除外）屬於唐代大族者尚有四十餘人（姓名詳附表）。然人才大率庸陋。如：

崔協爲唐清河小房崔氏，父彥融，行止鄙雜，路遺中貴人。協，少識文字，人謂之沒字碑，爲御史中丞，憲司舉奏，多以文字錯誤，屢受責罰，而器宇宏爽，高談虛論，多不近理，時人以爲虛有其表。及爲宰相，廟堂秉筆，假手於人，其膚淺常爲左右所笑（雜見舊五代史卷五八、五代史記二八、北夢瑣言）。

盧程（舊五代史本傳云唐朝舊族，柳璨陷右族，程避地河朔，當爲范陽盧也）。褊淺無他才，惟務恃門第，口多是非，篤厚君子尤薄之。莊宗嘗於帳中召程草奏，程曰叨忝成名，不嫺筆硯。時張承業專制河東留守事，舊例支使監諸廩出納，程訴於承業曰，此事非僕所長。承業叱之曰公稱文士，即合飛文染翰以濟霸國，嘗命草辭，自陳短拙。及留職務，又以爲辭何也？程垂涕謝之。及爲相，尤妄誕。莊宗謂郭崇韜曰：朕誤相此癡物（見舊五代史卷六七，五代史記二八）。

鄭受益唐宰相餘慶之曾孫，阿法射利，冀爲生生之資，又素恃問望，陵轢同幕，內姦外直……及贓汚事發，騰於衆口（舊五代史九十六）。

李鏻（隴西李）爲莊宗霸府支使，受富民李守恭賂，署爲陵台令，又嘗權典選部，銓綜失序，物論非之（舊五代史一〇八）。

楊凝式（世系表屬弘農楊氏，楊涉之子）雖仕歷五代，以心疾閒居，時人目爲風子（五代史補）。

趙光允（京兆趙氏）與韋說並拜平章事，光允生於季末，漸染時風，雖欲躍鱗振翮，仰希前輩，然才力無餘，未能恢遠，同列既匪博通，見其浮譚橫議，莫之測也（舊五代史五八）。

豆盧革（宣和書譜云失其世系，舊五代史謂名家子，疑爲唐之河東豆盧氏）。素不學問，同光初，拜平章事，及登廊廟，事多錯亂，至於官階擬議，前後倒置（舊五代史六七，五代史記二八）。

韋說（本傳不書籍貫，云以流品自高，疑爲杜陵韋也）豆盧革引爲宰相，革以說能知前朝故事，故引以爲己佐，而說亦無學術，徒以流品自高（五代史記二十八）。

趙熙唐宰相齊國公光逢之猶子。 契丹入汴，遣使放晉州，率配豪氏錢幣以實行囊，始受節之日，條制甚嚴，熙出於衣冠之族，性素輕急，既畏契丹峻法，乃窮力搜索，人甚苦之（舊五代史九十三）。

孔崇弼，唐僖宗宰相緯之子(曲阜孔氏)，無他才，但能談笑戲玩人物，揚眉抵掌取悅於人(舊五代史九六)。

袁象先自稱袁恕己（樂陵袁氏）之後，爲梁祖之甥，恃梁祖之勢， 所至藩府侵刻， 誅求尤甚，以家財巨萬。莊宗初定河南，象先率先入覲，輦珍幣數十萬，遍賂權貴及劉皇后（舊五代史五九）。

張策衣冠子弟，無故出家，不能參禪訪道，抗命塵外，乃於御簾前進詩，希望恩澤（北夢瑣言）。

至北宋，唐代之大族幾銷聲匿跡，宋史一一九四人中（至欽宗止）其世系源出於唐代大族者，纔得十姓三十二人，其中或則式微與寒賤無異。

如陶穀，本姓唐，避晉祖諱改焉。歷北齊、隋、唐爲名族。祖彥謙，歷慈絳澧三州刺史，有詩名，自號鹿門先生，父渙夷州刺史，唐季之亂，爲邠師楊崇本所害，時穀尚幼，隨母柳氏育崇本家十餘歲（宋史二六九）。

張藏英涿州范陽人，自言唐相嘉貞之後，唐末舉族爲賊孫居道所害。藏英年十七，僅以身免。逢居道於幽州市，引佩刀刺之不死，爲吏所執，節帥趙德鈞壯之，釋而不問，以補牙職（宋史二七一）。

或則流移，失其故業。

李濤，京兆萬年人，唐敬宗子郇王瑋十世孫，祖鎮臨濮令，父元將作監。朱梁革命，元以宗室懼禍，挈濤避地湖南依馬殷（宋史二六二）。

王易簡，京兆萬年人。曾祖胐，唐劍州刺史。祖遠，連州刺史。父貫，唐州刺史。易簡少好學，工詩，會僖宗幸蜀，長安兵亂，避地山居（宋史二六二）。

劉溫叟，河南洛陽人，唐武德功臣政會之後。叔祖崇望相昭宗，父岳後唐太常卿。溫叟七歲……時岳退洛中，語家人曰……吾兒風骨秀異……今世艱未息，得與老夫皆爲溫洛之叟足矣（宋史二六二）。

楊大雅，唐靖恭楊虞卿之後，虞卿孫承休，唐天祐初以尚書刑部員外郎，爲吳越國冊禮副使，楊行密據江淮，道阻不克歸，遂家錢塘（宋史三〇〇）。

孔承恭，京兆萬年人，爲唐孔戣五世孫，唐昭宗東遷，舉族隨之，遂占籍河南（宋史二七六）。

王著，自言唐相石泉公方慶之後，世家京兆渭南。祖賁，廣明中，從僖宗入蜀，遂爲成都人（宋史二九六）。

薛映，唐中書令元超八世孫，後家於蜀（宋史三〇五）。

楊偕，唐左僕射於陵六世孫，父守慶仕廣南劉氏（宋史三〇〇）。

李廸，其先趙郡人，後徙幽州，曾祖在欽，避五代亂，又徙家濮（宋史三一〇）。

現謹依據舊唐書、新唐書世系表、舊五代史、宋史，將中晚唐、五代、北宋大族人物之可考者列出，以明唐代大族衰微之情況。

名族	中唐以後人物	五代人物	北宋人物
1 博陵崔氏	崔渙、崔縱、崔光遠、崔瓘、崔祐甫、崔植、崔俊、崔漢衡、崔造、崔損、崔元翰、崔戎、崔元畧、崔鉉、崔沆、崔元受、崔元式、崔元儒	崔沂、（崔鉉孫子）崔貽孫、（崔元亮子）崔棁。	

	儒、崔弘禮、崔珙、崔琯、崔璿、崔璪、崔璵、崔球、崔澹、崔遠。	
2清河崔氏	崔圓、崔邠、崔鄯、崔郾、崔鄲、崔羣、崔龜從、崔愼由、崔安潛、崔能、崔彥曾、崔胤、崔彥昭、崔昭緯。	崔協。
3范陽盧氏	盧惎、盧從史（本傳云，其先自元魏以來，冠冕頗盛疑爲范陽盧也，故附於此。）盧杞、盧元輔、盧邁、盧羣、盧徵、盧坦、（世系表不載本傳云山東右姓，故附於此。）盧簡辭、	盧曾、盧汝弼（盧簡求之子）、盧程、盧導、盧損。

	盧簡能、盧弘正、盧簡求、盧知猷、盧嗣業、盧汝弼、盧商、盧鈞、盧携、盧士玫。		
4 趙郡李氏	李承、李巽、李泌（本傳書籍遼東，世系表入趙郡遼東房）、李繁、李芃、李澄（本傳書遼東襄平，世系表入趙郡遼東房）、李元素、李觀、李若初、李吉甫、李藩、李遜、李建、李鄘（本傳籍江夏，世系表入趙郡江夏房）、李珙（本傳不書籍貫，惟曰山東甲姓，代修婚姻）、李虞仲、李	李敬義（李德裕之後）、李德休（李絳之後）。	李廸、李東之、李肅之、李承之、李及之、李孝基、李孝壽、李孝稱。李熙靖（李德裕九世孫）

	絳、李渤、李紳（本傳籍潤州無錫，本山東著姓。世系表列趙郡南祖房）、李珏、李固言、李德裕。		
5 隴西李氏	李暠、李齊物、李復、李若水、李嶙、李國貞、李錡、李恒、李嶧、李峴、李巨、李則之、李揆、李涵、李元平、李勉、李皐、李象古、李道古、李晟、李愿、李愬、李聽、李甚、李憑、李恕、李益、李齊運、李實、李翺、李賀、李說、李	李珽、李琪、李襲吉（自言爲李林甫之後。）、李懌（本傳籍京兆，祖蓺黔南觀察使，父昭，戶部尚書。世系表隴西李有遷京兆者，疑此即由隴遷京兆）、李專美（本傳書京兆張全義謂爲名族之後，疑亦隴西之遷京兆者）、李郁（唐之宗室）、李鏻（唐之宗室）。	李濤（本傳書京兆，唐之宗室）、李澣、李仲容（本傳書京兆，唐之宗室）、李諮、李宥（本傳書青人，唐之後裔）。

	訓、李逢吉、李程、李漢、李孝本、李中敏、李福、李景儉、李石、李讓夷、李回、李中閔、李憲、李蔚、李載義。	
6 滎陽鄭氏	鄭雲逵、鄭餘慶、鄭澣、鄭允謨、鄭茂休、鄭處誨、鄭從讜、鄭絪、鄭秪德、鄭顥、鄭權、鄭覃、鄭朗、鄭肅、鄭畋。	鄭韜光（鄭絪之曾孫）。鄭受益（鄭餘慶之後）。
7 太原王氏	王縉、王緯、王鍔、王稷、王翃、王翊、王彥威、王質、王播、王式、王炎、王起、王	王權、王守恩。

	龜、王蕘、王鐸、王正雅、王凝、王涯。		
8京兆杜陵韋氏	韋見素、韋諤、韋益、韋顗、韋渠牟、韋執誼、韋臯、韋弘景、韋貫之、韋綬、韋纁、韋澳、韋處厚、韋夏卿、韋温、韋保衡、韋昭度。	韋說。	
9聞喜裴氏	裴冕、裴遵慶、裴向、裴寅、裴樞、裴胄、裴諝（本傳籍洛陽，世系表列聞喜之南來吳房）、裴延齡、裴垍、裴度、裴潾、裴休（本傳籍河南，世系表屬聞喜東眷裴。）	裴皥、裴羽。	裴濟。

10河東柳氏（柳氏分河東、京兆、東眷、皆出於晉平陽太守純，故並爲河東。）	柳渾、柳登、柳冕、柳璟、柳宗元、柳公綽、柳仲郢、柳璧、柳玭、柳公權、柳子華、柳公度、柳璨。		
11河中薛氏	薛嵩（本傳籍絳州，世系表入河東薛氏之南祖房）、薛平、薛萼、薛播、薛存誠、薛廷老、薛保遜、薛昭緯、薛戎、薛放。	薛貽矩、薛廷珪、薛仁謙。	薛映。
12弘農楊氏（世系表楊氏有越公房，又有世屬扶風，及徙武原，又有觀王房，皆出於	楊炎、楊綰、楊憑、楊於陵、楊嗣後、楊授、楊損、楊枝、楊拭、楊撝、楊虞卿、楊漢公、楊汝士、楊收、楊發、	楊凝式。	楊昭儉、楊偕（本傳籍坊州，爲楊於陵六世孫，應屬弘農楊氏越公房。）楊大雅（本傳籍錢塘，楊虞卿之後。）

太尉楊震故並爲弘農楊氏。)	楊嚴、楊鉅、楊鏻、楊涉、楊注。		楊覃(楊虞卿之後。)
13京兆杜氏	杜亞、杜兼、杜黃裳、杜佑、杜式方、杜從郁、杜悰、杜牧、杜元穎、杜審權、杜讓能、杜彥林、杜弘徽。(杜佑、杜式方、杜從郁、杜悰、杜牧兩書本傳均謂京兆萬年，世系表屬襄陽杜氏，然襄陽杜氏出於杜預少子尹，亦系出京兆。杜兼本傳屬京兆，世系表入洹水，洹永亦源京兆。)	杜曉。	
14河南元氏	元稹。		
15京兆于氏(伐北于氏，西魏武帝入關遂爲京兆人。)	于邵、于休烈、于肅、于敖、于琮、于頔、于頎。		
16鄴郡源氏	源休。		

17洛陽竇氏（代北竇氏隨孝武徙洛陽，遂爲洛陽人，又有居扶風平陵者。）	竇參、竇申、竇羣、竇常、竇牟、竇庠、竇鞏、竇易直。		
18琅琊王氏	王嶼、王遂。		王著（本傳書成都人，王方慶之後，當屬琅玡王氏。）
19陳郡袁氏	袁高（世居樂陵，與陳郡同源。）	袁象先（本傳稱宋州人，袁恕己之後，當爲樂陵袁氏。）	
20蘭陵蕭氏（包括皇舅、齊梁兩房。）	蕭復、蕭俛、蕭傑、蕭俶、蕭倣、蕭廩、蕭遘（本傳籍蘭陵、世系表列江左齊梁房。）蕭祐。	蕭頃（本傳稱京兆人，然爲蕭倣之後，故列蘭陵蕭氏。）蕭愿。	
21吳郡張氏	張鎰、張仲方。		

（柳芳所指顧陸朱張，意爲吳郡始興二張也，故並於一。）			
22蘇州顧氏	顧況。		
23吳郡陸氏	陸贄、陸亙、陸扆。		
以上諸大姓係據柳芳所言，再考信世系表者。以下各族雖柳芳所未言，然自南北朝以來，奕世軒冕者。			
24河東蒲州張氏	張涉（世系表列始興張，舊書本傳籍蒲州。）張延賞、張弘靖、張文規、張次宗。		張藏英（張嘉貞之後。）張鑑（張嘉貞之後。）張鑄。
25河間張氏	張裼、張文蔚、張濬、張濟美、張貽憲。	張文蔚、張格，	
26京兆王氏	王紹、王徽。	王檀。	王易簡。

27 洛陽劉氏	劉崇望、劉崇龜、劉崇魯、劉崇謨。	劉岳（本傳籍遼東，然為劉崇望之後。）	劉溫叟、劉燁、劉几。
28 彭城劉氏	劉滋、劉贊、劉瞻、劉瑑。		
29 廣平劉氏	劉從一、劉迺、劉伯芻、劉寬夫、劉端夫、劉允章。		
30 河南獨孤氏	獨孤郁、獨孤朗。		
31 華陰郭氏	郭子儀、郭曜、郭晞、郭曖、郭晤、郭映、郭鋼、郭釗、郭鏦、郭幼明、郭昕、郭承嘏。		
32 河南房氏	房琯、房儒復、房式。		
33 琅玡顏氏	顏真卿、顏頵、顏碩、		

	顏弘式。		
34 昌黎韓氏	韓滉、韓皐、韓洄。		
35 常州義興蔣氏	蔣乂、蔣係、蔣伸。		
36 曲阜孔氏	孔巢父、孔戣、孔戡、孔戢、孔緯。	孔邈、孔崇弼。	孔承恭（本傳京兆人，孔戡之後）。 孔道輔、孔宗翰。
37 太原白氏	白居易、白行簡、白敏中。		
38 安定牛氏	牛僧孺、牛蔚、牛聚、牛徽。		
39 燉煌令狐氏	令狐彰、令狐楚、令狐定、令狐緒、令狐綯、令狐滈、令狐嶇、令狐建、令狐通、令狐運。		
40 平陽路氏	路岩。		
41 天水姜氏	姜公輔。		

42 渤海高氏	高少逸、高元裕、高郢、高定、高崇文、高承嗣、高瑀、高駢、高霞寓。		
43 洛州徐氏	徐彥若。		
44 京兆趙氏	趙隱、趙騭、趙光逢、趙光裔、趙光胤。	趙光逢（舊唐書舊五代史均有傳，故重列）、趙光允、趙熙。	
45 昌黎豆黎氏	豆盧瑑（本傳書河東人，父籍，世系表列爲昌黎豆黎氏。）	豆盧革。	
46 懷州穆氏	穆寧、穆贊、穆質、穆員、穆賞。		
47 武威李氏	李抱玉、李抱真。	李振。	
48 晉陽唐氏（宋史陶穀傳云，本姓唐，歷北齊隋			陶穀。

唐爲名族。唐邕爲北齊尚書左僕射，子鑒爲隋戎州刺史，孫儉，唐武德功臣。

由上表，可見唐代門第至北宋零落淨盡，殆無可疑。然而有一事必須繼續探究者，即唐代大族雖盡式微，北宋必另有新門繼起，此新門第究有幾族幾姓？其在社會所佔之份量如何？不探明此點，終無以明唐宋兩代人物之不同也。

然宋代新門第向乏標準，無法統計，現姑爲之設定標準如下：凡於宋史中三代有傳，而子孫繼世不絕者，或兩世有傳，而子弟人賢衆出者，均視爲新門第（此類「門第」其實與唐代之崔、盧、李、鄭不相侔，姑爲之設定標準如此耳）。以此標準，檢查宋史一千一百九十四傳（至北宋欽宋止）共得一百一十二人，計二十姓，二十五族。

北宋此類新興門族計有：

1衞州魏氏：魏仁浦、魏咸信、魏昭亮。

2洛陽王氏：王審琦、王承衍、王承衎、王克臣、王師約。

3陳州宛邱符氏：符彥卿、符昭愿、符昭壽。

4雲中折氏：折德扆、折御勳、折御卿、折克行。

5太原吳氏：吳延作、吳元輔、吳元載、吳元扆（非三代見傳，惟元載、元輔、元扆之子俱有成故列入）。

6潞州上黨李氏：李處耘、李繼隆、李繼和（非三代見傳然繼和之後，皆有成，史稱其族盛大）。
7真定曹代：曹彬、曹璨、曹瑋、曹琮（亦非三代見傳惟璨、瑋、琮之後皆有成）。
8深州饒陽李氏：李昉、李宗訥、李宗諤、李昭述、李昭遘。
9鎮定王氏：王化基、王舉正、王舉元、王詔。
10大名王代：王祐、王旭、王質。
11并州太原楊氏：楊業、楊延昭、楊文廣。
12同州郃陽雷氏：雷德讓、雷有終、雷考先、雷簡夫。
13閬中陳氏：陳堯佐、陳堯叟、陳堯咨、陳漸（亦非三代見傳，然以家法見稱於咸平夫聖間）。
14洛陽趙氏：趙安仁、趙孚、趙良規、趙君錫。
15夏縣司馬氏：司馬地、司馬旦、司馬里、司馬朴。
16壽州呂氏：呂夷簡、呂公綽、呂公弼、呂公孺、呂公著、呂希哲、呂希純。
17泉州晉江曾氏：曾公亮、曾孝寬、曾考廣、曾孝蘊。
18大名（莘）王氏：王旦、王素、王靖、王震。
19蘇州吳縣范氏：范仲淹、范純仁、范純祐、范純禮、范純粹、范正平。
20開封韓氏：韓億、韓綜、韓絳、韓宗師、韓維、韓縝、韓宗武。
21錢塘錢氏：錢惟演、錢易、錢彥遠、錢明逸、錢景諶、錢勰、錢即。

22晉陵胡氏：胡宿、故宗炎、胡宗愈、胡宗回。

23洛陽种氏：种世衡、种古、种諤、种誼、种朴、种師道、种師中。

24成都范氏：范鎮、范百祿、范祖禹、范仲（見儒林傳）。

25眉州蘇氏：蘇洵（見文苑傳）、蘇軾、蘇過、蘇轍、蘇元老。

此類門族，僅佔列傳人數十分之一，可見北宋社會並非以此新門爲重。然則北宋人物之成份如何，欲解答此問題，不得不作進一步之統計，現將北宋列傳人物之家世分別歸類如下。

一、屬於唐代名族之子弟	三二人（註五十一）
二、公卿子弟（上述之新門第多此類）	二四七人（註五十二）
三、士族子弟	二八〇人（註五十三）
四、軍校子弟	四九人（註五十四）
五、地方豪右	一四人（註五十五）
六、農民子弟	一〇人（註五十六）
七、浮客	二九人（註五十七）
八、本傳不及家世逕以科舉上達者	三五四人（註五十八）
九、本傳不及家世由藩府辟爲官佐者	一九人（註五十九）
十、本傳不及家世由藩府署爲軍校者	六六人（註六十）

十一、本傳不及家世出身於小吏者　十六人（註六十一）

十二、本傳不及家世起身於行伍者　四九人（註六十二）

十三、家世及出身不確定者　二九人（註六十三）

根據此統計，又可歸納爲幾點：

1第一二兩類爲名族貴冑（北宋之新門多屬此類）共得二七九人，佔全數23.6%。

2第三、四、五、類爲中等家庭，共得三四三人，佔全數28%。

3第六、七、八、九、十、十一、十二，當屬於寒族，共得五四三人，佔全數46.1%。

是北宋大族貴冑與寒族之比較爲二三・六比四六・一（23.6：46.1），寒族比名族貴冑幾多一倍，而尤足注意者，在各數字中，第八類（本傳不及家世逕由科舉上達者）最多。此可見北宋社會，係以由科舉上達之寒士爲中堅。與唐代社會以名冑子弟爲中堅者極不相同，現爲便於比觀，謹將唐，五代，北宋之統計數字，合爲一表，以觀各種人物之消長。

晚唐、五代、北宋、宰輔家世表

附註：（1）宰輔家世表，以宰相爲限，樞密使不列，蓋唐代樞密使俱爲宦官，與五代北宋無法比較也。

（2）晚唐及北宋部份，依新唐書宰相表及宋史之宰相表爲據，五代部份以萬期同之五代大臣年表爲據。

家世	族名 / 子族名
唐（由唐肅宗至昭宣帝）（總人數179）	韋見素 裴冕 王嶼 蕭華 雍王适 楊綰 盧杞 劉從一 李晟 劉滋 李泌 盧邁 杜佑 韋執誼 鄭絪 裴垍 張弘靖 李逢吉 李鄘 段文昌 王播 竇易直 牛僧孺 李訓 楊嗣復 崔珙 崔鉉 鄭肅 崔元式 裴休 崔圓 崔渙 李峴 裴遵慶 杜鴻漸 崔祐甫 張鎰 姜公輔 李勉 崔造 竇參 崔損 高郢 杜黃裳 李吉甫 李藩 韋貫之 王涯 令狐楚 崔植 元稹 韋處厚 李德裕 鄭覃 李珏 李紳 杜琮 白敏中 崔龜從 鄭朗 房琯 李麟 李揆 劉晏 王縉 楊炎 蕭復 盧翰 張延賞 柳渾 陸贄 鄭餘慶 鄭珣瑜 袁滋 于頔 李絳 裴度 崔羣 蕭俛 杜元穎 李程 李宗閔 李固定 李石 崔鄲 李讓夷 李回 盧商 令狐綯 崔愼由
五代（由梁太祖至周世宗）（總人數46）	薛貽矩 鄭珏 豆盧革 韋說 趙光逢 蕭頃 盧程 崔協 杜曉 李琪 趙光胤 李濤
北宋（由宋太祖至宋欽宗）（總人數153）	劉熙古 李迪 王曙

貴胄			中
弟	公卿子弟	合計	士族
蕭鄴 杜審權 路岩 劉瞻 趙隱 崔彥昭 李蔚 鄭從讜 蕭遘 杜讓能 徐彥若 崔胤 王摶 裴贄 盧光啓 柳璨 劉瑑 楊收 高璩 韋保衡 蕭倣 盧攜 豆盧瑑 王徽 韋昭度 張濬 崔昭緯 李磎 陸扆 王溥 韋貽範 張文蔚（五代唐） 蔣伸 蕭寘 于琮 王鐸 裴坦 鄭畋 崔沆 裴澈 孔緯 劉崇望 鄭延昌 陸希聲 崔遠 裴樞 獨孤損 楊涉（五代唐）	關播 劉鄴 渾瑊 孫偓 趙宗佇	143人	苗晉卿 常袞 董晉 齊抗 皇甫鎛 賈餗 畢諴 張鎬 馬燧 趙憬 武元衡 程异 魏扶 曹確 第五琦 齊映 賈耽 權德輿 路隨 魏謩 徐商
138人（77%）	5人（3%）	80%	
	張策 王溥	14人	敬翔 李愚 李崧 蘇逢吉 范質 任環 劉昫 和凝 蘇禹珪 趙鳳 姚顗 趙延壽 竇貞固
12人（26%）	2人（4·5%）	30·5%	
	呂餘慶 石中立 韓琦 韓絳 韓維 韓忠彥 鄧洵武 李綱 呂端 晁宗慤 吳育 司馬光 胡宗愈 范百祿 蔡攸 王旦 賈昌朝 唐介 呂公著 范純仁 范純禮 王寓	25人	薛居正 李昉 辛仲甫 蘇易簡 張洎 王欽若 趙安仁 盧多遜 李穆 賈黃中 趙昌言 李昌齡 畢士安 任中正 竇偁 呂蒙正 李沆 寇準 向敏中 馮拯 呂夷簡
3人（2%）	22人（15%）	17%	

等家庭				寒		
子弟	軍校	豪右	合計	農民	浮客	本傳
	李忠臣		22人		呂譚、蘇檢、元載、喬琳	宋申錫、馬植、鄭粲、舒元輿、周墀、朱朴、陳夷行、夏侯孜
21人（11%强）	1人(1%弱)		12%		4人(2·3%强)	
	韓建、劉處讓、王建立、桑維翰		17人	馮道（爲農爲儒不恒其業）、趙瑩、張礪	王峻（樂人）、李穀、魏仁浦	
13人（30%）	4人（9%）		39%	3人（6%）	3人（6%）	
魯宗道、陳堯佐、蔡齊、宋庠、梁適、呂惠卿、王安禮、劉摯、林攄、唐恪、張士遜、晏殊、盛度、丁度、王安石、元絳、李清臣、梁燾、劉正夫、薛奎、宋綬、章得象、文彥博、王珪、章惇、呂大防、蘇轍、吳敏	夏竦	趙普、劉沆、李邦彥	53人	孫抃	張齊賢、陸佃	郭贇、王沔、王化基、張知白、王釃、宋琪、陳恕、丁謂、王隨、程戡、李玉、温仲舒、王曾、程琳、王堯臣
49人（32%）	1人(0·7%)	3人(2%)	34·7%	1人(0·4%)	2人（1·4%）	

未能確定者	合計	小吏	官佐	族 只書出身不及家世者 進士
李夷簡 韋琮	12人			
2人（1%弱）	7%			8人（4·7%弱）
于競 韓昭胤 馬胤孫 姚洎 馮玉 盧文紀 景範	8人	張延朗 楊邠		
7人（14%）	16·5%	2人（45%）		
李流 張商英 馮熙載 王庠 梁子美 王孝迪 魯公亮 鄧洵仁 蔡懋	66人		沈義倫	李若谷　明鎬　富弼　趙槩　馮京　張琛　張固　許將　黃履　趙挺之　劉逵　余琛　王黼　趙野　耿南仲　徐處仁 范仲淹　龐籍　張昪　歐陽修　吳充　蒲宗孟　傅堯俞　鄭雍　溫益　吳居厚　何執中　薛昂　張拜昌　宇文粹中　陳過庭　范致虛 陳執中　高若訥　曾公亮　陳升之　蔡確　王存　蘇頌　蔡卞　蔡京　張康國　朱諤　侯蒙　王安中　何㮚　白時中
6人（6%）	42·3%		1人（0·7%）	62人（39·5%）

細讀上比較表，實可發現唐宋之間人物演變之幾種現象：

一、名族子弟唐代佔53.2%，五代佔9.8%，宋代佔3.2%。名族末落之趨勢可見。

二、若名族與公卿合計，唐代佔 68.8%，五代佔 20.9%，北宋佔23.6%，唐與五代相差極大，此見唐末五代之際，正貴胄消融之關鍵。

三、中等家庭，唐代佔14.5%，五代佔26.1%，北宋佔28%。成份日漸增加，此表示社會之中層階級地位日增。

四、寒族唐代僅佔13.8%，五代佔50%，北宋佔46.1%。五代數字驟增，與名族貴胄數字之驟減恰成反比例，貴族與寒族互爲消長，此正表示社會轉換之契機。

五、中等家庭以士族佔最多。而遞增之數字亦最明朗，可見中等家庭係以讀書仕宦爲世業之士族爲骨幹。

六、在五代欄中有幾項數字特別顯著，即第四項軍校子弟，第九項藩府辟置軍校、第十一項行伍出身，此三項均比唐，宋爲多。而此三項人物之性質又相近，此證明五代社會之人物骨幹，端在此輩由行伍或軍校出身之人物。

七、宋代各項數字之比數均少，惟獨第三項（士族子弟）及第八項（本傳不及家世，逕由科舉上進者）特多，此說明自宋以後，各種人物均向此兩途轉換，而此兩途之性質又相似，足見由讀書業文，再經科舉進入仕宦，乃爲宋代人物上達之一廣途。

八、全表中有數字最多者：唐代爲第一項（名族子弟），宋代爲第八項（本傳不及家世逕由科舉進者），此足表示唐宋社會人物之大不同。唐時之名族子弟，至宋已轉爲由科舉進身之寒族。

然上表猶牽於朝代之空名，以唐、五代、宋爲分劃之標準，其實此種分劃標準，尚未足以盡社會之實態，蓋自唐昭宗以後，社會已動亂，直至宋真宗然後社會再安定，故現試依照社會之實態，將唐肅宗至僖宗劃爲第一期，唐昭宗至宋太宗劃爲第二期，宋真宗至欽宗劃爲第三期，作成一新比較表於后：

晚唐五代北宋人物家世比較表(二)

			第一期 132年（由唐肅宗——唐僖宗）總672人		第二期 109年（由唐昭宗——宋太宗）總903人		第三期 130年（由宋真宗——宋欽宗）總819人	
			人數	佔總數百分比	人數	佔總數百分比	人數	佔總數百分比
名族及貴冑		1.名族子弟	367	54.5%	71	8.5%	19	2.3%
		2.公卿子弟	97	14.4%	181	19.7%	137	16.7%
		合　計	464	68.9%	252	28.2%	156	19.%
中等家庭		3.士族子弟	84	12.5%	143	15.6%	213	25.8%
		4.軍校子弟	14	2.1%	65	7.2%	33	4.1%
		5.地方豪右	2	0.3%	19	2.1%	6	0.7%
		合　計	100	14.9%	227	24.9%	252	30.6%
寒族		6.農　民			20	2.2%	4	0.5%
		7.浮　客	13	1.9%	67	7.4%	12	1.4%
	本傳不及世家	8.逕以科舉上達	25	3.7%	34	3.7%	327	40%
		9.由藩府辟置官佐	5	0.7%	24	2.6%	2	0.3%
		10由藩府辟置軍校	35	5.4%	164	18.2%	16	2.1%
		11出身於小吏者	2	0.3%	30	3.4%	5	0.6%
		12出身於行伍者	10	1.5%	63	7%	21	2.5%
		合　計	90	13.5%	402	44.5%	387	47.4%
其　它			18	2.7%	22	2.4%	24	3 %

在此新標準分劃之統計表中，名族貴冑由68.9%，減爲28.2%，再減爲19%；中等家庭由14.9%，增爲24.9%，再增爲30.6%；寒族由13.5%，增爲44.5%再增爲47.4%。名族貴冑之比數遞減，而中等家庭與寒族之比數則遞增。社會轉變之跡轍較前表更爲明朗，儻再不憚煩瑣，將唐五代北宋之政治核心人物——宰輔剔出，比較其家世，則可發現唐代貴冑任輔宰者佔80%，五代30.5%，宋代17%；而寒族之任輔宰者唐代7%，五代16.5%，北宋42.3%。可見社會政治核心人物之轉移，乃爲一確切不移之事實。

綜觀上列各表，於是得一極明確之觀念：唐代以名族貴冑爲政治，社會之中堅。五代以由軍校出身之寒人爲中堅。北宋則以由科舉上進之寒人爲中堅。所以唐宋之際，實貴冑與寒人之一轉換過程，亦階級消融之一過程。深言之，實社會組織之一轉換過程也。

註一：爲晉丞相導之嗣裔，自晉以來，人賢極盛。世爲江南名族。

註二：東晉南朝以來，江南謝氏人賢皆望陳郡，然謝氏於中唐以後列傳無人，故不深論。

註三：新書世系表卷十四下敘袁氏世系云：「秦末裔孫告辟難居於河洛之間，少子政以袁爲氏，九世孫袁生，生玄孫幹，封貴卿侯，復居陳郡陽夏，……其後世居樂陵」。現南史列傳諸袁，如袁謀、袁豹、袁淑、袁顗、袁粲、袁象、袁昂、袁君正、袁樞、袁憲、袁敬、袁泌等，俱謂陳郡夏陽人。而唐史諸袁，有稱樂陵者，先後望不同，其實俱同源也。

註四：世系表卷十一下敍蕭氏云：整字公齊，晉淮南令，過江居蘭陵武進之東城。梁武帝、簡文帝皆籍蘭陵，世爲江南著姓。

註五：世系表卷十四上敍韋氏自韋賢爲漢丞相扶陽節侯，徙居京兆杜陵，其後人物相繼，至北朝有韋孝寬、韋夐、韋世康、韋瑱、韋師等，實關中之甲族。

註六：世系表卷十一上敍裴氏世系云：燉煌太守裴遵自雲中從光武平隴蜀徙居河東安邑，安順之際，徙聞喜。北史中人物如裴駿、裴敬業、裴莊伯、裴安祖、裴廷儁、裴佗、裴讓之、裴矩、裴果、裴寬、裴俠、裴祥肅、裴文舉、裴仁基等均籍聞喜。

註七：世系表卷十三上敍柳氏世系出於柳下惠　，秦幷天下，柳氏遷於河東。北史中之柳虯、柳檜、柳慶、柳機、柳述、柳弘、柳旦、柳肅、柳寒之等俱稱河東柳氏。

註八：世系表十三下，薛氏自劉蜀之亡，徙河東汾陰，北史人物薛辯、薛端、薛胄、薛濬、薛湖、薛聰、薛孝通、薛道衡、薛善、薛愼、薛寘、薛憕、薛安都等均籍河東汾陰。

註九：世系表卷十一下敍楊氏於華陰，至漢有太尉楊震，楊震以後分枝各房，人物極盛，北史列傳屬於弘農華陰楊氏者有楊播、楊侃、楊椿、楊昱、楊津、楊遁、楊逸、楊謐、楊愔、楊獻、楊敷、楊素、楊玄感、楊約、楊異、楊寬、楊文惠、楊紀等。

註十：世系表卷十二上敍杜氏世系在周爲唐杜氏，封於杜城，京兆杜陵縣是也，其後分枝襄陽、洹水、各地。故唐時之杜氏人物，兩傳及世系各有出入，或稱京兆，或稱襄陽，或稱洹水。蓋或取其近望，或稱其本望故也，然溯其源，俱出自京兆。柳芳謂杜氏爲關中之甲姓，意其指京兆杜氏也。

註十一：柳芳云虜姓者魏孝文帝遷洛有八氏十姓三十六族九十二姓，八氏十姓出於帝宗屬或諸國從魏者，三十六族九十二姓世爲部落大人，並號河南洛陽人（新唐卷一九九）。故唐元稹後魏昭成皇帝之裔，稱河南人（舊唐一六六），又世系表卷十一下云：代北竇氏隨孝武徙洛陽，遂爲洛陽人，又有居扶風平陵者，卷十二下云：代北于氏隨西魏孝武帝入關遂爲京兆人。然則唐河南元氏，洛陽平陵竇氏，京兆于氏，皆柳芳所指之代北世冑也，至於長孫、宇文中唐以後列傳無人，故不深論。

註十二：河東張本出晉司空張華裔孫吒子隋河東郡丞，自范陽徙居河東猗氏。入唐仕宦不絕（世系表卷七十二下）。至嘉貞相玄宗，嘉貞子延賞相德宗，延賞子弘靖相憲宗，幾代貴盛。

註十三：河間張氏，漢常山景王耳之後，世居鄚縣，後周有司成中大夫虞卿定公張羨，賜姓叱羅氏，生照，隋冀州刺史，復爲張氏（世系表卷七十二下），入唐人物益盛。

註十四：京兆王氏出自姬姓，漢宣帝徙豪傑於霸陵，遂爲京兆人，歷代俱有冠冕。北魏以後有王羆，爲雍州刺史萬年忠公，慶遠爲直閣將軍，述爲隋柱國龍門莊公，唐武后睿宗時有王擇從、易從、明從、言從。昆仲四人，並登進士，三至鳳閣舍人。故時號鳳閣王家。王氏自易從已降至大中朝登進士科者一十八人，登臺省歷牧守賓佐者三十餘人（舊書卷一七八、世系表卷七十二中）。

註十五：洛陽劉氏其先代郡人，隨元魏孝文帝徙洛陽，遂爲河南人，其後劉坦爲隨大理卿，坦生政會，輔太宗起義晉陽，至戶部尚書，封渝國公，政會生立意，尚太宗女南平公主，歷洪饒八州採訪使。立意生

奇，位吏部侍郎，其後咸通中有蔡州刺史符。（世系表七十一上）

註十六：彭城劉氏自北朝以來冠冕相繼，慶爲後魏東徐州刺史。軫爲北齊高平太守，通爲隋毗郡守，德威爲刑部尙書，審禮爲工部尙書彭城公，昇爲中書舍人，曰政爲給事中，知柔爲工部尙書，子玄爲中書舍人（世系表七十一上）。

註十七：廣平劉氏出自漢景帝子趙敬肅王彭祖，隋唐以來歷有冠冕。矜爲隋兗州刺史，裔孫林甫唐初爲中書侍郎，林甫子祥道相高宗，祥道子齊賢亦相高宗，從姪令植爲禮部尙書（世系表七十一上）。

註十八：獨孤氏其先羅辰從後魏孝文徙洛陽爲河南令，冀爲定州刺史武安烈公，于永業爲周大司寇臨川郡王，孫佳爲隋淮州刺史武安公。入唐仕宦不斷，天寶末有獨孤郁者，有文名，與李華、蕭穎士齊名（舊唐一六八，世系表卷七十五下）。

註十九：華陰郭氏出自太原，郭榮爲隋大將軍蒲城公，弟弘道同州刺史郜國公，子福善兵部侍郎，從子廣敬左威衞大將軍，四代孫敬之爲吉、渭、壽、綏、憲五州刺史（世系表七十四上）。

註二十：河南房氏，房倫爲後魏殿中尙書武陽公，孫謨爲北齊侍中吏部尙書，五代孫融相唐武后，子琯相肅宗（世系表卷七十一下）。

註二十一：琅玡顏氏出於北齊黃門侍郎顏之推（舊書卷一二八），世爲望族。

註二十二：昌黎韓氏：遠祖世居潁川，晉時徙昌黎棘城，北齊以後，冠冕相繼。有韓冑爲北齊膠州刺史，護後周商州刺史洪雅公。賢隋鄧州刺史黃臺公，符巫州刺史，符之從孫休相唐玄宗(世系表七十二下)。

註二十三：常州義與蔣氏，其先自樂安徙義興，蔣元遜爲陳左衞將軍，其族有太子洗馬弘文館學士瓌，瓌生將明爲司業集賢學士（世系表七十五下）。

註二十四：太原白氏：遠祖武安君白起，子孫世居太原，其後白建爲北齊五兵尚書，建生士通，唐初爲利州都督，其後仕宦不斷（世系表七十五下）。

註二十五：安定牛氏，出自漢隴西主簿崇之後，後周有工部尚書臨淮公遼允。子弘爲隋吏部尚書奇章公，弘子方大爲內史舍人。入唐有集州刺史休克，大常博士紹（世系表七十五上）。

註二十六：燉煌令狐氏，其先居燉煌，代爲河西右族（舊唐卷七十二令狐德棻傳）。

註二十七：平陽路氏，漢符離侯博德始居平陽，裔孫嘉爲晉安東太守。濤爲後魏青州刺史。慶爲魏太常卿。兗隋兵部侍郎閿鄉公。入唐冠冕相繼（世系表七十五下）。

註二十八：天水姜氏，本關東大族徙關中，遂居天水，裔孫明，後魏兗州刺史天水郡公。遠後周荆秦二州刺史朝邑縣公，寶誼左武衞大將軍永安剛公，恪相高宗（世系表七十三下）。

註二十九：渤海高氏，自後魏冠冕極盛，高歡爲北齊高祖神武皇帝。唐初士廉相太宗（世系表卷七十一下）。

註三十：洛州徐氏，自漢以後，代襲冠冕，至倨爲北齊侍中，君敷爲陳常侍，筠爲春官尚書枝江郡公，居賓爲梁五兵尚書，澈爲陳秘書監，有功爲唐秋官侍郎。

註三十一：京兆趙氏原居新安，趙植以前，代爲宦緒，至植爲嶺南節度使，檢校工部尚書（世系表七十三下），其族至晚唐尤盛。

註三十二：豆盧本慕容氏，至後魏改爲豆盧，唐有豆盧寬爲禮部尚書，承業爲領軍將軍，欽望相武后、中宗（世系表七十四下）。

註三十三：舊唐書穆寧傳云：中唐以後士大夫之言家法者，以穆氏爲高。

註三十四：武威李氏爲武德功臣安興貴之裔，代居河西，善養名馬，爲時所稱（舊唐書李抱玉傳）。

註三十五：唐由肅宗至昭宣帝，列傳中人物其家世雖非名族，而父祖爲公卿節鎮者共一一一人（以舊唐爲據）：李光弼、裴茂、來瑱、嚴武、郭英乂、崔密、崔蠡、崔蕘、崔黯、張獻誠、張獻恭、張獻甫、張煦、路恕、庾準、李叔明、班宏、李納、李師古、李師道、李洧、陳少遊、蔣鎮、段伯倫、馬暢、渾瑊、渾鎬、渾鐬、趙博宣、李紓、韋倫、張建封、田悅、田緒、田季安、田布 、張孝忠、張茂昭、張克勤、張茂宗、張茂和、李惟岳、李惟誠、李惟簡、李元本、王武俊、王士真、王士平、王士則、王承宗、王承元、王元逵、王紹鼎、王景崇、王鎔、劉濟、劉澭、劉總、程懷直、程權、李同捷、尉遲勝、劉士寧、陸長源、劉全諒、吳元濟、裴玢、權璩、歸登、歸融、奚陟、張又新、張希復、張讀、沈詢、王茂元、劉士經、韓公武、韓克、王智興、王晏平、王晏宰、王逢、楊延宗、劉悟、劉從諫、劉稹、潘孟陽、張正甫、張毅夫、張禕、温璋 、殷盈孫、趙宗儒、段成式、錢可復、劉鄴、朱克融、張直方、李可舉、李匡威、李匡籌、史憲誠、史孝章 、何弘敬、韓簡、樂從訓、羅威、王珂、王處存、王處直。

註三十六：父祖雖非顯達 ，而仍以讀書仕宦爲世業者得八十八人（以舊唐書爲據）：鄧景山、張鎬、高適、苗晉卿、崔器、敬括、韋元甫、崔寧、崔寬、常袞、路嗣恭、樊澤、劉晏、第五琦、洪經綸、彭偃、段秀實、王虔休、王佖、馬燧、馬炫、王叔文、王伾、程異、皇甫鎛、皇甫鏞、齊映、齊抗、徐浩、趙涓、劉大真、呂渭、呂溫、呂恭、呂儉、呂讓、趙憬、賈耽、田弘正、董晉、嚴綬、薛伾、權德輿、張荐、沈傳師、閻巨源、趙昌、李景畧、張萬福、段平仲、許孟容、呂元膺、張宿、李質、郗士美、武元衡、武儒衡、衛次公、路隨、韓愈、孟郊、宇文籍、劉禹錫、韋辭、楊元卿、韋綬、孟簡、胡證、溫造、段文昌、錢徽、高釴、高銖、高鍇、馮宿、馮審、封敖、王璠、賈餗、吳汝訥、魏謩、劉瞻、曹確、畢諴、張仲武、韓允忠、樂彥禎、王重恭。

註三十七：父祖以軍校爲世業者得十七人（以舊書唐爲據）：王思禮、辛雲京、李懷光、曲環、田承嗣、王廷湊、劉怦、程日華、李忠臣、吳少誠、馬璘、栢耆、李光進、李光顏、張允伸、何進滔、羅弘信。

註三十八：家世爲地方豪右者四人（以舊唐書爲據）：嚴震、嚴礪、朱瑄、朱瑾。

註三十九：出於貧賤無世業可守者十四人（以舊唐書爲據）：元載、梁崇義、田神功、田神玉、喬琳、李國楨、李寶臣、李元諒、鯨防、高固、劉栖楚、馬總、李翛、畢師鐸。

註四十：本傳不及家世，逕由科舉上達者二十六人（以舊唐書爲據）：暢璀、關播、邵說、于公異、劉闢、蕭昕、鄭元、歸崇敬、姚南仲、熊望、辛秘、張籍、崔公亮、殷侑、徐晦、龐嚴、宋申錫、舒元輿、郭行餘、羅立言、李甘、陳夷行、馬植、周墀、夏侯孜、鄭棨。

註四十一：本傳不及家世，逕由藩府辟置爲官佐者五人（據舊唐）：魯炅、王昂、李少良、劉昌裔、韓弘。

註四十二：本傳不及家世逕由藩府辟爲軍吏者三十八人（據舊書）：白孝德、衞伯玉、楊朝晟、侯希逸、李正己、陳楚、李懷仙、朱希彩、朱滔、李全畧、戴休顏、韓游瓌、賈隱林、張敬則、李萬榮、李希烈、吳少陽、李自良、伊愼、朱忠亮、范希朝、孟元陽、郝廷玉、王栖曜、郝玼、段佐、史敬奉、野詩良輔、烏重胤、王沛、李祐、董重質、劉沔、石雄、曹華、楊志誠、張公素、時溥、

註四十三：本傳不及家世，由小吏上達者三人（據舊唐書）：白志貞、劉玄佐、諸葛爽。

註四十四：本傳不及家世，由行伍進身者十一人（據舊唐書）：李嗣業、周智光、馮河淸、姚令言、張光晟、陽惠元、杜希全、邢君牙、劉昌、韓全義、秦彥。

註四十五：家世出身無可考或出於蕃人者（舊唐書爲據）：馮盎、阿史那社尒、阿史那道貞、蘇尼失、蘇忠、契苾何力、黑齒常之、李多祚、趙國珍、魏少遜、郇謨、僕固懷恩、黎幹、劉忠翼、尙可孤、唐衢、鄭注、張臯、朱朴、李全忠。

註四十六：唐由肅宗至昭宣帝科舉總人數三〇一人（據舊唐書）其家世如下（註：凡不註明科目名者均屬進士科）

A 名族子弟：韋見素（學科）、崔圓（制科）、杜鴻漸、房式、裴寅、裴樞、李承（明經）、王縉（制科）、崔祐甫、郭子儀（武舉）、楊綰、裴冑（明經）、李巽（明經）、劉從一、柳渾、李揆、裴諝（明經）、顏眞卿、李道古、盧從史、盧元輔、韋執誼、盧邁（明經）、崔損、于邵、崔元翰、鄭雲逵、李益、姜公輔、陸贄、薛播、王緯（明經）、楊憑、杜兼、杜黃裳、高郢、杜牧、裴垍、于休烈、于敖、于琮、令狐峘、蔣伸、柳璟、劉廼、劉伯芻、劉寬夫、劉允章、袁高、薛存誠、薛保遜、孔戣、孔

戢（明經）、穆寧（明經）、穆贊、穆質（制科）、崔邠、崔鄯、崔郾、崔鄲、竇常、竇牟、竇庠、竇鞏、李遜、李建、薛放、李鄘、韋弘景、鄭餘慶、鄭澣、鄭茂休、鄭處誨、鄭從讜、韋貫之、韋澳、鄭絪、李磎、鄭顥、韋處厚、崔羣、李翺、柳宗元、鄭權、崔戎（兩經）、陸亙（制科）、崔元略、崔鉉、崔沆、崔元受、崔元儒、杜元潁、崔弘禮、李虞仲、王質、盧簡辭、盧簡能、盧弘正、盧簡求、盧知猷、盧嗣業、盧汝弼、王播、王炎、王起、王鐸、李絳、楊於陵、韋夏卿（制科）、王正雅、王凝（兩經）、柳公綽（制科）、柳仲郢、柳璧、柳玭（兩經）、柳公權、郭承嘏、元稹（兩經）、白居易（制科）、白行簡、白敏中、竇易直（經）、李逢吉、李程、韋温（兩經）、獨孤郁、李訓、王涯、裴度、張仲方、李中敏、高元裕、李漢、李景儉、令狐楚、令狐定、令狐綯、令狐滈、牛僧孺、牛蔚、牛蔚、牛藂、蕭俛、蕭傑、蕭倣、蕭廩、李石、李福、鄭朗、李紳、李回、李珏、李固言、李宗閔、楊嗣復、楊授、楊技、楊拭、楊撝、楊虞卿、楊漢公、楊汝士、李讓夷、崔龜從、鄭肅、盧商、崔慎由、崔安潛、崔胤、崔瑄、崔璵、崔澹、崔遠、盧鈞、裴休、楊收、楊發、楊嚴、楊鏻、楊涉、楊注、韋保衡、路岩、劉瑑、杜審權、杜讓能、杜彥林、杜弘徽、豆盧瑑、趙隱、趙騭、趙光逢、趙光裔、趙光胤、張錫、張文蔚、張濟美、張貽憲、李蔚、崔彥昭、鄭畋、盧携、王徽、蕭遘、韋昭度、崔昭緯、劉崇望、劉崇龜、劉崇魯、劉崇謨、徐彥若、陸扆、柳璨共二百一十三人。

B公卿子弟：崔蠡、崔蕘、崔黯、班宏、陳少遊、歸登（制科）、歸融、奚陟、張又新、張希復、張讀、沈詢、張正甫、張毅夫、趙宗儒、錢可復共十六人。

C士族子弟：苗晉卿、崔器（明經）、敬括、常袞、樊澤（制科）、劉晏（神童）、程異（明經）、皇甫鎛、皇甫鏞、齊映、徐浩（明經）、趙涓、劉大真、呂渭、賈躭（兩經）、董晉（明經）、嚴綬、權德輿、沈傳師、段平仲、許孟容、呂元膺（賢良）、郗士美、武元衡、衞次公、韓愈、劉禹錫、韋辭（兩經）、孟簡、胡證、錢徽、高釴、高銖、高鍇、馮宿、馮審、封敖、王璠、賈餗、吳汝訥、魏謩、劉瞻、曹確、畢諴共四十四人。

D浮客：喬琳、鮑防二人。

E本傳不及家世逕由科舉上達者：二十六人姓名見註四十。

宋自太祖至欽宗科舉總人數六百三十二人（以宋史爲據），其家世如下：

F名族子弟：李仲容、王易簡、張鑄、劉燁、劉几、劉熙古、劉蒙叟、楊昭儉、張鑑、李諮、王著（明經）、孔道輔、孔宗瀚、楊偕、楊大雅、李宥、薛映、李廸、李承之、李孝基、李熙靖共二十一人。

G公卿子弟：王溥、王克臣、趙贊（童子）、陳若拙、李宗諤、王舉正、王舉元、邊翊、雷孝先、畢仲游、王旦、蔡延慶、趙君錫、吳育、謝景温、葉清臣、王鼎、張師德、李繹、王子融、韓琦、韓忠彥、王琪、范純仁、韓綜、韓絳、韓宗師、韓縝、韓宗武、唐介、唐淑問、邵亢（制科）、錢易、錢明逸（制科）、錢景諶、錢卽、胡宗愈，歐陽棐、呂誨，王雱、蔡抗、王寀、鄧洵武、張璪、蹇序辰、杜常、馬仲甫、張燾、司馬光、司馬康(明經)、呂公著、呂希純、范百祿、范祖禹、蘇元老、孫永、蔣之奇、劉安世、彭汝霖、李譓共六十人。

H士族子弟：范質、竇貞固、劉載、竇儀、竇儼、竇偁、李穆、李肅、薛居正、盧多遜、盧億、李昉、呂蒙正、賈黃中、錢若水、蘇易簡、張宏、趙昌言、張洎、李惟青（三史）、扈蒙、高錫、顏衎、宋瑺、樊知古（賜試及第）、盧之翰、卞袞、裴莊（明經）、袁逢古（三傳）、畢士安、寇準、李沆、李維、向敏中、王欽若、陳堯佐、陳堯叟、陳堯咨、陳漸、宋庠、宋祁、馮拯、賈昌衡、魯宗道、王曙、蔡齊、楊礪、宋湜、王嗣宗、李昌齡、李紘、趙安仁、任中正、任中師、周起、范雍、任布、王博文、夏侯嶠、盛度、丁度(制科)、田況、王欽臣、馮元、張錫、楊安國、謝絳、楊察、師頏、張茂直、梁顥、楊徽之、楊澈、呂文仲、呂祐之、杜鎬（明經）、查道、查陶(明經)、鞠詠、司馬池、李及、燕度、陳希亮、狄棐、狄遵度、孫祖德、石楊休、張洞、楊畋、姚仲孫、李虛已、張溥、張秉、唐肅、范育、梁鼎、范正辭（三傳）、范諷、劉師道、趙及、謝泌、孫何、孫僅、朱台符、戚綸、柴成務、盧琰、靳懷德（明經）、杜衍、章得象、呂夷簡、張士遜、王珪、文彥博、范仲淹、曾肇、鄭俠、吳中復、齊恢、劉庠、朱京、張亢、張奎、王安石、王安禮、王安國、李清臣、張璪、蔡挺、王廣淵、郭申錫、王臨、杜紘、馬從先、沈遘、盧秉、李師中、楊佐、張掞、榮諲、姚煥、蘇軾、蘇轍、呂大防、呂大忠、呂大鈞、劉摯、趙瞻、梁燾、元絳、鮮于侁、王俊義、陳次升、陳師錫、呂陶、龔夬、孫諤、常安民、陳瓘、任伯雨、李昭玘、王漢之，王煥之、龔鼎臣、鄭穆、喬執中、張汝明、陶節夫、許幾、蒲卣、沈銖、虞奕、强淵明、蔡居厚、張根、張樸、王雲共一百七十七人。

I軍校子弟：劉平一人。

J豪右子弟：王子輿、許驤、劉沆、侯蒙四人。

K農民子弟：孫抃、王禹偁二人。

L浮客：李穀、張齊賢、張詠、柳植、韓丕、燕肅、郎簡、劉越、仲簡、陸佃、馬默、賈易、任諒共十三人。

M本傳不及家世逕由科舉上達者：劉濤、程羽、石熙載、宋琪、郭贄、李至、王沔、温仲舒、王化基、陳恕、劉式、王著、張澹、許仲宣、侯陟、劉蟠、袁廓、臧丙、徐休復、張觀、姚坦、索湘、宋太初、牛冕、張適、韓國華、雷德驤、丁謂、薛奎、程琳、姜遵、趙稹、高若訥、孫沔、李若谷、王礱、程戡、張觀（制科）、鄭戩、明鎬、王堯臣、田錫、韋禹錫、蘇紳、王洙、胥偃、聶冠卿、趙師民、張揆、尹洙、孫甫、劉隨、曹修古、郭勸、段少連（制科）、彭乘、毬穎、梅摯、蔣堂、劉夔、馬亮、張若谷、祖士衡、李垂、李士衡、胡則、薛顏（三禮）、鍾離漢、孫沖（明經）、崔嶧、田瑜、施昌言、王沿、周湛、徐的、陳太素、馬桑（毛詩學究）、俞獻卿、陳從易、邊肅、梅詢、馬元方、薛田、寇瑊、楊日嚴、李行簡、章頻、陳琰、張擇行、鄭向、郭稹、趙賀、高覿、袁抗、徐起、齊廓、鄭驤、王臻、魚周詢、賈黯、李京、吳及、范師道、李絢、何中立、沈邈、滕宗諒、李防、趙湘、張述、黃震、胡順之、陳貫、范祥、田京、周渭、劉越、方偕、曹頴叔、劉元瑜、劉混、晁迥、劉筠、喬維岳（三傳）、王陟、張雍、董儼、魏廷式、宋摶（毛詩）、淩策、陳世卿、陳知微、上官正（三傳）、張旦（經學）、王曾、張知白、龐籍、王隨、曾公亮、陳升之、吳充、富弼、韓億、包拯、吳奎、趙抃、邵必、馮京、張方平、王拱辰、張昇、趙槩、胡宿、歐陽修、劉敞、劉攽、劉奉世、曾鞏、蔡襄、呂溱、余靖、彭思永、張存、鄭獬、陳襄、錢公輔、孫洙、豐稷、劉述、何剡、陳荐、孫思恭、周孟陽、楊繪、景泰、蔣偕、李渭、王果、郭諮、安燾、蒲宗孟、黃履、王韶、鄧綰、李定、舒亶、蹇周輔、徐鐸、王陶、王子韶、何正臣、陳繹、任顓、傅求、竇卞、許遵、盧士宗、錢象先、韓璹、謝麟、王吉甫、周沆、李中師、羅拯、王居卿、孫構、張說、蘇寀、李大臨、呂夏卿、祖無擇、程師孟、張問、陳舜俞、韓贄、楚建中、張頡、盧革、滕元發、陸說、趙卨、孫路、游師雄、穆衍、李兌、李先、沈立、俞充、劉瑾、閻詢、葛宮、張田、李載、朱景、李琮、單煦、楊仲元、余良肱、沈起、劉夔、熊本、蕭注、范鎮、蘇頌、王存、孫固、傅堯俞、王岩叟、鄭雍、許將、鄧潤甫、林希、林旦、吳居厚、溫益、孫覺、孫覽、李常、孔文仲、孔武仲、孔平仲、李周、顧臨（舉說書科）、李之純、李之儀、王覿、鄒浩、王回、彭汝礪、張庭堅、陳軒、江公望、陳祐、吳時、黃廉、朱服、張舜民、盛陶、章衡、孫升、韓川、席旦、傅楫、沈畸、蕭服、徐勣、石公弼、張克公、毛德、洪彥升、毛漸、王祖道、張莊、趙挺之、張唐英、何執中、鄭居中、張康國、朱諤、劉逵、管師仁、余琛、薛昂、王安中、王襄、趙野、曹輔、耿南仲、何㮚、孫傅、陳過庭、張閣、張近、鄭僅、宇文昌齡、龔原、路昌衡、謝文瓘、陸蘊、黃寔、姚祐、樓異、李伯宗、汪澥、何常、葉祖洽、時彥、霍端友、蔡薿（諸生筆試）、董敏逸、上官均、耒之郡、葉濤、楊畏、崔公符、楊汲、李南公、董必、虞策、郭知章、劉拯、錢遹、石豫、許敦仁、吳執中、吳材、劉昺、蔣靜、賈偉節、崔鶠、周常、何灌、譚世勣、梅執禮共三百五十四人。

註四十七：本傳不及家世而逕由藩府辟置上達者：魯炅、王昂、李少良、劉昌裔、韓弘、孫隲、李漢韶、李存璋、司空頲、王環、張可復、李知損共十二人。

註四十八：家世爲農民或爲浮客由藩府辟置上達者：呂琦、孫晟共二人。

註四十九：本傳不及家世由藩府署爲軍校而上達者：白孝德、衛伯玉、楊朝晟、侯希逸、李正己、陳楚、李懷仙、朱希彩、朱滔、李全畧、戴休顏、韓游瓌、賈隱林、張敬則、李萬榮、李希烈、吳少陽、李自良、伊愼、朱忠亮、范希朝、孟元陽、郝廷玉、王栖曜、郝玼、段佐、史敬奉、野詩良輔、烏重胤、王沛、李祐、董重質、劉沔、石雄、曹華、楊志誠、張公素、時溥、劉知俊、張萬進、馮行襲、鍾傳、田頵、張佶、范居實、謝瞳、張存敬、霍存、符道昭、李唐賓、楊師厚、牛存節、康懷英、王景仁、李裴約、李嗣恩、李信存、王處直、薛志勤、史建瑭、李承嗣、史儼、李承勳、周德威、郭宗韜、張温、李紹文、安重霸、劉彥琮、孟方立、張文禮、戴思遠、孔勍、周知裕、石君立、高行珪、張廷裕、索自通、朱洪實、唐義誠、葉彥稠、宋令詢、孫岳、劉延朗、元行欽、夏魯奇、姚洪、李仁矩、康思立、曹廷隱、毛璋、李鄴、楊立、張虔釗、楊彥温、景延廣、梁漢顒、楊思權、張萬進、陸思鐸、安元信、張朗、田武、王建立、康福、鄭琮、方太、郭金海，劉處讓、皇甫遇、梁漢璋、盧順密、周瓌、沈贇、翟璋、程福贇、郭璘、鄭阮、胡饒、孟承誨、劉繼勳、范廷光、張從賓、張延播、楊光遠、盧文進、安重進、趙德鈞、武漢球、李殷、劉在明、皇甫立、李洪建、李業、劉銖、趙思綰、鄭仁誨、宋彥筠、劉詞、史懿、周密、高允權、王饒、曹英、許遷、張彥超、張沆、韓遜、李仁福一五〇人。

註五十：家世爲農民或浮客由藩府署爲軍校而上達者：李寶臣、高固、謝彥章、成納、朱友恭、王師重、朱珍、胡規、龐師古、王從珂、李嗣昭、王都、丁會、袁建丰、霍彥威、王晏球、張承業、康延孝、朱守殷、李重温、袁從簡、潘環、白奉進、李金全、郭允明、李守貞、王進、白延遇、唐景思、高季興、錢鏐、楊行密、李昇、王審知共三十四人。

註五十一：北宋人物系出唐代名族之子弟：李濤、李澣、李仲容、王易簡、張鑄、劉温叟、劉燁、劉几、陶穀、楊昭儉、張藏英、孔承恭、張鑑、李諮、王著、孔道輔、孔宗瀚、楊偕、楊大雅、李宥、薛映、楊覃、裴濟、李廸、李東之、李肅之、李承之、李及之、李孝基、李孝壽、李孝稱、李熙靖、共三十二人。

註五十二：北宋人物屬公卿子弟者：范旻、范杲、王溥、王貽孫、魏咸信、魏昭亮、石保興、石保吉、石元孫、王承衍、王承衎、王克臣、王師約、高懷德、韓崇訓、韓崇業、慕容德豐、慕容德琛、符彥卿、符昭愿、符昭壽、王延義、郭承祐、楊承信、折德扆、折御勳、折御卿、折克行、馮繼業、王承美、李繼周、孫全照、侯仁矩、侯仁寶、侯延廣、趙贊、趙延溥、宋偓、康延澤、吳元輔、吳元載、吳元扆、李繼昌、李處耘、李繼隆、李繼和、曹璨、曹瑋、曹琮、陳思讓、陳若拙、焦繼勳、焦守節、祁廷訓、邊光範、呂餘慶、劉蒙正、劉蒙叟、石中立、薛惟吉、沈繼宗、李宗訥、李宗諤、李昭述、李昭遘、張宗誨、王舉正、王舉元、王詔、周瑩、王旭、王質、高防、馮瓚、邊珝、段思恭、馬令琮、杜漢徽、周廣、石曦、郭延濬、郭延澤、趙延進、楊延昭、楊文廣、曹光實、曹克明、李延渥、何繼筠、何承矩、李守恩、李允正、張保續、丁德裕、張廷通、王侁、安守忠、田仁朗、劉保勳、郭載、張從吉、安忠、馬知節、雷有終、雷孝先、雷簡夫、王德用、王繼忠、劉用、白守素、呂端、畢仲衍、畢保游、王旦、陳執中、馮行己、馮伸己、賈昌朝、賈炎、賈琰、蔡延慶、趙良規、趙君錫、范子奇、范坦、高繼勳、高繼宣、葛懷敏、張希一、張利一、楊崇勳、夏守恩、夏守贇、夏隨、吳育、宋敏求、宋昌言、李淑、李壽明、李復圭、謝景温、葉清臣、王鼎、楊告、楊紘、晁宗慤、張師德、李繹、常延信、秦義、王子融、龐恭孫、呂公綽、呂公弼、呂公孺、韓琦、韓忠彥、曾孝寬、曾孝廣、曾孝蘊、王罕、王琪、富紹庭、范純祐、范純禮、范純粹、范純仁、范正平、韓綜、韓絳、韓宗師、韓維、韓縝、韓宗武、趙屼、唐介、唐淑問、唐義問、唐恕、邵亢、錢惟演、錢易、錢彥遠、錢明逸、錢景諶、錢勰、錢即、胡宗炎、胡宗愈、胡宗回、歐陽發、歐陽棐、王素、王靖、王震、呂誨、吳擇仁、劉滬、侍其曙、王雱、唐坰、蔡抗、王厚、王宷、薛嗣昌、鄧洵武、張褱、蹇序辰、杜常、馬仲甫、陸師閔、張燾、朱光庭、潘鳳、李稷、种世衡、种古、种諤、种誼、种朴、种師道、种師中、司馬光、司馬康、呂公著、呂希哲、呂希純、范百祿、范祖禹、蘇過、蘇元老、孫永、蔣之奇、劉安世、田晝、彭汝霖、彭汝方、姚雄古、宋球、苗履、楊應詢、王寓、張叔夜、宇文常、宋喬年、宋昇、李譓共二百四十七人。

註五十三：北宋人物屬士族子弟者：范質、羅彥瓌、慕容延釗、張永德、尹崇珂、皇甫繼明、李漢瓊、李瓊、竇貞固、趙上交、趙曮、邊歸讜、劉載、竇儀、竇儼、竇偁、劉熙古、李穆、李肅、篩居正、盧多遜、盧億、李昉、呂蒙正、賈黃中、錢若水、錢若冲、蘇易簡、辛仲甫、張宏、趙昌言、張洎、李惟清、張遜、扈蒙、王祜、魚崇諒、高錫、高冕、顏衎、劇可久、楊克讓、張廷翰、蔡審廷、郭廷謂、楊業、荆罕儒、荆嗣、李謙溥、田欽祚、侯贇、王文寶、翟守素、尹繼倫、滕中正、宋瑺、樊知古、盧之翰、鄭文寶、卞袞、裴莊、袁逢古、愼知禮、愼從吉、張昭允、李重誨、張思鈞、畢士安、寇準、李沆、李維、向敏中、王欽若、林特、夏安期、陳堯佐、陳堯叟、陳堯咨、陳漸、宋庠、宋祁、馮拯、賈昌衡、梁適、魯宗道、王曙、王益柔、蔡齊、楊礪、宋湜、王嗣宗、李昌齡、李紘、趙安仁、陳彭年、任中正、任中師、周起、范雍、任布、曹利用、郭逵、宋綬、王博文、夏侯嶠、盛度、丁度、田況、王欽臣、馮元、張錫、楊安國、謝絳、楊察、師頏、張茂直、梁顥、梁固、楊徽之、楊澈、呂文仲、呂祐之、潘愼修、杜鎬、查道、查陶、鞠詠、司馬池、司馬旦、司馬里、司馬朴、李及、燕度、燕瑛、陳希亮、狄棐、狄遵度、孫祖德、石楊休、張洞、許元、杜杞、楊畋、姚仲孫、李虛己、張溥、張秉、張旨、呂景初、魏琰、唐肅、唐詢、陳安石、范育、梁鼎、范正辭、范諷、劉師道、王濟、趙及、楊億、楊緯、謝泌、孫何、孫僅、朱台符、戚倫、張去華、樂黃目、柴成務、盧琰、李若拙、張佶、王延德、魏震、靳懷德、杜衍、晏殊、章得象、呂夷簡、張士遜、王珪、文彥博、范仲淹、曾肇、鄭俠、吳中復、齊恢、劉庠、朱京、馬懷德、張孜、張亢、張奎、耿傅、康德輿、王安石、王安禮、王安國、李清臣、張琛、蔡挺、薛向、章楶、王廣淵、李參、郭申錫、張景憲、孫瑜、王臨、杜純、杜紘、王宗望、孫長卿、馬從先、沈遘、沈遼、沈括、苗時中、盧秉、李師中、楊佐、張掞、榮諲、姚煥、朱壽隆、盧士宏、蘇軾、蘇轍、呂大防、呂大忠、呂大鈞、呂大臨、劉摯、趙瞻、梁燾、元絳、鮮于侁、王俊義、曾誕、陳次升、陳師錫、呂陶、龔夬、孫諤、常安民、孫鼛、陳瓘、任伯雨、李昭玘、吳師禮、王漢之、王渙之、顏復、龔鼎臣、鄭穆、喬執中、張汝明、陶節夫、竇舜卿、劉正夫、林攄、唐恪、吳敏、聶昌、許幾、程之邵、崔公度、蒲卣、沈銖、沈錫、呂嘉問、虞奕、强淵明、蔡居厚、劉嗣明、張根、張樸、王雲、程振共二百八十人。

註五十四：北宋人物屬軍校子弟者：韓令坤、王金斌、王凱、吳延祚、王仁贍、楚昭輔、潘美、郭守文、劉廷讓、袁繼忠、劉廷翰、趙逢、吳虔裕、史珪、劉謙、呼延贊、夏竦、孫繼業、周審玉、謝德權、蔚昭敏、安俊、石晉、許懷德、李允則、劉文質、劉渙、趙滋、劉平、劉兼濟、郭遵、武英、張君平、張昭遠、劉昌祚、姚兕、姚麟、劉舜卿、宋守約、苗授、王瞻、張守約、周永清、劉紹能、王光祖、李浩、和詵、張蘊、劉延慶共四十九人。

註五十五：北宋人物屬地方豪右者：孫行友、郭崇、趙普、趙安易、趙玼、王子輿、許驤、王延範、劉沆、楊允恭、閻守恭、王信、侯蒙、李邦彥共十四人。

註五十六：北宋人物屬農民者：王景、王晏、武行德、侯益、輔超、元達、孫抃、王禹偁、張忠、桑懌共十人。

註五十七：北宋人物屬浮客者：魏仁浦、王彥昇、郭從義、楊廷璘、李崇矩、黨進、李萬超、李轂、張昭、張齊賢、郭進、劉審瓊、譚延美、郭密、張平、馬全義、王榮、范廷詔、張詠、柳植、韓丕、燕肅、郎簡、劉越、仲簡、陸佃、馬默、賈易、任諒共二十九人。

註五十八：北宋人物本傳不及家世逕以科舉上達者：三百五十四人姓名見註四十六M條。

註五十九：北宋人物本傳不及家世由藩府辟爲官佐者：張錫、沈倫、宋雄、魏羽、劉昌言、柴禹錫、楊守一、蘇曉、王明、李符、魏丕、陳從信、王繼升、王昭遠、尹憲、何蒙、王超、盧斌、鍾傳共十九人。

註六十：北宋人物本傳不及家世由藩府處爲軍校者：石守信、王審琦、韓重贇、李洪信、李洪義、侯章、扈彥珂、薛懷讓、李繼勳、葉元福、趙晁、向拱、王彥超、王繼濤、高彥暉、曹彬、張廷翰、張瓊、楊信、劉遇、李懷忠、米信、崔翰、陳承昭、王仁鎬、田景咸、陸萬友、李韜、司超、楊美、李漢超、董遵誨、賀惟忠、馬仁瑀、盧懷忠、王繼勳、劉福、傅思謙、李斌、王賓、傅潛、載興、王漢忠、王能、張凝、李重貴、耿全斌、田紹斌、楊瓊、李琪、高瓊、葛霸、張耆、張玉、李繼宣、張煦、程德玄、王延德、閻日新、周美、向寶、陶弼、盧政、王君萬、劉闃、郭成共六十六人。

註六十一：北宋人物本傳不及家世出身於小吏者：王祚、張美、曹翰、昝居潤、趙鎔、王繼英、王顯、張勳、王贊、梁迥、欒崇古、李溥、杜曾、張質、王仲寶、田敏共十六人。

註六十二：北宋人物本傳不及家世起身於行伍者：張令鐸、韓倫、李超、崔彥進、田重進、郭瓊、白重贊、劉重進、袁彥、張鐸、李萬全、解暉、王晉卿、王貴、李進卿、牛思進、常思德、薛超、丁罕、趙瑫、魏能、陳興、許均、張進、周仁美、錢守俊、徐興、王杲、狄青、孫節、高化、孟元、劉謙、趙振、范恪、任福、張忠、郭恩、高永能、林廣、郝質、賈逵、燕達、楊燧、賈嵓、張整、王思、趙隆共四十九人。

註六十三：北宋人物家世及出身不確定者：王暉、董樞、姚內斌、孔守正、劉綜、趙孚、吳鼎昌、馬遵、張盈之、魏璀、王彬、劉琦、錢顗、王獵、張昷、史方、盧鑑、樂京、劉蒙、黃葆光、趙遹、王文郁、和斌、劉仲武、吳敏、沈積中、俞㮚、張商英、左膚共二十九人。

註六十四：（Ａ）五代人物系出名族子弟者：張文蔚、薛貽矩、杜曉、李振、王檀、李珽、盧曾、趙光逢、趙光允、崔協、李琪、蕭頃、袁象先、李襲吉、李敬義、盧汝弼、李德休、豆盧革、韋說、盧程、薛廷珪、崔沂、劉岳、孔邈、崔貽孫、張格、裴皥、盧導、鄭韜光、王權、李懌、李專美、崔棁、趙熙、孔崇弼、鄭受益、李郁、李鏻、王守恩、楊凝式、薛仁謙、蕭愿、盧損、裴羽共四十四人。

（B）五代人物系出公卿子弟者：王師範、羅紹威、王珂、王珙、孫德昭、趙匡凝、張策、馬司鄴、高劭、張衍、李克用、李繼韜、王鎔、王昭誨、符彥超、鄭玨、王瓚、蘇循、蘇楷、安審通、朱友謙、封舜卿、歸藹、胡裴、石敬塘、王庭允、史匡翰、李從璋、李重俊、馬全節、安崇阮、李周、張從訓、李繼忠、李頃、周光輔、符彥饒、羅周敬、吳承範、韓惲、盧質、盧詹、張仁愿、王傅拯、王瑜、張繼祚、劉遂淸、楊承勳、張瓘、安審琦、安審暉、李從敏、孔知濬、孫漢英、閻宏魯、劉守光、孟知祥共五十七人。

（C）五代人物系出士族子弟者：張歸霸、張歸厚、張歸弁、敬翔、劉鄩、張儁、杜荀鶴、羅隱、仇殷、段深、伊廣、閻寶、張遵誨、王思同、趙鳳、李愚、任圜、竇夢徵、李保殷、張文寶、陳乂、劉贊、王正言、李嚴、藥縱之、賈馥、許寂、周元豹、張居翰、段凝、張希崇、劉昫、殷鵬、李承約、姚顗、梁文矩、史圭、薛融、曹國珍、李遐、尹玉羽、郭延魯、高漢筠、吳巒、陳元、趙延壽、劉晞、李彥從、李崧、蘇逢吉、劉鼎、張允、張彥成、王合溫、白文珂、折從阮、和凝、蘇禹珪、段希堯、司徒詡、邊蔚、王敏、王重裔、劉仁贍。崔周度、劉皡、于德辰、王延、賈緯、趙延乂、沈遘、劉陟共七十二人。

（D）五代人物屬軍校子弟者：趙犨、趙昶、趙珝、韓建、趙克裕、鄧季筠、劉捍、王敬蕘、馬嗣勳、寇彥卿、賀德倫、李嗣源、蓋寓、符存審、安金全、安元信、張敬詢、西方鄴、朱漢賓、劉玘、安重誨、朱宏昭、張憲、劉延皓、張敬達、竇廷琬、桑維翰、趙在禮、李德琉、何建、秘瓊、安重榮、張彥澤、劉知遠、杜重威、高行周、安審信、安叔千、王殷、史彥超、李懷忠、常思、慕容彥超、申文炳、高萬興、劉崇共四十六人。

（E）五代人物屬豪地方豪右者：雷滿、康君立、張筠、張籛、閻晉卿、孫方諫、翟光鄴、李彥頵、張潁共九人。

（F）五代人物屬農民者：李罕之、郭言、王虔裕、劉康乂、丁會、張全義、趙瑩、華温琪、王清、張礪、史宏肇、馮道、錢鏐、王審知共十四人。

（G）五代人物屬浮客者：朱全忠、楊崇本、蔣殷、謝彥章、成汭、杜洪、氏叔琮、朱友恭、王師重、朱珍、胡規、李讜、龐師古、王從珂、李嗣昭、李存孝、李存賢、王都、袁建丰、董璋、霍彥威、王晏球、淳于晏、張承業、馬紹宏、孟漢瓊、聶嶼、康延孝、朱守殷、李重温、李承福、呂琦、萇從簡、潘環、白奉進、李金全、張鵬、復贇、郭允明、李守貞、王進、白延遇、唐景思、王繼宏、孫晟、高季興、馬殷、楊行密、李昪共四十九人。

（H）五代人物本傳不及家世逕以科舉上達者：蕭希甫、馬縞、羅貫、陳保極、王朴、劉袞共六人。

（I）五代人物本傳不及家世逕由藩府辟置官佐者：孫騭、李漢詔、李存璋、司空頲、王環、張可復、李知損共七人。

（J）五代人物本傳不及家世逕由藩府辟置爲軍校者：劉知俊、張萬進、馮行襲、鍾傳、田頵、張結、范居實、謝瞳、張存敬、霍存、符道昭、李唐賓、楊師厚、牛存節、唐懷英、王景仁、李裴約、李嗣恩、李存信、王處直、薛志勤、史建瑭、李承嗣、史儼、李承勳、周德威、郭崇韜、張温、李紹文、安重霸、劉彥琮、孟方立、張文禮、戴思遠、孔勍、周知裕、石君立、高行珪、張廷裕、索自通、朱洪實、康義誠、藥彥稠、宋令詢、孫岳、劉延朗、元行欽、夏魯奇、姚洪、李仁矩、康思立、曹廷隱、毛璋、李鄴、楊立、張虔釗、楊彥温、景延廣、梁漢顒、楊思權、張萬進、陸思鐸、安元信、張朗、田武、王建立、康福、鄭琮、方太、郭金海、劉處讓、皇甫遇、梁漢璋、盧順密、周瓌、沈贇、翟璋、程福贇、郭璘、鄭阮、胡饒、孟承誨、劉繼勳、范延光、張從賓、張延播、楊光遠、盧文進、安重進、趙德鈞、武漢球、李殷、劉在明、皇甫立、李洪建、李業、劉銖、趙思綰、鄭仁誨、宋彥筠、劉詞、史懿、周密、高允權、王饒、曹英、許遷、張彥超、張沆、韓遜、李仁福共一百一十一人。

（K）五代人物本傳不及家世出身於小吏者：胡真、李嗣本、李存進、史敬鎔、王緘、李建及、孟鵠、張延朗、馬郁、孔謙、楊彥珣、李彥珣、房暠、楊邠、王章、聶文進、龍敏、扈載共十八人。

（L）五代人物本傳不及家世出身於行伍者：張慎思、葛從周、李思安、黃文靖、李重允、徐懷玉、王彥章、賀瓌、符習、烏震、劉訓、孫璋、温韜、李彥韜、尹暉、相里金、房和温、安彥威、張廷蘊、李瓊、孫彥韜、王周、馬萬、郭謹、白再榮、郭威、何福進、趙暉、馮暉、李暉、李建崇、趙鳳、李茂員、王建共三十四人。

（M）五代人物之家世出身不可攷者〔不屬於上述（A）至（L）項〕：朱延壽、馮玉、鄭雲叟、程遜、馬重績、蕭翰、崔延勳、劉審交、任延皓、盧文紀、馬裔孫、景範、王仁裕、齊藏珍、王峻共十五人。

承天明鄉社與清河庯

——順化華僑史之一頁——

陳荊和

前言

承天明鄉社位置於順化（Huê ）城北三公里香江（Huong-giang）之畔，現屬承天省香茶郡，爲明末南渡之華商創建，初時稱「大明客庯」或「大明客屬清河庯」，俗稱 Phô-Lở （即崩舖），是十七、八世紀順化之港口及業商區，其名頗爲著聞。惟現時之明鄉社居民已完全改從越俗，與越南一般村落幾無二致。據該社耆紳陳元爍氏調查，當一九四五年時明鄉村人口（十八歲以上之男女）計有七九二人（男四三六人，女三五六人），其中居於村內者六五三人（男三一四人，女三三九人），不居原藉者一三九人（男一二二人，女一七人）；他們的家姓計有：甘、高、龔、朱、鐘、余、鄧、丁、翰、侯、洪、黃、胡、岐、羅、林、黎、李、梁、劉、蒙、吳、阮、魏、寓、顏、饒、范、潘、扶、光、謝、曾、蘇、蔡、陳、程、鄭、張、武、王。上舉四十一種家姓之中，不難認出相當的特殊性。諸如甘、龔、朱、余、侯、羅、林、梁、劉、顏、饒、曾、蘇、蔡、王等姓爲一般越人稀有之家姓，可謂明鄉社民仍保存濃厚的中國血統。至於史蹟方面，明鄉社除尚存一座天后宮及若干祠堂外，不再有任何歷史陳跡，遊人只見蒼茫的河流與柳綠花紅的田園，令人徒起滄海桑田之感。

筆者在小文「十七、八世紀之會安唐人街及其商業」（刋在新亞學報第三卷第一期，頁二七一——三三二），曾畧約提及順化清河庯，但未就其沿革及位置仔細論考。客秋應聘南來順化大學任教，因近水樓台，曾幾次赴明鄉村調查，得以增加若干見聞，茲根據所蒐集史料，就承天明鄉村及清河庯之沿革畧予論考。

一　清河庯創建之年代

顧越南歷朝對外國商賈之管制，可認出一種隔離政策：卽不准外商及船客寓居京城，而指定若干地點爲居留及營商之地方。古來通販越南之商賈十九爲中國人，故此種政策也可謂針對我國商客而有者。就史實而言，李英宗大定十年（一一四九）雲屯之開港，當屬其早期之例。據東京大學山本達郞教授之考證，雲屯爲北圻東海岸雲海島（Ile des Sangliers）南方之上枚、下枚兩島，或該島西傍之東島與西島，離大越京師昇隆（卽今河內）東約一百五十公里（註一）。從彼時起，經陳、黎兩朝，我國商舶之販越者只至雲屯，而鮮至其都城，故趙汝适諸蕃志交趾條云：「其國不通商」；汪大淵島夷誌畧交趾條亦云：「舶人不販其地，惟偷販之舟止於斷山上下（卽雲屯），不得至其官場，恐中國人窺見其國之虛實也」。迨一四二八年，黎利（卽黎太祖）擊攘明軍而收復越土，亦指定雲屯、萬寧、芹海、會統、會潮、葱嶺、富良、三哥及竹華諸地爲華商之居地，嚴禁擅入內鎭（註二）；又自十七世紀中葉，越南演成鄭阮兩主南北對立之局面，而北圻之鄭主准華商與葡、荷、英、法各國公司及商人搆庯及設商館於憲南（卽舖憲又稱舖客），並嚴格管制雲屯及憲南華商出入京城，亦是此種政策之具現（註三）。時憲南嚴然成爲北圻華僑之大中心。潘鼎珪安南紀遊曰：「軒內（卽憲南）者去都只百十里，凡四方洋船販其國悉泊焉，設官分鎮其地，有街市數十，曰天朝街，尊我中夏曰天朝，稱我中夏人曰天朝人，沿舊制也」，憲南唐人街繁榮之一斑由此可見。

南方之阮主在原則上雖沿襲上述傳統性政策，然在實際上對南渡華商及華僑之管制則較爲寬鬆。阮主早以廣南省之會安（離順化約一百三十公里）爲對外貿易港，准中日商民僑居與營商，並派主管艚務之官員常駐該地以便管制貿易。不過，另一方面，自從阮潢（即仙王）莅任順化鎮守以後，也准許華商抵首府之附近互市並設舖僑居。此乃順化清河庯得以建設之歷史背景。

就經濟情形而言，順化（畧爲今承天、廣治兩省）地瘦民貧，土產有限，反之廣南（即今廣南省）民殷物阜，物產之美多出於斯，其地近占城、歸仁，易於集散中日商舶所需求之物產，供過於求。黎貴惇撫邊雜錄（卷六）物產風俗條云：

> 順化無甚貨寶，皆取於廣南，蓋廣南一處爲天下肥饒第一；升奠之人能織布絹，綵緞綾羅，花彩巧麗，不減廣東；田野廣闊，稻梁美好；沉速香味、犀象、金銀、玳瑁、珠貝、綿花、黃蠟、糖蜜、油漆、檳榔、胡椒、魚鹽、材木皆出於此。

由此可察出反於廣南會安庯之繁榮，順化之清河庯未成爲大商埠之客觀條件。

關於華舶通販順化之初期史事，張燮東西洋考（卷一，交趾條）除廣南（即會安）、新州及提夷外，亦舉有順化之名，以爲十七世紀初年華舶往販之交趾港口；又據侯繼高全浙兵制考（二、附錄，近報倭警）所載，早在萬曆五年（一五七七）春間，航抵順化通商之福建船多達十三、四艘，可知順化自十六世紀末葉已成爲華船往還之一重要港口。

按當時之順化爲一個鎭名，所轄約等現今廣治，承天兩省及廣南省之一部，而東西洋考所謂之順化乃指此鎭之首府，卽阮主之治所無疑。然值得注意者，當初之阮主治所並非設在現今之順化市（ Huê ）據柯迪業神父（L. Cadi'ere 根據實地調查及大南一統志與大南實錄前編等史書之研究 ，當嘉靖三十七年（黎正治元年 ，一五五八）阮潢初蒞順化，乃經闌越海口溯上廣治河 ，而在登昌縣愛子社（卽今廣治省治稍北，臨廣治河之砂灘 ，俗稱（ Bãi cát Cồn Cỏ ）設營；一五七〇年將營遷於愛子東北約兩公里處之茶鉢社（卽現茶鉢村 Cồn Dinh 地方之 Liêu Bông 寺一帶），一六〇〇年再遷往同社內之 Phủ Thỏ 地分並稱爲葛營（ Dinh Cát ）。萬曆四十一年（一六一三）潢卒，子福源（卽佛王，一六一三－三五）繼立 ，迨天啓六年（黎永祚二年，一六二六），福源復將營自葛營移于廣田縣福安社（卽今廣治省廣田縣福安村之「府」（ Phủ 地）， 並改「營」稱「府」（註四）。按東西洋考之撰年爲萬曆丁己年（一六一七），其所載當可視爲一六一〇年代之情況，是則當時華舶往商之順化，實指今廣治省附近，廣治河畔之葛營，絕非現時香河口畔之順化城。

十六、七世紀之交，我商舶載往順化（葛營）之主要貨物爲生絲、銅、鐵及瓷器(註五)；又關於交易之情形，東西洋考交趾交易條云：「順化多女人來市，女人散髮而飛旁帶，如大士狀，入門以檳榔貽我，通慇懃」，又曰：「土人嗜書，每重貲以購焉」，除了此等零碎記載外 ，現時之葛營不存任何與華僑有關之舊蹟，曾否建設唐人舖市，亦無法查明。

崇禎九年（黎陽和二年，一六三六）阮主福瀾（上王，一六三五－四八）鑑於福安之地過於狹隘，乃遷府於香茶縣金龍社，卽今順化城沿香河西南約二公里之處，現仍稱金龍（Kim-long）。阮主治於金龍整整五十年，至康熙二十六年（黎正和八年，一六八六）福湊（義王，一六八七－九一）繼立，乃建新府于東隣之富春社，是爲後日之富春都城，卽今順化城之東南角（註六）。

關於淸河庯建置之年代，陳貞詒氏「明鄉事蹟述言」中之便覽第一條云：「本鄉先賢自中國南渡來順化地當在大明朝萬曆四十一年（黎弘定十一年，一六一〇）」。按此說僅根據嘉隆九年（一八一〇）明香淸河庯「申官單」（卽稟文）內「先人搆庯生業傳子留孫經二百年」一句文而逆算之結果，殊不可置信。再據明鄉社鄉簿所存黎保泰七年（一七二六）之一張申官單云，上王遷府於金龍後，乃准該社先賢在淸河及地靈兩社之交界處建設市廛。

綜觀上面諸條，吾人可斷言淸河庯設立之年代當在一六三六年阮主福瀾（上王）自福安遷府於金龍之後數年之間。其理由不外爲：

第一、自阮府遷往香河沿岸之金龍後，南渡華船絕無捨就近之香河河口（卽順安）而仍舊駛入廣治河之理。相反地，假使阮府仍在廣治附近，則華船也無理由繞遠開入香河而泊於淸河之地。

第二、淸河庯前面之香河河面，寬闊而水深，最適於大船之停泊。

第三、淸河庯位置於金龍至香河河口之中間，可爲金龍對外之理想門口。

二　淸河庯之沿革

關於淸河庯初設時之面積，該庯景興十四年（一七五四）之申官單曰：「前朝施恩有屯土在淸河（Thanh-Hà），地靈（ Địa-Linh ）二社，許立庯一畝五尺四寸，盛德六年（一六五八）已著此土庯入見耕簿云云」，可知庯地原爲香河之一處冲積岸地，而建庯當時之地皮僅有一畝五尺四寸，至一六五八年始見著於耕簿，易言之則始獲阮主正式公認爲明商之僑居地矣。

再據景治七年（一六六九）之耕簿，當時庯地已擴張至七畝五高八尺二寸，其中六畝三高三尺係在清河社地界，其餘則在地靈社。其後僑商復在地靈社地界購得四畝一高三尺之河岸以增建商舖，足見清河庯乃逐漸向順化城之方向發展。西山泰德十年（一七八七），地靈社民以清河庯之商舖將地靈社關公祠之廟門阻塞，陳情西山阮廷干涉。西山當局一面顧及僑商之權利，一面尊重地靈社民之宗教禁忌，乃下令該處及附近土地之所有權歸於地靈社，並着照當時租額租給華商。再據嘉隆十年（一八一一）之地簿，明香社之面積除七高七尺之舊路及三高六尺六寸之新路外，庯地爲六畝九高三寸，天后宮地皮爲一畝二高五寸。此數目比諸一六六九年時之面積畧爲增加。迨明命十年（一八二九）河岸培砂之面積再增加到一畝二高七尺五寸，乃承官批著地簿，依照稅例徵收官稅。

庯之房屋原係沿江之一排草房，坐西向東，及後，河岸之培土逐漸生起，復在其處增建一排草房，變成夾道櫛比之一條商街。迨一七〇〇年左右，一如會安，清河庯始獲阮主特准，改造甎房以便於防火，而此等甎房在交易期間，率多租給南來之中國商客。一七四九年抵達順化之法商波武爾（P. Poivre）所寓之處，顯然是這些甎房之一。同年十二月五日波武爾之日記稱清河庯爲 Phô（卽「庯」），並謂該庯所有房屋廳室之佈置純爲中國樣式，商舖聯絡，形成一條敷石大道，是爲都城之商業區，並爲最講究之處（註七）。

據陶維英（ Đào-Duy-Anh ）氏所論，在阮主時代，清河庯一直附屬廣南會安庯，然在西山佔據時代（一七八六－一八〇二），兩庯被分離而成立個別之行政單位，各稱明香(社)清河庯與明香(社)會安庯。該庯名稱，當初似稱「大明客庯」，據陶氏上引文，于正和二十一年（一七〇〇）以前，該庯已享有相當之自治權，並有「清河庯」或「大明客屬清河庯」之稱（註八）。然據陳貞詥氏明鄉事蹟述言，鄉簿內所存永盛十五年（一七一九）之申官單尚著「寓居清河庯」，至十六年（一七二〇）始著清河庯各客屬，以後不加「寓居」兩字，只稱「清河庯」。

清河庯之成爲獨立之明香社顯然在西山時代。據明鄉事績述言，西山阮文惠之光中四年（一七九一）鄉簿內申官單內已著明「明香社清河庯」，可見明香社之設立與會安、清河兩庯之分離當在同一個時期，並可視爲西山阮氏爲便於管制土生華僑而採取之處置。雖是，因在地政上明香社清河庯仍屬於清河社，雙方地皮及鄉簿均未劃分，故嘉隆十二年（一八一三）十一月清河庯商客乃向阮廷申請立木界；同年十二月初二日再申請編造鄉簿，受徵土稅別納；迨十四年（一八一五）鄉簿造成，從此清河庯始成爲一個獨立之行政單位，只稱明香社，不再加清河庯字號。及明命八年（一八二七）七月十五日，戶部錄臣梁進祥、黃文演及李文馥等奉旨著照諸地方所轄間有客社庄庯稱爲「明香」者均改爲「明鄉」以正字面（註九），因此，承天明香社亦改爲承天明鄉社，今仍沿之。

三　清河庯之商業、捐稅及各種服務。

關於清河庯之商業情況，黎貴惇撫邊雜錄（卷四）引一廣東商客姓陳者之言，曰：

自廣州府由海道往順化處，得順風只六日夜，入堧海門至富春清河庯，入大占海門到廣南會安亦然。自廣州往山南（即北圻憲舖）只四日夜余一更，但山南回帆只販鬻餘糧一物，順化亦只胡椒一味，若廣南則百貨無所不有，諸蕃邦不及云云。

該書（卷六）物產風俗條亦曰：

胡椒出明靈拜㙈總各坊與枚舍社，樹植滿林……昔端郡公嘗差人依價買載，與魚翅燕巢賣與商人易取貨物，遂爲例。阮氏以歲五月上旬差新一船隊長與精兵出就地方，令民隨園多少分包會數，定價買取，椒子一担發錢五貫，載回清河庯買與艚客，不許方民私賣……在前阮氏胡椒以百斤爲一藉，價五、六貫，北客與瑪瑺客常販回廣東。

又曰：

順化檳榔四辰皆有，軟嫩而甘，價最賤，十果纔二文……土人取核堆積，北艚販回廣東，人喫食代茶芙。

又曰：

廣南會安庯銅鍋、銅盤，洋船販到，平辰以千萬計，北客又販回清河庯，每得一倍之利。

通觀這些史文，清河庯商業上之地位不過是會安庯在承天地方之轉運港口乃至分銷處，而直接自中國駛抵清河庯通商之船隻則似乎較少。其因至少有二：一則阮府之艚務官在交易時期均在會安，而據阮氏艚務規定，凡欲抵阮氏所轄各港口通商之華舶都須先抵廣南（會安）辦妥手續，始可抵各處貿易（註一〇）；二則，順化之土產較少，華舶似僅爲採辦胡椒及檳榔而來清河庯。這些華舶載來之華貨，據嘉隆八年（一八〇九）廣東天原號船售給「任梁順記」之貨單及嘉隆十年（一八一一）通事呂有營所開貨單，計有茶、藥材、絲織物、鞋、瓷器、銅器、紙錢、紙料、線香、蠟燭、蜜餞、書籍等（註一一）。

因清河庯之僑商及土生華僑大多有教養，精通內外商情，並有技能製作精巧的工藝品，故阮府時常委托他們以種種特殊之工作。例如該艚、知艚、該簿艚、該府艚、記錄艚、通言等與艚務有關之官職，原則上都以會安或清河明香社之僑民任用。在西山時代，清河庯尚稱「明香社清河庯」之時，該簿艚平常兼任「鄉長」（即社長），爲該社與官衙間之連絡人，而通事（或通言）則兼任「庯長」以管理該庯之內外商業事務。這方面之史料雖頗爲零碎，然吾人尚可認出幾位人物之事績。

（一）早在崇禎六年（一六三三）有一Tsoucock（朱國？）者，在沱瀼（即峴港）充任通事，當荷船 Browerschaven 號及 Stolerdijk 號來港時，曾與一日藉甲比丹 Domingo 者照料荷人（註一二）。

（二）康熙八年（一六六九）有一清朝官員劉世虎遇風漂至廣南。阮主福瀕（即賢王）便命阮府屬官之華僑趙文炳送劉世虎返廣東，同時亦著他帶貨兼作貿易。不料彼等一到廣州，廣東巡撫則以趙文炳雖攜賢王印信而來，但事實上爲一華商，故不但不准其作貿易，甚至藉海禁沒收其船及商貨；經久，清聖祖念及賢王派船遣回中國軍官之美意尚屬可嘉，降旨命歸還船貨予趙文炳（註一三）。

（三）康熙二十七年（一六八八）阮主福溙（義王）曾託華船之船主黃寬官攜貨往日本長崎貿易，另着他帶親函給德川幕府請求鑄銅錢相助。時有華僑吳秉綽任阮廷通事，亦經黃寬官致函給長崎「奉行」（即太守）及長崎之通事們，請求予黃船以貿易上特別之方便（註一四）。

（四）康熙三十四年（一六九五）廣州長壽庵之禪師釋大汕（石濂）應阮主福淍（明王）之聘，南來順化說法。當大汕旅居順化期間曾應阮府國師興蓮和尚之請，推薦一明人劉清者於明王以任「管理洋貨該府」。明王照准，並限十天之內，命繳納一萬兩於王庫。劉清四出向華舶船主及商客們勒索金錢，商客們不堪其煩，訴苦大汕，大汕遂復言於明王，取消該項任命（註一五）。

（五）十八世紀中葉，來越歷訪會安、沱灢及順化之法商波武爾　，曾在一七四九年十二月九日之日記中云：「我想乘着好天氣，往訪專管華船之稅關長。渠爲中國人，其家甚富裕，看樣子是一位正直之人物」（註一六）。

（六）北圻鄭主軍隊佔據順化時期（一七七四－一七八六），繙務仍由華僑掌管。當一七七八年英國東印度公司商務員，查浦曼（ Ch. Chapman ）來順化考察商務時，曾寓於淸河庯華僑王大舍（On ta hia）之家。查浦曼遊記曰：「渠（卽王大舍）係中國人及東京（卽北圻）婦人之混血兒，素與廣州通商，並學會了若干歐洲人貿易之方法。渠極贊同吾人（卽英印公司）與交趾支那（卽廣南）開闢交易關係，盼望任爲公司之代理商以主持其事。吾人行船至王大舍之家；其家乃中國人經常出入之處，蓋因其職務爲報告華舶之進出港及徵收關稅」（註十七）。

除上述公家之服務外，阮府常常利用僑商爲仲人，以便於推銷專利物產（如胡椒、沉香、燕巢），或採購王府及貴顯所需之海外物資。其他，諸如祭典時之結采、宴席、烟火、寫春聯或對聯，製作蠟燭，剝桂皮等等工作，均爲明香社民或淸河庯商客所包辦之工作，因而形成了一種特別之勞役。

因淸河庯之商客被視爲「上國」（卽指中國）之民，故阮主時代庯民一如會安享有若干特權，但正因他們的富裕與有能，淸河庯民也須供納各項特別之稅欵。在阮主時代淸河庯之商民得免除軍役及人頭稅，又因各地河渡及市場之經營多由華商落札經營，故也無須繳納這些稅欵。在司法上，因他們爲「上國人」，故任何案件均無須經過知縣而直接屬於各營之鎭守。

阮主時代，清河庯所繳之稅欵較爲輕微。據上引景興十四年（一七五四）之申官單，自有庯以來，直至永治三年（一六七八），大明客庯未有准稅，及至此年始奉准定爲粟七升。在西山時代，明香清河庯每值元旦、端陽、萬壽及國忌須向太府監（卽王庫）繳銀六鎰（ Nên ）當作銀禮錢。此外，不時有臨時性之貢物，尤其在西山時代，明香清河庯隨時被要求供出純銀、真珠、布疋、生銅，甚至爲鑄造大炮及銅鐘所需之木炭（註十八）。

嘉隆四年（一八〇五）規定承天府明香社，一如廣南營明香社，每名同年受納搜布二疋，准免兵徭，存身緡錢（註十九）；明命元年（一八二〇）再訂承天府及廣南營明香社民男壯（卽十八歲以上之民丁）每年繳中平銀二兩，半及壯與老疾者半之（一兩），士人中科者亦酌免有差，准免身緡搜布諸務，但一向明香社所承辦通言，秤斤及值價等公務仍然存續（註二〇）。明命七年（一八二六）時，承天明香社之稅例仍爲歲輸銀二兩，惟承天明香社民六人奉事關公、天妃二祠者，聽各仍納庯稅如例（註二一）。成泰十年（一八九八）再申定明鄉稅例，以明鄉簿民每人歲繳丁稅二元二毫，至此，明鄉社稅例始與普通越南村落相同，可謂明鄉社之越化乃告完成。

至於清河庯之戶籍，據明鄉社所存之鄉簿，在阮主時代新舊唐人一律爲「客屬」而登於清河庯之籍簿。及至西山時代改稱明香社後，始將土生華僑登於明香籍簿，並以新來之華僑登於清河庯之籍簿。至嘉隆初年，實施五幫制度後（註二二），承天府明香社之五幫籍簿包括明香，營市（Cho-dinh）及自海雲關至布政（廣平）間各地新來之清人；一面土生華僑則登於明香社之籍簿。

對於南來之中國商客，阮主時代未曾徵稅，惟對他們的出入境則予以嚴格取締，不得擅自出入。嘉隆時代亦然。大南實錄正編第一紀（卷四〇）嘉隆九年（一八一〇）三月條云：「命清河、會安二舖譏察清商，凡清人來商以三四月還國，願留及他往販鬻地保出結，所在官給憑，擅去留者坐以罪」，阮廷管制僑商之一端由此可見明命十一年（一八三〇）七月，阮廷始定諸地方清人稅例爲歲徵錢六緡五陌，年十八出賦，六十一而免，均免雜派，新附而窮雇者免徵，無物力者折半，每三年由幫長一察報，限滿尙屬無力再准半徵，三年後則全徵如例（註二三）。再至嗣德四年（一八五一），規定凡承天府並諸直省清人各幫每名歲徵銀稅有物力者二兩，無物力者一兩（註二四）。

四　天后宮之建立

清河庯歷史上之一件大事，當爲天后宮之建置。天后宮位置於現明鄉村北端，坐西向東，面臨香河；其奉建之年代，明鄉社鄉簿內明命十六年（一八三五）之申官單云：「原前清商建天后宮在本社地方，歷一百五十年」，陳貞詒氏便根據此文推算，以黎正和六年（卽康熙廿四年，一六八五）爲天后宮建立之年代。此種推論雖不大可靠，奈因鄉簿內所有文件已告散佚，而天后宮亦不存任何碑文，據管見，只好暫時承認此說。

天后宮當年之規制頗爲宏壯，據陳貞詒氏「述言」，計有正殿一、前堂一、兩邊左右長廨（右邊爲先賢祀所，左邊爲會鄉坐所），前有三闕，其前原有橫匾，朱漆湘金「天后宮」三字，但年號何年不復記，惟畧記奉供人是劉大成並三、四十人名，維新間（一九〇七－一九一六）蠹朽猶能見之。該宮祀器之中現存一白色磁質香爐，內著「南昌府新遠縣信士馮高華敬奉清河庯天后娘娘殿前永遠供奉，雍正元年（一七二三）仲秋穀旦立」，此外，據筆者之實地調查，天后宮尙存一件白色磁質香爐，載明：「沐恩信士李泰編奉敬，嘉慶十九年春季吉立」，另有兩座鐵質寶爐：其一，乾隆四十五年歲次庚子（一七八〇）孟春吉旦立，爲廣州府隆盛爐所造；其二，題「聖母殿」，銘曰「沐恩粵東敬義堂衆商等敬酎寶爐壹座重貳仟餘觔在　聖母殿永遠供奉，福有攸歸，嘉慶二十五年歲次庚辰（一八二〇）孟春吉旦立，佛山方明老爐造」。

天后宮初建時之面積有多少，尚無史文可徵。據陶維英氏論文，在民鄉村鄉簿中有一件景興七年（一七四六）七月二十八日之地劵，載明清河社之若干住民連名出讓一塊土地予天后宮之事，由此可推想天后宮之面積乃經許多歲月之間逐漸擴張的。

據陳元煒醫生所藏「承天府香茶縣永治總明鄉社里長關大俊嗣德十五年（一八六二）捌月初日之稟文」，天后宮在嘉隆年間未蒙封贈，明命柒年（一八二六）始蒙領加贈洪慈博義安濟上等神，同十二年（一八三一）封贈「普澤」二美字；紹治二年（一八四二）蒙封二道，其一曰洪慈博義安濟靈佑天妃上等神，其二曰洪慈博義安濟普澤靈佑嘉貺天妃上等神；嗣德三年（一八五〇）再加贈洪慈博義安濟普澤靈佑嘉莊天妃上等神云云。

關於天后宮歷來重修之情形亦不大清楚。據陳貞詥氏，明命十四年（一八三三）奉勅工部武庫修補天后宮，並攽給祀器。同十六年（一八三五）給祠夫十名。成泰十六年（一九〇四）遭颶風，前堂材料多處損害，而鄉用絀力，不能修補，及至維新六年（一九一二）不得不省去前堂揀取材料以重修正殿，留前堂基面爲拜庭，並階前砌作柱表。保大十二年（一九三七）重修三關，十三年（一九三八）三月慶成，惜在法越戰爭期間，於一九四九年爲越盟軍隊燒燬，僅剩右長廨一間而已。廟宇燒燬后，天后聖像移存在順化城東北邊東嘉之關公廟。當一九五八年年底，筆者初訪天后宮時，已有地方有志洪裕湖、陳興、洪裕本、林美、李維平、陳元爍等人組成重建委員會，積極捐資開工，至今年（一九五九）四月間已竣工，並恭迎天后聖像返宮。

現天后宮之左傍有一所小廟，題曰「文明陳公廟」，廟裏正中置一木牌，記文曰：

本社宅邑營造寺宇幾三百年于茲，從前未有香火田土，迨我文明殿大學士故陳相公，登明命戊戌科進士，歷工兵二部尚書，捐俸買田土各所共四十二畝，交供爲香火鄉需，垂四十餘年矣，今年重修寺宇許借這香火田土二十畝二年，又續許十四畝三年共銀……鳩載工竣，寔維相公之功德居多，敬書于梓以紀念云。維新陸年捌月穀旦。

「按文明陳公」者，即爲明鄉社耆宿陳踐誠。陳氏爲福建省漳州人後裔，曾爲嗣德朝之重臣，歷任工、兵兩部尚書及文明殿大學士（註二五）。由此文，可知天后宮從前無香火田土，及至一八七〇年前後，由陳踐誠之供奉始有之，並可知維新六年（一九一二）之重修經費乃由這些香火田之收入應用。再據陳元爍氏調查，除了陳踐誠所供奉之四十二畝外，保大十九年（一九四四）以香火收入之剩餘金，買添田一畝六高，故現今共計四十三畝九高，其位置如下：

禾豐	（Hoà-Phong）	（田）	二十一畝
安館	（An-Quán）	（園）	十畝
潮水	（Triều-Thủy）	（田）	六畝
朝山東南	（Triều-Sơn Đông-Nam）	（田園）	五畝三高
清潭	（Thanh-Đàm）	（田）	一畝六高

五　清河庯之衰微及新華僑區之形成

由上文所考，可了解清河庯在阮主時代末期猶爲順化最繁華之商業區，但經過西山時代而至嘉隆初年，其情形就不同了。顯然清河庯之衰微乃至荒廢實由於華商之遷往別處所致；其主因不外爲：第一，西山政權之剝削，第二，庯前中洲（即明鄉洲，L'Ílôt de Minh-Hương　）之生起。

據明鄉社鄉簿內景盛四年（一七九五）之申官單，當西山光中二年（一七八九）清河庯尚有七九二名籍民，嗣因西山時代對清河庯之課賦過重，遂引起一部居民不堪其苦，紛紛出外謀生，或志願入伍或爲衙門屬官以避免苛求，至六年後（即一七九五），庯中僅留五十至六十個居民而已。再據嘉隆十六年（一八一七）之申官單，當時明香社中僅有六十籍民，就中二十餘個爲官衙之屬官。據陶維英氏所論，古來越南村落之俗，往往將籍民之實數少報以圖輕減稅賦，所以不能根據上舉申官單之內容而結論清河庯經過西山時代已喪失其人口之二十分之十九，蓋因景盛及嘉隆時代之數目專指土生華僑，亦即明香社之正貫而言，反之，光中時代之數目包括土生及新客華僑。（註二六）。

吾人雖承認陶氏此種推論具有充分之可能性，但仍相信西山時代之末期，明香清河庯多半之商客業經遷往別處。顧順化營市（ Chợ Dinh　）福建會館（即三王爺廟）最古之重修碑歲次爲丁卯年四月，即嘉隆六年（一八〇七），爲福建幫長許新發等所立，該碑曰：

聞之有開必有先美，必傳原，夫代天巡狩三位三爺公建廟於甲寅年（一七九四），叨蒙神庥經已有日，茲於皇號歲維甲子（一八〇四）五王聿至申命自天，敬集同人增修舊宇，再興前殿，用佈神光克昌厥後，旹，龍飛歲在乙丑（一八〇五）落成告竣，是爲序云云。

足見營市之福建會館早於甲寅年（一七九四年，即西山景盛三年）已建立，是則清河庯福建幫遷往營市之年代，至晚應在一七九四年始合邏輯，再顧及福建幫爲十七、八世紀時會安及清河最大之同鄉組織，則可推想在西山晚年，清河庯主要之商行已不復在清河庯矣。

當然，華商之撤離清河庯，並非即刻兌現之事，實是經過一段時期，逐漸離開該庯的。加之，一八〇二年嘉隆王統一三圻而定都順化，清河庯之華商欲遷往更接近京城，且更便於營業之處，也是一個必然的傾向。所以在嘉隆年間（一八〇二－一九）之順化商界吾人可認出之頭一個現象是華僑商業之中心已自清河庯移到褒榮市（Chợ Bao-Vinh）。此市位置于香河左岸，與清河、地靈兩社毗連，亦是順化城東角鎮平台（俗稱孟蓋 Mang-Cá）隔護城河之對岸，今據一八一九年L. Rey所繪「順化河圖」所載，可見約自清河庯天后宮至褒榮市之間，繪有幾排房屋，並註明 Bazard Chinois（華商大市）（註二七），此不外證實華僑商行自清河庯，經過地靈社，延至褒榮市，而清河庯已不再爲華商之中心（參看附圖第一）。關於當時褒榮市之情況，自一八〇三年至一八二五年住在順化之法人 **Michel Đức Chaigneau.** 之「順化回憶錄」（註二八）曰：

循自順化往海口之道路走約二公里，過一座粗陋木橋，則到一條宏闊街道，兩傍商屋比櫛。大多房屋都是瓦房，有的以迴廊結連而中間存有院子，有的是單獨之房子而房後設有庭園。所有房屋之建築與內部之陳設均屬同一格調，主房約爲全長之半，開一門出入，外部分爲兩個舖面，並以後面之區劃及兩翼爲住房及倉庫。這條街道稱爲「褒榮」（Bao-vinh），于此華人及越人做極大之生意，尤以奢侈物之商業爲主。民居比諸鄰近街市顯然亨着更大之安樂。走過此街，不難認出住民極爲富裕，街面雖較爲喧鬧，但住民頗爲勤勉，毫無懶偸之氣象。華商佔居大多店舖，各舖都充滿了中國物產；街上熙熙攘攘，就是最下層之工人亦珍惜時陰而勤勞不倦，盼望將有一天亦成爲殷富之貿易商。爲了僅少之報酬，有的打掃街路，有的担水，有的運搬批發商之巨大貨箱。甚至有人在水溝中蒐集獸骨。這些獸骨將運往中國，翌年則變成兒童之玩具，運回此地以售給越人。經常華船由 Huê 港進來，溯河約十二公里而到褒榮，即彼等之商舘及倉庫集中之處，但越南政府不准彼等溯上更靠近都城之地方。這些中國帆船運來絹布、瓷器、茶、藥材、水菓、糖果及玩具等，而裝載檳榔、生絲、藏木、漆料、犀角及象牙等越南土產返北。

再據一八一九－二〇年間，法艦Le Henri 號船長Rey第二次訪問順化之航海記云，該船抵順化時，放錨於一個周備各種供應之村落之前面。（註二九）雖然Rey未講明此村落之名，但其爲褒榮，殆屬不可置疑之事。

於嘉隆時代順化之景觀尚有一事值得注意者，爲順化城東南，隔護城河對岸一帶，即營市、得市 Chợ Được 嘉會舖（ Phô Gia-Hội ）、東嘉舖（ Phô Đông-Gia ）及東會舖（ Phô Đông-Hội ）之發展。（註三〇）營市及得市均位置於香河口岸；營市在現今福建會館以北一帶，得市在嘉會橋（ Câu Gia-Hội ）頭一帶，約爲現今華僑集中區芝陵街之兩端，而嘉會、東嘉及東會三舖則在護城河岸相連，與順化城東墻相對。嘉隆九年（一八一〇）之一件公文稱承天明香社爲「清河營市二庯明香社」；一八一九年L. Rey之地圖亦在此區域繪了許多房屋，並註爲 "Bazard et île de Keu Digne"（營市島及其大市）。（參看附圖第一） Michel Đức Chaigneau 之順化回憶錄則謂「營市及得市兩處未有甚多華人商舖，然在 Kẻ Trài （即東會）即有較多華人從事商業及其營業」；又該書所附「順化城圖」之中，雖其位置不甚正確，但亦可見 Les boutiques de Kẻ-Trài（即東會商舖）、 Chợ Dinh 及 Chợ Được 之名，（註三一）可知嘉隆末年營市及東會一帶已成爲順化之重要商業區。

給清河庯致命的打擊者，不外爲該庯前面明鄉洲（ L'Îlôt de Minh-Hương ）之生起。據一八七年（西山時代） La Floch de la Carière 所繪地圖，當時之清河庯仍一生動之中心，而尚未見中洲生起。（註三二）然在一八七五年三月M. Fargues 所繪地圖，則已載明明鄉洲。（註三三）那末，該洲在何時生起？陳貞詒氏「述言」云：「聞之先家君尚書公云，宮（即天后宮）之前是大江，嗣總五、六年（即一八五二、五三）間，時公十五、六歲，遊學過此，見水汐在江心露出一土阜，如牛背大，至今八十餘年，廣可八畝，可以耕作」，足見一八五○年左右砂洲之沖積已逐漸開始，而生起明鄉洲，同時中洲附近河底亦昇高，遂使大帆船不能停靠清河庯，爾後停泊更下遊之清福，或溯至褒榮，以此爲順化之商港，或者駛抵嘉隆初年來許多清河庯華商遷往之營市。一八七六年法船 Scorpion 號船長 Detreuil de Rhins 經過清河庯時已不再予以任何注意。他駛過明鄉洲南端，然後注意到褒榮之活潑商業。渠所著「安南王國及安南人」中有云：（註三四）「過中洲（即明鄉洲）之後，本船駛進香河最窄狹之部份，河道稍微彎曲而至順化王城北角；該處城牆尚甚完善。在右邊有孟蓋村，間有一小河，幾將該村分爲兩部份。橋之後面爲市場……此乃順化之內港，許多越南及中國之戎克船擁擠在此又窄又深（闊一百五十公尺，深四至八公尺）之河川」。

關於嘉隆，明命年間，嘉會及營市一帶發展之情形，大南一統志（卷二）承天省舖市條曰：

嘉隆年間自嘉會橋之東北及東嘉橋之東南沿江一帶民居立舖，茅屋嘈雜，常有火患，明命十八年（一八三七）命羽林署統制黎文討督兵構蘆舍，蓋以瓦，凡八十九間。自東嘉橋至橫對鎮平台別建長舖凡三百九十九間，長二里有奇。民願構者凡一百四十九間，墻柱均磚，砌以石灰，前面設門扉，每三間限以磚墻，後面磚砌設月門。人民各居住商賣。至今賣去買來，舖舍各自私構，瓦屋聯絡，商賣湊集。嘉會舖，自嘉會橋之東北至東嘉橋之東南，茲屬第五坊。東嘉舖，自東嘉橋之北至世賴橋之南，茲屬第七坊以下。東會舖，自世賴橋之北至鎮平台角。以上三舖自嘉隆年間均蓋以瓦屋蟬聯，清漢間居，雜貨行商，賣諸產備焉，後尋改三舖曰三行，謂之城東三行。營市舖，自嘉會橋至營市下邑，分設爲八行，曰嘉泰行，和美行，豐樂行，盈寧行，會和行，美興行，瑞樂行，三登行，謂之沿江八行，長三里有奇，中爲街路，左右兩邊瓦舖相對。清漢商賣湊集，比前三舖更有甚焉。

（參看附圖第二）迨嗣總年間，一八七六年Detreuil de Rhins之報告亦云：

自橋（嘉會橋）頭展開之街，盡是華僑商舖。越南政府素對外人不甚信任，雖開門讓他們進來，但只讓他們居於最下賤之部份而已。北越東京地方之華僑最多，惟其數目未達一萬；至於安南地方各省，平均不達五百人。就順化省而言，在順安約有二百名，分屬各船隻，或仕於順化宮廷，有一百五十至一百八十名居於 Kieu-deoue（即得市），另有約二十名居其附近。華僑之數目雖少，但彼等已壟斷了所有大商業。在得市華僑商舖很像「大市」（Bazar），其所販貨物，特別以中國及英國之布疋、絹布或棉布、瓷器、陶器、家具類、茶、藥材、中國醃菜、烟葉、文具、玩具、祭器及日常雜貨爲多。華商們來自不同之省份，如海南、廣東、福建等等，雖各屬不同宗教之同鄉會，但彼等間之團結極其鞏固；就是每一個華人，吾人也可見民族之自尊心及一種壓倒的優越感。

在此地，既無領事，亦無軍隊給保護，但中國商人在安南大小官員及人民之前卻挺胸闊步，對任何人都不肯委曲，尤對土著現出一種侮蔑的憐憫，因得到安南人更多的尊敬。（註三五）

很明顯的，此時期得市及營市一帶之華僑已代替了清河之商客而獨佔了越南之大商業。除了大規模之高利貸外，彼等尚有各種方法營利，例如開設賭博場，組織燈謎，或者賂遺政要以獲得鑄造貨幣之權，代徵市場稅及渡稅，或鴉片及酒類之專賣權；也有若干有勢力之華商則獲得對政府或王家供給所有物品之獨佔權。（註三六）

及至十九世紀末年，華僑之商舖亦進出於場錢舖（即今陳興道街）；南大一統志（卷二）承天省舖市場錢舖條云：

成泰十一年（一八九九）標度分許官民願認構舖者，人各一所，舖墻連絡，直長一連，清漢間居，商賣比之諸舖更增稠密云云。

再據同志所載，除城東三行、沿江人行及場錢舖外，在順化近郊之金龍、褒榮、安舊（An-Cựu）、安家、優曇，南浦（Nam-Phô）、師魯東諸市均瓦舖聯絡、清客湊集營商。

附註

一、山本達郎，安南之貿易港：雲屯，東方學報，第九冊，頁二八六－二九四。據管見，雲屯之位置似爲上枚與下枚兩島。島夷誌畧交際條云：「偷販之舟止於斷山上下」；此文中之斷山應指雲海島，而「上下」可能是「上枚下枚」之省。

二、阮薦，抑齋遺集，卷六，輿地志。芹海、會統、會潮三海口屬乂安省；葱嶺屬諒山省；富良及三奇屬宣光省：竹華屬山西省。

三、憲南之位置爲現今興安（ Hung-Yên ）稍北之仁德鎮。據金永鍵氏所考，舖客（即憲南）設置之年代應在黎玄、宗景治元年（一六六三）左右，即顯然在日本鎖固之後；故在舖客未曾有日本僑民。參看金永鍵，佛領印度支那東京興安之舖客，史學，第十八卷，第一號，頁九七－一〇九。

四、L. Cadière, Les Résidences des rois de Cochinchine,(Annam) avant Gia-Long. Bulletin de la Commission archéologique de l'Indochine 1914-16, P.120-126.

五、拙著，十七、八世紀之會安唐人街及其商業，新亞學報，第三卷第一期，頁二七九＝二八。

六、L. Cadière, loc. cit.,P.P. 126 et suiv.

七、H. Cordier, Voyage de Pierre Poivre en Cochinchine, Journal d'un Voyage a' le Cochinchine, depius le 29 aout 1749, jour de notre arrive'e, jusqu'au 11 fe'vrier 1750, Revue de l' Extreme-Orient, t, III, Paris, 1887' P. 373, 444－445.

八、Đào-Duy-Anh, Phô-Lở, Première Colonie Chinoise du Thừa-Thiên, Bulletin des Amis du Vieux Huê, XXXe Année, No 3, Juil-Sept. 1943, P.252

九、大南實錄正編第二紀卷四十七，明命八年七月條曰：「改諸地方明香社爲明鄉社」。

一〇、拙著，上引文，頁三〇五。

一一、此兩貨單均爲明鄉村鄉簿中所保存之文書：Đào-Duy-Anh, loc. cit.,P.256, Note 2.

一二、W. J.M. Buch, La Compagnie des Indes Néderlandaise et l'Indochine, BEFEO, T. 36, F. 124.

一三、清文獻通考，卷二九六，安南條。

一四、華夷變態，卷十五。

一五、釋大汕，海外紀事，卷五。

一六、H. Cordier, Voyage de Pierre Poivre........, Revue d' Extreme-Orient, T. 3, Paris, 1887, P. 447.

一七、Ch. Chapman, Narrative of a voyage to Cochinchina in 1778, the Asiatic Journal and monthly Register for British India and its Dependencies, vol. 4, July-dec., 1817, P. 17.

一八、Đào-Duy-Anh, loc. cit., P. 258.

一九、「嘉隆四年奏准廣南營明鄉社每名同年受納搜布二疋，准免兵徭，存身緡錢，依例受納，又奏准承天府明鄉社依廣南營明鄉社稅例」（大南會典事例，卷四十四，戶部雜賦，明鄉1a－1）

二〇、「明命元年奏准廣南營明鄉社每名同年受納中平銀二兩，准免身緡搜布諸務，原受通言、秤斤、值價依例辦理，又奏准承天府明鄉社依如廣南營明鄉社稅例」（大南會典事例，卷四十四，戶部雜賦，明鄉，1b）

二一、大南寔錄正編第二紀，卷四十，17b。

二二、阮朝對留越華僑實施幫長制度之年代迄今尚未分明。大南寔錄正編第一紀卷四，世祖庚戌十一年（一七九〇）二月條云：「今凡廣東，福建，海南，潮洲，上海各省唐人之寓轄者，省置該府、記府各一云云」，可見世祖（即嘉隆王）曾在南圻創辦一種華僑之同鄉團體，以便於管制，但顯然未爲幫長或五幫之制度。據滿鐵東亞經濟調查局刋「佛領印度支那之華僑」（頁七），華僑幫制始於一八一四年（即嘉隆十三年），但未詳根據何種史料。藤原利一郎氏曾注意大南寔錄正編第二紀卷四〇明命七年七月條見有「……（嘉定）城臣尋奏言，前者唐人投居城轄，民間舖市，業令所在鎮臣，據福建、廣東、潮州，海南等處，人各從其類，查著別簿，置幫長，以統攝之云云」一文，因而推想在明命七年（一八二六）以前已存有此種制度（藤原利一郎，安南「明鄉」之意義及明鄉社之起源，文化史學，第五號，頁七十二，註二〇）。茲據順氏（營市）福建會館最舊之重修碑（歲次丁卯年，即嘉隆六年，一八〇七），該碑爲當時之幫長許新發，總理侯利和，秀才阮古盛等五十一個人所立，足見在嘉隆六年（一八〇七）時已有「幫長」，是則幫制之實施尚在嘉隆元年至六年之間（一八〇二——〇七）殆無庸置疑。

二三、大南實錄正編第二紀卷六十八，明命十一年七月條；明命政要，卷十七，財賦18b－19a。

二四、「凡承天府並諸直省清人各幫每名同年銀稅有物力者二兩，無物力者一兩」（大南會典事例，卷四十四，戶部，雜賦，清人，5a）

二五、關於陳踐誠詳細之價記，參看 **Đào-Duy-Anh, Les grandes familles de l'Annam, S.E. Trần-Tiễn-Thành**（陳踐誠）**BAVH, XXXIe Année, No 2, Avril-Juin, 1944, P. 91-159.**

二六、**Đào-Duy-Anh, loc. cit., P. 260-261.** 據陶氏見解，在明命年間（一八二〇－四〇）華僑之四幫（福建、廣東、潮州及海南）仍在清河庯，及至嗣德初年四幫始遷往營市。不確。

二七、 L.Rey, Plan de la Rivière de Huê ou de Kigne levé en 1819, Planche I, BAVH, 20e Année, Nos. 1-2, Jan-Juin 1933.

二八、 Michel Đức Chaigneau, Souvenirs de Hué, Imprimerie Impérial Paris, 1867. P. 193 et suiv. ; R. Morineau, Bao-Vinh Port commerce de Huê, BAVH, 1916. P. 83-85; Đào-Duy-Anh loc. cit. P. 260. Michel Đức Chaigneau 爲法國駐順化領事 J. B. Chaigneau 之子，生長於順化，故其記述頗爲可靠。Morireau 氏在一九一六年之上揭論文則認此文描寫一八二〇年左右褒榮之情形，但在一九一九年之論文(Souvenirs historiques en aval de Bao-Vinh ; Phô-L'o' ou minh-huong et les maisons de Vannier et de de Forçant, BAVH.1919, PP. 453－464）則以此文所謂之Bao-Vinh 應是清河庯（Pho-lo）。因而推論一八二〇年前後之清河庯尙充分繁榮。陶氏沿之。但此說爲錯誤甚明。據管見，Michel Duc Chaigneau 所言之 Bao-Vinh 乃爲現今之 Bao-Vinh，並非清河。

二九、 Cf. R. Morineau, loc, cit., BAVH., 1919, No.4, P.155,

三〇、 關於順化城及其周緣之古蹟，參看 H. Cosserat, La Citadelle de Huê, Cartographie, BAVH. 20e Année. No 1-2, Jan-Juin, 1933. PP. 1-65; L. Cadière La Citadelle de Huê, onomastique, ibid, PP. 66 - 130.

三一、 Michel Đức Chaigneau, op. cit., PP. 184-193.

三二、 收錄於 Paul Boudet & Andre masson, Iconographie historique de l' Indochine francaise, les 'editions

G.V. Ouest, Paris, 1931.

三三、Planche de la Rivière de Huê, levé les 9 et 11 Mars 1875, Pl.1V bis, BAVH., 20e Année, Nos 1-2, 1933.

三四、J. L. Dutreuil de Phins, Le Royaume d' Annam et les Annamites, Librairie Plon, Paris, 1889, PP. 79, 80

三五、Obid.: 當時在順安有我國招商局之船隻及倉庫：該局曾獲順化阮廷之特准，運輸銅錢及土產於越南。
Đào-Duy-Anh, Loc. cit., P. 264. Note 3.

三六、Đào-Duy-Anh, Loc. cit., P. 265.

（一九五九年四月廿六日，于順化）

「附圖第一」：順化河圖

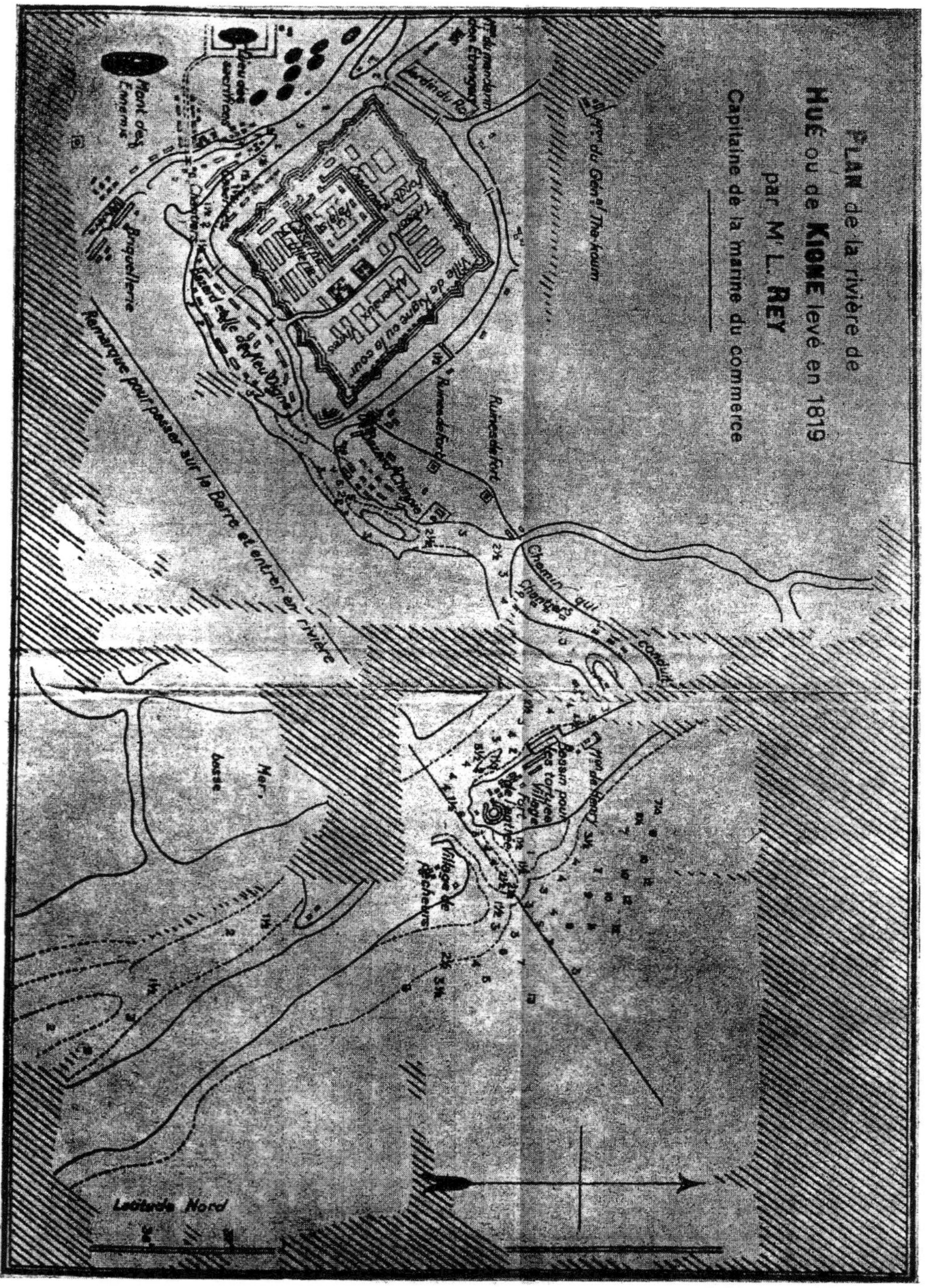
PLAN de la rivière de
HUÉ ou de KIGNE levé en 1819
par Mr L. REY
Capitaine de la marine du commerce
Remarque pour passer sur la Barre et entrer en rivière
Latitude Nord

「附圖第二」：順化城及其附近。

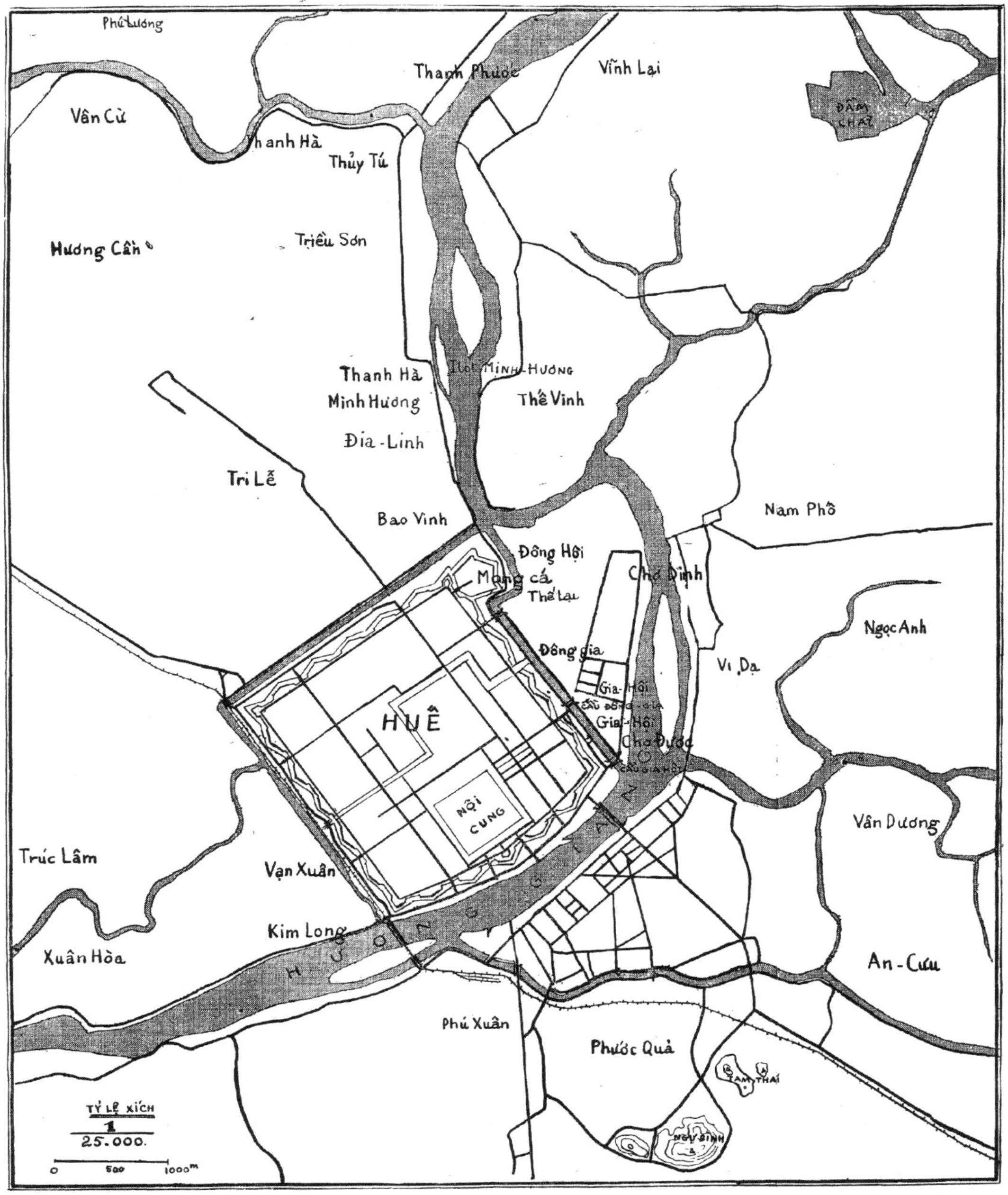

亭林詩鉤沈

潘重規

序

歲戊戌秋，寫亭林詩發微一文，友人見者頗以臆測爲不謬。今年春，偶於南洋大學書庫中，繙得民國二年神州國光社排印之古學彙刊一函，其第十五冊中，有亭林集外詩附詩集校文一卷，校寫者署名蘭陵荀羕（以下簡稱荀校）。荀羕蓋清末大儒仲容孫先生詒讓之隱名，孫卿古通作荀卿，羕則詒讓之切音也。取以校孫毓修亭林詩集校補（以下簡稱孫校），知仲容先生所據元鈔稿本更勝於孫毓修所見蔣山傭詩集鈔本，凡虞支諸韻目字，稿本多徑作胡夷等字；且蔣山傭詩集鈔本僅存四卷，而仲容先生所見元鈔稿本則爲六卷，今亭林詩集刻本五卷，乃潘次耕刪削後合併而成者也。

余於發微中，舉出亭林詩中諸韻目字，如東代隆，冬代東，支代夷，虞代胡，元代門，先代單、年、淵，蕭代朝，陽代王、羌、亡，庚代城，尤代酋，麌代虜，梗代永，霽代帝、桂，願代建，嘯代詔，屋代福，錫代歷，大抵皆幸不誤。惟陽廣引解爲亡胡引，而荀校作羌胡引，蓋余雖知陽可代羌（余解以國賓東陽爲以國賓東羌），然涵泳文義，以爲亡胡之意較勝，故定陽爲亡也。又北嶽廟詩赫赫我陽庚，解陽庚爲王城，而荀校稿本作皇明，王皇，城明同爲陽庚韻字，此則必以稿本爲定也 。他如卷一哭楊主事詩並奏冬虞狀，哭顧推官詩談笑冬虞空；卷二淮東詩卒受冬虞屠，余皆以東胡解冬虞，然荀校前二詩冬虞作東胡，淮東詩則作匈奴，匈在廣韻三鍾，亦冬之鄰韻字，以冬虞代匈奴，猶以冬虞代東胡，此則非見原本，不能以臆測斷其是非者也。又余見孫校，刻本牧騎牧馬，多作虜騎虜馬，知爲胡騎胡馬之隱語，因推知卷一哭楊主事詩，牧馬飲江南；卷二贈路舍人澤溥詩，牧馬彎弓至；孝陵圖詩序，牧騎充斥；卷三恭謁天壽山十三陵詩，皆云牧騎來；贈黃職方師正詩，牧馬踰嶺岫；卷五井中心史歌，又驚牧騎滿江山：凡所云牧馬，牧騎，依鈔本詞例，皆應作虜馬虜騎，爲胡馬胡騎之隱語。今荀校哭楊主事詩，牧馬作佛貍；贈路舍人澤溥詩，牧馬作胡馬；贈黃職方師正詩，牧馬作虜馬；井中心史歌，牧騎作胡騎：蓋余所推測畧驗。至孝陵圖序「牧馬充斥」，恭謁天壽山十三陵詩「皆云牧騎來」，荀無校語，此或如卷一哭陳太僕子龍詩，欻見牧馬逼，孫校牧馬作虜馬而仲容先生無校語，亦偶有漏校之明證也。詩中此類隱語，顧詩箋注不能得其真相，因望文生訓以致誤解之處頗多，如贈顧推官咸正詩，東虜勢薄天；贈潘節士檉章詩，祕書入東虜。同文化支字；王徵君潢具舟城西同楚二沙門小坐柵洪橋下詩，以國賓東陽；荀校東虜皆作東胡；支字卽作夷字。余於發微所說，並與荀校暗合。惟以國賓東陽，余說東陽爲東羌；荀校東陽爲戎羌；證以十廟詩，孫校得治諸東羌荀校同作東羌，若東陽爲戎羌，則得治諸東羌，蓋亦當作得治諸戎羌歟？

讀荀校既竟，私幸所見，與作者之精誠冥合。又喜其遺詩軼事，多有出孫校之外者。如卷一哭顧推官詩，題下有注云：「推官名咸正，字端木。二子：長天遴，字大鴻；次天逵，字仲熊。弟咸建，字漢石，進士，錢塘令，子二。咸受，字幼疏，舉人，子二。」金山詩云：「故侯張車騎，手運丈八矛，登高矚山陵，賦詩令人愁。」注云：「定西侯張名振。」卷三濟南詩，「廿年重說陷城初，」注云：「濟南以崇禎十二年元日陷。」山海關詩，「辮頭元帥降，」注云：「吳三桂。」卷五二月十日有事於欑宮詩：「亮矣忠懇情，咨嗟傳宦者。」注云：「呂太監言，昔年王生弘撰來祭先帝，伏哭御座前甚哀。」寄次耕詩：「更得遼東問，」注云：「兄子二人，今在兀喇。」凡此皆於詩中存人存事，以昭忠邪。其他如卷二贈劉教諭永錫詩，「獨我周旋同宿昔，看君臥起節頻持。」注云：「劉君時未薙髮。」若無此注，則不知「看君臥起節頻持」之旨。又流轉詩，荀校題爲翦髮，蓋其時怨家欲陷亭林，乃變衣冠，僞作商賈。詩中所云，「晨上北固樓，慨然涕如雨，稍稍去鬢毛，改容作商賈，卻念五年來，守此良辛苦，畏途窮水陸，仇讎在門戶」者，所以誌翦髮之痛也。苟非得見原本，則不知詩意之所在矣。又卷五哭歸高士詩：「平生慕魯連，一矢解世紛，碧雞竟長鳴，悲哉君不聞。」注云：「君二十五年前，嘗作詩，以魯連一矢寓意，君沒十旬，而文覃舉庚。」荀校云：「末四字未詳。」案文覃舉庚，即雲南舉兵之代語，蓋歸玄恭嘗賦詩寓意，欲如魯連之招降將，以報國仇。及吳三桂舉兵雲南，反攻清室，正歸顧所渴望，故悲玄恭之不及見也。又卷四杭州詩「那肱召周軍，匈奴王衞律，」注云：「真東謙。」荀校曰：「不可解。戴子高云『或是張秉貞，』而韻亦不類。」案真東謙皆廣韻韻目 ，乃陳洪範之代語。陳，真韻字；洪，東韻字；範，在范韻，與謙韻相鄰也。夏完淳續幸存錄云：「迨清已有南下之志，始遣陳洪範左懋第北行，洪範與敵合謀，夤夜逃歸，遂成秦檜之奸計。又潞邸監國杭州復遣陳洪範請割江南四郡以和。洪範陰與敵疾趨武林，潞邸手足無措，爲敵所縛。」洪範賣國召讎，故亭林特深惡痛絕之也。戴子高爲仲容先生摯友，仲容先生撰墨子閒詁，亦曾參考戴氏所校。然則先生校亭林詩元鈔稿本時，賞奇析疑，蓋與戴氏共之。雖所解未諦，然已疑爲韻目代字，惜乎其猶未達一間耳。

頃以長夏休假，課務稍閒，因合荀羕亭林先生集外詩校記，孫毓修亭林詩集校補，徐嘉亭林集外補詩，彙鈔成帙，分爲上下二編。上編佚詩，計荀校孫校各十篇，徐補四篇，刪除複重，凡得二十有七篇。（吳縣朱記榮所刻亭林軼詩十三首，訪求未得，容俟後補。）下編爲詞涉忌諱，經潘次耕竄改之篇。其間往往以隻字片言之異同，半題一注之增損，而全詩之精神面目，頓覺改觀，故並全篇寫錄，用成完璧。其篇卷分合一依荀校，冀復原稿六卷之舊第。文字異同，則以荀校爲主。其有偶爾失校，或排印字誤者，則斷以鄙見，酌取孫校潘刋。昔鄭玄注儀禮，參用古文今文二本。其從今文而不從古文者，則今文大書，古文附注；從古文而不從今文者，則古文大書，今文附注。今錄顧詩，亦同斯例。取捨從違，期於至當。審訂隻字，或至移時。如歲九月虜令伐我墓柏二株詩，「刳中流柹要名材。」案柹，削木皮。晉書，王濬造船攻蜀，木柹蔽江而下。流柹正用其事。孫校作流涕則涕爲誤字。又：「持鋸截此柏，柏樹東西摧，卻顧別丘壟，辛苦行不辭。」荀校柏字不重，四句中摧辭爲韻，則當從孫校重一柏字。又：「去爲天上榆，留作丘中櫝，」榆櫝對文，荀校作價，此亦荀校字誤，又羌胡引，「四入郊圻躪齊魯，破邑屠城不可數。」躪，荀校作躝；齊魯、孫校作魯齊：此則荀字誤而孫字倒也。卷二懷人詩：「曲中山水不分明，似是衡山與洞庭。」衡山，荀無校語，孫校作寒山，斟酌文義，衡山爲勝，此宜從刋本，而不應依孫校也。卷三京師詩：「空懷赤伏書，虛想雲臺仗。」仗，荀校作狀孫無校語。案仗者儀仗，作狀蓋亦誤字，此亦宜從刋本，而不應依荀校也。又卷一浯溪碑歌，孫校作大唐中興頌歌。荀無校語，所見度當與孫校同，蓋亦偶失校爾。考集中有擬唐人五言八韻六首，張石洲先生亭林年譜云：「六詩皆非泛擬。乞師，悲往事也；擊筑投筆，明素志也；渡瀘聞鷄以不忘恢復望諸公也；歸里，則知時之不可爲，而倦飛思還也。云擬唐人者，曾膺唐王之詔，受其冠帶也。」此歌序中特詳其傳授之經歷，詩末復云，「此物何足貴，貴在臣子心，援筆爲長歌，以續中唐音。」反覆致意於續興唐室，是此題作大唐中興頌歌，正符亭林先生之心志矣。

余夙服膺亭林先生學行，自慚薄劣，無能發皇。偶從諸老先生之後，丹心苦語，鈔撮於爛紙昏墨之餘。因繼亭林詩發微，寫成一編，名曰亭林詩鉤沈，用發潘次耕刋行遺書以來久錮之覆。常念先生身負沉痛，奔走流離，其幽隱莫發，畢生靡訴之衷，曾不得快然一吐於當世。而耿耿精誠，流注於長吟短歎者，又或扞於文網，化爲刼灰。今幸掇拾叢殘，未泯萇弘之碧。後之覽者，接先生之音辭，想先生之心志，其亦有悄然長吟，怡然遠望，奮然興起而不能自已者歟！己亥中秋日潘重規序於新加坡南洋大學寓齋。

此文寫成後，得門人李雲光張亭自臺北鈔寄朱記榮校刻亭林軼詩一卷，（攷蒯典光亭林餘集跋，知軼詩蓋據桐城蕭敬孚所得抄本。）亟爲補校增入。朱刻在光緒年間，故避忌字多作方圍。朱氏所收軼詩最備，計之凡廿三首，顧詩箋注凡例云朱刻軼詩十三首，疑十三乃廿三之誤。朱刻軼詩爲黃氏作題下注云：「在樓桑廟後。」又云：「子高臨本在前。」知朱氏所見元稿不止一本。案荀校爲黃氏作題下注亦云在樓桑廟前，與戴子高臨本合。又荀校杭州詩載戴子高說，知仲容先生與戴子高所見蓋同出一本也。己亥九月初三日重規又記。

頃繙孫殿起販書偶記（一九五九年出版），目有亭林詩稿六卷，注云：「崑山顧炎武撰。無印書年月，約光緒間幽光閣以戴子高家藏潘次耕手抄鉛字排印本，較他本多不同。」惜未得見此六卷本。又國粹學報六十九期載顧亭林集外遺札（乃錄自曲阜顏運生集其先世所得諸名人手札。），札尾有赴東六首，王官谷、先妣忌日，常熟縣耿侯水利書、瓠，詩凡十首，其有文義可採者，亦酌增校。札中所錄雖無軼詩，然先妣忌日詩末引顏氏家訓以釋一經猶得備人師之義，與刋本附小注全同，足證今詩集中小注亦出自亭林手筆矣。又閱淸初卓爾堪輯明末四百家遺民詩，卷五有亭林詩凡十首，內闉城一絕，今詩集失載，亦屬軼詩，亟爲補錄。他日世難少夷，能彙集諸本，重校亭林詩刋行之，是則區區微願也。戊戌端午重規又記於香港新亞書院。

附錄諸家題記

荀羕亭林先生集外詩校記 見順德鄧實編古學彙刊

亭林詩集六卷，傳校元鈔槀本。潘稼堂刻本幷爲五卷以潘刻勘之，得佚詩十有八篇。潘刻所有而文字殊異者，又逾百事。潘刻亦有初印及重修之異，修版本缺字殊夥，初印本並與元鈔本同，今不備校。謹校寫爲一卷，嗚虖！蘭畹膾馥，桑海大哀。淒迷填海之心，廖落佐王之學。景炎蹕去，空傷桂管之蟲沙。義熙年湮，猶署柴桑之甲子。捃茲一掬之煤炱，恐化三年之碧血。偶付掌錄，讀之涕零。後之覽者，儻亦亮其存楚之志，而恕其吠堯之辠乎！蘭陵荀羕。

集外詩注中間有佚事，張氏顧先生年譜咸失載。疑石洲亦未覩元鈔本也。羕又記。

豈願區區王佐學，蒼鵝哀怨幾人知。流離幸早一年死，不見天驕平鄭時。

萬里文明空烈火，人間尚有采薇篇。臨風掩卷忽長嘆，亡國于今三百年。

越東逸民荀徵。

孫毓修亭林詩集校補題記 見四部叢刊亭林詩集後

亭林先生詩集，毓修見一鈔本，題蔣山傭詩集，與刻本異同甚多，且多詩十數首。乃知刻本多爲潘次耕竄改，亦當時有所避忌故也。惟刻本五卷，而鈔止四卷，尚非足本，故叢刊中仍以刻本印行。今以鈔本校其異同，附於卷後。刻本有闕字填以方圍者，又乾隆中禁書事起削去，初印本不爾也。今亦補之。亭林之詩至是始可讀矣！壬戌八月無錫孫毓修。

徐嘉顧詩箋注凡例

是注從吳江潘氏耒槀本集外補詩四首。和若士兄賦孔昭元奉諸子游黃歇山大風雨之作，見吳譜。古俠士歌，見王士正感舊集。哭張爾岐，見張蒿庵集。箋注附後。吳縣朱氏記榮所刻亭林軼詩十三首，是篇成後獲見。當時之所指陳，潘氏刪之宜也。且書已還瓻，艱於引證，輟管悵惘，遂從闕如。

朱記榮校刻亭林軼詩目錄

千官　感事　聞詔　上吳侍郎暘

元日　歲九月虜令伐我墓柏二株

贈于副將元凱　陳生芳績兩尊人先後即世適皆以三月十九日追痛之作詞旨哀惻依韻奉和第三首　六言　張隱君元明於園中寘一小石龕曰仙隱徵詩紀之第一至第四第五第六計四首　為丁貢士亡考衢州府君生日作　江上　羌胡引　元日　樓觀　偶題　贈同繫閻君明鐸先出　為黃氏作

卓爾堪明末四百家遺民詩卷五顧炎武詩目

勞山歌　大同西口雜詩　安平君祠　劉諫議祠　居庸關　謁周公廟　衡王府　舊滄州　圍城

選一

亭林詩鉤沈上編

千官二首 荀校：卷一感事詩前。朱校：闕逢涒灘。大行後。孫校：卷一大行後。

武荀校作歌从朱校孫校。帝求仙一上天，茂陵遺事只虛傳。千官白服皆臣子，孰似蘇生北海邊。

一旦傳烽到法宮，罷朝辭廟亦匆匆。御衣即有丹書字，不是當年嵇侍中。

感事 荀校題作清蹕。注云：第二首。朱校題作感事。注云：闕逢涒灘。此詩在己霑裳後。孫校：刻本卷一。祇載六首。

傳聞阿骨打，今已入燕山。毳幕諸陵下，狼煙荀校朱校作烟。六郡間。邊軍嚴不發，驛使去空還。一上江樓望，黃河是玉關。

聞詔 荀校：表哀詩後。朱校：旃蒙作噩。在表哀後。孫校作聞嘯。注云：嘯作詔。

聞道今天子，中興自福州。二京皆望幸，四海願同仇。滅虜朱校滅虜作口口。孫校虜作虜。須名將，尊王朱校作主。仗列侯。殊方孫校作支方。傳尺一，不覺淚頻荀校作頗。流。

上吳侍郎陽 荀校：十二月十九日詩後。朱校：以下柔兆閹茂。在延平使至前。孫校：己下柔兆閹茂。

烽火臨瓜步，鑾輿去石頭。蓄文來督府，降表送蘇州。殺戮神人哭，腥汚郡邑愁。依山成斗寨，保水得環洲。國士推司馬，戎韜冠列侯。師從黃鉞陣，計用白衣舟。曹沫提刀日，田單仗（朱校同。孫校作伏。）鍤秋。春旗吳苑出，夜火越江浮。作氣須先鼓，爭雄必上遊。軍聲天外落，地勢（荀校脫勢字。）掌中收。征虜投壺暇，東山賭墅優。莫輕言一戰，上客有良謀。

元日（荀校元稿本第二卷首。朱校：以下屠維赤奮若，在射堋山前。）

一身不自拔，（朱校同。孫校作若。）竟爾（荀校作你。）墮胡（朱校作口。孫校作虜。）塵。旦起肅衣冠，如見天顏親。天顏不可見，臣意無由申。伏念五年來，王塗正崩淪。東夷（朱校東夷作口口。孫校夷作支。）擾天紀，反以晦爲元。我今一正之，乃見天王春。正朔雖未同，變夷（朱校作□。孫校作支。）有一人。歲盡積陰閉，玄雲（朱校同。荀校作靈。）結重垠。是日始開朗，日出如車輪。天造不假夷，（朱校作口。孫校作支。）夷（朱校作口。孫校作支。）行亂（朱校作口。）三辰。人時不受夷，（朱校作口。孫校作支。）夷（朱校作口。孫校作支。）德違（朱校作口。）兆民。留此三始朝，歸我中華（朱校同。孫校作麻。）君，願言御六師，一掃開青旻。南郊答天意，九廟恭明禋。大雅歌文王，舊邦命已（朱校同。孫校作維。）新。小臣亦何思，思我皇祖仁。卜年尚未逾，眷言待曾孫。

歲九月虜朱校作口。孫校作虞。令伐我墓柏二株荀校：八尺詩後。朱校：屠維赤奮若。補卷一桃花溪歌上。

老柏生崇岡，本是蒼虬種。何年徙靈根，幸託先臣壟。長持後彫節，久荷君王寵。歲月駸駸不相待，漢時秦宮一朝改。刳中流桸朱校同。孫校作涕。要名材，乍擬相將赴東海。發丘中郎來，符牒百道聲如雷。斫白書其處，須臾工匠來斤鋸。持鋸截此柏，柏荀校柏不重。樹東西摧。卻顧別丘壟，辛苦行不辭。君不見泰山之廟柏如鐵，赤眉斫之嘗出血。我今此去去爲船，海風四面吹青天。秉性長端正，不敢作怪妖。東流到扶桑，日月相遊遨。去爲天上榆，留作丘中櫝。荀校作價

傳與松楸莫歎傷，漢家雨露彌天下。

贈于副將元凱荀注：金壇縣詩後。朱注：上章攝提格。重至京口前。孫注：已下卷二。

嘗笑蘇季子，未足稱英俊。雒陽二頃田，不佩六國印。當世多賢豪，斯言豈足信。于君太學髦，文才冠諸生。悵然感時危，遂被曼胡纓。乍領射聲兵，南都已淪傾。芒鞵荀校孫校作鞋。此從朱校。走浙東，千山萬山裏。朱校孫校萬山作萬水。飢從猛虎食，暮向鷙巢止。召對越王宮，胡朱校作口。孫校作虞。沙四面起。閒道復西來，潛身入吳市，崎嶇赭山渡，迫阨三江壘。七月出雲閒，蒼茫東海灣。孤帆依北斗，幾日到舟山。海水鹹如汁，海濤觸舟急。日夜白浪翻，蛟龍爲君泣。瀕死達閩朱校同。孫校作闕。中，閩朱校同。孫校作闕。中事不同。平虜朱校作口。孫校作虞。奉降表，胡朱校作口。孫校作虞。兵入行宮。途窮復下海，兩月愁艨艟。

七閩盡左衽，一身安所容。攀崖更北走，滿地皆山戎。歸家二載餘，闊絕無音書。故人久相念，命駕問何如。君家本華冑，高門偏朱校同。孫校作偏。朱紫。囷倉禾百廛，趨走僮千指。侍妾裁羅紈，中廚膾魴荀校作芳。鯉。更有龍山園，池亭風景繁。水聲穿北戶，荀校朱校作固。花色映南軒。有琴復有書，足以安丘壑。身有處士名，不失素封樂。何用輕此生，久試風波風波孫校作波濤。惡。不辭風波惡，不避干戈患。敝屣棄田園，孤游凌汗漫。乃知鴻鵠懷，燕雀荀校作鸜。安能伴。君看張子房，不愛萬金家。身爲王者師，名與天壤俱。所貴烈士心，曠然自超卓。是道何足臧，願君荀校作言。大其學。異日封侯貴，黃金爲帶時。知君心不異，朱校同。孫校作疑。無使魯連疑。

六言荀校卷三。注云：賈倉部詩後。朱校：柔兆涒灘。旅中詩前。孫校在江上詩後。

出郭初投飯店，入城復到茶庵。秦客王稽至此，待我三亭之南。

相逢問我名姓，資中故王大夫。此時不用便了，只須自出提黏。

陳生芳績兩尊先後卽世適皆以三月十九日追痛之作詞旨哀惻依韻奉和荀注：第三首。朱校：柔兆涒灘。孫校：在六言詩後，失題。

昔年盟誓告三辰，欲爲生人植大倫。祭禰不從王氏臘，朝正猶用漢家春。阡原處處關心苦，几杖年年入夢親。一上蔣山東極目，南湖煙水自淸淪。

江上（荀注：與江南諸子別詩後。朱校：屠維大淵獻。在與江南諸子別後。孫校在六言詩前。注云：刻本祇載一首。）

江上傳夕烽，直徹燕南垂。皆言王（朱校同。孫校作陽。）師來，行人久（孫校作又。）奔馳。一鼓下南徐，遂拔都門籬。黃旗旣（朱校同。孫校作口。）隼張，戈船亦魚麗。幾（朱校孫校作幾。荀校作歲。）令白鷺洲，化作昆明池，于湖擔壺漿，九江候旌麾。宋義但高會，不知兵用奇。頓甲堅（荀校朱校作守。）城下，覆亡固其宜。何當整六師，勢如常山蛇。一舉定中原，焉用尺寸爲。天運何時開，干戈良可哀。願言隨飛龍，一上單（朱校同。孫校作先。）于臺。

張隱君元明於園中寘一小石龕曰仙隱祠徵詩紀之（朱校：著雍閹茂。重規案：以下四首荀校未載。孫校在昔年盟誓告三辰詩後，失題。）

瀼落人寰七十年，年來三見海成田。生當虞夏神農後，夢在壺丘列子前。性定自能濟福地，機忘真已入寥天。因思千古同昏旦，几席羹牆尚宛然。

順時諏日卜靈氛，寶炬名香手自焚。斟雉未能觴（朱校作觴。）后帝，薧（孫校作薨。）魚聊可事山君。尋常伏臘人間共，曠代宗祧上界分。遂有精誠通要眇，儼（孫校作儷。）如飛舄下青雲。

九尺身長鬢正蒼，兒孫森立已成行。才過冰泮烹魚饌，未到秋深摘果嘗。繞院竹光浮茗椀，透簾花氣入書牀。只應潔疾猶難化，莫學當時費長房。

門前有客跨青牛，倒屣相迎入便留。不覺人間非甲子，已知天外是神洲。宣尼願在終浮海，屈子文成合遠遊。笑指八仙皆上座，從君今日老糟丘。

羌胡孫校作陽廣。引荀注：贈黃職方詩後。朱校：上章困敦。在贈黃職方後。孫注：卷三。

今年祖龍死，乃至明年亡。佛貍死卯年，卻待辰年戕。歷數推遷小贏縮，天行有餘或不足。東夷孫校作支。跳梁朱校：東夷跳梁作口口口口。歷三世，四十五年稱僞朱校作口。帝孫校作齊。。牂牁越嶲入輿圖，兩戒山河歸宰制。佳兵不祥，天道好還，爲賊朱校作口。自賊，朱校作口。爲殘朱校作口。自殘。朱校作口。我國金甌本無缺，亂之初生自夷孽朱校作口口。孫校作支孽。。徵兵以建孫校作願。州，加餉以建孫校作願。州，土司一反西蜀憂，妖民一唱山東愁。以至神州半流賊，誰其嚆矢繇夷酋。朱校作口口。孫校作支尤。四入郊圻躪荀校作躙。齊魯，朱校同。孫校作魯齊。破邑屠城朱校同，孫校作破屠邑城。不可數。刳腹絕腸，折頸摺頤，以澤量屍，幸而得囚。去乃爲夷，朱校作口。孫校作支。夷朱校作口。孫校作口呀呀，鑿齒鋸牙。建蚩旗，乘莽車。視千朱校同。孫校作干。城之流血，擁荀校作擬。艷女兮如花。嗚呼夷朱校作口，孫校作支。德荀校作法。之殘朱校作口。如此，而謂天欲與之國家。然則蒼蒼者其果無知也邪。或曰完顏氏荀校無氏字。之興，不亦然與。中國之弱，蓋自五代。宋與契丹，爲兄爲弟。上告之明神，朱校同。孫校作神明。下傳之子孫。一旦與其屬夷，朱校同。孫校作支。攻其主人·

亭林詩鉤沈　　三四三

是以禍成於道君，而天下遂以中分。然而天監無私，餘殃莫贖，汝（朱校同。孫校作海。）水雲昏，幽蘭景促。彼守緒之遺骸，至臨安而埋獄。子不見夫五星之麗天，或進或退，或留或疾。大運之來，固不終日。盈而罰之，動而蹶之，（孫校四字無。）天將棄蔡以壅楚，如欲取而固與。力盡斂五材（朱校作口。）火中退寒暑。湯降文生自不遲，吾將翹足而待之。

元日（荀注：瞻黃職方詩後。朱注：以下重光赤奮若。在杭州前。孫注：已下重光赤奮若。）

雰（朱校作口。）雪晦夷（朱校作口。孫校作支。）辰，麗景開華始。窮陰畢除（朱校同。孫校作餘。）節，復旦臨初紀。夷（朱校作口。孫校作支。）曆元日（荀校無元日二字。）先大統一日。行宮刊木間，篳（朱校同。孫校作華。）路山林裏。雲氣誰得窺，真龍（朱校作口。）自今起。天王未還京，流離況臣子。奔走六七年，牽野歌虎兕。行行適吳會，三徑荒不理。鵬翼候扶搖，鯤鬐望春水。頹齡尙未衰，長策無終（朱校孫校作中。）止。

爲丁貢士亡考衢州君生日作（著雍閹茂。朱校在自笑後。規案：荀校無此詩。孫校無注。）

記曰：君子有終身之喪，忌日之謂也。世俗乃又以父母之生日設祭，而謂之生忌，禮乎？考之自梁以後，始有生日宴樂之事，而父母之存，固已嘗爲之矣。則于其既亡而事之如生，禮雖先王未之有，可以義起也。丁君雄飛乃追數（朱校作溯。此從孫校。）其考之年及其生日，而曰：吾父存，今八十矣。乃陳其酒脯，設其裳衣，如其存之事，（孫校作時。此從朱校。）

而求詩於友人。其亦孝思之所推與？爲賦近體四韻。

傷今已抱終天恨，追往猶爲愛日歡。愾若戶前聞歎息，儼如堂上坐衣冠。馴烏止樹生多子，慈竹緣池長百竿。所居石城門內有池有竹。欲向舊京傳孝友，當時誰得似丁蘭。

樓觀 荀注：長安詩後。朱校：昭陽單閼。補卷四長安後。規案：以下各詩孫校皆無。

頗得玄元意，西來欲化胡。青牛秋草沒，日暮獨踟躕。

偶題 孫注：重過代州贈李處士詩後。朱校：柔兆敦牂。在雁門關前。

六代詞人竟若何，風流似比建安多。湯休舊日空門侶，情至能爲白紵歌。

贈同繫閻君明鐸先出 荀注：樓桑廟詩前，下同。朱校：著雍涒灘。在樓桑廟前。

鄒陽方入獄，未上大王書。一遇韓安國，同悲待溺餘。春風吹卉木，大海放禽魚。莫作臨歧歎，行藏總自如。

爲黃氏作 朱校：屠維作噩。在樓桑廟後。子高臨本亦在前。

齊虜重錢刀，恩情薄兄弟。蟲來嚙桃根，桃樹霜前死。

和若士兄賦孔昭元奉諸子游黃歇山大風雨之作 顧詩箋注曰：吳譜云：墨蹟藏張浦胊簑菴。重規案：以下數詩錄自顧詩箋注集外詩補。

江上秋色高，欣理登山屐，八子攀危崖，將覽前古迹。滃然雲氣興，天地昏墨色。烈風排山巔，奔濤怒淵渚。急雨淩空來，深山四五尺。伏地但旁睨，突兀真龍偪。得非楚葉公，見之喪其魄。黃帝至襄城，七聖皆迷惑。始皇上泰山，或云風雨厄。二者將何居，一笑江雲白。

古俠士歌　顧詩箋注云：見王士禎感舊集。

曾作函關吏，鷄鳴出孟嘗。只今猶未老，來往少年場。

廣柳車中人，異日河東守。空傳魯朱家，名字人知否。

哭張爾岐　顧詩箋注云：此詩亭林集不載，附見蒿庵集末。

歷山東望正淒然，忽報先生赴九泉。寄去一書懸劍後，貽來什襲絕韋前。衡門月冷巢鴛室，墓道風枯宿草田。從此山東問三禮，康成家法竟誰傳。

圍城　選一　此詩亭林集不載，見卓爾堪輯明末四百家遺民詩卷五。重規案：亭林詩集卷一有不去七絕三首，第一首云：不去圍城擁短轅。疑此詩亦其一，而集遺之。集題曰不去，而卓輯則題曰圍城，皆取首句二字爲目也。

莫向山中問酒家，行人一去即天涯。長安道上多男子，又得相逢廣柳車。

亭林詩鉤沈下編

卷一

大行皇帝（刋本孫校無皇帝二字。）哀詩

神器無中墜，英明乃嗣興。紫蜺迎劍氣，丹日御輪升。景命殷王及，靈符代邸膺。天威寅降監，（刋本作鑒。孫無校。）祖武肅丕承。采堲昭王儉，盤杅象帝兢。澤能回夏暍，心似涉春冰。世値頹風運，人多比德朋。求官逢碩鼠，馭將失饑鷹。細柳年年急，萑苻歲歲增。關門亡鐵牡，路寢泄金縢。霧起昭陽鏡，風搖甲觀燈。己占伊水竭，真遘杞天崩。道否窮仁聖，時危恨股肱。哀同望帝化，神想白雲乘。祕讖歸新野，羣心望有仍。小臣王室淚，無路哭橋陵。

感事六首

清蹕郊宮寂，春遊苑籞荒。城中屠各虜，殿上左賢王。（孫校同。刋本作陵邊屯牧馬闕下駐賢王。）紫塞連元菟，黃河界白羊。輿圖猶在眼，涕淚已霑裳。

京口卽事

大將臨江日，匈奴出塞時。（孫校同。刋本作中原望捷時。）兩河通詔旨，三輔急王師。轉戰收銅馬，還兵飲月支。從軍無限樂，早賦仲宣詩。

帝京（孫校同。刊本作京闕。）篇

王氣開洪武，（孫校同。刊本作江甸。）江山（刊本作山河。孫無校。）拱大明。（孫校同。刊本作舊京。）德過灃水卜，運屬阪泉征。赤縣名三亳，（孫校同。刊本作疏封閣。）黃圖號二京。（孫校同。刊本作映日明。）秩猶分漢尹，烝尚薦周牲。闕道紆金輅，郊宮佇翠旌。山陵東掖近，府寺後湖清。國運方多難，天心會一更。神州疑逐鹿，率土駭犇鯨。虢畧旗初仆，函關鼓不鳴。遂令纏大角，無復埽欃槍。合殿焚丹戶。金城落畫甍。銜哀遺梓椑，泣血貫宗祊。傾否時須聖。扶屯理必亨。望雲看五采。候緯得先嬴。渡水收萍實。占龜兆大横。舊邦囘帝省，耆俊式王楨。厤是周正月，田踰夏一成。雅應歌吉日，民喜復盤庚。毓德生維嶽，分猷降昴精。朝稱元老壯，國有丈人貞。（兵部尚書兼武英殿大學士史公可法。規案：刊本無此注，孫無校。）密勿營三輔，恢張頓八紘。塘周淮口柵，山繞石頭城。未蕩封豨梗，仍遺穴鼠爭。師從甘野誓，人雜渭濱耕。四家懸蚩戮，千刀待莽烹。柳青依玉勒，花發韻金鉦。黃石傳三畧，條侯總七營。虎頭雙劍白，猿臂一弓騂。會見妖氛淨，旋聞阨塞平。載櫜歸武烈，伊域築文聲。禮洽封山玉，音諧降鳳笙。配天歸舊物，復國紀鴻名。曉集偃庭鷺，春遷大谷鶯。尊師先太學，納誨必延英。側席推干鼎，囘車載釣璜。在陰來鶴和，刻石起魚鏗。念昔掄科日，三陪薦士行。帝鄉秋惝怳，天闕歲崢嶸。賦客餘枚叟，文才後賈生。飲泉隨渴鹿，攀徑落危鼪。再見東都禮，尤深上國情。百僚方勸進，父老盡來迎、宿衛皆勳舊，干掫竝禁兵。乾坤恩澤大，靁雨氣機盈。草綠西州晚，雲彤北闕晴。法宮瞻斗柄，別館望金莖。玉帛塗山會，車書雒邑程。海槎天上隔，陽卉日邊榮。對策年猶少，尊王志獨誠。小臣搖彩筆，幾欲擬張衡。

金陵雜詩

春雨收山半。江天出翠層。重聞百五日，遙祭十三陵。祝版書孫子。祠官走令丞。西京遺廟在，天下想中興。孫校同。刋本作灑掃及冬烝。

秋山

秋山復秋山，秋雨連山殷。昨日戰江口，今日戰山邊。已聞右甄潰，復見左拒殘。旌旗埋地中，梯衝舞城端。一朝長平敗，伏尸徧岡巒。胡裝孫校作虜裝。刋本作北去。三百舸，舸舸好紅顏。吳口擁橐駝，嗚笳入燕關。昔時鄢郢人，猶在城南閒。

十二月十九日奉先妣藁葬

婁縣百里內，胡兵孫校作虜兵。刋本作牧騎。過如織。土人每夜行，冬深月初黑。扶柩已南來，幸至先人域。合葬亦其時，倉卒未可得。停車就道右，予也聞日食。魂魄依祖考，即此幽宮側。三年卜天道，墓檟茂以直。黽勉臣子心，有懷亦焉極。悲風下高原，父老為哀惻。其旁可萬家，此意無人識。

李定自延平歸齎至御札孫校同。刋本作延平使至。

春風一夕動三山，使者持旌出漢關。萬里干戈傳御札，十行書字識天顏。身留絕塞援枹伍，夢在行朝執戟班。一聽綸言同感激，收京恭（孫無校。刊本作遙。）待翠華還。

海上

日入空山海氣侵，秋光千里自登臨。十年天地干戈老，四海蒼生痛哭深。水湧神山來白鳥，（孫校作鶴。苟無校。此從刊本。）雲浮仙（孫校作眞。苟無校。此從刊本。）闕見黃金。此中何處無人世，祇恐難酬烈士心。

滿地關河一望哀，徹天烽火照胥臺。名王白馬江東去，故國降旛海上來。秦望雲空陽鳥散，冶山天遠朔風迴。遙聞一下親征詔，（孫校同。刊本作樓船見說軍容盛。）夢想（孫校同。刊本作左次。）猶虛授鉞才。

南營乍浦北營（刊本作南。孫無校。）沙，終古提封屬漢家。萬里風煙通日本，一軍旗鼓向天涯。（去夏誠國公劉孔昭自福山入海。規案：孫校同。刊本入海作□□□。）樓船已奉征蠻勅，博望空乘汎海査。愁絕王師看不到，寒濤東起日西斜。

贈顧推官咸正

上郡天北門，一垣接羌氐。當年關中陷，九野橫虹霓。日光不到地，哭帝蒼山蹊。君持蘇生節，冒死決蒺藜。揮刀斬賊徒，一炬看燃臍。東胡（孫無校。刊本作虜。）勢薄天，少梁色悲悽。遂從黃冠歸，閉關策青驪。豈知杲卿血，已化哀鵑啼。弟錢塘知縣咸建。未敢痛家讎，所念除鱷鯢。有懷託桑榆，焉得巖下棲。便蹴劉司空，夜舞愁荒鷄。春水濕樓船，湖上聞鉦鼙。句吳古下國，難與秦風齊。卻望殽潼閉，山高別馬嘶。天子哀忠臣，臨軒降紫泥。高景既分符，汾陰亦執珪。如君俊拔才，久宜侍金閨。會須洗刊本作靖。荀無校。孫校作洗。中原，指顧安黔黎。

墟里

昔有周大夫，愀然過墟里。時序已三遷，沈憂念方始。乃知臣子心，無可別離此。自我陷絕域，刊本作自經板蕩餘。孫無校。一再見桃李。春秋相代嬗，激疾不可止。慨焉歲月去，人事亦轉徙。古制存練祥，變哀固其理。送終有時既，長恨無窮已。豈有西向身，未昧王裒旨。眷言託風人，言盡愁不弭。

塞下曲

一從都尉拜單于，刊本作生降去。夜夜魂隨塞雁蘆。陛下寬仁多不殺，可能生入玉門無。

哭楊主事廷樞

吳下多經儒，楊君實宗匠。方其對策時，已負人倫望。未得侍承明，西京俄淪喪。五馬遂南來，汪黃位丞相。幾同陳東獄，幸遇明主放。佛貍刊本作牧馬。孫無校。飲江南，真龍起芒碭。首獻大橫占，竝奏東胡刊本作北邊。孫校作冬虞。狀。手詔曰：朕甚感楊廷樞占卦。規案：此注荀無校，孫校占上有之字，此從刊本。是日天顏回，喜氣浮綵仗。御筆授一官，天墨春俱盎。魚麗笠澤兵，烏合松陵將。滅跡遂躬耕，猶爲義聲唱。松江再蹉跌，搜伏窮千嶂。竟入南冠囚，一死神慨忼。（荀校作慷，孫無校，此從刋本。）往秋夜中論，指事竝吁悵。我慕淩御史，（淩駉。規案：荀無校。孫校云：駉原作駟，此從刋本。）倉卒當絕吭。齊蠋與楚龔，相期各風尙。君今果不食　，天日情已諒。隕首蘆墟村，噴血胥門浪。唯有大節存，亦足酬帝貺。灑涕見羊曇，（君甥衛向。規案：荀無校。孫校云：向原作尙。此從刋本。）停毫默悽愴。他日大鳥來，同會華陰葬。

哭顧推官（刋本作哭顧推官咸正。孫無校。荀曰：題下元注云：推官名咸正，字端木。子二：長天遴，字大鴻；次天逵，字仲熊，弟咸建，字漢石，進士，錢塘令。子二。咸受，字幼疏，舉人，子二。）

推官吾父行，世遠亡譜系。及乎上郡還，始結同盟契。崎嶇鞭弭閒，周旋僅一歲。痛自京師淪，王綱亦陵替。人懷分土心，欲論縱橫勢。與君共三人，（其一歸高士祚明。）獨奉南陽帝，談笑東胡空，（孫校作談笑多虜空。刋本作誓揮白羽扇。）一掃天日翳。君才本恢宏，闒畧人事細。一疏入人手，幾墮猾虜（刋本作旃裘。荀無校，此從孫校。規案：虜蓋亦虜之代語。）睨。乃有漢將隙　，因掉三寸說。主帥非其人，大事復不濟。君來就茅屋，問我駕所稅。幸有江上舟，請鼓鈴下枻。別去近一旬，君行尚留滯。二子各英姿，文才比蘭桂。身危更藏亡，並命一朝斃。巢卵理必連，事乃在眉背。一身更前卻　，欲聽華亭唳。（荀校云：元本下有注云：時我猶未知二子之死。孫無校。）我時亦出亡，聞此輒投袂。扁舟來勸君，行矣不再計，驚弦鳥不飛，困網魚難逝。旦日追吏來，君遂見囚繫。檻車赴白門，忠孝辭色厲。竟作戎首論，卒蹴捐生誓。倉皇石頭骨　，未從九京瘞。父子兄弟間，五人死相繼。嗚呼三吳中，巍然一門第。尚有五歲孫，伏匿蒼山際。門人莫將燮，行客揮哀涕。（後漢書李固傳，門生王成將燮乘江東下。）乘輿（刋本作羣情。孫無校。）佇收京，恩卹延後世。歸喪瑯琊冢，詔策中牢祭。後死媿子源，徘徊哭江裔。他日修史書，猶能著凡例。

哭陳太僕子龍

陳君鼂賈才，文采華王國。早讀兵家流，千古在胸臆。初仕越州理，一矢下山賊。南渡侍省垣，上疏亦切直。告歸松江上，欻見虜馬逼。（虜刋本作牧，荀無校，此從孫校。）拜表至屋京，（刋本作行朝，荀無校，此從孫校。規案：屋京，福京也。）願請三吳敕。詔使護諸將，加以太僕職。遂與章邯書，資其反正力。幾事一不中，反覆天地黑。嗚呼君盛年，海內半相識。魏齊亡命時，信陵有難色。事急始見求，棲身各荆棘。君來別浦南，我去荒山北。柴門日夜扃，有婦當機織。未知客何人，倉卒具糲食。一宿遂登舟，徘徊玉山側。有翼不高飛，終爲罻羅得。恥汚東夷刀，（刋本作恥爲南冠囚。孫校作恥汚東支刀。）竟從彭咸則。尙媿虞卿心，負此一悽惻。復多季布柔，晦迹能自匿。（君出亡時，尙僕從三四人，服用如平日。）酹酒作哀辭，悲來氣哽塞。

十月二十日奉先妣葬於先曾祖侍郎公墓之左

先考葬祖墓左四十年，其左有池，形家或言兆有水。是歲，將合葬我母，三族皆爲炎武（孫校作山傭。刋本作炎武。荀無校。此從刋本。）難之。炎武（孫校作山傭。荀無校。此從刋本。）念先妣之治命，不可以不合葬，而四十年之藏，又不可以遷。萬一有水，又不可以徑情而遂葬。遲回者久之。及啓壙，竟無水。訖事，無風雨。昔重光大荒落之歲，葬先王父。既祖奠，火作於門，里人救之遂熄。念先人積德累仁，固不當有水火之菑，陰陽之咎。而不孝一人所遇之不幸如此，天之不遂棄之曲全之又如此，是可以忘先人之志哉。

王季之墓見水齧，宣尼封防遭甚雨。我今何幸獨不然，或者蒼天照愁苦。昔我先臣葬於此，神宗皇帝賜之墓一區。六十年閒事反覆，到今陵谷青模糊。止存松楸八百樹，夜夜宿鳥還相呼。行人指點侍郎冢，戍卒不敢來樵蘇。乃知天朝恩寵大，易世猶與凡人殊。天道回旋改寒燠，公侯子孫久必復。歲月日時共五行，（先公葬亦以歲丁亥，月辛亥，日丁亥，時辛亥。）前岡後舍分昭穆。皇天下監臣子心，環三百里無相侵。先皇弓劍橋山岑，山多虎豹江水深，欲去復止長哀吟。

吳興行贈歸高士祚明

北風十二月，遊子向吳興。榜人問何之，不言但沾膺。三年干戈暗鄉國，有兄不得歸塋域。高堂有母兒一人，負米百里傷哉貧。此來海虞兩月日，裁得白金可半鎰。歸來入門不暇餐，直走山下求兄棺。湖中雪滿七十峯，江山對君凝愁容。冬盡月向晦，慈親倚門待。果見兄骨歸，心悲又以喜。如君節行真古人，一門內外唯孤身。出營甘旨入奉母，崎嶇州里長苦辛。君向余太息，此事不足言。遙望天壽山，猶在浮雲閒。長歎未及往，胡（刊本作虜。孫無校。）沙沒中原。神州已陸沉，菽水難爲計。豈無季孫粟，義不當人惠。世無漢高帝，餓殺韓王孫。甯受少年侮，不感漂母恩。時人未識男兒面，如君安得長貧賤。讀書萬卷佐帝王，傳檄一紙定四方。拜掃十八陵，還歸奉高堂。窮冬積陰天地閉，知君唯有袁安雪。

常熟縣耿侯橘水利書

神廟之中年，天下方全盛。其時多賢侯，精心在農政。耿侯天才高，尤辨水土性。縣北枕大江，東下滄溟勁。水利久不修，累歲煩雩禜。疏鑿賴侯勤，指顧川原定。百室（孫校作穀。集外遺札作室。荀無校。此從遺札及刊本。）滿倉箱，子女時昏聘。洋洋河渠議，欲垂來者聽。三季饒凶荒，庶徵頻隔并。（遺札作每與師旅併。）誰能念遺黎，百里嗟懸磬。況此胡寇深，（孫校作況此虜寇深。遺札作況此戎寇深刊本作況多鋒鏑驚。）早夜常奔迸。上帝哀惸嫠，天行當反正。必有康食年，河雒待明聖。自非經界明，民業安得靜。願作勸農官，巡行比陳靖。畎澮徧中原，粒食詒百姓。

大唐中興頌歌（重規案：刊本作浯溪碑歌。荀無校。此從孫校。）有序

萬曆元年，先曾祖官廣西按察副使。道經祁陽，（刊本作道浯溪。荀無校。此從孫校。）得唐元次山中興頌石本以歸。爲顏魯公筆，字大徑六七寸。歷世三四，家業已析，墓下之田且鬻之異姓，而（家業以下十四字刊本無，此從孫校補。）此碑獨傳之不肖山傭。（刊本無山傭二字，此從孫校）歲旃蒙作噩，山傭之南京。（刊本無山傭之南京五字。）命工裝潢爲冊，信工人之能，遂以付之。乃（信下十字，刊本刪存工人二字。此依孫校增。）不知碑自左方起，而以年月先之，遂倒盭不可讀。歸而尤之，則曰，請（歸下七字，刊本無。此從孫校。）方謀重裝。已（已字刊本無。從孫校增。）而兵亂工

死，不復問者三年。而（而字刊本無，此從孫校增。）碑固在舊識楊生所。一旦，楊（刊本楊字無，此從孫校增。）爲（刊本爲下有余字。孫校無。）重裝以來，則文從字順，煥然一新。有感於先公之舊物，不在他人而特屬之其（其字刊本無，此從孫校增。）嗣人之稍知大義者。又經兵火而不失，且待時而乃成。夫物固有不偶然者也。爲之作歌。

昔在唐天寶，祿山反范陽。天子狩蜀都，胡（刊本作賊。孫無校。）兵入西京。肅宗起靈武，國勢重恢張。二載收長安，鑾輿迎上皇。小臣有元結，作詩頌大唐。欲令一代典，風烈追宣光。眞卿作大字，筆法名天下。磨厓勒斯文，神理遺來者。書過泗亭碑，文匹淮夷雅。留此繫人心，枝撐正中夏。先公循良吏，海內推名德。驅馬復悠悠，分符指南極。遐眺道州祠，流覽浯溪側。如見古忠臣，精靈感行色。匪煩兼兩載，不用金玉裝。携此一紙書，存之貯青箱。以示後世人，高山與景行。天運有平陂，名蹟更存亡。寶弓得堤下，大貝歸西房。舊物猶生憐，何況土與疆。卻念熊湘閒，胡騎（刊本作牧騎。孫校作虜騎。）已如林。西南天地窄，零桂山水深。峋嶁大禹迹，萬木生秋陰。一峯號迴雁，朔氣焉得侵。恐此浯厓文，苔蘚不可尋。藏之篋笥中，寶之過南金。此物何足貴，貴在臣子心。援筆爲長歌，以續中唐音。

寄薛開封宋君與楊主事同隱鄧尉山中（刊本無中字。孫無校。）併被獲或曰僧也免之遂歸常州

別君二載餘，無從問君處。蒼蒼大澤雲，漠漠西山路。神物定不辱，精英夜飛去。只有延陵心，尙挂姑蘇樹。他日過吳門，爲招烈士魂。燕丹賓客盡，獨有漸離存。

將有遠行時猶全越（刊本作將遠行作。孫校遠行下無作字，有時猶全越四字。此從荀校。）

去秋闚大海，孫校同。刊本作東溟。今冬浮五湖。長歎天地閉，人區日榛蕪。出門多蛇虎，局促守一隅。夢想在中原，河山不崎嶇。朝馳瀍澗宅，夕宿殽函都。神明運四極，反以形骸拘。收身蓬艾中，所之若窮途。杖策當獨行，未敢憚羈孤。願登廣阿城，一覽輿地圖。回首八駿遙，悵然臨交衢。

京口荀云：元本第一卷止此，以下爲卷二。

異時京口國東門，地接留都左輔尊。囊括蘇松千里郡，刊本作儲陸海。荀無校，此從孫校。襟提浙福二名藩。刊本作閩浙壯屏。荀無校，此從孫校。漕穿水道秦隋跡，壘壓江干晉宋屯，一上金山覽形勝，南方亦是小中原。

東吳北翟戰爭還，天府神州百二關。末代棄江嗟刊本作因。荀無校，此從孫校。靖鹵，靖鹵伯鄭鴻逵。當年開土是中山。雲浮鸛鶴春空遠，水擁蛟龍夜月閑。相對新亭無限淚，幾時重得破愁顏。

卷二

石射堋山

寒日欲墮石射堋，環湖歷歷來漁燈。山下蘄王宋時墓，屹然穹碑鎮山路。太白天弧見角芒，金山京口又沙場。爾來兀朮孫校同。刊本作牧騎。方深入，帝在明州正待王。

懷人

秋風下南國，江上來飛鳶。江頭估客幾千輩，其中別有東吳船。吳兒解作吳中曲，扣舷一唱悲歌續。乍廻別鶴下重雲，一叫哀猿墜深木。曲中山水不分明，似是衡（荀無校。孫校作寒，此從刊本。）山與洞庭。日出長風送舟去，祗留江樹青冥冥。湘山削立天之角，五嶺盤紆同一握。嶔崟七十有二峯，紫蓋獨不朝衡嶽。萬里江天木葉稀，行人相見各沾衣。寄言此日南征雁，一到春來早北歸。

瞿公子玄鑰將往桂京（刊本作林。孫無校。）不得達而歸贈之以詩

不成南去又東還，行盡吳山與越山。萬里一身天地外，五年方寸虎豺間。厓門浪拍行人艑，桂嶺雲遮驛使關。我望長安猶不見，愁君何處訪慈顏。

金壇縣南五里顧龍山下有太祖皇帝（刊本作高皇帝。孫無校。）御題詞一闋

突兀孤亭上碧空，高皇於此下江東。即今御筆留題處，想見神州一望中。黃屋非心天下計，（詞有他日偸閒花鳥娛情山水相關之句。）青山如舊帝王宮。丹陽父老多遺恨，尚與兒童誦大風。

翦髮（孫校同。刊本作流轉。）

流轉吳會間，何地爲吾土。登高望九州，憑陵盡戎虜，（刊本作極目皆榛莽。孫無校。）寒潮盪落日，雜遝魚蝦舞。饑烏晚未棲，弦月

陰猶吐。晨上北固樓，慨然涕如雨。稍稍去鬢毛，改容作商賈。卻念五年來，守此良辛苦。畏途窮水陸，仇讎在門戶。故鄉不可宿，飄然去其宇。往往歷山澤，（孫校同。刊本作關梁。）又不避城府。丈夫志四方，一節亦奚取。毋爲小人資，委肉投餓虎。浩然思中原，誓言向江滸。功名會有時，杖策追光武。

贈萬舉人壽祺徐州人

白龍化爲魚，一入豫且網。愕眙不敢殺，縱之遂長往。萬子當代才，深情特高爽。時危見縶維，忠義性無枉。翻然一辭去，割髮變容像。卜築清江西，賦詩有遐想。楚州南北中，日夜馳輪鞅。何人詗北方，處士才無兩。回首見彭城，古是霸王壤。更有雲氣無，山川但坱莽。一來登金陵，九州大如掌。還車息淮東，浩歌閉書幌。尙念吳市卒，空山（刊本作中。孫無校。）弔魍魎。南方不可託，吾亦久飄蕩。崎嶇千里間，曠然得心賞。會待淮水平，清秋發吳榜。

淮東

淮東三連城，其北舊侯府。昔時王室壞，南京立新主。河上賊帥來，東南費撐拄。詔封四將軍，分割河淮土。侯時擁兵居，千里塹安堵。促觴進竽瑟，堂上坎坎鼓。美人拜帳中，請作胡（刊本作便。孫無校。）旋舞。爲歡尙未畢，羽檄來旁午。揚舲出廟灣，欲去天威怒。舉族竟生降，一旦爲俘虜。傳車詣幽燕，猶佩通侯組。長安九門市，出入黃金塢。故侯多嫌猜，黃金爲禍胎。白日不爾待，長夜來相催。徬徨闕門前，一時下霆雷。法吏逢上意，羅織及嬰孩。具獄阿房宮，腰斬咸陽市。踟躕念黃犬，大息噂（刊本作譐，孫校作噂，荀無校。）諸子。父子一相哭，同日歸蒿里。有金高北邙，不得救身死。

地下逢黃侯，舉手相揶揄。昔在天朝時，共剖河山符。何圖貳師貴，卒受匈奴屠。（孫校同，惟匈奴作冬虞。刊本四句作我爲天朝將，爾作燕山俘，俱推凶門轂，各剖河山符。下有嗟公何不死死在淮東郛二句。荀校孫校皆無。）一死留芳名，一死骨己枯。寄語後世人，觀此兩丈夫。

贈路舍人澤溥

秋雁違朔風，來集三江裔。未得遂安棲，徘徊望雲際。嗚呼先大夫，早識天子氣。謁帝福州（刊本作三山。孫無校。）宮，柄（荀校作秉。孫無校。刊本作柄。）用恩禮備。汀州（刊本作江。孫無校。）失警蹕，一死魂猶視。君從粵中來，千里方鼎沸。絕迹遠浮名，林皋託孤詣。東山峙大湖，昔日軍所次。奉母居其中，以待天下事。相逢金閶西，坐語一長喟。復敘國變初，山東竝賊吏。長淮限南北，支撐賴文帥。擒魁獻行朝，逆黨皆戰悸。江外甫晏然，卒墮權臣忌。鑠金口未白，胡（刊本作牧。孫無校。）馬彎弓至。天子呼恩官，干戈對王使。（制書曰：朕有守困恩官路振飛。）感激千載逢，一下君臣淚。嶺表多炎風，孤棺託蕭寺。怒聲瀧水急，遺策空山閟。君才賈董流，矧乃忠孝嗣。恭惟上中興，（孫校同。刊本作國步方艱危。）簡在卿昆季。經營天造始，建立須大器。敢不竭微誠，用卒先臣志。明夷猶未融，善保艱貞利。

傳聞

廿載吳（孫校同。刊本作河。）橋賊，於今伏斧碪。國威方一震，兵勢已遙臨。張楚三軍令，尊周四海心。書生籌往略，不覺淚痕深。

隆孫校作東。武二年八月上出狩未知所之其先桂王孫校作霽陽。即位於肇慶府孫校無府字。改元永曆孫校作梗錫。時太子太師吏部尚書武英殿大學士臣路振飛孫校作微。在厦門孫校作元。造隆武孫校作東武。四年孫校作四先。大統曆孫校作錫。用文淵孫校作光。閣印頒行之九年正月臣顧炎武孫校作蔣山傭。從振飛孫校作微。子中書舍人臣路澤溥見此有作此題刋本作路舍人家見東武四先曆。

夏后昔中微，國絕四十載。但有少康生，卽是天心在。曆數歸君王，百揆領冢宰文貞公。。路公識古今，危難心不怠。

屬車乍蒙塵，七閩盡戎壘。粤西已建元，刋本作踰年。孫無校。來刋本作其。孫無校。歲直丁亥。侵尋一年半，刋本作各自擁。孫無校。迫蹙限厓海。

厦門絕島中，大澤一空壘。新曆尚未頒，國疑更誰待。遂命疇人流，三辰候光彩。印用文淵閣，丹泥勝珠琲。龍馭杳安之，台星隕衡鼐。猶看正朔存，未信江山改。在昔順水軍，光武戰幾殆。子顏獨奮然，終竟齊元凱。叔世乏純臣，公卿雜鄙猥。持此一冊書，千秋戒僚寀。

恭謁太祖高皇帝刋本高皇帝上無太祖二字。孫無校。御容於孫校作在。荀無校。此從刋本。靈谷寺

肅步投禪寺，焚香展御容。人閒垂法象，天宇出真龍。隆準符高帝，虯髯刋本作鬚，荀無校，此從孫校。軼太宗。掃除開八表，盪滌翦羣兇。大化乘陶冶，元功賴發蹤。本支書祚德，臣辟記勳庸。遺像荒山守，塵函古刹供。神靈千載後，運會百年

重。痛迫西周戚，愁深朔虜（刊本作漠，孫無校。）烽。萬方多蹙蹙，薄海日喁喁。臣籍東吳產，皇恩累葉封。天顏仍左顧，國難一趨從。飄泊心情苦，來瞻拜跪恭。異時司隸在，可許下臣逢。

贈朱監紀四輔

十載江南事已非，與君辛苦各生歸。愁看京口三軍潰，痛說揚州七日圍。碧血未消新（刊本作今，荀無校，此從孫校。）戰壘，白頭相見舊征衣。東京朱祜年猶少，莫向尊前歎式微。

楊明府永言昔在崑山起（孫校同。刊本作倡。）義不克爲僧於華亭及吳帥舉事去而之蘭谿今年（刊本無年字，荀無校，此從孫校。）復來吳下感舊悲歌不能已於言也（刊本感舊下有有贈二字，無悲歌以下八字。荀無校，此從孫校。）

絕迹雲間日，分飛海上秋。超然危亂外，不與少年儔。閱歲空山久，尋禪古寺幽。干戈纒粵徼，妻子隔寧州。乍解桐江纜，仍回谷水舟。刀寒餘斗色，血碧帶江流。舊卒蒼頭散，新交白眼休。同年張翰在（張行人𡺸分之。）賓客顧榮留。海日初浮嶼，吳霜早覆洲。與君邊晦意，不負一成（孫校作匡，荀無校，此從刊本。）謀。

贈劉教諭永錫（大名人）

栖遲十載五湖湄，久識元城劉器之。百口凋零餘僕從，一身辛苦別妻兒。心悲漳水春犂日，目斷長沙夕雁時。獨我周旋同宿昔，看君臥起節頻持。荀校：詩末元有注云：劉君時未薙髮。

孝陵圖有序

重光單閼荀無校，孫校作臣山傭於重光大荒落，此從刊本。二月己巳，來謁孝陵。值大雨，稽首門外而去。又二載，昭陽大荒落二月辛丑，再謁。十月戊子，又謁。乃得趨入殿門，徘徊瞻視，鞠躬而登。殿上中官奉帝后神牌二。其後蓋小屋數楹，皆黃瓦，非昔制矣。升甬道，恭視明樓寶城。出門，周覽故齋宮祠署遺址。牧騎充斥，不便携筆硯。同行者故陵衞百戶束帶玉，稍爲指示，退而作圖。念山陵一代典故，以革除之事，實錄會典，竝無紀述。當先朝時，又爲禁地，非陵官不得入焉。其官於陵者，非中貴則武弁，又不能通諳國制，以故其傳鮮矣。今既不盡知，知亦不能盡圖，而其錄於圖者且不盡有。恐天下之人同此心而不獲至者多也，故寫而傳之。臣顧炎武稽首頓首謹書。刊本無臣下十字。孫校顧炎武作山傭。

鍾山白草枯，冬月蒸宿霧。十里無立椔，岡阜但回互。寶城獨青青，日色上霜露。殿門達明樓，周遭尚完固。其外有穹碑，巍然當御路。文自成祖爲，千年繫明祚。侍衞八石荀無校，孫校作百，此從刊本。人，祗肅候靈輅。下列石獸六，森焉象鹵簿。自馬至獅子，兩兩相比附。中間特崒崔，有二擎天柱。排立榛莽中，凡此皆尚具。又有神烈山，世宗所封樹。臥碑自崇禎，禁約煩聖諭。石大故不毀，文字猶可句。至於土木工，俱已亡其素。東陵在殿左，先時懿文祔。云有殿二層，去門可百步。正殿門有五，天子升自阼。門內廡三十，左右以次布。門外設兩厨，右殿上所駐。祠署並宮監，羊房曁酒庫。以至各廨宇，竝及諸宅務。東西二紅門，四十五巡鋪。一一費搜尋，涉目仍迷瞀。山後更蕭條，兵牧所屯聚。洞然見銘石・崩出常王墓。何代無危畱，神聖莫能度。幸茲寢園存，皇天永呵護。奄人宿其中，無乃致褻汙。陵衞多官軍，殘毀法不捕。伐木復撤亭，上觸天地怒。雷震樵夫死，梁壓陵賊仆。乃信高廟靈，卻立生畏怖。若夫本衞官，衣食久遺蠹。及今盡流宂，存兩千百戶。下國有蟣臣，一年再奔赴。徘徊持寸管，能作西京賦。尙慮耳目徧，流傳有錯誤。相逢虞子大，獨記陵木數。未得對東巡，空山論掌故。

十廟（鷄鳴山下有帝王功臣十廟，後人但謂之十廟。）

我來鷄籠下，十廟何蒼涼。周垣半傾覆，棟宇皆頹荒。樹木已無有，寂寞餘山岡。功臣及卞劉，竝作瓦礫場。衞國有遺主，尙寓五顯堂。武惠僅一閉，廟貌猶未亡。蔣廟頗完具，敧側惟兩廊。帝王殿已撤，主在門中央。或聞道路言，欲改祀三皇。真武竝祠山，香火仍相當。其南特煥然，漢末武安王。云是督府修，中絕以堵墻。金陵自入胡，（刊本作陪京板蕩餘。孫無校。）百司已更張。神人悉異名，不改都城隍。乃信夷奴心，亦知畏畱殃。（乃信二句，刊本無。孫無校。）朔望及雩祈，頓首誠恐惶。神奉太祖勑，得治諸東羌。（孫校同。刊本作得以威遐荒。）留此金字題，昭示同三光。上天厭夷德，神祇顧馨香。上追洪武中，遣祀明綸將。（孫校同，惟夷作支。刊本無上天二句，上追洪武中作追惟定鼎初）二百七十年，吉蠲存太常。三靈俄乏主，一代淪彝章。圜丘尙無依，百神焉得康。騎士處高廟，陵闕來牛羊。何時洗妖氛，（孫校同。刊本作何當挽天河。）逐（孫校同。刊本作滌。）去諸不祥。無文秩新邑，人鬼咸廸嘗。復見十廟中，冠佩齊趨蹌。此詩神聽之，終古其毋忘。

金山

東風吹江水，一夕向西流。金山忽動搖，搭鈴語不休。海師（孫校作賄師，刋本作水軍。重規案：賄師即海師之代語。）一十萬，虎嘯臨皇州。巨艦作大營，飛艫爲前茅。黃旗亙長江，戰鼓出中洲。舉火蒜山旁，鳴角東龍湫。故侯張子房，（刋本作張車騎，荀無校，此從孫校。）手運丈八矛。登高矚山陵，賦詩令人愁。（定西侯張名振。重規案：刋本無注，孫無校。）沈吟十年餘，不見旌旆浮。忽聞王旅來，先聲動燕幽。闔廬用子胥，鄢郢不足收。况茲蠢逆胡，已是天亡秋。（孫校同，惟胡作虜。刋本作祖生奮擊楫肯效南冠囚。）願言告同袍，乘時莫淹留。

真州

擊楫來江外，楊帆上舊京。鼓聲殷地起，獵火照山明。楚尹頻奔命，宛渠尚守城。真州非赤壁，風便一臨兵。（眞州牌外焚船數百艘。重規案：刋本無注，孫無校。）

錢生肅潤之父出示所輯方書（孫校作錢翁口示所輯方書。小注：肅潤之父。荀無校。此從刋本。）

和扁日以遙，治術多瞀亂。方書浩無涯，其言比河漢。彭鏗有後賢，物理恣探玩。恥爲俗人學，特發仁者歎。五勞與七傷，大抵同所患。循方以治之，於事亦得半。條別三十餘，有目皆可看。畧知病所起，可以方理斷。哀哉末世醫，誤人已無算。頗似郭舍人，射覆徒夸誕。信口道熱寒，師心作湯散。未達敢嘗之，不死乃如綫。豈如讀古方，猶得依岸畔。在漢有孝文，仁心周里閈。下詔問湻于，一篇著醫案。如君靜者流，嗣子況才彥。何時遇英明，大化同參贊。

卷三

元旦陵下作二首（荀云：元本三卷始此。）

是日稱三始，何時見國初。風雲終日有，兵火十年餘。甲子軒庭曆　春秋孔壁書。幸來京兆里，得近帝皇（刊本作王。孫無校。）居。

贈（荀無校，孫校作上，刊本作贈。）路光祿太平有序　已下（刊本已下下有數首二字，荀校孫校皆無。）皆余蒙難之作。先是有僕陸恩服事余家三世矣，見門祚日微，叛而投里豪。余持之急，乃欲告余事閩中事。（孫校同，刊本作乃欲陷余重案。）余聞，亟擒之。數其罪，沈諸水。其壻復投豪，訟之官。以二千金賂府推官，（孫校同。刊本作訟之郡行千金。）求殺余。既待訊，法當囚繫，乃不之獄曹，而執諸豪奴之家。同人不平，爲代愬之兵備使者。移獄松江府，以殺奴論。豪計不行。遂遣刺客伺余，（孫校同。刊本無遂遣六字。）而余乃浩然有山東之行矣。（孫校同。刊本而余下有有戒心三字。）

弱冠追三古，中年賦二京。一門更喪亂，七尺尚崢嶸。江海存微息，山陵鑒本誠。落萁裁十畝，覆草只三楹。變故興奴隸，奸豪（孫校同。刊本作葬蜂。）出里閎。彌天成夏網，畫地類秦坑。獄卒逢田甲，刑官屬寧成。文深從鍛鍊，事急費經營。節俠多燕趙，交情卽弟兄。周旋如一日，忼慨見平生。疾苦頻存問，阽危得柱撑。不侵貞士諾，逾篤故人情。木向猿聲老，江隨虎迹清。更承身世畫，不覺涕霑纓。

松江別張處士慤王處士煒曁諸友人

十載違鄉縣，三年旅舊都。風期嘗磊落，節行特崎嶇。坐識人倫傑，行知國器殊。論兵卑左氏，（刊本作趄竆，荀無校，孫校作左氏。）。計小陰符。世事陵夷極，生涯閱歷枯。人情來躪藉，鬼語得揶揄。郭解多從客，田儋自縛奴。事危先與手，法定必行誅。義洩神人憤，歡騰里閈呼。匣餘刜兕劍，橐解射狼弧。卦值明夷晦，時逢聽訟孚。邑豪方齮齕，獄吏實求須。裳帛經時裂，南冠累月拘。橐饘誰問遺，衣食但支吾。薄俗吳趨最，危巇蜀道俱。每煩疑載鬼，動是泣歧塗。畫畜是樊中雉，巢鄰幕上烏。霜因鄒衍下，日爲魯陽驅。抱直來東土，含愁到海隅。春生三泖壯，雪盡九峯紆。巽郡情猶徹，同人道不孤。未窮憐舌在，垂死覺心蘇。大義摧牙角，深懷疐尾胡。奸雄頻斂手，國士一張鬚。知己憐三釁，名流重八廚。欲將方寸報，惟有漢東珠。

贈潘節士檉章

北京一崩淪，國史遂中絕。二十有四年，記注亦殘缺。中更夷（孫校作支。刊本作虜。）與賊，出入互轇轕。亡城與破軍，紛錯難具說。三案多是非，反覆同一轍。始終爲門戶，竟與國俱滅。我欲問計吏，朝會非王都。我欲問蘭臺，秘書入東胡。（刊本作虜，孫無校。）文武道未亡，臣子不敢誣。竄身雲夢中，幸與國典俱。有志述三朝，並及海宇圖。一書未及成，觸此憂患途。同方有潘子，自小耽文史。犖然持巨筆，直溯明興始。謂惟司馬遷，作書有條理。自餘數十家，充棟徒爲爾。上下三百年，粲然得綱紀。索居患無朋，何意來金陵。家在鐘山旁，雲端接觚棱。親見高帝時，日月東方升。山川發秀麗，人物流名稱。到今王氣存，疑與龍虎興。把酒爲君道，千秋事難討。一代多文章，相隨沒幽草。城無絃誦生，柱殉藏書老。同文化夷（刊本作支，孫無校。）字，刼火燒豐鎬。自非尼父生，六經亦焉保。夏亡傳禹貞，周衰垂六官。後王有所憑，蒼生蒙治安。皇祖昔賓天，天地千年寒。聞知有小臣，復見文物完。此人待聘珍，此書藏名山。顧我雖逢掖，猶然抱遺冊。定哀三世間，所歷如旦夕。頗聞董生語，曾對西都客。期君共編摩，不墜文獻迹。便當挈殘書，過爾溪上宅。

閏五月十日恭謁孝陵

忌日仍逢閏，星躔近一周。空山傳御幄，弗路想行騶。寢殿神衣出，祠官玉斝收。蒸嘗憑絕隝，（刊本作隝，荀無校，此從孫校。）鞉磬託荒陬。薄海哀思結，遺臣涕淚稠。禮應求草野，心可對玄幽。寥落存王事，依稀奉月游。尚餘歌頌在，長此侑春秋。

桃葉歌

桃葉歌，歌宛轉。舊日秦淮水清淺，此曲之興自早晚。青溪橋邊日欲斜，白土岡下驅胡（刊本作虜。孫無校。）車。越州女子顏如花，中官采取來天家。可憐馬上彈琵琶。三月桃花四月葉，已報北兵屯六合。兩宮（孫校同，刊本作宮車。）塞上行，日逐（孫校同，刊本作塞馬）江東獵。桃葉復桃根，殘英委白門。相逢冶城下，猶有六朝魂。

黃侍中祠　在南京三山門外柵洪橋。侍中，名觀。洪武二十四年，殿試第一。建文末，奉詔募兵安慶。聞南京不守，自沈於江。其妻翁氏及二女爲官所簿錄，將給配象奴，亦赴水死。後人即其葬地，爲侍中立祠。

侍中祠下水奔渾，（孫校作雲昏，荀無校，刊本作奔渾。）有客悲歌叩郭門。古木夜交貞女冢，光風春返大夫魂。先朝侍從多忠節，當代科名一狀元。莫道河山今便改。國於天地鎮長存。

王徵君潢具舟城西同楚二沙門小坐柵洪橋下

大江從西來，東抵長干岡。至今號柵洪，對城橫石梁。（此橋蓋古時立柵處，本當名柵江，後訛爲洪耳。猶射江之爲射洪也。）落日照金陵，火旻生秋涼。都城久塵坌。出門且相羊。客有五六人，鼓枻歌滄浪。盤中設瓜果，几案羅酒漿。上坐老沙門，舊日名省郎。（熊君開元。）曾折帝廷檻，幾死丹陛旁。天子自明聖，畢竟誅安昌。南走侍密勿，一身再奔亡。復有一少者，沈毅大非常。（釋名髡殘。）不肯道姓名，世莫知行藏。其餘數君子，鬚眉各軒昻。爲我操南音，未言神己傷。流賊自中州，楚實當其阬。出入十五郡，南國無安疆。血成江漢流，骨與灊廬望。赫怒我先帝，親遣元臣行。北落開和門，三台動光芒。一旦竇大命，藩后殘荆襄。遂令三楚閒，哀哉久戰場。寧南佩侯印，忽焉竟披猖。（寧南侯左良玉。）稱兵據上流，以國資戎羌。（刊本作東陽。孫無校。）豈無材畧士，忍死奔遐荒。落鴈銜北回，窮烏樹南翔。可憐洞庭水，遺烈存中湘。（何騰蛟追封中湘王。）連營十三鎮，恣肆無朝綱。夜半相誅屠，三宮離武岡。黔中亦楚地，君長皆印章。國家有驅除，往往用土狼。積雨閉摩泥，毒流漲昆明。蠻陬地斗絕，極目天茫茫。頃者西方兵，連歲爭辰陽。心悼黃屋遠，眼倦烽火忙。楚雖三戶存，其人故倔彊。崎嶇二君子，志意不可量。隕公抗忠貞，左徒吐潔芳。舉頭是青天，不見日月（刊本作二曜，孫無校。）光。何意多同心，合沓來諸方。僕本吳趨士，雅志陵秋霜。適來新亭宴，得共賓主觴。戮力復（刊本作事，孫無校。）神州，斯言固難忘。我寧爲楚囚，流涕空霑裳。

賈倉部必還說易

昔年清望動公車，此日耆英有幾家。古注已聞傳孟喜，遺文仍許授侯芭。竹牀排硯頓添墨，石屋支鐺旋煑茶。更說都城防虜（刊本作寇，孫無校。）事，至今流涕賈長沙。

陳生芳績兩尊人先後即世適皆以三月十九日追痛之作詞旨哀惻依韻奉和（荀曰：元本尙有第三首，已錄入佚詩。）

帝后登遐一忌辰，天讎國恥世無倫。那知考妣還同日，從此山河遂不春。宏演納肝猶報主，王裒泣血倍思親。人閒若不生之子，五嶽崩頽九鼎淪。（孫校同。刊本作人寰尚有遺民在大節難隨九鼎淪。）

勞山歌

勞山拔地九千丈，崔嵬勢壓齊之東。下視大海出日月，上接元氣包鴻濛。幽巖祕洞難具狀，煙霧合沓來千峯。華樓獨收衆（卓輯衆作象。）山景，一一環立生姿容。上有巨峯最崱屴，數載榛莽無人蹤。重厓複嶺行未極，澗壑窈窕來相通。天高日入不聞語，悄然萬木含悲風。（刊本作悄然衆籟如秋冬，荀孫無校，此从卓輯。）奇花名藥絕凡境，世人不識疑天工。云是老子曾過（从卓輯作遇。）此，後有濟北黃石公。至今號作神人宅，憑高結構留仙宮。吾聞東嶽（卓輯作岳。）泰山爲最大，虞帝柴望秦皇封。其東直走千餘里，山形不絕連虛空。自此一山奠海右，截然世界稱域中。以外島嶼不可計，紛紜出沒多魚龍。八神祠宇在其內，往往碁（卓輯作棋。）置生金銅。古言齊國之富臨淄次即墨，（卓輯作古言齊富次即墨。）何以滿目皆蒿蓬。捕魚山之旁，伐木山之中。猶見山樵與村童，春日會鼓聲逢逢。此山之高過岱宗，或者其讓雲雨功。宣氣生物理則同，旁薄萬古無終窮。何時結屋依長松，嘯歌山椒一老翁。

濟南

水翳牆崩竹樹疏，廿年重說陷城初。（濟南以崇禎十二年元日陷。規案：刊本無注，孫無校。）荒涼王府餘山沼，寥落軍營識舊墟。百戰只今愁海岱，一麾猶足定青徐。經生老卻成何事，坐擁三冬萬卷書。

張隱君元明於園中寘一小石龕曰仙隱祠徵詩紀之

白日浮雲隔幾重，三山五嶽漫相逢。朅來未得從黃石，老至先思伴赤松。哲士有懷多述酒，英流（孫校作學人。荀無校，此從刊本。）無事且（孫校作自，荀無校，刊本作且。）明農。猶憐末俗愚難寤，故作幽龕小座供。

潍縣

我行適（孫校作遍，荀無校，刊本作適。）東方，將尋孔北海。此地有遺風，其人已千載。英名動劉備，一爲郤管亥。後此復何人，崎嶇但荒壘。

京師作

嗚呼（孫校同，刊本作煌煌。）古燕京，金元遞開剏。初興靖難師，遂駐時巡仗。制掩漢唐閎，德儷商周王。巍巍（刊本作巍峨，孫無校。）大明門，如翬峙南向。其陽肇圜丘，列聖凝靈貺。其內廓乾清，至尊儼旒纊。繚以皇城垣，靚深擬天上。其旁列兩街，省寺鬱相望。經營本睿裁，（荀校作想，孫無校，刊本作裁。）斲削命般匠。鼎從郟鄏卜，宅是成周相。穹然將兩京，自古無與抗。酆宮遜顯敞，未央失宏壯。西來大行條，連天矚崖嶂。東盡巫閭支，界海看滉瀁。居中守在夷，（刊本作支。孫無校。）臨秋國爲防。人物竝浩穰，風流餘慨忼。百貨集廣馗，九金歸府藏。通州船萬艘，便門車千両。綿延祀四六，三靈哀板蕩。紫塞吹胡(刊本作吟悲，孫無校。)笳，黃圖布氈帳。獄囚圻父臣(王洽。)郊死凶門將。(滿桂。)悲號煤山縊，泣血思陵葬。(虜酋上我先皇帝陵號曰思陵。規案：孫校作虜蕭上我先皇帝陵號曰思梁。刊本作先皇帝陵今號思陵。)中華竟崩淪，燔瘞久虛曠。(孫校同。刊本無中華二句。)宗子洎羣臣，鳶岑與黔漲。丁年抱國恥，未獲居一障。垂老入都門，有願無繇償。足穿貧士履，首戴狂生盎。愁同箕子過，悴比湘纍放。縱橫數遺事，太息觀今鼐。農甿苦追求，甲卒疲轉饟。且調入沅兵，更造浮海舫。索盜窮琅當，追亡斂箠杖。太陰掩心中，兩日相摩盪。大運有轉移，胡天亂無象。白水欻未然，綠林煙已煬。(孫校同，惟胡天作虞天。刊本無農甿下十二句。)空懷赤伏書，虛想雲臺仗。(荀校作狀，孫無校，刊本作仗。)不覩二祖興，(孫校同。刊本作舊官儀。)惸惸念安傍。復思塞上游，汗漫誠何當。河西訪竇融，上谷尋耿況。聊爲舊京辭，投毫一吁悵。

山海關

芒芒碣石東，此關自天作。粵惟中山王，經營始開拓。東夷(刊本作支，孫無校。)限重門，幽州截垠堮。前海彌浩淼，後嶺橫崔嶨。紫塞爲周垣，蒼山爲鎖鑰。緬思皇祖時，(刊本作開創初，孫無校。)猶然(刊本作設險，孫無校。)制東索。中葉狃康娛，小有干王畧。撫順矢初穿，廣甯旗已落。抱頭化貞逃，束手廷弼卻。駸駸河以西，千里屯氈幕。關外修八城，指麾煩內閣。(孫承宗。)楊公(嗣昌。)築二翼，東西立羅郭。時稱節鎮雄，頗折氛祲惡。神京既顚隕，國勢靡所託。辮頭(刊本作啓關，孫無校。)元帥降，吳三桂。規案：刊本無注，孫無校。歃血夷（刊本作名，孫無校。）王諾。自此來域中，土崩無關格。海燕春乳棲，胡（刊本作塞，荀無校，此從孫校。）鷹晚飛泊。七廟竟爲灰，六州難鑄錯。

居庸關

居庸突兀倚青天，一澗泉流鳥道懸。百二山河臨大漠，十三陵寢負雄邊。橫分燕代開戎索，遠鑒金元列史編。在昔守邦須設險，只今刁斗尚依然。（刊本作終古戍兵煩下口，本朝陵寢託雄邊。車穿褊峽鳴禽裏，烽點重岡落鴈前。燕代經過多感慨，不關遊子思風煙。荀孫無校，此從卓輯。）

極目危巒望八荒，浮雲夕日徧山黃。全收胡（刊本作朔，孫無校。）地當年大，不斷秦城自古長。北狩千官隨土木，西來羣盜失金湯。空山向晚城先閉，寥落居人畏虎狼。

舊滄州（荀曰：元本天津滄州二詩在答徐甥乾學後。）

落日空城內，停驂問路岐。曾經看百戰，惟有一狻猊。

卷四

再謁天壽山十三陵（刊本無十三二字，孫無校。）

諸陵何崔嵬，不改蒼然色。下蟠厚地深，上峻青天極。佳氣鬱葱葱，靈長詎可測。云何宮闕旁，（孫校同，刊本作月游路。）坐見廡戎孫校作獯東。刊本作塞塵。傴。空勞牲醴陳，微寘神祇食。仁言人所欣，甘言人所惑。小修此陵園，大屑我社稷。竭來復仲春，再拜翦荆棘。臣子分則同，駿奔乃其孫校同，刊本作誰共。職。區區犬馬心，媿乏匡扶力。

贈黃職方師正建陽人

黃君濟川才，大器晚成就。一出事君王，虜刊本作牧，孫無校。馬踰嶺岫。元臣舉國降，天子刊本作羽葆。孫無校。蒙塵狩。崎嶇遂奔亡，空山侶猿狖。蕭然冶城側，窮巷一廛僦。數口費經營，索飯兼穉幼。清操獨介然，片言便拂袖。常思扶日月，孫校同，刊本作驅五丁。摘卻旄頭宿。孫校作摘起旄頭宿，刊本作一起天柱仆。神州既陸沈，孫校同，刊本作微誠抱區區。時命乃大謬。南望建陽山，荒阡餘石獸。生違鹿柴居，死欠狐丘首。矢口爲詩文，吐言每奇秀。揚州九月中，煨芋試新酎。猛志雷破山，劇談河放溜。否終當自傾，佇待名賢救。落落公等存，一繩維宇宙。

杭州

浙西錢穀地，不以封宗室。南渡始僑藩，懿親藉承弼。序非豚郡疏，德則琅琊匹。如何負扆謀。蒼黃止三日。那肱召周軍，匈奴刊本作北庭，孫無校。王衞律。眞東豏。荀曰：不可解。戴子高云：或是張秉貞，而韻亦不類。規案：刊本無此注，孫無校。眞東豏蓋陳洪範之代語，以韻目代字也。所以敵國人，盡得我虛實。青絲江上來，朱邸城中出。一代都人士，盡屈穹廬孫校同。刊本作旃裘。鄰。誰爲斬逆臣，一奮南史筆。

北嶽廟

曲陽古名邦，今日稱下縣。嶽祠在其中，巍峨奉神殿。體制匹岱宗，經營自雍汴。鶴駕下層霄，宸香閟深院。睒睗鬼目獰，盤蹙松根轉。白石睇穹文，丹楹仰流絢。肇典在有虞，望秩羣神徧。時巡歲卽暮，歸格牲斯薦。自此沿百王，彬彬著紀傳。恒山跨北極，自古無封禪。賴以鎮華戎，帝王得南面。河朔多疆梁，燕雲屢征戰。赫赫我皇明，刊本作陽庚，孫無校。區分入邦甸。告祈無闕事，降福蒙深眷。周封喬嶽柔，禹別高山奠。疆吏少干城，神州恣奔踐。祠同宋社亡，祭卜伊川變。再拜出廟門，嗚呼淚如霰。

井陘

水折通燕海，山盤上趙陘。權謀存史冊，險絕著圖經。瞰下如臨井，憑高似建瓴。壑冰當路白，窯火出林青。頗憶三分國，曾觀九地形。秦師踰上黨，齊卒戍熒庭。獨此艱方軌，於今尚固扃。連恒開晉索，指昴逼胡刊本作虜，孫無校。星。乞水投孤戍，炊藜舍短亭。卻愁時不會，天地一流萍。

堯廟

舊俗陶唐後，嚴祠古道邊。土階依玉座，松棟冠平田。霜露空林積，丹青彩筆鮮。垂裳追上理，曆象想遺篇。烏火頻推革，山龍竟棄捐。汾方風動壑，姑射雪封巔。典冊淪幽草，文章散暮煙。滔天非一族，猾夏刊本作馬，孫無校。已三傳。歲至澆郵酒，人貧闕社錢。相逢華髮老，猶記漢朝年。

十九年元旦（孫校同，刊本無十九年三字。）

平明遙指五雲看，十九年來一寸丹。合見文公還晉國，應隨蘇武入長安。驅除欲淬新硎劍，拜舞思彈舊賜冠。更憶堯封千萬里，普天今日望王官。

陸貢士來復（武進人。）述昔年代許舍人曦草疏攻鄭鄤事

雒蜀交爭黨禍深，宵人依附半（刊本作何意附，荀無校，孫校作依附半。）東林。然犀久荷先皇燭，射隼能忘俠士心。梅福佯狂名字改，子山流落鬢毛侵。愁來忽遇同方友，相對支林共越吟。

聞湖州史獄（刊本作詠史，孫校作聞湖州。）此爲莊氏史禍而作。（荀曰：案疑非先生自注。）

永嘉一蒙塵，中原遂翻覆。名胡（孫校同，刊本作弧。）石勒誅，觸眇苻生戮。哀哉周漢人，離此干戈毒。去去王子年，獨向深巖宿。

李克用墓

唐綱既不振，國姓賜沙陀。遂據晉陽宮，表裏收山河。朱温一篡弑，發憤橫琱戈。雖報上源讎，大義良不磨。竟得掃京雒，九廟仍登歌。伶官隕莊宗，愛壻亡從珂。傳祚頗不長，功名誠足多。我來雁門郡，遺冢高嵯峨。寺中設王像，緋袍熊皮鞾。旁有黃衣人，年少神磊砢。想見三垂岡，百年淚滂沱。敵人亦太息，如此孺子何，千載賜姓人，

流汗難重過。孫校：千載二句鈔本無，荀無校，此從刊本。

酬李處士因篤

三晉阨河山，登覽苦不暢。我欲西之秦，潛身睨霸王。一朝得李生，詞壇出飛將。撝呵斗極迴。含吐黃河漲。上論周漢初，規模迭開創。以及文章家，流傳各宗匠。道術病分門，交游畏流宕。朋黨據國中，雌黃恣騰謗。吾道貴大公，片言折邪妄。論事如造車，欲決南轅向。觀人如列鼎，欲察神姦狀。稍存俞咈詞，不害于喁唱。君無曲學阿，我弗當仁讓。更讀詩百篇，陡覺神采壯。先我入深巖，嶔崟剖重嶂。高披地絡文，下挈胡僧刊本作竺乾，荀無校。藏。大氣橐山川，雄風被邊障。泚筆作長歌，臨歧爲余貺。自哂同坎鼃，難佐北溟浪。惟此區區懷，頗亦師直諒。竊聞關西士，自昔多風尙。豁達貫古今，然諾堅足仗。如君復幾人，可愜平生望。東還再見君，牀頭倒春釀。

王官谷

士有負盛名，卒以虧大節。咎在見事遲，不能自引決。所以貴知幾，介石稱貞潔。唐至昭宗遺札作僖昭。時，干戈滿天闕。賢人雖發憤，無計匡杌隉。邈矣司空君，保身類明哲。墜笏雒陽墀，遺札作放逐歸山阿。歸來遺札作閉門。臥積雪。視彼六臣流，恥與冠裳列。遺像在山厓，淸風動巖穴。堂芾一畝深，壁樹千尋絕。不復見斯人，有懷徒鬱切。

長安

東京應天文，西京自炎漢。都城北斗崇，渭水銀河貫。千門舊宮掖，九市新廛閈。雲生百子池，風起飛廉觀。橋邊拜單于，闕下俘可汗。（刊本作呼韓拜殿前，頡利俘橋畔。荀無校，此從孫校。）武將把雕戈，文人弄柔翰。遺跡俱煙蕪，名流亦星散。愁聞赤眉入，再聽漁陽亂。論都念杜篤，去國悲王粲。積雨乍開褰，淒其秋已半。惆悵遠行人，單衣裁至骭。

后土祠 有序

漢孝武所立后土祠，在今滎河縣北十里，地名鄈上，或曰脽上。史所云幸河東祠后土者，蓋屢書焉。其後宣元成三帝，及唐宋二宗，皆嘗親幸。以及本（刊本作國，荀無校。孫校作國。）朝，雖不親祀典，而歷代相傳宮殿之巍峨，像設之莊靚，（刊本作靜，荀無校。孫校作靚。）香火之駢闐，未嘗廢也。歲閼逢執徐王正五日，予至其下。廟祝云：「距此十五年，爲黃河所齧，神宇圮焉。乃徙像於東南二里坡下，今所謂行宮者。而古柏千章，盡伐之以充改造之用，廟未成而木盡矣。」是日，大雪，令祝引導，策馬從之，逶迤而登，則坊門墀廡宛然。東有大寗宮，亦存遺址。惟正殿及秋風洗妝二樓，皆已蕩然爲斷崖絕壑，而王文正旦之碑猶臥雪中，不能洗而讀也。愴然有感，乃作是詩。

靈格移鄈上，洪流圮故宮。事同淪泗鼎，時接墮天弓。古木千章盡，層樓百尺空。地維疑遂絕，皇鑒豈終窮。髣髴神光下，昭回治象通。雄才應有作，灑翰續秋風。

自大同至西口四首（卓輯作大同西口雜詩，僅二首。）

駿骨來蕃種，（卓輯作西部。）名茶出富陽。年年天馬至，歲歲酪奴忙。蹴地秋雲白，臨壚（卓輯作爐。）早酎香。和戎真利國，烽火罷邊防。

舊日豐州地，（刊本作舊說豐州好，荀孫無校，此從卓輯。）於今號板升。印鹽和菜滑，挏乳入茶凝。塞北思脣齒，河東問股肱。獨餘京雒叟，終日戍樓憑。

孟秋朔旦有事於先皇帝（孫校同。刊本無先皇帝二字。）欑宮秋色上陵坰，新松夾殿青。草深留虎迹，山合繞龍形。放犢朝登壠，司香月掃庭。不辭行潦薦，髣髴近維馨。

卷五

寄劉處士大來（荀注：元本五卷始此。）

劉君東魯才，頗能究經傳。時方渾九流，發憤焚筆硯。久客梁宋閒，落落無所見。棄家走關中，自結三秦彥。便居公瑾宅，直上高堂宴。憶昨出門初，朔風灑冰霰。獨身跨一驢，力比蒼鷹健。崎嶇上太行，彳亍甘重趼。一過信陵君，下士色無倦。贈別寶刀裝，賓僚陪祖餞。麾楫渡蒲津，駿馬如奔電。上下五陵閒，秦郊與周甸。花殘御宿苑，麥秀含元殿。常過韋杜家，早識嚴徐面。意氣何翩翩，交游良可羨，回首憶故人，久滯臨淄縣。黃塵汙人衣，數舉西風扇。山東不足居，苦爲相知勸。世路況悠悠，窮愁儻能遣。聊裁一幅書，去託雙飛燕。

重過代州贈李處士子德（刊本作因篤，孫無校。）在陳君上年署中

雁門春草碧，且復過滹沱。爲念離羣友，三年愁緒多。魯酒千鍾意不快，龜山蔽目齊都隘。卻來趙國訪廉頗，還到關中尋郭解。陳君心事望諸儔，吾友高才冠雍州。玉軸香浮鈴閣曉，彩毫光照射堂秋。人來楚客三閭後，賦似梁園枚馬遊。句注山邊餘舊壘，五原關下臨河水。青冢哀笳出漢宮，白登奇計還天子。窮愁那得一篇書，幸有心期託後車。又逐天風歸大海，好憑春水寄雙魚。

應州

遷南宮闕盡，一塔拄青天。法象三千界，華夷（刋本作戎，孫無校。）五百年。空旛搖夜月，孤磬落秋煙。頓覺諸緣減，臨風獨灑然。

赴東六首 有序

萊人姜元衡訐告其主黃培詩獄，誅連二三十人。又以吳郡陳濟生忠節錄二帙首官，指爲余所輯。書中有名者三百餘人。余在燕京聞之，亟馳投到。訟（刋本作頌，孫無校。）繫半年。當事審鞫，即上年奸徒沈天甫陷人之書，（刋本無當事下十六字，孫無校。）竟得開釋。因有此作。

行行過瀛莫，前途憩廣川。所遇多親知，搖手不敢言。爾本江海人，去矣足自全。（遺札作自足全，荀孫無校。）無爲料（遺札作捋，荀孫無校。）虎鬚，危機竟不悛。下有淸直水，上有蒼浪天。旦起策青騾，夕來至華泉。

苦霧凝平臯，浮雲擁原隰。峯愁不注高，地畏明湖溼。客子從何來，徬徨市邊立。未得訴中情，已就南冠縶。夜半鵂鶹鳴，勢挾風雨急。枯魚問河魴，（遺札作廷尉望山頭，荀孫無校。）嗟哉亦何及。

荏苒四五日，乃至攀髯時。夙興正衣冠，稽首向圜塀。（遺札作陵塀，荀孫無校。）詩人岸獄中，不忘恭敬辭。所秉獨周禮，顚沛猶在斯。北斗臨軒臺，三辰照九疑。可憐訪重華，未得從湘纍。（三月十九日。規案：刋本無注，孫無校。）

三月十二日有事於先皇帝（刋本無先皇帝三字，孫無校。）欑宮同李處士因篤

餘生猶拜謁，吾友復同來。筋力愁初減，天顏佇一迴。巖雲隨馺下，寢仗夾車開。未得長陪從，辭行涕淚哀。

哭歸高士（荀注元本分四首刻本誤並爲一孫無棪。）

酈生雖酒狂，亦能下齊軍。發憤吐忠義，下筆驅風雲。平生慕魯連，一矢解世紛。碧雞竟長鳴，悲哉君不聞。（君二十五年前，嘗作詩，以魯連一矢寓意。君沒十旬，而文覃舉庚。規案：荀注云：末四字未詳。刊本無注，孫無棪，文覃舉庚，蓋雲南舉兵之代語，指吳三桂起兵雲南反清也。）

王良（刊本作詠史，孫無棪。）

王良既策馬，天弧亦直狼。中夜視北辰，九野何茫茫。秦政滅六國，自謂過帝皇。豈知漁陽卒，狐鳴叢祠旁。誰爲刑名家，至今怨商鞅。

過矩亭拜李先生墓下

人生無賢愚，大節本所共。蹉跎一失事，豈不負弦誦。卓哉李先生，九流稱博綜。心鄙馬季長，不作西第頌。屏居向郊垌，食淡常屢空。清修比范丹，聽記如應奉。力學不求聞，終焉老家衖。同時程中丞，一疏亦驚衆。玉璽安足陳，亟進名臣用。（中丞名紹，德州左衛人。巡撫河南時，漳河旁得玉璽。上疏言，秦璽不足珍，國家以賢爲寶，薦黨籍諸臣十餘人。不納，謝病歸。）黨論正紛拏，中朝並囂訟。世推山東豪，三李尤放縱。祠奄與哭典，後先相伯仲。（名並見欽定逆案。）初踰士類閑，竟折邦家棟。悲哉五十年，胡（刊本作風，孫無棪。）塵尚澒洞。我來拜遺阡，增此儒林重。雖無謦欬接，猶有風流送。自非隨武賢，九京誰與從。

卷六

二月十日有事於先皇帝（刋本無先皇帝三字，孫無校。）櫕宮（荀注：元本第六卷始此。）

青陽回軒邸，白日麗蒼野。封如禹穴平，木類湘山赭。不忍寢園荒，復來奠樽斝。彷彿見威神，雲旗導風馬。當年國步蹙，實嘆謀臣寡。空勞宵旰心，拜戎常不暇。竟令左衽俗，一旦汚中夏。（刋本作賊馬與邊烽相將潰中夏，孫無校。）三綱乍淪胥，（刋本作頽陽不東升，孫無校。）節士長暗啞。及今擐甲兵，無復圖宗社。飛章奏天庭，謇謇焉能舍。華陰有王生（刋本有宏撰二字，孫無校。荀云：元無注。）伏哭神牀下。亮矣忠懇情，咨嗟傳宦者。（呂太監言：昔年王生弘撰來祭先帝，伏哭御座前甚哀。規案：刋本無此注，孫無校。）遺臣日以希，有願同誰寫。

贈獻陵司香貫太監宗

蕭瑟昌平路，行來十九年。胡（刋本作淸，孫無校。）霜封殿瓦，野火逼山阡。鎬邑風流盡，邙陵歲月遷。空堂論往事，猶有舊中涓。

陵下人言上年七月九日虜主來獻酒至長陵（刋本無七月以下十二字，有冬祭時三字。孫無校。）有聲自寶城出至祾恩殿食頃止人皆異之

昌平木落高山出，仰視神宮何崒嵂。昭陵石馬向天嘶，誰同李令心如日。有聲隆隆來隧中，駿奔執爵皆改容。萇宏自信先君力，獨拜秋原御路東。

井中心史歌　崇禎十一年冬，蘇州府城中承天寺以久旱浚井，得一函，其外曰大宋鐵函經。錮之再重。中有書一卷，名曰心史。稱大宋孤臣鄭思肖百拜封。思肖，號所南，宋之遺民，有聞於志乘者。其藏書之日爲德祐九年。宋已亡矣，而猶日夜望陳丞相張少保統海外之（刊本無海外之三字，孫無校。）兵（刊本兵下有外來二字，孫無校。）以復大宋三百年之（刊本無大宋下六字，孫無校。）土宇，而驅胡元於漠北，（刊本無而驅下七字，孫無校。）至於痛哭流涕，而禱之天地，盟之大神。謂氣化轉移，必有一日變夷爲夏者。（刊本無變夷下六字，孫無校。）於是郡中之人見者無不稽首驚詫，而巡撫都院張公國維刻之以傳。又爲所南立祠堂，藏其函祠中。未幾，而遭國難，一如德祐末年之事。嗚呼，悲矣。其書傳至北方者少，而變故之後，又多諱而不出。不見此書者三十餘年，而今復睹之富平朱氏。昔此書初出，太倉守錢君肅樂賦詩二章，崑山歸生莊和之八章。及浙東之陷，張公走歸東陽，赴池中死。錢君遯之海外，卒於瑯琦山。歸生更名祚明，爲人尤慷慨激烈，亦終窮餓以沒。獨余不才浮沈於世，悲年運之日往，値禁網之逾密，而見賢思齊，獨立不懼，將發揮其事，以示爲人臣處變之則焉，故作此歌。（刊本不懼下作故作此歌以發揮其事云爾，孫無校。）

有宋遺臣鄭思肖，痛哭胡元（刊本作元人，孫無校。）移九廟。獨力難將漢鼎扶，孤忠欲向湘纍弔。著書一卷稱心史，萬古此心心此理。千尋幽井置鐵函，百拜丹心今未死。胡虜從來（刊本作厄運應知，孫無校。）無百年，得逢聖祖再開天。黃河已清人不待，沈沈水府留光彩。忽見奇書出世間，又驚胡（刊本作牧，孫無校。）騎滿江山。天知世道將反覆，故出此書示臣鵠 。三十餘年再見之，同心同調復同時。陸公已向厓門死，信國捐軀赴燕市。昔日吟詩弔古人，幽篁落木愁山鬼。嗚呼，蒲黃之輩何其多，（宋末蒲壽庚黃萬石。）所南見此當如何。

關中雜詩

緬憶梁鴻隱，孤高閱歲華。門西吳會郭，橋下伯通家。異地情相似，前期道每賒。請從關尹住，不必向流沙。（無異新構小齋，將延予住。規案：刊本無異作山史，孫無校。）

寄次耕時被薦在燕中

昨接尺素書，言近在吳興。洗耳苕水濱，叩舷歌採菱。何圖志不遂，策蹇還就徵。辛苦路三千，裹糧復贏縢。夜驅燕市月，曉踏蘆溝冰。京雒多文人，一貫同淄澠。分題賦淫麗，角句爭飛騰。關西有二士，立志粗可稱。雖赴翹車招，猶知畏友朋。儻及雨露濡，相將上諸陵。定有南冠思，悲哉不可勝。轉盼（荀云：元作盼，刻本誤盻。孫無校。）復秋風，當隨張季鷹。歸詠白華詩，膳羞與晨增。嗟我性難馴，窮老彌剛稜。孤跡似鴻冥，心尙防弋繒。或有金馬客，問余可共登。爲言顧彥先，惟辦刀與繩。

少林寺

峩峩五乳峯，奕奕少林寺。海內昔橫流，立功自隋季。宏構類宸居，天衣照金織。清梵切雲霄，禪燈晃蒼翠。頗聞經律餘，多亦諳武藝。疆場（荀云：元作埸，刻本誤場。孫無校。）有艱虞，遣之扞王事。今者何寂寥，闃矣成蕪穢。壞壁出游蜂，空庭發荒雉。答言新令嚴，括田任汚吏。增科及寺莊，不問前朝賜。山僧闕餐粥，住守無一二。百物有盛衰，回旋儻天意。豈無才傑人，發憤起頹廢。寄語惠瑒流，勉待秦王至。（唐武德四年，太宗以陝東道行臺雍州牧秦王率諸軍攻王世充，寺僧惠瑒曇宗等執世充姪仁則來歸。賜地四十頃，水碾一具。）

寄次耕

入雒乘軒車，中宵心有惱。儻呼黃耳來，更得遼東問。（兄子二人今在兀喇。規案：刊本無注。孫無校。）

哭李侍御灌溪先生模

故國悲遺老，南邦憶羽儀。廵方先帝日，射策德陵時。落照辭烏府，秋風散赤墀。（君以崇禎十四年，左遷南京國子監典籍。南渡復官，稱病不出。）行年逾八十，當世歷興衰。廉里居龔勝，緜山隱介推。清操侔白璧，直道叶朱絲。函丈天涯遠，杓衡歲序移。無繇承問訊，祇益歎差池。水沒延州宅，山頹伍相祠。傳家唯疏草，累（荀校作誄，孫無校，刊本作累。）德有銘碑。灑涕瞻鄉社，論心切舊知空餘歲寒誼，不敢負交期。

亭林詩發微

潘重規

當中國被滿清侵佔以後，漢族的革命武力相繼失敗。一班遺民志士，迫不得已，只好使用熱血和腦汁，將滿腔義憤和反抗行動記述下來，藉以警惕未死的人心，號召復國的後進。不幸，漢族的敵人——康、雍、乾三帝都具有高深的智慧，毒辣的手段，不但消滅了革命武力，而且控制革命思想，焚燬革命史料。使得民族的命脈，幾乎被扼殺斷絕。於是漢族志士不得不用隱曲的文詞，秘密的行動，來延續將絕的民族命脈，保存未來的革命種子。我們今天要了解這一段時期漢族志士的思想和行動，必須從殘餘的隱秘的材料，摸索訪尋，正如探奇選勝的遊人，必須縋幽陟險，到達峨眉的高峯，夜半寂寥，萬緣都盡，然後纔能發現希有奇幻的「聖燈」。這種情況和滋味，黃梨洲曾有一段極痛切的文章，他說：

天地之所以不毀，名教之所以僅存者，多在亡國之人物，血心流注，朝露同晞，史於是而亡矣！猶幸野制遙傳，苦語難銷，此耿耿者明滅於爛紙昏墨之餘，九原可作，地起泥香，庸詎知史亡而後詩作乎？（南雷文集萬履安詩序）

我早年愛讀顧亭林先生的詩文，後來發現他韻目式的隱語詩，再玩味黃梨洲這一段文章，誠有如所言，從爛紙昏墨之餘，感觸到古烈士的苦心苦語，耿耿精誠。不禁令人涕泗横集。我忍不住將所見到的亭林隱語詩，畧加闡釋，鈔寫出來，公諸同好。

考亭林先生詩集五卷，是先生卒後門人潘次耕捐資刊刻的，處在異族文網之中，不許他不刪改掉許多忌諱字眼。清末徐嘉撰顧詩箋注十七卷，是注解顧詩最詳贍的一部著作。他的凡例有一條說：

潘氏初刋是詩，中多闕文，他刻因之，未闕原藁。慮難補輯。光緒甲申，鎮江書賈出眎舊本，朱書補完。每卷下方鈐梁清標印，知爲蕉林相國什藏。喜亟購歸，照錄靡闕。後於陳太守仲英家覩京師新刋本。檢校，哭顧推官咸正詩：獨奉句，奉作奮；漢將隊句，漢作諸；主帥句，帥作謀；大事句，大作舉。哭陳太僕子龍詩：詔使句，將作陵。吳興行詩：傳檄句，傳檄作指揮；拜掃句　，掃作爵；十八陵作萬戶侯。贈路舍人澤溥詩：鑠金句，白作息。金山詩：故侯句，張車騎作褒鄂姿；沈吟句，十餘年作橫槊餘；不見句，不見作天際；忽聞句，王旅作黃屋。此刻皆從梁本，以陳本分注。惟路舍人家見隆武四年歷題，從陳本。

徐氏所得到的梁清標本，大概是梁氏根據原稿本或鈔本補寫的。近人無錫孫毓修曾得到鈔本蔣山傭詩集（亭林先生國亡後，自號蔣山傭。），發現刻本刪改處頗多，做了一編校補。商務印書館編四部叢刋，影印亭林詩集時，把校補附在集後。孫氏自序說：

亭林先生詩集，毓修見一鈔本，題蔣山傭詩集。與刻本異同甚多，且多詩十數首，乃知刻本多爲潘次耕竄改，亦當時有所避忌故也。惟刻本五卷，而鈔止四卷，尙非足本，故叢刋中仍以刻本印行。今以鈔本校其異同，附於卷後。刻本有闕字，塡以方圍者，又乾隆中，禁書事起削去，初印本不爾也，今亦補之。亭林之詩，至是始可讀矣。壬戌八月（民國十一年，西元一九二二年），無錫孫毓修。

我們讀過孫氏的校補，知道鈔本蔣山傭詩集，確是出於亭林先生的原稿。梁氏校本多與鈔本符合，陳氏新刋本則與抄本多半不合，可見梁氏校本是接近底本的。抄本的詩，其中有許多隱語，叫人乍看，茫然不知所謂。原來亭林先生運用許多韻目，代替他要隱諱的字眼。有如近代電信用「東冬江」來代表「一二三」的日子似的。我姑且定名為韻目式的隱語。這些最隱諱的字句，也是最沈痛的血淚。現在我先把鈔本所有刻本所無的完整詩篇而又含有韻目式的隱語的先鈔錄於後，並且把所看到的意見，附贅幾句。

聞嘯（嘯是廣韻韻目，詔是屬於嘯韻相鄰笑韻的字，所以用「嘯」代替「詔」。）

聞道今天子，中興自福州。二京皆望幸，四海願同仇。滅麌（麌是廣韻韻目，虜是屬於麌韻鄰部姥韻的字，故以「麌」代「虜」。）須名將，尊王仗列侯，支（支是廣韻韻目，夷是屬於支韻相鄰的脂韻的字，故用「支」代「夷」。）方傳尺一，不覺淚頻流。

元日

一身不自若，竟爾墮虞塵（虞是廣韻韻目，胡字是虞韻相鄰模韻的字，所以用「虞」來代替「胡」。虞塵就是胡塵。）且起肅衣冠，如見天顏親。天顏不可見，臣意無由申。伏念五年來，王塗正崩淪。東支（用「支」代替「夷」，東支就是東夷。）亂天紀，反以晦為元（規案：清曆元日先明曆一日，所以說反以晦日做元日。）・我今一正之，乃見天王春。正朔雖未同，變支（即變夷）有一人（規案：詩意說明朝正朔雖亡，但反清復明的至少還有我顧亭林一人。）。歲盡積陰閉，玄雲結重垠；是日始開朗，日出如車輪。天造不假支（夷），支（夷）行亂三辰。人時不受支（夷），支（夷）德違兆民。留此三始朝，歸我中曆君（規案：詩意謂歲盡——即胡曆的元旦——是陰雲晦暗；而明曆的元旦卻天日光華，可見天意人事都是厭清佑明的。）願言御六師，一掃開青旻。南郊答天意，九廟恭明禋。大雅歌文王，舊邦命維新。小臣亦何思，思我皇祖仁。卜年尙未逾，眷言待曾孫（規案，意謂天意佑明，必有復興之日。）。

歲九月（用「虜」代替「虜」。）令伐我墓柏二株

老柏生崇岡，本是蒼虬種，何年徙靈根，幸託先臣壟。長持後彫節，久荷君王寵。歲月駸駸不相待，漢時秦宮一朝改。剸中流涕要名材，乍擬相將赴東海。發丘中郎來，符牒百道聲如雷，斫白書其處，須臾工匠來斤鋸。持鋸截此柏，柏樹東西摧，卻顧別丘壟，辛苦行不辭。君不見泰山之廟柏如鐵，赤眉斫之嘗出血。我今此去去爲船，海風四面吹青天。秉性長端正，不敢作怪妖，東流到扶桑，日月相遊遨。去爲天上楡，留作丘中櫝，傳與松楸莫歎傷，漢家雨露彌天下。

贈于副將元凱

嘗笑蘇季子，未足稱英俊，雒陽二頃田，不佩六國印。當世多賢豪，斯言豈足信。于君太學髦，文才冠諸生，悵然感時危，遂被曼胡纓。乍領射聲兵，南都已淪傾。芒鞋走浙東，千山萬水裏，飢從猛虎食，暮向鳶巢止。召對越王宮，虜（胡）沙四面起。間道復西來，潛身入吳市，崎嶇赭山渡，迫阨三江壘。七月出雲間，蒼茫東海灣，孤帆依北斗，幾日到舟山。海水鹹如汁，海濤觸舟急，日夜白浪翻，蛟龍爲君泣。瀕死達關中，關中事不同，平虜（胡）奉降表，虜（胡）兵入行宮。途窮復下海，兩月愁艨艟，七閩盡左衽，一身安得容。攀崖更北走，滿地皆山戎。歸家二載餘，闊絕無音書，故人久相念，命駕問何如。君家本華胄，高門徧朱軒，囷倉禾

百壥，趨走僮千指，侍妾裁羅紈，中廚膾魴鯉。更有龍山園，池亭風景繁，水聲穿北戶，花色蔭南軒。有琴復有書，足以安丘壑，身有處士名，不失素封樂，何用輕此生，久試波濤惡。不辭風波惡，不避干戈患，敝屣棄田園，孤遊凌汗漫，乃知鴻鵠懷，燕雀安能伴。君看張子房，不愛萬金家，身爲王者師，名與天壤俱。所貴烈士心，曠然自超卓，是道何足臧，願君大其學。異日封侯貴，黃金爲帶時，知君心不疑，無使魯連疑。

江上

江上傳夕烽，直徹燕南垂，皆言陽師（陽是廣韻韻目，王是屬於陽部的字，故以「陽」代「王」。陽師就是王師。）來，行人又奔馳。一鼓下南徐，遂拔都門籬。黃旗□犨張，戈船亦魚麗。幾令白鷺洲，化作昆明池。于湖擔壺漿，九江候旌麾，宋義但高會，不知兵用奇。頓甲堅城下，覆亡固其宜。何當整六師，勢如常山蛇，一舉定中原，焉用尺寸爲！天運何時開，干戈良可哀，願言隨飛龍，一上先于（先是廣韻韻目，單于的單字讀入先韻，故以「先」代「單」，「先于」卽是「單于」。）臺。（規案：此詩編在卷二，刻本只載一首，按編年當作於順治十一年甲午——西元一六五四年——，大概是悼惜鄭成功進攻南京失敗而發的哀憤之者。）

陽麌引（亡字是屬於陽韻的字，故以「陽」代「亡」；麌韻是虞韻的上聲，照例應代虜字，不過我懷疑是代替「胡」字，麌字或是虞字的偶誤。此題似應作亡胡引。）

今年祖龍死，乃至明年亡；佛狸死卯年，卻待辰年戕。歷數推遷小贏縮，天行有餘或不足。東支（夷）跳梁歷三世，四十五年稱僞霽（霽是廣韻的韻目，帝字是屬於霽韻的字，故以「霽」代「帝」。）。牂牁越嶲入輿圖，兩戒山河歸宰制。佳兵不祥，天道好還，爲賊自賊，爲殘自殘 。我國金甌本無缺，亂之初生自支（夷）孽。徵兵以願州（願字是廣韻的韻目，建字是屬於願韻的字，故以「願」代建。「願州」即是「建州」。建州本清人受命於明朝的部名。清太祖初建國時，其對明廷請和等文書，則稱建州國汗；對朝鮮移書，則稱後金國汗；而對其國內，則自稱金國汗，或稱大金國；稱明爲南朝。其後遂諱稱建州。），加餉以願州（即建州），土司一反西蜀憂，妖民一唱山東愁，以至神州半流賊，誰其嚆矢繇支尤（尤是賁韻的韻目，昚字是屬於尤韻的字，故以「尤」代「昚」。「支尤」即是「夷昚」。）。四入郊圻躪齊魯，破屠邑城不可數。刳腹絕腸，折頸摺頤，以澤量屍，幸而得囚，去乃爲支（夷）。支（夷）口呀呀，鑿齒鋸牙 ，建蚩旗，乘莽車，視干城之流血，擁艷女兮如花。嗚呼！支（夷）德之殘如此，而謂天欲與之國家！然則蒼蒼者其果無知也耶？或曰，完顏氏之興，不亦然歟？中國之弱，蓋自五代，宋與契丹，爲兄爲弟，上告之神明，下傳之子孫，一旦與其屬支，攻其主人。是以禍成于道君，而天下遂以中分。然而天監無私，餘殃莫贖，海水雲昏，幽蘭景促，彼守緒之遺骸，至臨安而埋獄。子不見夫五星之麗天，或進或退，或留或疾，大運之來，固不終日。盈而罰之，天將棄蔡以壅楚，如欲取而固與。力盡敝五材，火中退寒暑。湯降文生自不遲，吾將翹足而待之！（規案：這首詩題下沒有注明作詩年份，敘次在順治十四年丁酉與順治十八年辛丑之間，不知道是在這五年當中的那一年。我們可以推知亭林先生做這首亡胡引時，必然有滿淸在某一年滅亡的預言。所以說「今年祖龍死」。「今年祖龍死」乃秦代人詛咒秦始皇死亡的預言，借用來指斥滿淸的滅亡。預言秦始皇今年死，但始皇到明年纔死；時間雖遲了一年，卻到底應驗了。北魏太武帝佛貍，當時也有預言辛卯年當死，卻遲到明年纔死。意謂滿淸今年不亡，明年一準要滅亡。因爲滿人破屠邑城，刳腹絕腸，視干城之流血，擁艷女兮如花，夷德之殘如此，天還能與之國家嗎？這種「是日曷喪」的憎恨心理，乃是當時一般志士的共同呼聲。又近代史學家朱希祖先生撰後金國汗姓氏攷，論到淸朝諱稱金的緣故，他引日本稻葉君山淸朝全史的話，認爲是淸太宗與明和議，亙數十次不成，因明人多以宋金前事爲鑑，故國號曰金，深予明人以殺伐武斷的象徵。我以爲亭林先生這首詩更可證明明朝人的內心的眞正情緒。亭林先生說：「或曰，完顏氏之興不亦然歟？中國之弱蓋自五代，宋與契丹，爲兄爲弟，上告之神明，下傳之子孫，一旦與其屬支，攻其主人，是以禍成於道君，而天下遂以中分。」正因爲明朝人痛心疾首於遼金人連和之後，反覆無信，「上告神明，下傳子孫」，卻「一旦與其屬支攻其主人」，是以禍成于道君，而天下遂以中分。」這段直接材料似也可以證成朱先生和稻葉君山之說的。）

元日

雺雪晦支（夷）辰，麗日開華始。窮陰畢餘節，復旦臨初紀。（原注：支（夷）曆元日，先大統一日。）行宮刋木間，華路山林裏。雲氣誰得窺，眞龍自今起。天王未還京，流離況臣子。奔走六七年，率埜歌虎兕。行行適吳會，三徑荒不理。鵬翼候扶搖，鯤鬐望春水，穨齡尚未衰，長策無中止。

以上是刻本所無，靠抄本保存，並且含有韻目式隱語的完整詩篇。還有刻本把抄本許多重要字句加以刪改。其中有涉及隱語的，我現在也把他摘鈔下來。

卷一

秋山　北去三百舸　北去，抄本作虜（胡）裝。

十二月十九日奉先妣槀葬　牧騎過如織　牧騎，抄本作虜（胡）兵。

哭楊主事　並奏北邊狀　北邊，抄本作冬虜（冬爲廣韻韻目　，以與東韻相鄰，故以「冬」代「東」。「冬虜」卽「東胡」。）

哭顧推官　誓麾白羽扇　抄本作談笑冬虜空（冬虜空卽東胡空。）。

又　幾墮□□（徐本作旃裘）睨　抄本□□作猾虜（猾虜卽猾虜。）。

哭陳太僕　欻見牧馬逼　牧馬，抄本作虜馬（卽胡馬。）。

又　拜□（徐本作表）至□□（徐本作行朝）　抄本作拜表至屋京（屋是廣韻韻目，福是屬於屋韻的字，故以「屋」代「福」，「屋京」，卽福京，指福王弘光朝。）。

又　恥爲南冠囚　抄本作恥汙東支（夷）刀。

常熟縣耿侯橘水利書　況多鋒鏑驚　抄本作況此虜（胡）寇深。

浯溪碑歌　牧騎已如林　牧騎，抄本作虜騎（卽胡騎。）。

卷二

淮東　我爲□（徐本作天）朝將，爾作燕山俘，俱推凶門轂，各剖河山符，嗟公何不死，死在淮東郛　抄本作昔在天朝時，共剖河山符，何圖貳師貴，卒受冬虞（冬虞即東胡）屠。

路舍人家見東武四先□（徐本作隆武四年曆） 此題抄本作東武（東是廣韻韻目，隆是屬於東韻的字，故以「東」代「隆」，東武即隆武，爲唐王監國年號。）二年八月，上出狩，未知所之，其先霽陽（霽是廣韻韻目，桂是屬於霽韻的字。陽也是廣韻韻目，王是屬於陽韻的字，故以「霽陽」代「桂王」。）即位於肇慶，改元梗錫（梗是廣韻韻目，永是屬於梗韻的字，故以「梗」代「永」。錫也是廣韻的韻目，歷是屬於錫韻的字，故以「錫」代「歷」。「梗錫」即是「永歷」。）。時太子太師吏部尚書武英殿大學士臣路振微在厦元（元是廣韻韻目，門是元韻相鄰魂韻的字，故以「元」代「門」。「厦元」即是厦門。）造東武（即隆武）四先（先是廣韻的韻目，年是屬於先韻的字，故以「先」代「年」，「四先」即是「四年」。）大統錫（錫是廣韻韻目，曆是屬於錫韻的字，故以「錫」代「曆」。「大統錫」即「大統曆」。），用文光閣（光字疑先字之誤。先是廣韻韻目，淵是先韻的字，故以「先」代「淵」。「文先閣」即「文淵閣」，本詩印用文淵閣可證。），印頒行之。九年正月，臣蔣山傭從振微子中書舍人臣路澤溥見此有作。

十廟 追惟定鼎初，遣祀明綸將。 抄本作上天厭支（夷）德，神祇顧馨香，上追洪武中，遣祀明綸將。

金山 祖生奮擊楫，肯效南冠囚。 抄本作況茲蠢逆虜（胡），已是天亡秋。

贈潘節士檉章 中更□（徐本作虜）與賊 抄本作中更支（夷）與賊。

卷三

京師作 自注先皇帝陵今號思陵 抄本作廣蕭（即虜朝。蕭是廣韻韻目，朝是蕭韻相鄰宵韻的字，故以「

蕭」代「朝」。）上我先皇帝陵號曰思梁（梁字疑誤）。

又　太息觀今鼎　　抄本此句下有「農氓苦誅求，甲卒疲轉饟。且調入沅兵，更造浮海舫。索盜窮琅當，追亡歛箠杖。太陰掩心中，兩日相摩盪。火運有轉移，虜（胡）天亂無象。白水歘未然　，綠林煙已煬。」六十字。

從以上所看到抄本保存下來的篇章和不同的字句，把他韻目式隱語的祕密揭開之後，我們又能看見不少可歌可泣的人物和行動。而且，由於抄本所保留下來的韻目式的隱語，我更發現刻本亭林詩集中有許多是抄本沒有校勘出來，而原文還可以推測出來的。如卷一哭楊主事詩，牧馬飲江南；卷二贈路舍人澤溥詩，牧馬彎弓至；卷三恭謁天壽山十三陵詩，皆云牧騎來；卷五井中心史歌，又驚牧騎滿江山：這些詩句中的牧騎，照抄本的詞例，可能也是寫成虜騎（卽胡騎），因爲用胡騎纔是亭林先生的口吻，牧騎定是潘次耕的改筆。

還有很饒意味的發現，我們看到了抄本中的韻目式隱語，我們更知道刻本的底本大概和抄本相同，刻本雖然把忌諱字眼刪改後纔付剞劂，但是刻本中仍有漏改的字句。徐嘉先生費了十年的工力，檢書四百五十餘種，做成一部顧詩箋注。因爲他不曾知道亭林先生有韻目式的隱語這回事，所以他舉出不能解決的問題，有一條北嶽廟赫赫我陽庚，就是因爲陽庚二字是韻目式的代字隱語，刻本沒有改掉，以至注顧詩的專家徐嘉先生也不能了解。其實徐氏自己舉出不能了解的一條以外，還有好些他沒有發覺的。他有的望文生義，加上許多注解；有的隨口滑過，沒有加以解釋。現在我先把他加了注解的列舉出來：

顧詩箋注卷二　贈顧推官咸正

東虞勢薄天，少梁色悲悽。注云：舊唐書地理志：武德四年，置東虞州。案今山西蒲州府虞鄉縣。 規案：此詩東虞卽是東胡，指的是滿清，正是用韻目代字的隱語，刻本偶然漏改。徐氏引唐書地理志，解作州縣名，與上下文情事完全不合。

顧詩箋注卷七　贈潘節士檉章

我欲問蘭臺，祕書入東虞。注云：「日知錄：『漢時天子所藏之書，皆令人臣得觀之。洪武平元，所收多南宋以來舊本，藏之祕府，垂三百年，無人得見。昔時取士，一史三史之科，又皆停廢。士於是乎不知古。實錄之進，焚草於太液池，藏眞於皇史宬。在朝之臣，非預纂修，皆不得見。而野史家傳，遂得以孤行於世。士於是乎不知今。豈非密於禁史，而疏於作人；工於藏書，而拙於敷教者耶？』穆天子傳：『至於桑野，北盡經林，南北十虞，東虞曰兔臺。』」 規案：此詩東虞，也是東胡的代語，也是刻本漏改。亭林的意思是說要修明史，想收輯史料，但明朝已亡，祕書已入東胡滿清之手了。徐注引穆天子傳東虞曰兔臺，字面對了，但是文義卻完全不對。

同文化支字，切火燒豐鎬。注云：「金史完顏希尹傳：『太祖命希尹撰本國字，備制度。希尹乃依仿漢人楷字，因契丹字制度，合本國語，製女直字。又熙宗製女直字，與希尹字俱行。希尹所撰謂之女直大字，熙宗所撰，謂之女直支字。』」 規案：此詩「支」字，也是「夷」字的代語，也是刻本偶然漏改。意謂明朝被滿清所滅，中華同文之盛，化爲夷字。徐注引女直大字，女直支字爲解，終嫌牽强。因爲女直支字一詞，把女直省去，便詞意不明了。

王徵君潢具舟城西同楚二沙門小坐柵洪橋下

甯南佩侯印，忽焉竟披猖，稱兵據上流，以國資東陽。徐注：「東陽縣在故盱眙縣七十里。寰宇記：『東陽城北至東陽山，周回一十里。』明史諸王傳：『宏光元年四月，大兵取盱眙。』小腆紀年：『乙酉四月朔，可法移兵護祖陵，左良玉稱兵犯闕，召可法入援，渡江，抵燕子磯。得功已破良玉軍，可法乃趣天長，檄諸將救盱眙。俄報盱眙已降大清，泗州援將侯方巖全軍沒。可法一日夜奔還揚州。』」規案：「東陽」即是「東羌」，指滿清。陽字是廣韻韻目，羌字是屬於陽韻的字，故以「陽」代「羌」。此文也是刻本漏改的。此詩謂左良玉舉兵內訌，乃至以國資敵，使滿清收漁人之利。如果解東陽爲盱眙，文義變成把國土送給盱眙，便說不通了。東羌連爲一詞，在本集十廟詩中，抄本有「得治諸東羌」句可以互證，不過刻本已經改作得以威遐荒了。

以上是徐氏爲了不知道這種韻目式的隱語，以致不能了解作者的真意。其次，刻本漏網的這類型的隱語，徐氏未加注解，當然也未摸索到作者的真意，我現在也把他寫錄下來：

顧詩箋注卷八　京師作

居中守在支，臨秋國爲防。　規案：居中守在支，「支」即是「夷」的代語。守在夷，即守在四夷的意思。徐氏無注。

顧詩箋注卷九　山海關

東支限重門，幽州截垠堮。　規案：「東支」即「東夷」。徐氏無注。

顧詩箋注卷十　北嶽廟

赫赫我陽庚，區分入邦甸。　規案：陽庚皆廣韻韻目。王是屬於陽韻的字，城是屬於庚韻相鄰清韻的字。「陽庚」似代替「王城」。徐氏無注。

現在我再把顧詩所用的韻目代語列一簡表，以便觀覽：

廣韻韻目	代語	備注	廣韻韻目	代語	備注
東	隆	本韻字	尤	酉	本韻字
冬	東	鄰韻字	麌	虜	鄰韻字
支	夷	鄰韻字	梗	永	本韻字
虞	胡	鄰韻字	霽	帝桂	本韻字
元	門	鄰韻字	願	建	本韻字
先	單年淵	本韻字	嘯	詔	鄰韻字
蕭	朝	鄰韻字	屋	福	本韻字
陽	王羌	本韻字	錫	歷曆	本韻字
庚	城	鄰韻字			

我鈔完亭林先生的隱語詩後，覺得胸臆中塞滿了無窮無盡似悲似喜的情緒。我記得十五六歲時，躲在書齋裏，手抄

亭林詩一卷，終日把玩，有時拍案，有時狂吟，有時嗚咽痛哭。這位烈性的學人，彷彿也常在我書齋中來往。太史公傾慕晏平仲，欣然要爲他執鞭。小雅詩人不見所思慕的人，便要「言從之邁」，鄭康成說是詩人憂悶，欲自殺求從古人。我對亭林先生，也時時湧起這許多念頭。每讀遺書，自傷薄劣，覺得執鞭的資格也不夠。常常繞室徬徨，不知所措。但是一涵詠遺詩，便聽到先生心靈的音聲，奮然有所興起，現在偶然從詩篇隱語中，發現了埋沒多少年的苦節苦心，更覺得儼如面對這位特立獨行的烈性學人，靜聆他低沈的語音，傾訴他灼熱的肺腑，我揾去兩行悲淚後，又似乎覺得感到莫名的慶幸欣悅了！

元至治本全相武王伐紂平話明刊本列國志傳卷一與封神演義之關係

柳存仁

一

余前爲學報撰『毘沙門天王父子與中國小說之關係』一文（刊第三卷第二期），涉筆所及，曾道及封神演義一書其較早之淵源除元至治刊本武王伐紂平話外，尚有他書。日本及中國所藏之余象斗，陳眉公等評本列國志傳是矣。「注一」列國志傳一書現存板本不多，流布既尠，易爲研治中國小說史者所忽畧。茲篇所述，專以日本內閣文庫藏萬曆間龔紹山梓陳眉公評本第一卷全卷爲根據，與明刊本封神演義字字對勘，爰以發現不論書中之詩文字句，故事人物，皆有封神鈔襲列國志傳卷一之明確證據，而列國志傳亦有承襲武王伐紂平話之處而後爲封神作者所揚棄者。余嘗云：『中國小說之傳統：故事必有因襲，而未必悉出因襲，』增潤與改寫，蓋所難免，其揑合，吸收與融會，往往遠超於其所融會與揑合之素材而勝之，吾人固不必爲中國文學史中之若干平話，演義作者諱，更不必爲封神之作者諱也。

今日世間所存之最早封神演義板本，僅日本內閣文庫藏明金閶舒載陽刊本，其餘不過清初覆明本「均載長洲鬪之標君建序」，四雪草堂訂正本「首康熙乙亥（三十四年）褚人穫序」，以及以之爲祖本之諸翻刻本。四雪草堂訂正本多爲清代後來諸翻刻本所根原，故今日通行所見自石印以至排印本，字句悉與之同。通常研究小說史者，因舒載陽本卷二第一葉又題『鍾山逸叟許仲琳編輯』，咸視許氏爲此書之作者，自一九三二年孫子書先生撰日本東京所見中國小說書目後，諸文學史之編纂者亦宗之。孫先生之書梓行後約四年，先生又於石印本傳奇彙考卷七明順天時解題中發現封神係陸西星〔長庚〕撰一說，其時胡適之先生，張政烺先生及愚俱曾參與其議。至近年孫先生改訂其所著中國通俗小說書目，復伸陸西星撰之說〔一九五七年作家出版社版，頁一七一。〕。余別有封神演義之作者一書，其篇帙甚繁，未能卽以之就正於諸先生，然其中所用以證明封神作者之固爲陸西星而非許仲琳者，其證據之一條爲余發現舒載陽刋本之文字與其他刻本並非字字全同，其極小之差異在此最早刋本中第九十九回尚隱藏有陸長庚別號之遺痕而他本則已改竄，故本篇雖非討論作者問題，然爲讀者比勘利便計，篇中所指之封神演義文字，當以諸刻本與舒載陽刋本無出入者爲主。蓋辨章學術，考鏡源流，實以板本爲先，小說惟世謂俗學，治之者尠，其板本之雜糅凌亂，不易究詰，亦不減於經史也。

武王伐紂平話爲元至治間〔元英宗時，公元一三二一—一三二三年。〕建安虞氏刋現存五種平話之一，亦藏日本內閣文庫，原極珍秘，今有影印本及普通排印本，遂非難致。孫子書先生日本東京所見中國小說書目論此書云：『此書爲明之封神演義祖本，在小說之源流上，最爲重要』，又言『此三卷書中所記，誠爲俚拙之至，……此等幼稚之處，亦直至封神傳而始爲補充增定。……自元而後，遞增遞演，乃成今之封神演義。然今本封神傳以淺近之文言演之，其文體稍近於三國，而名理姿態不逮西遊記遠甚，似以短促期間發憤爲之者。元本武王伐紂之後，萬曆間封神演義之前，似〔案，當係是字之誤。〕否尚有過渡之同類小說，今亦不能斷言也。』〔一九五三年上雜出版社重排本，頁

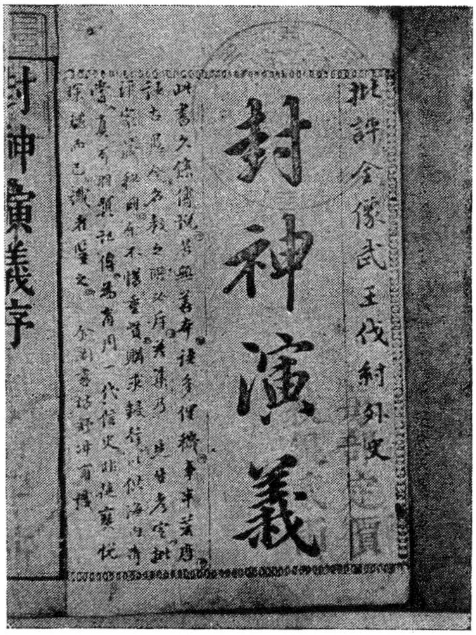

圖一 現存最早之封神演義，明金閶舒載陽刊本，日本內閣文庫藏。

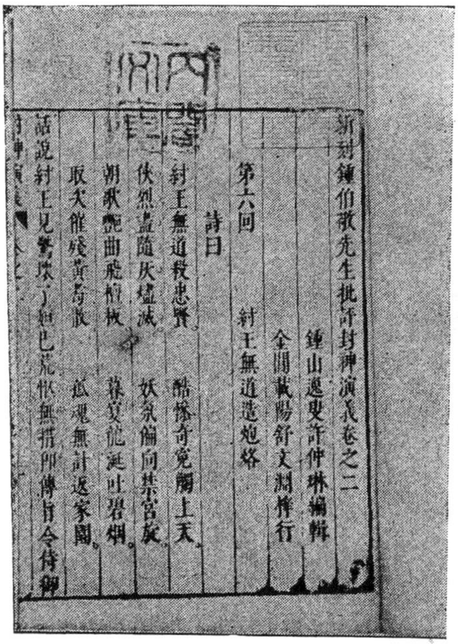

圖二 舒載陽刊本封神演義卷之二首頁，刊有鍾山逸叟許仲琳編輯一行。他卷無之。

圖三
元至治本全相武王伐紂平話之前頁。日本內閣文庫藏。

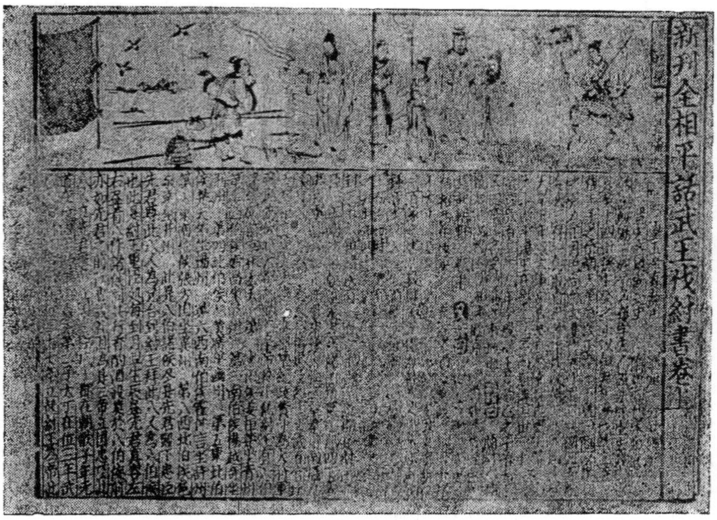

圖四
元至治本武王伐紂平話卷上第一葉，此書上圖下文；本葉圖邊細字有樵川吳俊甫刊一行。

十一—十二。」據孫先生自序，先生赴日本東京訪書，爲一九三一年九月，抵東京即聞遼東之變，欲歸復止，住東京月餘，所錄小說近百種，篳路藍縷，所以饒益研治中國小說史料者至巨且大。然以先生旅居之時間過短，寓目雖勤，亦未免有疏忽之失。〔近見清華學報新一卷第二期，李田意著日本所見中國短篇小說畧記，所錄即以孫先生書目未收入者爲主；其中如長澤規矩也氏所藏秘笥世說金粉惜，且不見於中國通俗小說書目。〕即就所已錄，如列國志傳一書，先生似亦未嘗詳檢其內容。日本蓬左文庫藏有明萬曆丙午（三十四年）新刊京本春秋五霸七雄全像列國志傳八卷，題余邵魚編集，余象斗評釋；大連圖書館則藏有相同之殘存本五卷。〔中國通俗小說書目，頁二十五；日本東京所見中國小書書目，頁二二八。〕據孫先生推測，『余邵魚著書蓋在萬曆以前，或當嘉靖時亦未可知，』最遲亦爲嘉、隆〔嘉靖至隆慶〕時人。雖然余邵魚或爲嘉、隆時人，其職責爲編集，其所事爲書賈，益以此書材料之零碎單簡斷亂叠砌，其應有更早之素材根據，或有更早於嘉、隆時期之刻本而爲吾人今日所未得見者，實大有可能。稍遲於此八卷本者新鐫陳眉公評點春秋列國志傳十二卷本，姑蘇龔紹山梓行，現藏日本內閣文庫，〔日本東京所見中國小說書目，頁八十四；中國通俗小說書目，頁二十五。〕而北平圖書館所藏萬曆乙卯（四十三年）本與此同本而不同板。至於坊刊十六卷本，十九卷本，首亦陳繼儒序，書題新刻史綱總會列國志傳，據孫先生云似從八卷本出。是孫先生於日本訪書之餘，又嘗比讎其他罕見之本書刻本，一一論列，撮述其版本源流，視爲無遺憾者也。度先生僅詳其版本，或未嘗詳覈其故事之內容；或以其小題春秋五霸七雄全像，遂未深究其卷一所載悉爲與封神演義，武王伐紂平話攸關之事。其實，第觀其目錄卷一諸條〔如蘇妲己驛堂被魅，雲中子進斬妖劍，西伯入商得雷震，西伯陷囚羑里，紂王立酒池肉林，西伯脫囚歸岐州，西伯建臺鑿沼，子牙避紂隱磻溪，子牙代武吉掩災，西伯侯初聘呂尚，西伯侯再聘子牙，子牙收服崇侯虎，武王子牙議伐商，子牙檄殷郊助敵，……不煩列舉。」，已可知此書之首卷正爲孫先生所謂『元本武王伐紂之後，萬曆間封神演義之前』過渡之同類小說。若更細讀其文字，比列其異同，辨析其故事先後之演變，或更足爲孫先生補苴罅漏。鄭西諦先生於所著中國俗文學史中，述及敦煌伍子胥變文，謂子胥於蘆中作法自護一事，大似封神傳姜尙爲武吉禳災卻捕故事，並謂武王伐紂書中已先有之；〔頁二五五〕於同書又叙及明刋本列國志傳，云寫伍員事極活躍；〔頁二五三〕然亦未嘗爲文指出封神演義與列國志傳兩書之淵源關係。孫、鄭諸作之初版迄今俱已二十餘年，重印者累，讀者千萬，亦皆維持舊貫，未能爲發一新義。或者過去中國小說史之研究尙以海內外所藏版本之著錄爲其主要工作，然則發揚恢張，盡厥所能就目前已獲之材料董理而利用之，是亦後學者之責也。

且據余所知，封神演義以前叙述靈怪及講史爲封神之所宗，其內容與列國志傳卷一相同者，尙有有商誌傳一書。余前撰毘沙門天王父子與中國小說之關係曾云：『孫〔子書〕先生在日本內閣文庫嘗覩稱爲鍾伯敬編輯馮夢龍鑒定之盤古至唐虞傳及有夏誌傳〔案，見日本東京所見中國小說書目，頁八十六，〕，而淸嘉慶十九年甲戌稽古堂梓夏商合傳本亦收有商誌傳全文，並見記於先生所輯之中國通俗小說書目〔卷二，頁二十三。〕。然其書之內容，先生或未暇分析也。有商誌傳此書迄今尙未見明本，予所讀之版本與孫先生所錄者同：其書內容第一卷六則自「湯王禱雨桑林野」至「季歷伐戎擒大夫」〔皆回目名。〕，與封神無關，姑置不論，然其第二至第四卷，與列國志傳卷一各則回目較，則除「西伯建臺鑿沼」一條外，大致相合，其文字或全同，或僅有一二字至數字之出入。至於內容叙述，亦與列國志傳卷一與封神演義有關者大體不殊，惟逐字細較，始偶見其詳畧。有商誌傳與列國志傳兩書之成書先後，余以今日所見淸嘉慶稽古堂刋本時代太晚，未敢質言。然以有夏誌傳之有明刋本藏於日本之情形觀之，余不敢斷然

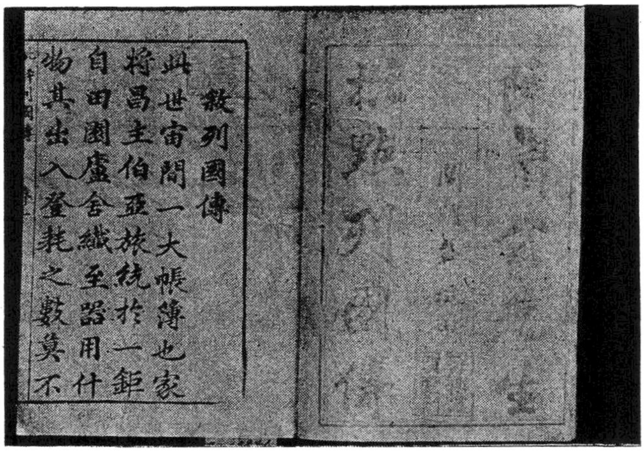

敘列國傳
興世宙間一大帳簿也家
將過主伯亞旅統於一鉅
自田園廬舍織至器用什
物其出入登耗之數莫不

圖五 明萬曆閶門龔紹山刊本陳眉公批評列國志傳，首爲陳繼儒(眉公)序。日本內閣文庫藏。

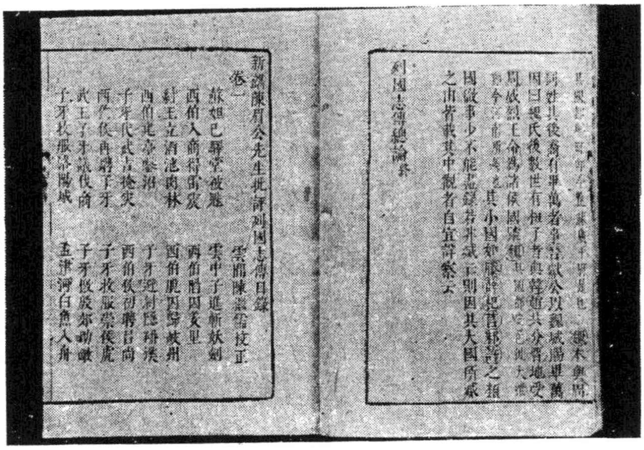

圖六 列國志傳(龔本)卷一之目次，每條相當於演義小說之一回。

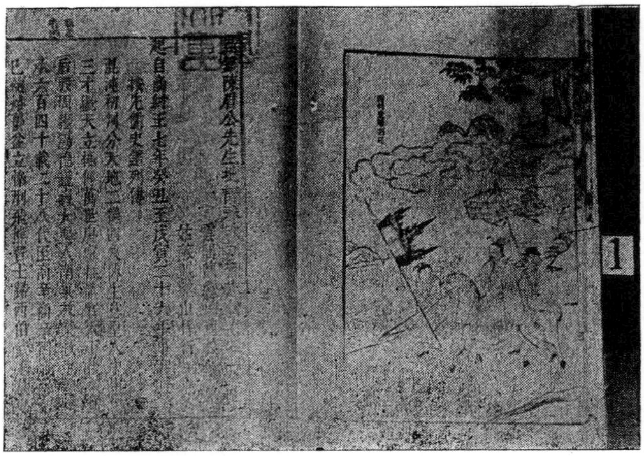

圖七
列國志傳卷一開首之長詩，此詩可共封神演義第一回之長詩相較。

謂此有商誌傳必無明本之可能也；余亦不敢因今所見列國志傳有商誌傳之本即使爲明刋，至多亦不出萬曆所刻，而封神作者之時代早於隆慶，遂謂志傳諸書可能爲其簡本，且必其當時無早於封神之志傳刻本，足爲封神作者鈔襲取鏡參考之所資，以完成其過渡性質應有之使命也。蓋書籍版本之先後，依其行格刻工板口紙質避諱而言，固自專門之學，原無可疑者；………且小說之有過渡性質皎然可信者，其承襲演變之迹，必有承先啓後之作用，與其前後之版本或著作俱有同異之處可以互較，而後吾人始能判然無疑。』〔新亞學報第三卷第二期，頁七十六。〕今玆仍本前旨，且以有商誌傳尚未發現明本，內容與列國志傳卷一多雷同，姑專以列國志傳卷一爲分析之中心，說明其承前啓後之重要性。

二

武王伐紂平話雖爲最早之有關封神而且成爲專書之平話故事，今日排印本已里衢通行，無須多引。畧舉其故事之見於封神演義而後者畧加增潤者，如紂王夢玉女授玉帶，〔平話卷上。〕至演義遂易爲紂王女媧宮進香〔第一回〕，而變玉女爲女媧；九尾狐換妲己神魂〔平話卷上。〕，演義第四回則爲恩州驛狐狸死妲己；平話卷上有終南山白水洞許文素進寶劍除妖，演義第五回乃以進劍除妖爲終南山煉氣士雲中子之事，雖然此雲中子之名原已見於平話卷上西伯侯取雷震子之後，而爲姬昌所見之一賢士；西伯吐子其肉成兔子見於平話卷中，亦見於演義第二十二回；趙公明本伐紂平話卷下紂王五員迎敵兵將之一，刼寨後誤食藥酒就擒，藥發命盡，演義第四十七至四十八回之趙公明故事與此截然不同，其情節視前者繁詭而熱鬧，且引起後來三姑計布黃河陣之局；平話卷中比干射中九尾狐狸，掘得狐窟內有百狐，爲妲己痛恨及計害比干之根由，演義第二十五至二十七回擴大其描寫，加工渲染，使更富小說格調；平話卷中至卷下之間自太公棄妻至武王拜太公爲將共五節，此五節之描寫在故事上與演義二十三、四兩回相嵌合，然演義所根據者似以依列國志傳爲更多，平話不過粗枝大葉而已；平話卷下有離婁師曠，前者爲千里眼，後者名順風耳，至演義九十回則爲子牙捉神荼鬱壘；平話卷下又有烏文畫，爲太公用火燒死於荆索谷，而演義九十一回又爲子牙火燒鄔文化；平話卷下武王面數紂王十條大過，而演義九十五回則爲子牙暴紂王十罪；凡此徵證，固皆可從而窺見演義秉承伐紂平話源流之痕迹。然吾人卽使非細讀演義而不過涉獵遺興者，瀏覽一過，亦知百回封神演義中，尤以第十二至十五回，第三十五至六十六回，第六十九至八十七回所叙述之情節幾佔全書百分之六十篇幅者，未能自平話中尋見其些微根原。此可證明伐紂平話並非封神演義之唯一根原。不祇此也，伐紂平話中約三分之二人物，亦從未在封神演義中出現，而演義中自首至尾數十萬言中吾人復未能覓得一全句指出其爲承襲自伐紂平話而未加絲毫變動。更就兩書中之文筆格調，細細觀之，吾人所獲得之大致結論必爲二書中雖有若干段故事之骨幹兩兩相同，然而其筆致則一簡一繁，其構思則後難前易，封神之寫作在質量方面均超勝伐紂平話奚翅數倍。

然則在伐紂平話以後，現存最早刻本封神演義之前，自有爲吾人發現某種承襲前書而開啓後著之過渡性作品之可能。伐紂平話刻於元至治間，而舒載陽刻本封神演義之出現當遲在明末，約爲明熹宗天啓間。〔一六二一—二七年。〕舒本封神標題鍾伯敬先生批評，據孫子書先生云鍾惺『以天啓初任福建提學副使，癸亥丁憂，爲南居益所劾，坐廢於家，始選詩歸及評左傳史記諸書，盛行於時，不脛而走。』〔日本東京所見中國小說書目，頁一四七。〕癸亥爲天啓三年〔一六二三。〕。據古今圖書集成神異典卷一二二所引江寧府志金剛經塔條，言塔在天界寺，欄楯所刻佛字皆鍾惺所書，惺自紀碑末云此刻石塔經爲天啓辛酉〔一六二一。〕所自書，係因病中夢若有人教持金剛經。其批評封神演義，亦當在此數年。蓋此時伯敬已皈依釋教，而封神則釋道雜糅之籍，書賈利其聲名以資牟利耳。而在此舒刻本封神演義梓行之前，據前文所述，已早有列國志傳之刋行。今日吾人所僅見之志傳刻本，不論八卷本或十二卷本，皆萬曆刻本。封神演義之編著，過去據余之綜合考據，當在嘉靖間〔王湘綺日記光緒十九年正月廿日舉書中有狼筅，可謂一證；狼筅之法見紀效新書卷十一。」，辭繁今姑不備述，然列國志傳卷一之大部分實爲封神演義之前身，則讀者於讀本文後當可知其確切無疑。余象斗於萬曆時重刻志傳，每卷題『後學畏齋余邵魚編集』，『書林文台余象斗評釋』〔萬曆丙午（三十四年）三台館余象斗重刊本〕；邵魚乃象斗呼爲先族叔翁者，故孫先生推測其爲嘉、隆時人。其實若就列國志傳之材料本身言之，其內容亦頗凌雜堆疊，邵魚之所謂『編集』，此兩字之意義在明代書林之想法絕無吾人今日之嚴格認真，祇須內容大體無殊前製，畧加訂正，已可將過去無名氏甚或他人之舊刻擅加己名而梓行而露布，無虞他人之追究。卽以此同一余氏三台館刋行之其他書籍論之，日本宮內省圖書寮所藏三台館刋本新刋按鑑演義全像唐國志傳，〔八卷。日本東京所見中國小說書目，頁五十五。〕實與更早之嘉靖三十二年楊氏清江堂刋本新刋參采史鑑唐書志傳通俗演義〔亦八卷；參看前引書，頁五十三，書藏日本內閣文庫。〕爲一書，竟於書中字句涉及舊刻著作人〔或原著人。〕熊鍾谷名字之處删去原名，而於第一卷改題『紅雪山人余應鰲編次』，居之不疑；然以删裂偶有罅漏，鍾谷之名仍僅見於卷一第七則，遂爲孫先生發其覆。由此觀之，列國志傳之較早刻本雖爲吾人今日所不及見，在嘉、隆時或更早以前業已流行，爰爲封神演義作者所取資。此種推論，證以本篇下文之考據，實不僅可能，或乃唯一可靠之真相耳。

本文所引述之列國志傳，爲現藏日本內閣文庫之明龔紹山梓本十二卷本。其書既稱陳眉公批點，故首爲陳繼儒之『敘列國傳』〔題萬曆乙夘仲秋，卽萬曆四十三年，一六一五。〕，次爲『列國源流總論』，次爲各卷目錄，次爲挿圖每面一幅，每卷前附圖五葉。第一卷目錄諸條前文已畧引及，本篇並附錄所引證各點在原卷之書影〔注二〕，此處自無庸贅疣。惟吾人所擬比較者，在指出其中有何部分與伐紂平話相似，而其餘又若干部分雖與伐紂平話無關，卻爲後來編撰封神演義所取資。至於志傳之撰寫〔至少此卷一部分。〕必然在封神演義之前，則不僅在體製言之，志傳粗疏而演義精細，能就前人故事之輪廓運以豐富之想像力與辭藻而加以擴大，尤以演義有時襲用志傳卷一之文字，或成句或整段，或鈔用原有之詩詞，惟以其編撰者爲較高之文士，於移易一二字之間，於文則使之漸趨雅馴，於詩更使其貼韻，有時一字之微，令人頓見其才華飄逸不羣之處，此則就文章修辭言之，亦必晚出者爲工矣。

列國志傳卷一之故事，自亦有自武王伐紂平話承襲者。然此若干部分，封神之作者多加割愛，或勉强沿襲，往往曲折點畫，務使其除一二微痕外盡函掩舊迹，俾讀者視己書爲獨特之創作。茲姑先將志傳卷一『太公遺計收五將』『紂王拜將征西』〔第十七、十八條〕各情節撮錄於左，以實吾說：

（一）太公大軍將渡孟津。費仲在紂王前舉殿前左衞龍驤將軍鍾士才、右衞龍驤將軍史元格、中軍都護姚文亮，中軍指揮使劉公遠，殿前中衞都指揮使趙公明領兵迎敵，以趙公明爲都督　，親率大兵二十萬抵孟津河邊下寨。次日，兩軍初戰，不分勝負，趙公明乃移寨屯於戰船上。某夕，趙公明令史元格，鍾士元，姚文亮登岸劫寨，撞入空寨，惟有『杯盂盤饌，飲酒堆筵』。三將食後，『嘔心噴血，如醉如痴，顚倒不知人事，盡被西兵綁縛』。太公令降卒詐報趙公明劉公遠來接應，趙等墮其計亦被擒。此節故事全襲自武王伐紂平話卷下，僅一處不同，則志傳中趙爲主將，故與劉公遠同留船上，而平話中五人之地位無別，故劫寨者爲趙、姚、劉三人，史、鍾二人留守。〔伐紂平話史元革，志傳易革爲格字，不過小異。〕

（二）志傳卷一原文云：『太公排下五營，名作五武寨：第一營正先鋒南宮括，屯下廣武寨〔伐紂平話卷下則：『第一、廣武寨、教文建、許寂下。』〕第二營左翼將軍祁宏屯下　，名陽武寨〔平話則：『第三、揚武寨，教周公旦、祁宏下。』〔陽字作揚。〕。第三營右翼將軍高毀屯下，名武德寨〔平話則：『第三、武德寨，教畢公皐，南宮列下。』〕。第四營左翼保駕將軍南宮列屯下，名武涉寨〔平話則：『第四、武勝寨，教太公，南宮适下。』涉字作勝。〕。第五營右翼保駕將軍散宜生屯下，名修武寨〔平話則：『第五、修武寨，召公奭，宏夭，殷交，武王下。』〕。此節中各寨名及一部分將官名志傳與伐紂平話多相同，惟揚武變爲陽武，於義未安，或乃刋刻形近之訛；又武涉寨似亦不及武勝之的當。然志傳之編集雖係承襲伐紂平話故事，或僅由口耳相傳，或者傳寫訛誤，或則梓行固有多種板本而吾人所見之建安虞氏刋本不過其一，未必卽志傳最早編集人所見之伐紂平話也。

（三）志傳卷一又云：『紂王依其〔費仲。〕所奏，封〔崇〕應彪爲征西大將軍，以彭舉爲先鋒，彭矯、彭執副之，以薛延陀、申屠豹爲左右翼，大發精兵，卽出朝歌以拒西兵。』試檢伐紂平話，亦見此節，惟大將爲崇侯虎，副將爲薛延陀，蔚遲桓，要來攻，申屠豹，戌庚；更以彭舉、彭矯、彭執三人爲先鋒將。要來攻、蔚遲桓、戌庚三將，除蔚遲〔當係尉遲一姓爲說話人傳寫之譌。〕外，其名皆不雅馴，故志傳刪割之。崇應彪爲崇侯虎之子，伐紂平話所未道，然於志傳中〔子牙收服崇侯虎一條。〕侯虎已被殺，而應彪仍被釋立爲其後，故志傳之編著者如此安排，計亦良得。〔封神演義第二十八回文王領兵伐崇侯，又裝點揑合產生許多情節：侯虎爲其弟崇黑虎所擒，子牙令斬侯虎應彪父子，周文王以從未見人首級，至此而驚駭得病，轉生出以下托孤之曲折，是皆志傳及伐紂平話所不及知者也。由簡入繁，叙事則波瀾頻生，文字則洋洋灑灑，然則演義之所襲自志傳者，不過故事最原始之輪廓，及侯虎父子之名字而已。〕

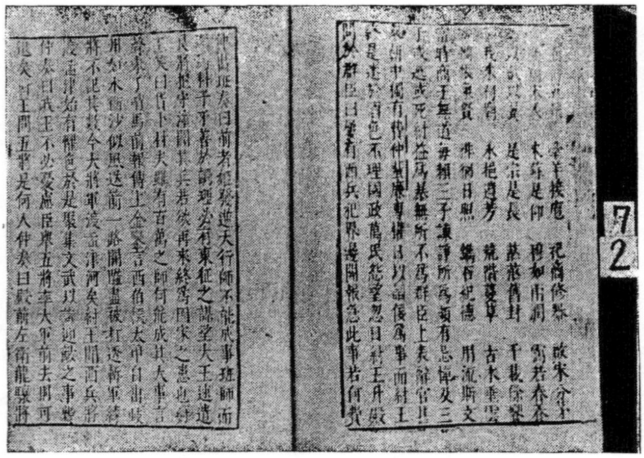

圖八 列國志傳費仲保鍾士才等五將，令趙公明爲都督，前往孟津。

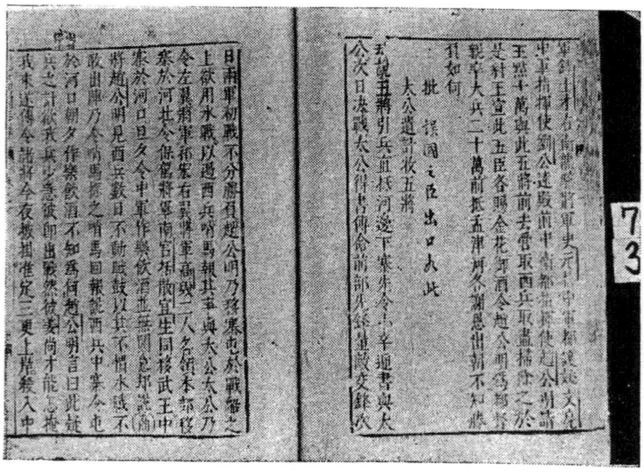

圖九至圖十 列國志傳太公遣計收五將條。

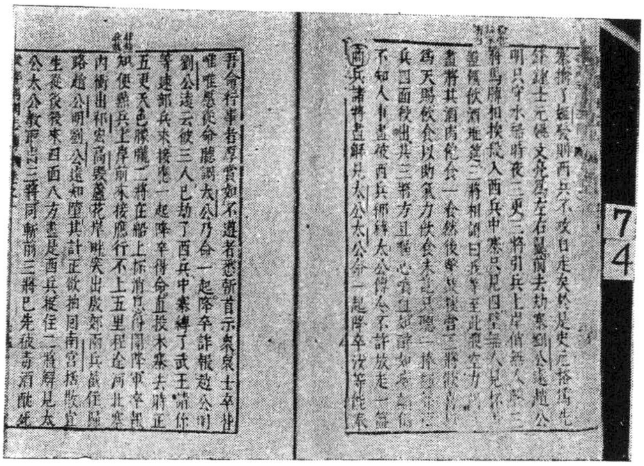

圖十（續前）

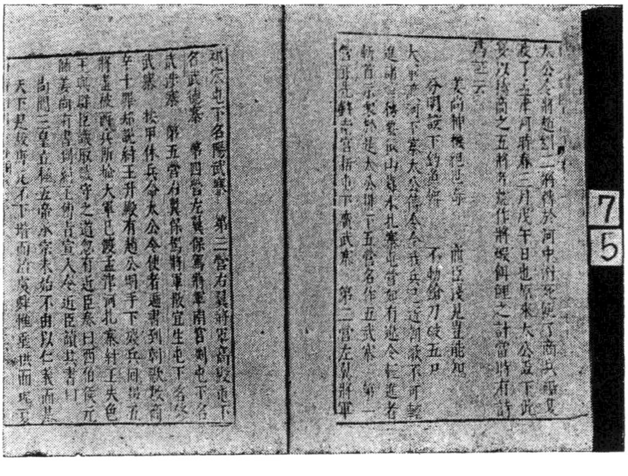

圖十一　列國志傳，太公排下五武寨。

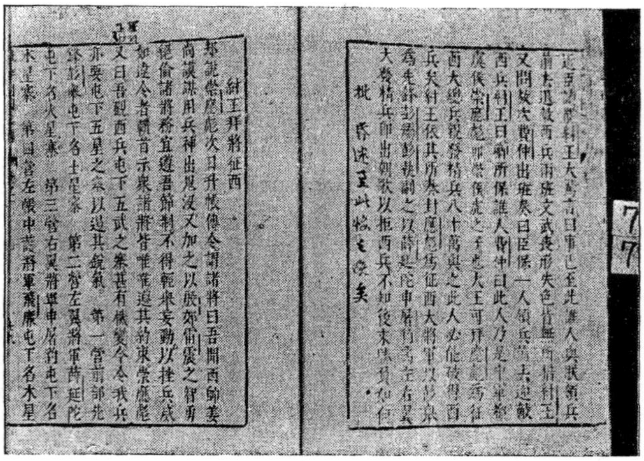

圖十二　列國志傳，崇應彪屯下五星之寨。

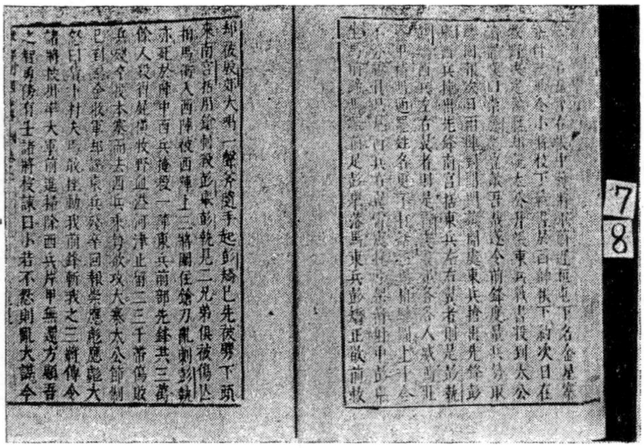

圖十三　列國志傳，彭嬌，彭舉，彭執三人之戰死。

（四）志傳之襲伐紂平話，因割裂偶有不愼，而露其迹者，如志傳崇應彪觀西兵屯下五武之寨，亦自屯五星之寨以過對方之銳氣，其寨爲：『第一營前部先鋒彭舉屯下，名土星寨。第二營左翼將軍薛延陀屯下，名火星寨。第三營右翼將軍申屠豹屯下，名水星寨。第四營左帳中護將軍飛廉屯下 ， 名木星寨。第五營右帳中護將軍蔚遲桓屯下，名金星寨。』此處各寨名及守將皆與伐紂平話無殊，惟蔚遲桓在平話中原爲隨崇侯虎出征副將之一 ，自堪所任，而志傳中應彪所統率者，本無蔚遲桓，在前文中蔚遲亦從未出現，惟於此處以全部襲取平話情節之故，而使蔚遲之名如電光石火之突現，其有裨於後人之考據者爲滋厚矣。

（五）伐紂平話中，彭舉，彭嬌，彭執三將皆爲殷交一陣所殺〔卷下。〕。志傳則兩軍陣前，彭舉爲雷震之箭射中坐騎落馬，彭嬌往救，爲殷郊用斧劈死，南宮括再以鎗刺殺彭舉。彭執則爲雷震，殷郊，南宮括三將圍住，亦死於陣中。

（六）伐紂平話〔卷下。〕中，崇侯虎識太公所布之陣名五武陣，取五將爲陣，『名五虎陣，靠山河。』侯虎於衝陣之際，心迷慌急，爲衆將擒住，不屈而死。志傳中則應彪於陣前亦指出太公『五武之寨，乃按五虎靠山之勢』。及衝陣，衆將一齊殺出，活捉應彪見太公，太公數其罪而斬之。

（七）伐紂平話云：『飛廉領兵出陣索戰，……被太公鞭梢指點，衆將挪身，把陣變爲八卦陣，……困了飛廉。……太公……叱喝後軍，後軍聽得齊臨，捉住飛廉，擁見太公，太公教斬了。』〔卷下。〕志傳則『飛廉……拍馬衝入本陣，太公又指麾諸將，將五陣擺布八卦之陣。飛廉入陣，心荒膽落，忘其歸路，又被殷郊捉送太公，太公命推出斬之。』

以上諸例，足以說明志傳之成，依傍於伐紂平話者甚大，然各例中除一二人名外〔如趙公明，殷郊，飛廉，崇應彪。〕，其情節幾與封神演義毫無關係。以下吾人將舉他例，於此諸例中，志傳之故事人物情節固上襲自伐紂平話，又爲封神演義所容納，惟演義之編著者僅視之爲故事之素材，大爲渲染加工，有時使原有之布局，橫遭更變，或作者另創新局，則原具之胚胎所存留者不過蛛絲馬迹而已：

此類情形之一例，爲雷震子之歸周。此事不論在伐紂平話〔卷下，破紂王城前一段文字。〕或志傳〔武王與子牙議伐商辛條。〕均繫之甚遲，然封神演義則早至第四十三回，聞太師征伐西岐之際，雲中子已遣雷震子下山，云『徒弟，你可往西岐去見你兄武王姬發，便可謁見你師叔姜子牙，助他伐紂，你可立功，速去！』蓋演義之編著者於其沿襲志傳所已有之各角色，多另作極繁衍生動之描繪與更多之情節，故雷震子不得不早出，以與聞太師四將中另一生翅人辛環對敵，不能如伐紂平話或志傳，俟至六十七回子牙金臺拜將後也。

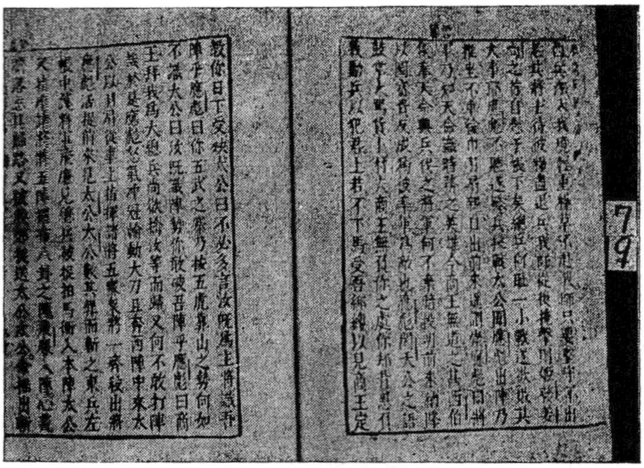

圖十四　列國志傳，崇應彪與太公對陣及被捉，飛廉之被擒。

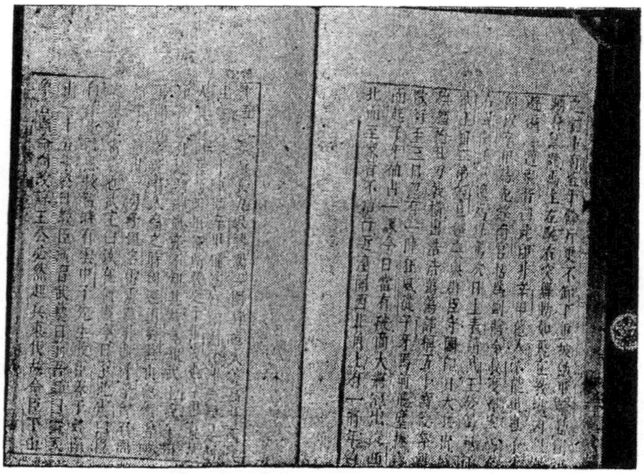

圖十五　列國志傳，雷震子奉師命下山投武王。

類此之另一例爲烏文畫之故事。不論平話〔卷下。〕或志傳〔子牙收拾洛陽城條。〕，此主角之名皆用『畫』字，而其被焚死之地，皆爲荆索谷。封神之編著者易烏文畫之名爲鄔文化，使其更近似後世之通俗人名，又易其被燒之地爲蟠龍嶺，亦使其易曉〔第九十一回。〕。

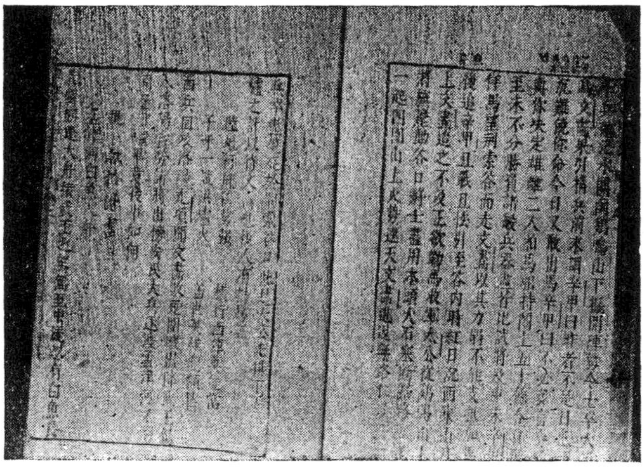

圖十六 列國志傳，烏文畫被焚荆索谷。

方相之故事，又視前者爲複雜。在平話及志傳中，方相皆爲紂將。平話云交戰之際，方相用畫戟待刺武王，見『金龍護體，紫氣籠身』〔卷下。〕，遂躍馬棄戟乞降，武王封爲開路引駕大將軍。志傳〔紂王拜將征西〕則方相『手中長鎗望武王背後一刺，紅光燦爛，八爪金龍出現遮住武王車駕，……方相措手不及，被衆將活捉來見武王，武王欲釋其罪，太公不可，命推出斬之。』兩節相較，故事之前段相近，而結局已不相同。封神演義中，方相乃方弼之弟，二人俱在紂朝中官鎮殿大將軍〔第八回。〕。此鎮殿將軍之名，相當於明人傳奇如徐元八義記〔第十九齣〕中之『直殿將軍』，王玉峯焚香記〔第十齣〕中之『一對直殿將軍』，乃當時人觀念中之通稱。其實，方相氏本見周禮夏官司馬，『掌蒙熊皮，黃金四目，……以索室毆疫。』〔沿見於續漢書五，禮儀志中；隋書卷八，禮儀三；新唐書卷十六，禮樂六之類。〕鄭注云『如今魌頭也』，用以驚毆疫癘之鬼，故其頭必醜，而體亦長大。歷若干世之後，方相之原義不彰，遂漸成爲民間喪禮之引路神。據劉元卿賢奕編〔卷四，寶顏堂秘笈。〕，則以其引路之關係，故初稱『阡陌將軍』，又稱『險道神』，義皆甚明。及訛『險』字爲『險』而成『險道神』，始不易索解。〔古今小說卷三十八，任孝子烈性爲神有句云：「險道神脫了衣服，這場話非同小可。」〕金瓶梅詞話第六十五回西門慶妾出喪，此險道神又有開路神之稱。封神第八回方弼方相同情殷郊殷洪二太子之寃，背負二人逃出朝歌，『那方弼身長三丈六尺，方相身長三丈四尺』，無人敢加阻攔；其形身固猶開路神之遺也。至第四十五回，兄弟流落黃河渡口，恃其『大力無窮』，勒索渡資，又搶去散宜生借得之定風珠，幸爲黃飛虎刼回，始同歸順武王。演義中方相之故事視志傳或伐紂平話蓋不止改寫，實另具線索脈絡，開闔起承，俱非舊文所能局限者矣。

殷郊之故事，亦可注意。平話卷上先有『太子金盞打妲己』，『胡嵩刼法場救太子』，『殷郊夢神賜破紂

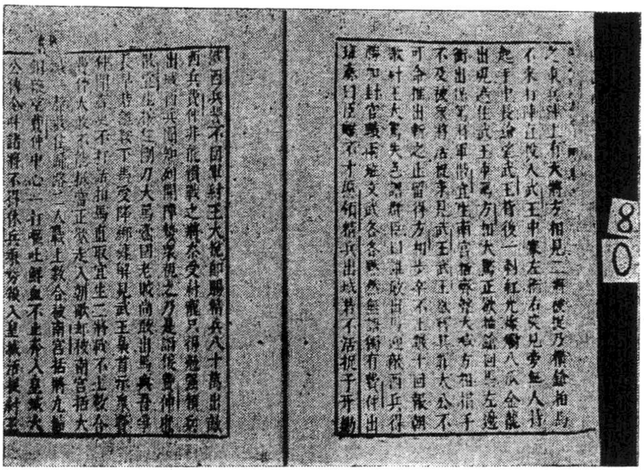

圖十七
列國志傳，方相急刺武王，武王有八爪金龍遮住。

斧』諸條，直叙至『太子前到潼關，便入華山中聚兵，一心待破無道之君。』至平話卷中，姬昌逃返岐州途中，後有彭矯弟兄三人追兵，又爲殷交所救；至卷下，『太公進兵至潼關近，下寨，令一小將送一封書與關主姜國舅。……姜顯看了此書，連豎降旗，獻潼關與大公。』其後不久，太子殷交又來降。平話卷中曾述及姜尚逃走過潼關時，往見關主姜國舅，具說紂王無道，國舅聞言悲吁，釋姜尚過關，尚至華州，復被數千強人所捉，推見太子，尚與太子殷交相約，更待數年，同往破紂，故卷下太公進軍時殷交來降，自言『昔日與太公約期信』。然平話之故事爲說話人所草創，前後時病脫節，其驅遣人物也，忽焉而來，戛然而止，〔例如卷中胡嵩忽不見太子殷交，急辭姬昌尋太子去，其後太子即不見下落，而下文忽言在華州。〕亦往往無法細勘。志傳於此部分故事，大體上秉承伐紂平話之骨幹，而加以較合理之鋪排。例如殷郊諫父，紂王聽妲己言令鎚死殷郊，〔紂王作酒池肉林條。〕爲比干諫止，紂王『令謫

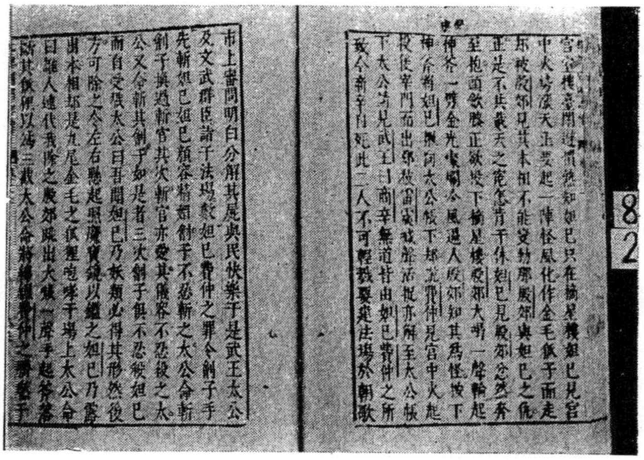
中大喊殺天王要起一陣怪風化作金毛飯子而走
乐被殷郊見其本相不能变動那殷郊與妲己之佩
正是不共戴天之雠急寄于休妲己見殷郊忽然奔
至抱面欲勝正欲從下摘星樓殷郊大喝一聲輪起
神斧一劈金光燭令風退人殷郊知其爲怪按下
神斧將妲己擒詞太公帳下却說費仲見宮中火起
殷使辛門而出郊被雷震被綁亦解至太公帳
下太公遂見武王曰商辛無道皆由妲己費仲之所
致今商辛自死此二人不可輕殺要建法場於朝歌
市上審問明白分解其屍與民快樂于是武王太公
及文武群臣請于法場數妲己費仲之罪令劊子手
先斬妲己妲己顏容精妲劊手不忍斬之太公命斬
劊子換過斬官共次斬官亦愛其儀容不忍殺之太
公又令斬其劊子如是者三次劊子俱不忍殺妲己
而自受誅太公曰吾聞妲己乃妖類必得其形然後
方可除之令左右懸起照魔寶鏡以鑑之妲己乃露
出本相却是九尾金毛之狐狸忽啼于場上太公命
曰誰人遞代我除之殷郊應出大喊一聲手起斧落
斷其狐狸以為三截

圖十八　列國志傳，殷郊在摘星樓生擒妲己，及妲己正法時殷郊用斧除之。

太子與姜文煥共守潼關。』其後子牙欲投岐州，過潼關下，見老幼二千餘人悲號不得進關，子牙又往說殷郊，郊終於啓關放此流民，並聽子牙之言『暫守潼關，俟待有兵東伐，會兵助陣。』〔姜子牙避紂隱磻溪條。〕至下文，〔子牙檄降殷郊助敵條。〕子牙兵至潼關，修書招降，殷郊『即日同姜文煥收拾本關軍冊糧簿，直詣子牙。』至於全書之末，則不論平話抑志傳，妲己之被擒及斬妲己皆爲殷郊之事，所以報殺母之讎。然在封神演義中，殷郊之故事經編著者再三加工，變化繁衍，即以字數言之已迥非舊著所能比侔。封神除述姜皇后死節事舖叙堂皇外，第九回中叙殷郊殷洪兩人被擒獲，將在午門正法，幸爲赤精子廣成子飭黃巾力士駕起神風，『只見播土揚塵，飛沙走石，地暗天昏，一聲響亮，如崩開華岳，折倒泰山，嚇得圍宿三軍，執刀士卒，監斬殷破敗用衣掩面，抱頭鼠竄。及至風息無聲，二位殿下不知何往，踪跡全無。嚇得殷破敗魂不附體，異事非常。』此已獨標其異；而廣成子於其洞府中，傳藝殷郊之餘，又使其生成三頭六臂，面如藍靛，髮似硃砂，上下獠牙，多生一目，復贈以番天印落魂鐘雌雄劍等法器，使郊下山助周滅紂，與弔民伐罪之師。不料郊於半途遇騎虎之道人申公豹，唆其反周助商，違悖師訓，終遭犂鋤之慘〔封神演義第六十三—六十五回。〕，以故事之結構，個性之描寫，篇幅之擴大，對話之自然生動，心理之刻劃入微言之，封神實吸取以往諸舊作之精華而摶合之而藻飾之，益以編著者個人之想像與組織，此其成功所以遠勝以前之平話及志傳，面目一新者耶。

三

以上所引若干證據，多少已足以說明封神演義之編成，不無依傍列國志傳卷一之處；惟吾人若不能從其文字中舉出若干行段細節，指實其爲演義自志傳直接抄襲而來者，則二者間之血緣關係仍不顯明。幸愚將兩書疑似有關各處逐字對勘之後，發現謂此演義之一部分文字係承襲志傳而來之假設，已可完全證實。本節下文畧分爲兩部分：其第一部分，愚擬將兩書中之一部分詩詞詳作比較；其第二部分，則愚擬將其他詩詞或詩詞以外之證據，撮要條列，以節省本文之篇幅，俟將來列國志傳全書有影寫本問世時，學者按圖索驥，更可以細覈愚說之非謬矣。

封神演義百回本之第一回，開始爲古風一篇，此舊小說之慣套也。其起句云：

混沌初分盤古先，

太極兩儀四象懸。

列國志傳卷一，開首亦爲長詩，其首二句云：

混沌初判分天地，

二儀四象傳生意。〔參看揷圖七。〕

此兩者已極肖似矣，然愚當供給更直接之證據。

封神演義第六回，雲中子知木劍焚毀，妖氛未除，『取文房四寶留筆跡在司天臺杜太師照牆上。』

詩曰：

妖氛穢亂宮庭　聖德播揚西土

要知血染朝歌　戊午歲中甲子〔「戊午歲中甲子」一句又見第十一回，姬伯荅費仲問，當非訛誤。〕

此廿四字原文，亦載志傳〔雲中子進斬妖劍條。〕中，惟『染』字原作『浸』，『戊午』原作『戊寅』。

演義第十一回，姬昌在羑里『閒居無事，把伏羲八卦反復推明，變成六十四卦，中分三百六十爻象；守分安居，全無怨主之心，後人有詩贊曰』：

七載艱難羑里城　卦爻一一變分明

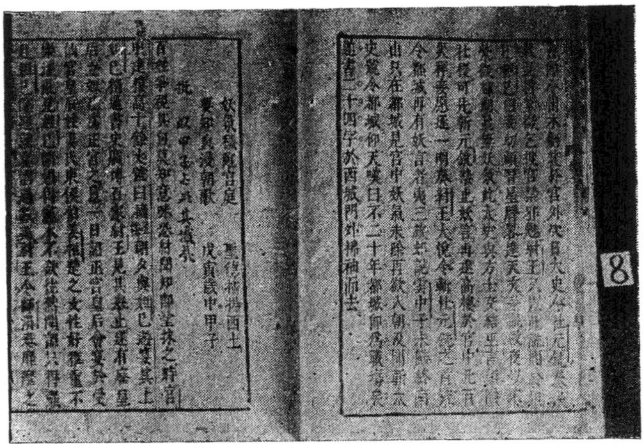

妖氛穢亂宮庭　聖德播揚西土
要知血浸朝歌　戊寅歲中甲子

圖十九 列國志傳，雲中子在都門外題二十四字詩句。

玄機參透先天秘　萬古流傳大聖名

此處所謂『後人有詩』云云，實亦見於志傳〔西伯侯陷囚羑里城條。〕，爲『宋賢道原劉先生有詩云』，而文字稍有變化。次句『變』字志傳原文作『辨』。第三句『參透』原文作『打透』，似以封神改本較好，『參透』乃佛書道書習見之術語也。末句封神作『萬古流傳大聖名』，在用韻方面亦勝志傳原句『萬古傳名號聖人』，因『名』『明

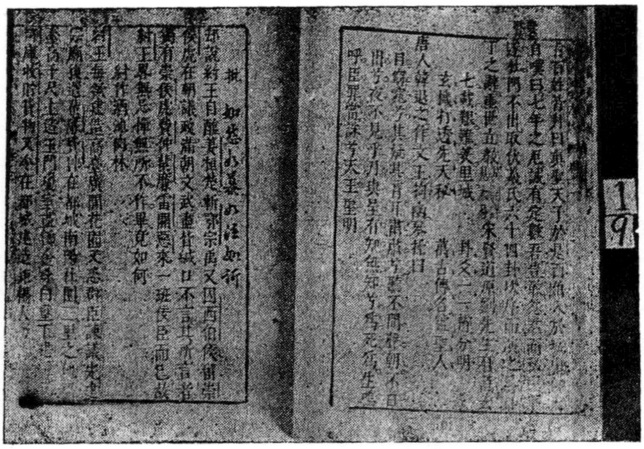

圖二十　列國志傳，宋賢道原劉先生有詩云。

」同隸八庚，而『人』係十一真，下平與上平聲相押不若同部之易協也。

演義卷十九回，伯邑考在紂王及妲己前『坐地，就于膝上撫弄一曲』，詞曰：

明君作兮布德行仁，未聞忍心兮重斂煩刑。炮烙熾兮筋骨粉，蠆盆慘兮肺腑驚。萬姓精血，竟入酒海。四方膏脂，盡懸肉林。機杼空兮鹿臺才滿，犂鋤折兮鉅橋粟盈。我愿明君兮去讒逐淫，振刷綱紀兮天下太平。

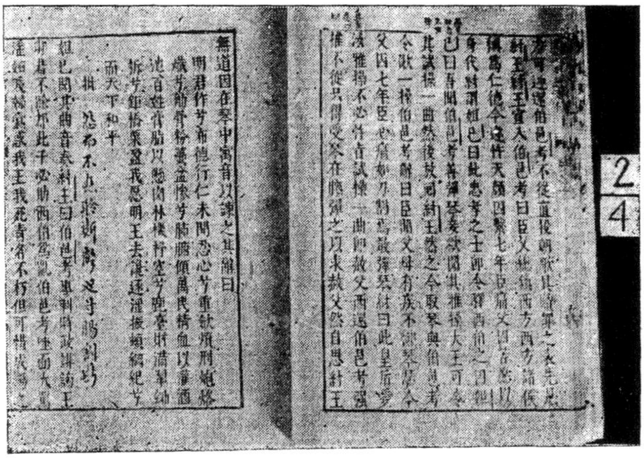

圖廿一 列**國**志傳，伯邑考彈琴。

此詩亦見志傳〔西伯脫囚歸岐州條。〕。惟志傳原句之『肺腑傾』，封神之編著者易爲『肺腑驚』，『驚』字較『傾』爲合理。第五句原作『萬民精血』，封神易『民』爲『姓』，又易原句『以灌酒池』爲『竟入酒海』，『百姓膏脂』爲『四方膏脂』，『以懸』爲『盡懸』。原句『鹿臺財滿』，封神易『財』爲『才』；『犂鋤拆兮』，封神易『拆』爲『折』，或出刋刻訛誤。原句『我愿明王』，封神易爲『我愿明君』下加一『兮』字。末句封神又易『振頓』爲『振刷』，易『和平』爲『太平』而去一『而』字，更動皆非甚大。

演義第二十回，姬伯在羑里撫琴，絃有殺聲，占課知伯邑考已遭碎身之禍，『含悲忍淚不敢出聲，作詩歎曰』：

詩曰

孤身抱忠義　萬里探親災　未入羑里城　先登殷紂臺
撫琴除妖婦　頃刻怒心摧　可惜青年客　魂遊切運灰

此詩在志傳中與上節所引同出一條〔此處所謂「條」，相當於小說演變更進一步後之回目。〕。『抱忠義』於志傳原作爲『西出岐』，第四句『殷紂』原作爲『紂王』，第七句『客』字原句作『傑』。第五句『撫琴除妖婦』原爲『辭琴孝志在』，因志傳故事中並無如封神演義〔第十九回。〕妲己挑逗伯邑考等情節，而演義有之，爲貼合事迹計，演義中亦不得不稍予改潤也。第六句原句『擊王』，演義中易爲『頃刻』，亦本斯旨。末句原文『化爲異國灰』，封神易之爲『魂遊切運灰』。又此詩志傳稱『後有人詩哀曰』，封神則爲姬昌所自吟，凡此改動，度皆信手拈來，以盡行文得心應手之妙，未必有何特殊意義也。

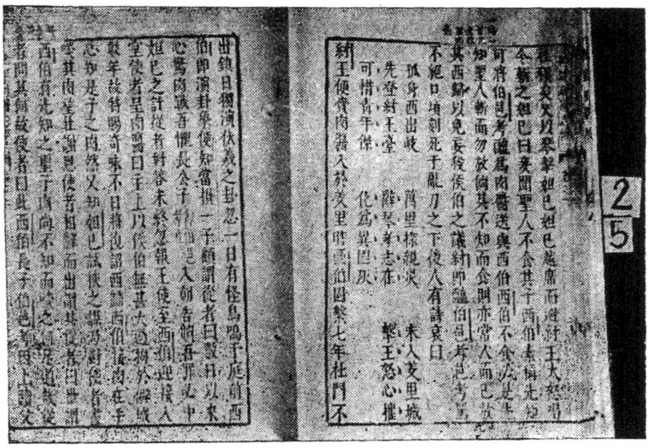

圖廿二 列國志傳，後人有詩哀伯邑考之死。

以下為節省篇幅計，謹逐條撮要列述，俾讀者先明兩書關係之大凡。〔而非每條皆舉列國志傳原文影印以資比勘。〕然讀者第就愚所列舉，固已可以瞭然胸中指出志傳一書之過渡性質，並歎贊封神演義編撰者改寫時加工之精細與匠心之獨構矣：

（1）封神演義第七回有妲己之宮娥鮌捐輕敲檀板，伴妲己歌舞。此鮌捐在志傳〔雲中子進斬妖劍條。〕原爲紂之嬖臣師涓，紂王令『師涓歌彈，妲己嬌舞。』〔韓非子十過，史記殷本紀，論衡紀妖，訂鬼篇所紀，乃師涓一名之原由。涓爲衛靈公樂官，靈公將之晉，於濮水上夜聞琴聲而左右弗聞，狀似鬼神，因召師涓聽而寫之。此鬼樂師乃紂時之師延，與紂爲靡靡之音者也，紂死，延東走，抱其樂器自投濮水死，見楚辭九歎離世注。在平話小說中，師涓尚不失爲嬖臣，演義遂竟變爲鮌捐，且爲女子矣。〕

（2）演義第十回，雲中子至燕山，爲『尋訪將星』（雷震子）。志傳〔西伯入商得雷震條。〕亦云『今觀將星落在燕山之西，故徒步以詢所在。』然伐紂平話中，不見『將星』一詞。

（3）演義第五回，雲中子乃終南山玉柱洞煉氣士，以所削之松木劍獻與紂王。志傳〔參閱前文。〕則雲中子爲終南山煉氣之士，〔無洞府之名。〕所削係枯柏木劍。在伐紂平話中，雲中子爲一賢士，亦無山名洞府，嘗與姬昌共話雷震子之前途；〔卷上。〕然非進劍之人。向紂王進劍者『姓許名文素，臣出家住於終南山白水洞』，所進之劍爲寶劍。

（4）演義第十一回，姜皇后之父姜桓楚被『巨釘釘其手足，亂刀碎剁，名曰醢尸。』志傳〔西伯侯陷囚羑里城條。〕中，『紂卽令醢桓楚爲肉醬』。伐紂平話卷一，有東伯侯姜桓楚之名，爲八伯諸侯之一，然無醢尸等事實。

（5）演義第十一回，姬昌於紂王前演金錢卦，明日太廟火災，應在午時。志傳〔西伯陷囚羑里城條。〕則『姬昌袖傳一課曰：『以臣占之，今日酉時成湯宗廟當有火災。』伐紂平話〔卷上。〕中姬昌未言太廟起火，僅預示風災及『廟中泥人奔走，泥馬嘶聲』。

（6）演義第十七回，妲己歌舞，『內有七十餘名宮人，俱不喝采，眼下且有淚痕。妲己看見，停住歌舞，查是那七十餘名宮人，原是那一宮的 。……查得原是中宮姜娘娘侍御宮人。』志傳〔紂作酒池肉林條。〕情節相同，且恰爲『宮中嬪御七十二人』。伐紂平話〔卷上〕造蠆盆前，僅云『姜皇后宮中宮人，倚着正宮名下，見子童無禮，』更未提宮人數目。

（7）演義第二十二回，文王思念長子伯邑考醢屍之苦，及在羑里自啖子肉，痛至昏跌，及救醒，『漸漸重樓〔案，重樓係道教名詞。封神之最後編撰人爲陸西星，明嘉靖至萬曆間道士，萬曆辛丑（二十九年）陸年八十二，見所著楞嚴述旨自序，收日本續大藏經。〕中一聲響，吐出一塊肉羹，那肉餅就地上一滾 ，生出四足，長上兩耳，望西跑去了。連吐三次，三個兔兒走了。』伐紂平話中〔卷中。〕，『姬昌上馬……出羑里城半舍之地，姬昌下馬用手探之，物吐在地，其肉盡化爲兔兒』。〔前漢書平話卷中，呂后命高祖以彭越之肉作羹送與英布，英布食後聞悉，「急將手指於口內，探出食物，吐之江中，盡化爲螃蟹」，與此處故事蓋爲同出一源之衍化。〕惟列國志傳中，不見此吐子故事。

（8）演義同回中，文王返西岐後，散宜生南宮适二人勸起兵。 志傳〔西伯侯脫囚歸岐州條。〕中勸其『舉西岐之衆，打入朝歌，與民除害』者爲將軍辛甲。伐紂平話中則無此情節。

（9）演義第二十三回，文王闢沼池時，『一時挑挖，內中挑出一付枯骨，……文王急傳旨命衆人將枯骨取來放在一處，用櫃盛之，埋于高阜之地。』志傳〔西伯侯建臺鑿沼條。〕則西伯『命裹其骨，改葬他所。』但伐紂平話中，則無此段情節。

（10）列國志傳〔西伯侯建臺鑿沼條。〕於文王葬枯骨之後 ，續云：『時虞芮二國百姓相爭界上之田 ，積年不決。虞侯乃遺書與芮侯曰：『我等有此疑獄，難以判決。當今西伯乃仁人君子，澤及枯骨，西方鰥寡孤獨不至失所，若不朝西伯，則不明決，敢約大駕，相期西入。』芮侯得書，忻然便與從者會虞侯……』，終至雙方互讓，所爭之田相推不已，遂讓爲閒田。此段情節，伐紂平話及封神演義皆不載。但演義第八十五回有鄧，芮二侯〔名鄧昆，芮吉。〕奉紂命赴臨潼關協守，務退周兵；結果兩侯商議，獻關歸周。此兩侯當係由志傳虞，芮二侯所衍化。

（11）封神演義第十六回，子牙曾以雷法，『壓星收妖』。二十五回，又『披髮仗劍，踏罡布斗，掐訣結印，隨與武吉壓星。』志傳〔子牙代武吉掩災條。〕稱姜尚『即在石室，布一掩星局，縛一草人置于局中，燃燈一盞于腳下，尚即在石室，足密演神咒，口含清水，噴滅其燈，左手望西伯一招，牽起黑雲，掩卻武吉之辰。』是此種作法，得有專名，而伐紂平話中尚無之。

（12）演義第二十三回，文王夜夢『一隻白額猛虎脇生雙翼，望帳中撲來』，次日散宜生爲之詳夢，云夢虎生翼者乃熊也，爲大吉兆。志傳〔西伯侯初聘姜尚條。〕則紀『是夜西伯夢有一熊，自東南飛入殿陛。……次日以夢訪問羣臣，羣臣皆莫能辨，獨散宜生賀曰：「主公當得賢相。」』伐紂平話〔卷中。〕云『西伯侯夜作一夢，夢見從外飛熊一隻飛來至殿下，文王驚而覺。至明，宣文武至殿，且說此夢。有周公善能圓夢。』

（13）演義第二十四回，文王與衆卿在馬上歡飲行樂，觀望來往士女紛紜踏青。『只見那邊一夥漁人作歌而來』，其歌爲七言十六句，首句爲『憶昔成湯掃桀時』。與志傳〔西伯侯初聘姜尚條。〕所錄較，僅七字不同，另有兩字顚倒。

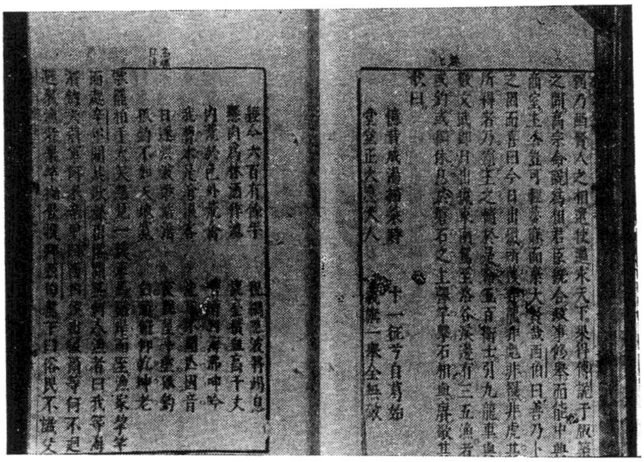

圖廿三 列國志傳，三五漁者相與賡歌。

（14）演義同回，『一起樵夫作歌而來』，歌係七言共十八句，首句爲『鳳非乏兮麟非無』。志傳原詩，有十六字與演義不同；但演義所改者，句與韻皆視前作爲勝。

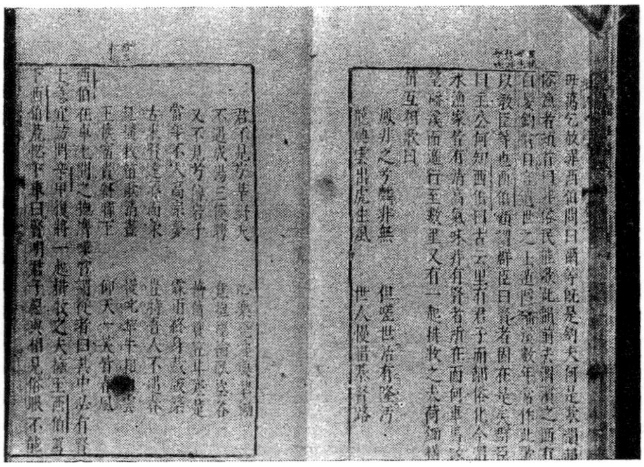

圖廿四 列國志傳，耕牧之夫荷鋤橫笛互歌。

（15）演義同回中，武吉『挑着一擔柴唱歌而來』。所歌爲七絕，與志傳比較，僅第四句『邊』字原作『傍』。

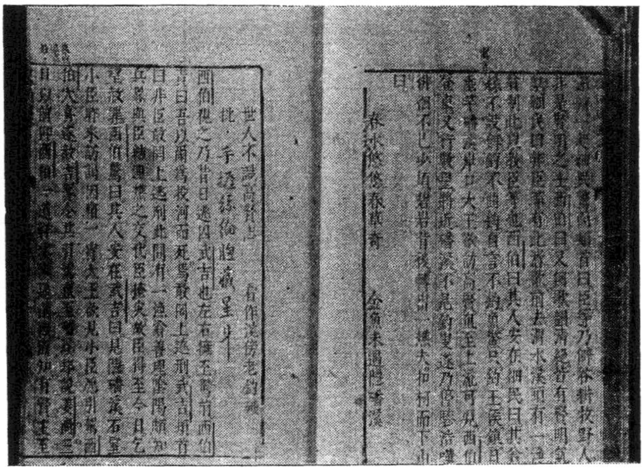

圖廿五 列國志傳，武吉所唱之絕句。

（16）演義同回中，文王行至溪邊見林木幽曠，乃成絕句。其首句『宰割山河布遠猷』，乃自志傳卷一〔原第四十二葉，b面。〕西伯另一絕句移來，然其餘三句，則與志傳西伯『取筆書四句命使者送於石室』者悉同。〔原第四十三葉，a面。〕

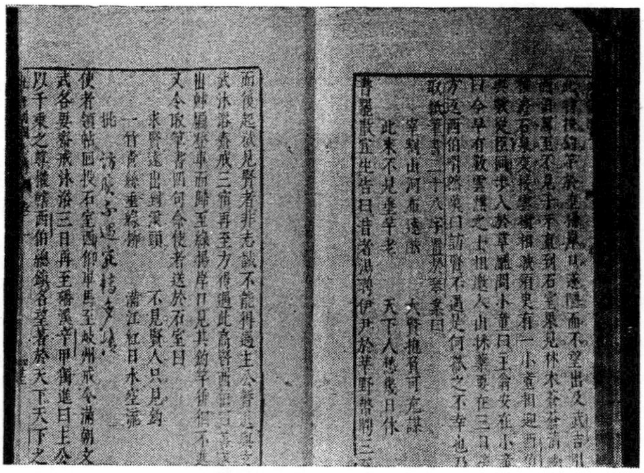

圖廿六 列國志傳，西伯所書兩絕句。

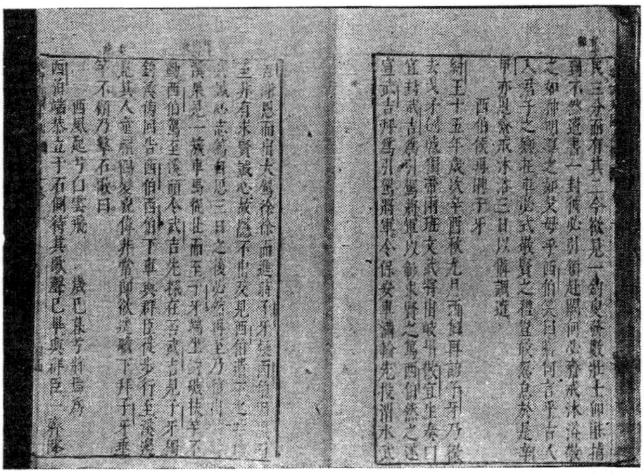

圖廿七 列國志傳，子牙垂竿不顧，乃擊石歌曰二句。

（17）演義同回，子牙背坐溪邊，明知文王駕臨，遂歌絕句曰：『西風起兮白雲飛，歲已暮兮將焉爲。五鳳鳴兮真主現，垂絲釣兮知我稀。』志傳僅得首兩句，戛焉而止，後句皆演義編著者所續成。

（18）演義同回，子牙接受文王之邀出山，『子牙時來年近八十，有詩曰……』云云，其首句爲『渭水溪頭一釣竿』。此詩在志傳中則云『又史臣咏一律』，兩相比較，演義所刻有十五字與志傳不同，但較能協韻，而對仗亦稍工。

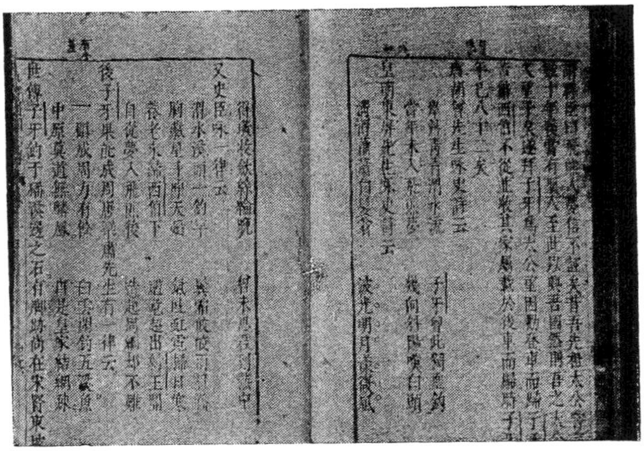

圖廿八 列國志傳，史臣咏一律，首句爲渭水溪頭一釣竿。

（19）演義第二十八－二十九回，子牙進兵崇城，伐崇侯虎，與崇侯虎之子應彪相持。子牙修書使南宮适往曹州，見崇侯虎之弟黑虎，勸其擒叛逆解送周營。黑虎遂率兵至崇城，佯爲助守，又使家將往朝歌致書侯虎，勸其返崇，一面暗伏刀斧手於城門，『兩邊家將一擁上前，將侯虎父子二人拏下綁縛，』解送周營。子牙下令將侯虎應彪二人斬首號令，釋其妻女。志傳則「子牙收服崇侯虎條。」侯虎於戰陣中爲辛甲活捉，應彪亦爲太顛擒歸。子牙令斬侯虎，『釋崇應彪入「此字疑訛。」之綁，立其爲後。……應彪叩頭謝罪。』後應彪拜將爲征西大總兵，「太公遣計收五將——紂王拜將征西二條。」陣前又遭活捉，子牙數其罪而斬之。崇黑虎一角似爲封神演義作者所獨創。高明琵琶記第二十七齣，有『北岳黑虎將軍』，然封神第九十九回，受封北岳恒山者乃崔英，非黑虎，惟黑虎亦封南岳衡山司天

圖廿九 列國志傳，文王薨，史臣讚曰。

昭聖大帝，仍不失爲五岳神祇耳。

（20）演義第二十九回，姬昌死，有五言長詩十六句以褒美之，首句爲『媲美文王德』。此詩亦見志傳，〔子牙收服崇侯虎條。〕兩相勘對，僅七字不同。首句志傳作『彼美文王德』。

（21）演義第二十九回，自『太公望率羣臣奉姬發嗣西伯之位』至『皆行朝貢』共六十三字，與志傳〔同上節

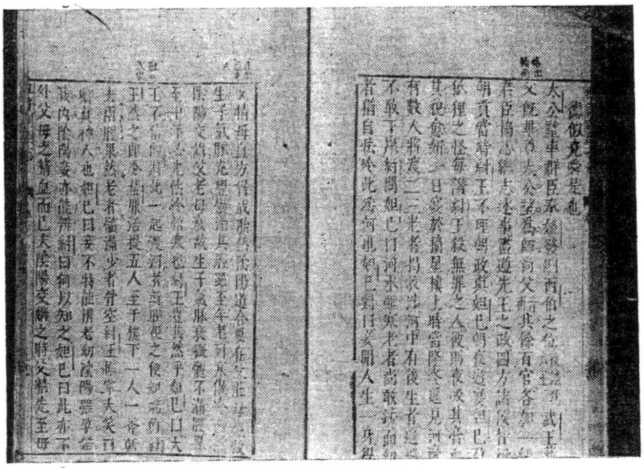

圖三十 列國志傳『太公望率羣臣…』一段，可與封神演義第二十九回對勘。

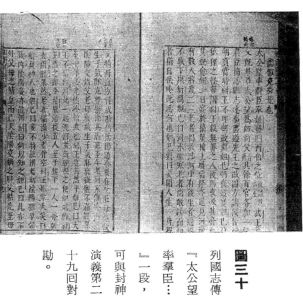

引條。」相校，僅子牙志傳作太公望，尚父作師尚父，附庸之國作諸侯，餘悉同。

（22）演義第九十回，子牙進軍，爲高明高覺所阻，二人乃千里眼順風耳。子牙幸蒙玉鼎真人之徒楊戩相助，探明二妖爲棋盤山桃精桃鬼，成氣有年，托棋盤山軒轅廟內泥塑鬼使名千里眼順風耳之靈氣，耳目能視聽千里之外。除之之法，『叫子牙着人從棋盤山去，將桃柳根盤掘挖，用火焚盡；將軒轅廟二鬼，泥身打碎，以絕其靈氣之根。』志傳〔子牙檄降殷郊助陣條。〕則子牙自用照魔鑑觀之，知『東海度朔山有大桃樹，其根蟠屈三千里，其柯向東北，號曰鬼門，乃萬鬼出入之所。有四神，一名神荼，一名鬱壘，二人性能執鬼。又一名千里眼，一名順風耳，能觀聽千里之外。千里眼二神監察遠方邪魅，神荼二神卽收而斬之。後軒轅黃帝令民間畫神荼鬱壘二象懸於門首，以壓百邪，又刻千里眼二子於神廟，以察百邪。此乃千里眼二畜生也。』後於陣中，子牙『將太白之旗一麾，諸將金鼓亂鳴，旌旗雜舞，……高明兄弟欲尋武王之座，陣中昏黑，左衝右突不能得出；欲舒千里之眼，則旌旗掩映，不能得見；欲開順風之耳，金鼓亂振，又不能聞。』高明等乘空而走，最後『忽報城東軒轅廟有木刻二小鬼，俱被劈去頭顱。子牙曰：「端的是此二畜生耳。」卽令焚卻破廟。』伐紂平話〔卷下。〕則爲離婁 ，師曠二人。及被擒，法場上起一陣大風，二人根覓不見，『太公……令將士尋覓，……根尋到陝府東約四五里地，見軒轅皇帝廟門前兩壁廂，有千里眼，順風耳。……太公見言，更不窮究二人之事 。』三者互加比較，便知志傳保存較古史料獨多，如度朔山，見文選卷三東京賦，餘亦可參看他籍，〔如論衡亂龍，訂鬼，風俗通義卷八，荆楚歲時記引括地圖之類。〕而演義最晚出，是以其剪裁亦最佳，鋪排脈絡亦最宛轉有致也。〔演義此回目爲子牙捉神荼鬱壘，尚可畧窺此中消息。〕

（23）武王伐紂平話〔卷下。〕有洛陽守將爲徐郎，其弟徐蓋，蓋之子徐昇，徐變 。列國志傳〔子牙收拾洛陽城條。」易徐郎爲徐芳，其情節及文筆加繁，而其他徐蓋，昇，變諸人皆保存未動。至封神演義出，而後有汜水關總兵韓榮，榮有二子，則名韓昇，韓變。〔第七十五—七十六回。〕二子於戰陣中爲周營方面所殺，榮亦自盡。此一事也。界牌關之守將又爲徐蓋，蓋之結局爲向姜子牙請降。〔七十九回。〕其弟則名徐芳，穿雲關之守將也，不直乃兄之所爲，則於穿雲關失守時遇害。〔八十一回。〕此又一事也。然兩事實自列國志傳徐芳徐蓋兄弟一事衍出，以

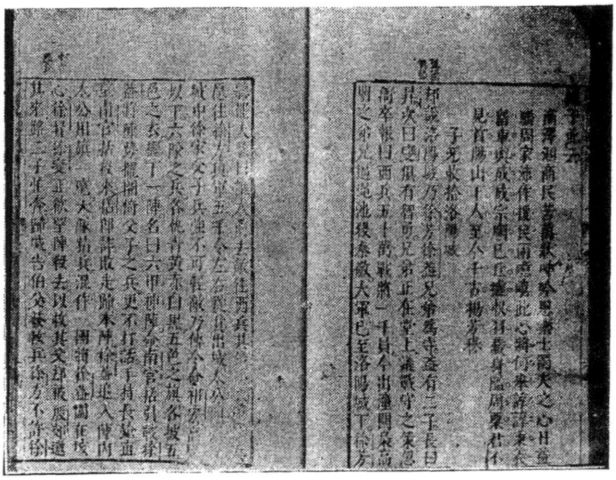

圖卅一

列國志傳，子牙收拾洛陽城條，徐芳徐蓋兄弟守城，蓋有二子，長曰昇，次曰變。

伐紂平話僅有徐蓋而無徐芳，不能爲演義所直接襲取也。

（24）演義第八十八回，武王在黃河上，白魚躍入艙，『那魚在舟中左迸右跳，跳有四五尺高。』伐紂平話無此情節，惟志傳〔孟津河白魚入舟條。〕有之，白魚『長竟八尺，躍入武王舟中。』此亦足爲演義襲自志傳之一證。

綜合以上各例，概可畧見封神演義一書與武王伐紂平話及列國志傳卷一系統諸書〔余意當包括有商誌傳。〕間之血緣關係。演義之中正史人名與虛構者雜出並見，其中有若干人物伐紂平話所未出者，往往於志傳中可得。〔如司天臺太師杜元銑，即志傳中之太史令杜元銑，不過改其官稱。封神演義及列國志傳中有若干互見之其他人名，常人易啓訝異者，有時可自舊籍中究尋，如雷開，梅伯，見於天問。〕一切證據皆指陳列國志傳卷一爲封神演義最後編集以前之著作，封神之編著者資之以增潤其故事之一部分素材，復予以極複雜繁縟之加工；吾人雖不能謂其全無依傍之嫌，然其於承襲之餘，極能發揮融會無間及自然生動之創作力，要不能如孫子書先生謂其『名理姿態不逮西遊遠甚，似以短期間發憤爲之』者也。〔歸田瑣記七，「吾鄉林樾亭先生言：昔有士人罄家所有嫁其長女者，次女有怨色。士人慰之曰，無憂貧也。乃因尙書武成篇惟爾有神尙克相予語，演爲封神傳，以稿授女；後其壻梓行之，竟大獲利云云。」此語未必有所本。孫先生所謂「短期發憤爲之」者，何竟受此類傳說影響耶？一九五九年聖誕後五日寫記。〕

【附注】（注一）孫先生中國通俗小說書目〔頁二十五。〕開示此書八卷本十二卷本系統各鈔本刻本頗詳。余於一九五七年夏見倫敦英國博物院藏八卷本全像春秋五霸七雄列國誌傳，上圖下文，文則密行細字，卷首有雲間陳繼儒序文。此本似爲孫目所不載。

（注二）本文所用日本內閣文庫藏各書書影，俱荷特許，並此向該文庫及攝影友人實藤惠秀教授致謝。

附　錢賓四先生出版著作一覽

國史大綱（上下冊）	台北商務印書館
國史新論	自印本（再版）
中國歷史精神	台北國民出版社
中國歷代政治得失	自印本（增訂三版）
中國文化史導論	台北正中書局
文化學大義	同上
中國思想史	台北中華文化出版事業委員會（再版）
宋明理學概述（上下冊）	台北中華文化出版事業委員會（再版）
陽明學述要	台北正中書局
中國近三百年學術史（上下冊）	台北商務印書館
四書釋義（上下冊）	台北中華文化出版事業委員會
莊子纂箋	自印本（增訂三版）
國學概論（上下冊）	台北商務印書館
周公	
墨子	

惠施公孫龍	
莊老通辨	新亞研究所
先秦諸子繫年（上下冊）	香港大學東方文化研究所
政學私言	商務印書館
人生十論	人生出版社（三版）
中國人之宗教社會及人生觀	
教育與文化	
中國思想通俗講話	自印本
學籥	自印本
湖上閒思錄	人生出版社
民族與文化	台北陽明山莊出版
兩漢經學今古文平議	新亞研究所
秦漢史	自印本
大學問節本	人生出版社

English Summaries:

"Filial Piety and Chinese Society"

孝 與 中 國 社 會

(By Hsieh Yu -wei 謝幼偉 *)*

The main part of this paper is devoted to explaining the practicality ot Chinese ethical principles and their deeprooted, influences on Chines society.

Because the tenet of filial piety has played for four thousand years a most important role in Chinese ethics, the writer has selected it as the leading concept of all Chinese ethical principles, with which he explains the characteristics of Chinese society in the light of the relationship between the principles and the actual life of the Chinese people.

Hence, this paper stresses from the beginning the practicality of Chinese ethical principles, with the doctrine of filial piety as its primary and leading theme; and then, the deep-rooted and far-reaching influences that the practice of filial piety has exerted upon Chinese society, including its family life, religious life, social life and even political life. In the concluding section, the writer touches upon the possible contribution of the doctrine of filial piety to Western society and Western culture.

Self-awareness of the Literati and the New Intellectual Trend in China in the 2nd and 3rd Centuries

漢晉之際士之新自覺與新思潮

(By Ying-shih Yü 余英時 *)*

In this article the author attempts to offer a new interpretation of the

intellectual development in the 2nd and 3rd centuries, usually known in Chinese history as the transition from Confucianism to Taoism. Since modern historians have generally stressed the external factors of the change of intellectual taste in this period such as political, social and economic conditions, the internal aspect of the change has been much neglected. This internal aspect, in the opinion of the author, is the self-awareness of the literati.

The self-awareness of the literati involves two inseparable and yet distinguishable aspects, namely, awareness as a social group and awareness as individuals. And both aspects had their immediate effects on the intellectual development. In order to present his views more clearly, the author divides the article into three separate but complementary parts. Part I gives a general picture of the growth of the literati as a social group on the basis not only of common interests but, more significantly, of common ideals. Part II discusses the self-awareness of the literati as spiritually emancipated individuals, as manifested in many ways. A closer observation on the life of the literati shows that in almost all its aspects there is a touch of individualism — in their passion for fame, in their ideals of life, in their rediscovery of nature, as well as in literature and art. Against the background of the self-awareness of the literati both as a social group and as individuals the author proceeds to trace and explain in Part III the new intellectual trend centering on the well-known "Philosophic Wit" or "Pure Conversation" (淸談). To some extent the interplay between social and intellectual developments is also examined.

The Relationship Between the Kuang Hsiao Monastery of Canton and the Ch'an School (禪宗) From the Southern Dynasties to the T'ang Dynasty.

南朝至唐廣州光孝寺與禪宗之關係

(By Lo Hsiang-lin. 羅香林*)*

The Ch'an School has contributed immensely to the development of Buddhism

in China. As the Kuang Hsiao Monastery in Canton was one of the chief spots to which the Ch'an School owed its growth, it is necessary to trace their mutual relationship during the period from the Southern Dynasties to the T'ang Dynasty in order to find out the historical development of the Ch'an School. The following four topics are the main points of this article.

(1) The Bodidharma and Kuang Hsiao Monastery. According to the Ch'an School, Bodidharma was the first Buddhist patriarch to arrive in China. In the record written by Ku Kuang (顧光) in memory of the repair of the Kuang Hsiao Monastery, it is said: "Bodidharma, the first Buddhist patriarch in China, came from Indian and tarried at K'o Lin (訶林)." The name K'o Lin has been identified with the present Kuang Hsiao Monastery.

(2) The Kuang Hsiao Monastery and the Nirvana Sutra. The doctrine of sudden apprehension advocated by the Southern Branch (南派) of the Ch'an School is related to the Nirvana Sutra. And the Kuang Hsiao Monastery was the place where the Indian Buddhist named Paramartha translated the Nirvana Sutra during the Ch'en Dynasty. Moreover, the idea concerning the abandonment of problems in the Sixth Patriarch's Verses六祖傳偈法) which are contained in the Sixth Patriarch's Pulpit Sutra (六祖法寶壇經) was apparently derived from the Nirvana Sutra.

(3) The Kuang Hsiao Monastery and the Sixth Patriarch, Hui Neng (慧能). After being consecreted under the fifth Patriarch, Hung Jen (弘忍) at the Tung Ch'an Monastery (東禪寺) in County Huang Mei of the province of Hupei (湖北黃梅), Hui Neng came to the Kuang Hsiao Monastery in the first year of Emperor Kao Tsung of T'ang Dynasty (A. B. 661), where he preached on the subject of the motion of the banner not coming from the wind but from the human mind. His sermons won admiration for him from some Indian Buddhists. Then he was invited to preach under the Bodhidruma tree within the monastery on the subject of sudden apprehension. Buddhists from many distant places came to listen and contact him. As a result the Southern Branch of the

Ch'an School came into being.

(4) The noble priests of the Southern Branch of the Ch'an School and the Kuang Hsiao Monastery. The sixth patriarch, Hui Neng later preached Buddhism in the Nan Hwa Monastery (南華寺) in Ch'ü Chiang (曲江), where he converted forty three persons to Buddhism among whom nine were natives of the Province of Kuangtung. Some of them visited Kuang Hsiao Monastery frequently. Another frequent visitor was Hui Neng's famous grand-disciple, Shih T'ou Hsi Ch'ien (石頭希遷) who became the originator of the new sects of Yun Men (雲門宗), Fa Yen (法眼宗) and Ts'ao Tung (曹洞宗). The priest Hui Chi (慧濟) of the Wei Yang Sect (潙仰宗) of the Southern Branch of the Ch'an School also often came to the Kuang Hsiao Monastery during the reign of Hsüan Tsung of T'ang, where he preached Buddhist doctrine to save the people. All these events prove that there was close relationship between the Kuang Hsiao Monastery and the Ch'an School during the long period from the Liu Sung Dynasty through the end of T'ang to the Southern Han of the Five Dynasties.

The spread of Buddhism by the Southern Branch of the Ch'an School was based on the principles of "from the mind comes the Buddhahood," "all mulfarious doctrines cannot depart from the nature of the self," and "temptation makes one a rogue while perception makes one a Buddha." Its effects gradually reached the Confucianists whose studies eventually evolved into the formation of Neo-Confucianism in the Sung Dynasty. Though some of the latest followers of the Southern Ch'an might have been prejudicial in thought, on the whole they prescribed a good remedy for curing wickedness. Thus the importance of Kuang Hsiao Monastery cannot be overlooked.

The Rise and Fall of the Power of the Grand Secretariat (Shang-shu-sheng) During the Sung Dynasty (House of Liu)

劉宋時代尚書省權勢之演變

(By Ch'en Ch'i-yun 陳啓雲*)*

This article is a continuation of the author's "The Origin, Characteristics, and Evolution of the *San-sheng* System During the Chin Dynasty." Its aim is to study the rise and fall of the power of the Grand Secretariat during the Sung dynasty (House of Liu), and to analyze the relations among the Grand Secretariat, the Central Secretariat (*Chung-shu-sheng*), and the Cabinet (*Men-hsia-sheng*). The main points of discussion are:

1) The height of power attained by the *Shang-shu-sheng;*
2) The balance of power between the *Shang-shu-sheng* and the *Men-hsia-sheng;*
3) Damages to the functions of the *Shang-shu-sheng;*
4) The decline of the power of the *Shang-shu-sheng;*
5) The *Shang-shu-sheng's* loss of its status as the chief executive body.

The author concludes that the height of the *Shang-shu* system was not in the Eastern Han but at the end of the Chin and beginning of the Sung, and that the real decline of the *Shang-shu-sheng* did not begin during the Wei-Chin dynasties but after the Yuan-chia period of the Sung (House of Liu).

Defects in Local Government During the Southern and Northern Dynasties and Causes of the Enrichment of the Sui

從南北朝地方政治之積弊論隋之致富

(By Yen Keng-wang 嚴耕望*)*

The writer points out various defects in local government during the Southern

and Northern dynasties. This leads to a discussion on the reforms carried out by the Sui and the causes of its enrichment. The main topics discussed are as follows:

1) Administrative areas: since the end of the Han, administrative areas had often been sub-divided, so that by the end of the Southern and Northern Dynasties the total numbers of prefectures, counties, and districts had nearly tripled those during the Eastern Han. When Emperor Wen of Sui abolished all the prefectures, and later when Emperor Yang amalgamated various counties, administrative areas returned to their Han model.

2) Local government: During the Southern and Northern Dynasties, local government was carried on by too many offices and officials. But in the Sui dynasty, the total number of local government officials reached only about one fourth or one third of that during the Southern and Northern Dynasties.

3) Corruption: this was partly due to political instability and partly due to the influence of "Pure Talk" which became the fashion during the Wei-Chin dynasties with its negative attitude towards life. When Emperor Wen of Sui came to power, he put an end to all corruption.

From the above the writer concludes that the enrichment of the Sui was largely due to improvement in government. The total government expenditure of the Sui amounted to only about one fourth or one third of that of the three governments at the end of the Southern and Northern Dynasties, while its income probably doubled theirs.

The Decline of Famous and Aristocratic Families From the T'ang to the Sung

唐宋之際社會門第之消融

(By Sun Kuo-tung 孫國棟*)*

This is the first chapter of a planned book on social changes from the T'ang to the Sung, on which the writer worked from 1959 to 1960 on a research grant from the Harvard-Yenching Institute. It aims at explaining the causes of the gradual decline of the famous and aristocratic families from the T'ang dynasty to the Sung dynasty, and describing the process in which this took place. The articles falls into three parts:

1) In late T'ang society, the great families from the North, who had formed the nucleus of society since the Southern and Northern Dynasties, continued to play this role. Though a few men from humble families rose to power, they could not compete with the aristocratic families.

2) The causes of the decline of famous and aristocratic families were: a) the great social upheavals at the end of the T'ang and during the Five Dynasties; b) preferences given to candidates of humble origin in the examinations and the appointment of non-graduates to official posts during late T'ang; c) the collapse of private education and the rise of public education.

3) The author compares political figures of late T'ang with those of the Five Dynasties and of the Northern Sung, with regard to their family background. A close study of the origins of 2394 people based on the *Old T'ang History*, the *Old History of the Five Dynasties*, and the *Sung History* produced the following statistics:

	Late T'ang	Five Dynasties	Northern Sung
Famous and noble Families ..	68.8%	20.9%	23.4%
Middle Class Families	14.5%	26.1%	28%

Humble Families	13.8%	50%	46.1%
Others	2.9%	3%	2.5%

The author concludes that the nucleus of T'ang society consisted of members of the great clans from the North, who had been powerful since the Southern and Northern Dynasties; that of the society of the Five Dynasties consisted of military men of humble origin; and that of Sung society consisted of men of humble origin who had passed the examinations. The period between T'ang and Sung was one of transition in Chinese social structure.

MINH-HUONG Xa village and THANH-Ha PHO in THUA-THIEN PROVINCE (Central Viet-Nam)

承天明鄉社與清河庯

(By Chen Ching-ho 陳荆和*)*

This article discusses a Chinese settlement, Thanh-Ha Pho (popularly Pho Lo) during the 17th & 18th centuries. This prosperous commercial quarter of Hue became a Minh-Huong Xa, i.e. a village formed by the métis Sino-Vietnamese at the beginning of the 19th century.

Since the middle of the 12th century, segregation had been Vietnamese policy. Chinese merchants and immigrants had to settle at some distance from the capital city. The author argues that Thanh-Ha Pho was founded during the years after 1636, following the shift of the Court from Phuo-Yen to Kim-Loong under Nguyer-Phuo Soun.

The basis of the argument is (1) Chinese merchant vessels abandoned the Quang-Tri market and began to frequent the port near Kim-Long. (2) At Thanh-Ha Pho the Huong-Giang (Perfume river) provided anchorage for junks from China. (3) Located between Kim-Long and the mouth of the Huong-

Giang, Thanh-Ha Pho was a suitable port for the new capital of Nguyen.

During the period of the Nguyen Lords, Thanh-Ha Pho, one of several Chinese merchant centers, and Hoi-An Pho were one administrative unit. In the troubled period of Tay-Son (1786-1802), however, these two towns became separate administrative entities.

Thanh-Ha Pho was only an intermediate port for Hoi-An. But many residents skilled in commerce received Court positions involved with navigation and trade. Others were designated to sell the Court's monopoly products to foreign vessels and to import special luxury items.

Because they were regarded as people of a "superior country" the Chinese had special privileges. Among these were exemption from military service and from the poll tax, and trial by the Chief of the province. The town's tax was merely 7 units of rice. These special privileges were gradually modified and in 1898 the male residents' tax was the same as that of the ordinary Viet-Namese.

A temple dedicated to Ma-To, the Fukienese patroness of navigation was constructed around 1685. Destroyed in 1949 by Viet Minh it was rebuilt in 1959 and is now the only remaining monument in the Minh-Huong Xa.

An islet rising in the port of Thanh-Ha and oppression under the Tay-Son caused the Chinese merchants to move to Cho-Dinh. An inscription in the Fukienese Hoi-Quan, built in 1799 proves that the majority of Chinese and Minh-Huong merchants had moved to Cho-Dinh by the end of the 18th Century.

With the successful unification of Viet-Nam in the 19th Century, new Chinese quarters and commercial centers were successfully established southeast of Hue.

Supplements to Ku T'ing-lin's Collected Poems

亭林詩鉤沈

(By C. K. P'an 潘重規*)*

After writing "New Light on Hidden Meanings in Ku T'ing-lin's Poetry," the author saw a volume of Ku's poems not included in his *Collected Poems,* gathered together with textual notes by Hsün Yang (荀羕). This is Sun Yi-jang's pseudonym: Hsün (荀) and Sun (孫) were interchangeable, while Yang (羕) was a fusion in sound of Yi (詒) and Jang (讓) according to the *fan-ch'ieh* system. This work is based on a ms. copy of Ku's poems in six *chüan,* and contains more poems than the copy entitled *Chiang-shan-yung's Poems* used by Sun Yü-hsiu (孫毓修). (Chiang-shan-yung 蔣山傭), "The Servant of Mount Chiang," was Ku's pseudonym). In this copy, nearly all the words which have been substituted by others in published editions (for political reasons) turned out to be the same as the present writer conjectured. The writer therefore gathered together the textual notes by Hsün Yang and Sun Yü-hsiu, as well as Ku's scattered poems collected by Chu Chi-jung (朱記榮), Hsü Chia (徐嘉), and Cho Erh-k'an (卓爾堪), so as to collect all Ku's poems not included in his published *Collected Poems.* All Ku's known poems which were omitted or altered in the *Collected Poems* have now been restored. Careful choice was made in cases where the different editions gave different readings, with the aim of arriving at a definitive text. The hidden meanings not understood by previous editors and commentators have been brought out, in the hope that Ku's great patriotism and high moral integrity would thus appear more clearly than ever.

New Light on Hidden Meanings in Ku T'ing-lin's Poetry

亭 林 詩 發 微

(By C. K. P'an 潘重規*)*

The edition of the collected poems of Ku T'ing-lin (Ku Yen-wu) in 5 *chüan* was published by P'an Lei (潘耒) in the K'ang Hsi period. P'an Lei was a pupil of Ku's and a younger brother of the scholar P'an Ch'eng-chang (潘檉章). At that time, the Manchu Emperor was exerting strict thought-control over the Chinese and often persecuted scholars and writers for literary offences. Consequently, in Ku's collected poems, many politically offensive lines and words were omitted or altered before publication. In the early days of the Republic, Sun Yü-hsiu obtained a ms. copy of Ku's poems in 4 *chüan,* entitled *Chiang-shan-yung's Poems* (Chiang-shan-yung being a pseudonym of Ku's). Though not complete, this copy preserved many of Ku's poems not included in the published edition as well as many of the original readings. On this Sun Yü-hsiu wrote textual notes, which were printed as an appendix to the *Ssù Pu Ts'ung K'an* edition of Ku's poems. This is claimed to be a good edition. However, even in this edition, the more obviously offensive words have been substituted by other words with the same rhymes, drawn from the standard rhyming words in the *Kuang Yun* (廣韻). The secret of substitution has never been understood before. Hsü Chia's (徐嘉) commentary, written after a lifetime's devotion, and amended by Miu Hsiao-shan (繆小山), Ch'en Yü-shu(陳玉澍), and Li Hsiang (李詳) still cannot explain the substituted words. The present writer has now solved the mystery and identified the substituted words with their originals, hoping that this would remove obscurities in Ku's poetry and enable the patriotic spirit embodied in these poems to become more manifest.

The Discovery of the First Chuan of the Lieh Kou Chih Chuan and Its Relation to the Wu Wang Fa Chou P'ing-hua and the Novel Fêng Shên Yen I

元至治本全相武王伐紂平話明刊本列國志傳卷一與封神演義之關係

(*Liu Tsun-yan,* 柳存仁)

Though the Chinese novel *Fêng Shên Yen I* is a bulky work of one hundred chapters, its author (Lu Hsi-hsing according to the writer's study) had taken a good deal of its material from the *Wu Wang Fa Chou P'ing-hua* ("King Wu's Expedition against Chou"), not mentioning the inspiration which he may also have drawn from it. But there is material in many chapters of *Fêng Shên,* nearly sixty per cent of the contents of the whole book, which cannot be traced to their origins from this *P'ing-hua,* and awaits further study.

Now it may be proper to suggest the possibility of discovering a 'new' book, of an intermediate nature, which may help scholars to solve this problem. *Wu Wang Fa Chou* was first published in the Yüan dynasty between 1231-1233 and the earliest edition of *Fêng Shên Yen I* we have is one published not earlier than the end of the Ming dynasty, probably between 1621-1627. Therefore, is it not possible that there may have been some other books which are of the same nature as *Wu Wang Fa Chau* and *Fêng Shên* and which filled up the gaps between these two books? Dr. Liu in this article ventures to introduce one hitherto not yet noticed by other scholars, and that is the *Lieh Kuo Chih Chuan,* also published at the end of the Ming dynasty.

The edition of the *Lieh Kuo Chih Chuan* which Dr. Liu makes use of is one now kept in the Japanese Cabinet Library, Tokyo, probably published between 1615-1619, in Soochow, by Kung Shao-shan. As this book is a rare one and at present no other photolithographed or popular edition is available, the writer uses present no other photolithographed or popular edition is available, the writer is some photostats of it, taken from the Japanese Cabinet Library, as illustrations.

Acknowledgement

The Research Institute of New Asia College, Hong Kong, wishes to acknowledge with gratitude the generous contribution of the Harvard-Yenching Institute towards the cost of publication of this Journal.

一九五九年八月一日初版

新亞學報 第四卷・第壹期

定價
港幣十元
美金二元

編輯者 新亞研究所
九龍新亞書院

發行者 新亞書院圖書館
九龍土瓜灣農圃道

承印者 活泉印務所
九龍漆咸道四九一號

THE NEW ASIA JOURNAL

Volume 4 August 1959 Number 1

THE NEW ASIA RESEARCH INSTITUTE